"믿음이 없이는 기쁘시게 못하나니
하나님께 나아가는 자는 반드시
그가 계신 것과 또한 그가 자기를 찾는 자들에게
상 주시는 이심을 믿어야 할찌니라"

— 히브리서 11장 6절 —

KB190319

평강의 주님께서
때마다 일마다
평강을 주시길 기도하며

특별히 ＿＿＿＿＿＿＿＿ 님께

이 소중한 책을 드립니다.

김장환 목사와 함께
경건생활 365일

믿음으로 살리라!

The just shall live by faith!

나침반

믿음으로 살리라!
The just shall live by faith!

"믿음이 없이는 기쁘시게 못하나니
하나님께 나아가는 자는 반드시 그가 계신 것과
또한 그가 자기를 찾는 자들에게
상 주시는 이심을 믿어야 할찌니라"– 히브리서 11:6 (개역한글)

전도자 무디(D. L. Moody)는 믿음에 대해 다음과 같이 말했습니다.
"그대 자신을 믿어보라. 반드시 실망할 것이다!
친구를 믿어보라. 언젠가는 반드시 헤어질 것이다!
그대의 명성을 믿어보라. 사람들의 훼방이 뒤집어엎을 것이다!
그러나 예수 그리스도를 믿어보라!
현세에도, 내세에도 결코 후회하지 않을 것이다."

인간은 믿음이 없이는 결코 삶을 지탱할 수 없습니다.
우리의 믿음이 하나님께 올바로 향해 있을 때에
인생의 참된 의미를 찾고 진정한 행복이 시작될 것입니다.
우리 영혼의 공허함을 채울 수 있는 것은
세상 그 어떤 것도 아닌 오직 주님을 향한 믿음 뿐입니다.

"믿음은 사람의 능력이 끝나는 곳에서 시작된다"라는
조지 뮬러(George Muller)의 말처럼 우리가 하나님을 향한
굳건한 믿음을 가질 때 삶의 모든 문제가 해결될 것이라 믿습니다.
그리고 이 믿음이 우리를 영원한 천국으로 인도할 것입니다.
믿음만이 우리 인생의 전부입니다. 다시 믿음으로 돌아갑시다.
오직 믿음으로 승리합시다.

김장환

김장환(목사 / 극동방송 이사장)

1월

"복 있는 사람은… 오직 여호와(하나님)의 율법을 즐거워하여
그 율법을 주야로 묵상하는 자로다
저는 시냇가에 심은 나무가 시절을 좇아 과실을 맺으며
그 잎사귀가 마르지 아니함 같으니 그 행사가 다 형통하리로다"

– 시편 1:1~3 –

새해를 맞이하면서

읽을 말씀 : 신명기 11:11-15

● 신 11:12 네 하나님 여호와께서 권고하시는 땅이라 세초부터 세말까지 네 하나님 여호와의 눈이 항상 그 위에 있느니라

『주님께서 은혜로 새로운 한 해 주심을 감사하며 찬양합니다.

영국의 한 시인이 새해를 맞아 바다에서 트는 동을 바라보며 언제나 똑같이 뜨는 해일 텐데 새해라는 생각 때문인지 무언가 뭉클한 감동이 느껴졌답니다.

새해는 저절로 찾아오는 것이 아니라 하나님이 새로운 1년을 우리에게 베풀고 계신다는 깨달음을 얻은 시인이 당시 받은 감동으로 쓴 시를 소개합니다.

「사랑하는 주 하나님 아버지시여,

새해의 동이 틉니다.

올 한 해도 주님 안에서 살게 하여 주소서.

성장하는 해가 되고, 찬송하는 해가 되며,

주님과 동행하며, 주님의 살아계심을 증거하는 해가 되게 하소서.

거룩한 일을 하며 살아가길 원합니다.

새해의 동이 트고 있습니다.

땅에서도, 혹 하늘에서도 주님만을 위한 삶이 되게 하여 주소서.」

찬송가 292장(통 415장)인 「주 없이 살 수 없네」를 비롯해 열 편이나 되는 찬송가를 작사한 하버갈(Frances Ridley Havergal)이 쓴 시로, 저의 새해 기도이기도 합니다. 주님께서 은혜로 주신 놀랍고 복된 이날들을 주님을 위해 온전히 사용하고 싶습니다.』 –「김장환 목사의 인생 메모」 중에서

주님께서 다시 우리에게 새로운 날, 새로운 해를 은혜로 베풀어 주셨습니다.

주님이 허락하신 한 해를 주님의 나라와 주님의 일을 위해 살아가고자 다짐하는 경건한 성도가 되십시오. 복되고 형통합니다. 아멘!!!!

🤍 주님, 많은 열매를 맺을 수 있는 거룩한 목표를 세우게 하소서.

🎴 하루, 한 달, 일 년의 계획을 세우고 매일 행동으로 실천합시다.

나의 영적 일지

새롭게 태어나라

읽을 말씀 : 고린도후서 5:15-17

● 고후 5:17 그런즉 누구든지 그리스도 안에 있으면 새로운 피조물
이라 이전 것은 지나갔으니 보라 새것이 되었도다

심리학자들에 따르면 사람의 습관은 만성화되어 점점 굳어진다고 합니다.

단적인 예로 40세가 넘으면 대체로 '입맛'과 '정치 성향'은 바뀌지 않는다고 합니다. 그전까지 경험한 테두리에서 자기 삶을 살아가기에 다른 사람이 보기에는 이상해 보이는 행동과 생각도 스스로는 「이게 정상이다」라고 생각한다고 합니다. 그런데 이런 습관을 깰 수 있는 유일한 방법이 있습니다.

바로 「나는 변할 수 있다」라는 믿음입니다.

학습 심리학의 창시자 스키너(B. F. Skinner) 박사는 대학 시절 파티에 빠져 살다가 정신을 차리고 한 가지 결심을 했습니다.

'앞으로는 파티에 갈 시간에 논문을 한 편 쓰고, 남는 시간에는 책을 읽겠다.'

이 결심을 한 지 5년 만에 스키너 박사는 하버드 대학교(Harvard University)에서 박사 학위를 땄고, 사람은 얼마든지 변할 수 있다는 사실을 깨달았습니다.

심리학의 거장이 된 스키너 박사는 의지만 있다면 사람은 나이, 상황에 상관없이 더 나은 방향으로 발전할 수 있다는 사실을 은퇴 후 자신의 삶으로 증명했습니다.

예수님은 변화가 불가능하다고 생각되는 사람들을 찾아가 변화시키셨습니다. 38년 된 병자도, 외톨이인 삭개오도, 돌을 맞을 위기에 처한 여인도 예수님을 만나고 모두 변했습니다. 주님 안에서는 모든 것이 새로운 피조물로 변화됩니다. 주님 안에서 더욱 새로워질 올 한 해를 꿈꾸며 주님을 바라보며 따라가십시오. 복되고 형통합니다. 아멘!!!

♡ 주님, 새로운 시작을 축복하시고 변화된 삶을 살게 하소서.

🎞 주님께서 주신 올 한 해를 위해 열심히 꿈꾸고 노력합시다.

나의 영적 일지

행복이 있는 곳

읽을 말씀 : 신명기 33:20-29

● 신 33:29 이스라엘이여 너는 행복자로다 여호와의 구원을 너 같이 얻은 백성이 누구뇨 그는 너를 돕는 방패시요 너의 영광의 칼이시로 다 네 대적이 네게 복종하리니 네가 그들의 높은 곳을 밟으리로다

미국 프린스턴 대학교의 대니얼 카너먼(Daniel Kahneman) 교수는 「어떤 삶을 사는 사람들이 행복하다고 느끼는지」를 연구했습니다.

절대적인 행복의 비결은 아니더라도 사람들을 행복하게 만드는 지표가 무엇인지 알아내기 위해 다양한 인종, 수입, 학력, 종교, 나이를 가진 사람들을 오랜 기간 추적해서 연구했습니다.

그중에 첫 번째로 상관이 있어 보이는 것은 돈이었습니다.

돈이 적은 사람보다는 돈이 많은 사람이 더 행복하다고 느꼈고, 수입이 늘면서 대부분의 사람들은 더 큰 행복을 느낀다고 응답했습니다.

그런데 문제는 수입이 어느 정도 수준을 만족하고 난 다음부터는 행복감이 금방 사라졌습니다. 돈이 행복의 조건이라면 적어도 행복이 사라져서는 안 됐습니다. 그러나 예상과는 달리 돈을 충분히 번 사람들은 사회적인 인정, 행복한 가정, 인간관계 등 다른 요소에서 행복을 찾으려고 노력했습니다. 그러나 그 결과 역시 불안정했습니다.

카너먼 교수는 사람들이 행복하기 위해서는 한두 가지 조건이 아니라 더 다양한 영역에서 만족을 주는 일들을 찾아야 한다고 말했습니다. 그러나 그렇게 찾은 행복도 곧 사라지지 않을까요? 왜냐면 인간은 주 예수님을 만나 동행하지 않고서는 진정한 행복을 누릴 수 없도록 창조됐기 때문입니다.

우리를 구원하신 구주 예수님을 영접하고 영생을 누리는 진정한 행복을 누리십시오. 복되고 형통합니다. 아멘!!!

🩵 주님, 세상이 주는 허무한 행복이 아니라 주님이 주시는 행복을 추구하게 하소서.

🧎 주님께서 주신 수많은 복을 생각하면서 은혜를 주신 주님을 송축하며 감사합시다.

나의 영적 일지

탄광을 되살린 빛

읽을 말씀 : 요한복음 8:12-20

● 요 8:12 예수께서 또 일러 가라사대 나는 세상의 빛이니 나를 따르는 자는 어두움에 다니지 아니하고 생명의 빛을 얻으리라

호주의 작은 마을 헬렌스버그(Helensburgh)에는 버려진 탄광이 하나 있습니다. 안전 문제로 탄광이 폐쇄되면서 근방에는 「메트로폴리탄」이라는 이름의 석탄을 나르던 작은 터널이 하나 남아 있을 뿐이었습니다. 그런데 어느 날 이 지역을 우연히 들른 마을 주민이 믿을 수 없는 광경을 목격했습니다.

폐허가 된 메트로폴리탄 터널에서 환상에서나 볼 법한 광채가 쏟아져 나오고 있었습니다. 이 말을 믿을 수 없던 사람들은 서둘러 동굴을 찾아갔는데, 정말로 동굴 안이 광채로 가득했습니다. 알고 보니 폐광 근처에는 형광빛을 내는 글로웜(Glowworm)이라는 곤충들이 살고 있었는데 버려진 터널이 서식지가 되면서 엄청난 광채가 뿜어져 나온 것이었습니다.

이 터널은 「헬렌스버그 글로웜 터널」이라는 이름의 새로운 관광지가 되어 순식간에 세계적인 명소가 됐습니다. 낮에도 충분히 환상적이지만 어두운 밤에 더 황홀해지는 이 터널을 보기 위해 많은 관광객이 깜깜한 도로를 2~3시간이나 운전해 찾아옵니다. 어둠을 비추는 빛 하나를 보기 위해서 말입니다.

죄가 많은 곳에 은혜가 더 넘치는 것처럼 어두운 밤일수록 진리의 빛은 더 밝게 빛나야 합니다. 그리고 어두운 세상에서 그 누구보다 환한 빛을 비추는 사람은 바로 우리, 그리스도인이 되어야 합니다.

매일 하나님의 말씀을 따라 살아가는 사람만이 세상의 빛으로 쓰임 받을 수 있습니다. 죄로 인해 어두운 우리 마음을 밝게 비추어주신 주 예수님의 진리의 빛, 구원의 빛을 이제는 다른 사람에게 전하십시오. 복되고 형통합니다. 아멘!!!

💗 주님, 세상이 어두울수록 우리가 빛을 들고 찾아가야 한다는 사실을 기억하게 하소서.

🖼 말씀을 통해 세상에 전해야 할 진리의 빛이 무엇인지 깨달읍시다.

나의 영적 일지

먼저 기뻐하라

읽을 말씀 : 시편 119:163-169

● 시 119:165 주의 법을 사랑하는 자에게는 큰 평안이 있으니 저희에게 장애물이 없으리이다

　대학생 때 친구와 사냥을 나갔다가 시력을 잃은 청년이 있었습니다.

　하루아침에 시각장애인이 된 청년은 큰 실의에 빠졌습니다. 그러나 건강을 해칠 정도로 더 크게 자신을 걱정하는 아버지가 있었기에 청년은 겉으로는 괜찮은 척을 했습니다.

　"아버지, 너무 걱정하지 마세요.

　눈은 잃었어도 아버지가 물려주신 명석한 머리가 있잖아요."

　청년은 사실 모든 것을 포기하고 싶었으나 적어도 아버지가 살아계시는 동안에는 밝은 모습을 보여드리기로 결심했습니다.

　억지로 밝은 척을 하며 살아간 지 하루가 지나고, 한 달이 지나고, 일 년이 지나자 믿을 수 없는 일이 일어났습니다. 억지로 밝은 척을 하던 청년의 마음에 정말로 희망과 에너지가 샘솟았습니다.

　점자를 배워 계속해서 배움을 이어가던 청년은 많은 장애인을 돕는 훌륭한 일들을 해내는 교육자가 되었습니다. 나중에는 국회의원이 되었고 결국엔 영국의 교통부 장관까지 되었습니다. 영국 국민들이 존경하는 시각장애인 국회의원 헨리 포셋(Henry Fawcett)의 이야기입니다.

　그리스도인은 환경에 따라 반응하는 사람이 아니라 주님이 주신 기쁨으로 주변을 변화시키는 사람입니다. 주님의 말씀대로 항상 기뻐하고, 범사에 감사하고, 쉬지 말고 기도하며 우리 안에 주시는 하나님의 능력을 누리십시오. 복되고 형통합니다. 아멘!!!

🖤 주님, 주님이 주신 힘으로 모든 장애물을 극복하여 주님께 영광되게 하소서.

🖼 주님이 주신 기쁨으로 주변을 변화시키는 사람이 됩시다.

나의 영적 일지

경건의 연단

읽을 말씀 : 잠언 17:1-5

● 잠 17:3 도가니는 은을, 풀무는 금을 연단하거니와 여호와는 마음을 연단하시느니라

어려서부터 바이올린을 배웠지만 연습을 게을리하는 소년이 있었습니다.

소년은 4살 때부터 바이올린에 빠져 열심히 노력했습니다.

이스라엘 최고의 음악학교에 들어갔고 최고의 대가에게 가르침을 받았습니다. 그러나 아무리 노력해도 재능을 타고난 친구들을 이기지는 못했습니다.

금방 흥미를 잃은 소년은 그때부터 연습을 그만뒀습니다. 하루는 연습을 게을리하는 제자를 보다 못한 선생님이 최고의 실력 향상법을 알려주겠다며 불러냈습니다. 드디어 흥미를 보인 소년에게 선생님은 단 한마디를 했습니다.

"연습, 또 연습."

선생님은 자기가 내준 만큼 연습을 해도 실력이 늘지 않으면 그때는 바이올린을 포기해도 좋다고 말했습니다.

그날부터 선생님이 시키는 대로 연습을 반복한 소년이 성인이 되자 어느덧 스승을 뛰어넘는 바이올린의 대가가 되었습니다.

20세기 최고의 바이올리니스트이자 수많은 대가들을 길러낸 이츠하크 펄먼 (Itzhak Perlman)의 어린 시절 이야기입니다.

실력이 늘기 위해서는 실패하더라도 반복된 연습이 필요합니다.

실패를 두려워 말고 주님을 믿고 매일 삶에서 말씀을 실천해 나갈 때 우리의 믿음도 조금씩 자라납니다.

주님이 기뻐하시는 경건한 삶을 살아갈 수 있도록 경건의 연단을 포기하지 말고 연습, 또 연습하십시오. 복되고 형통합니다. 아멘!!!

💛 주님, 경건의 훈련을 포기하지 않고 계속해 주님이 기뻐하는 삶을 살게 하소서.

🖼 나를 이끌어주시는 주님의 손을 붙잡고 넘어져도 다시 일어납시다.

나의 영적 일지

고독과 교제 사이

읽을 말씀 : 시편 133:1–3

● 시 133:1 형제가 연합하여 동거함이 어찌 그리 선하고 아름다운고

　중세 시대 한 성직자는 자신이 남들보다 하나님과 더 가까이 있다고 생각했습니다. 다른 사람들과는 수준이 맞지 않는다고 생각한 성직자는 교회도 떠나고 공동체도 떠났습니다. 혼자서 사막에 머문 이 남자를 사람들은 '히어로'라는 이름으로 불렀습니다.

　히어로는 무려 50년 동안이나 사막에 머물렀고, 어떤 공적인 예배나 행사에도 나타나지 않았습니다. 그런 히어로가 갑자기 마을에 나타나 비어 있는 우물 속으로 몸을 던졌습니다. "하나님이 구해주실 것이니 걱정하지 말고 몸을 던지라"라는 음성을 들었다는 이유에서였습니다.

　그러나 예상과는 달리 히어로는 우물 바닥에 고꾸라졌고 큰 부상을 입었습니다. 사람들이 구해주려고 달려왔지만, 히어로는 꼼짝도 하지 않은 채 우물 안에 있었습니다.

　"하나님이 직접 구해주실 거라는 음성을 들었소. 사람의 도움은 필요 없소."

　히어로는 결국 우물 안에서 숨을 거뒀습니다.

　독일의 신학자 본회퍼(Dietrich Bonhoeffer)는 자신의 책에서 위의 예화를 언급하며 다음과 같이 말했습니다.

　"혼자 있을 수 없는 사람은 공동체를 조심하고, 공동체가 불편한 사람은 혼자 있는 것을 주의하십시오."

　홀로 조용히 묵상하는 것도, 함께 믿음의 교제를 나누는 것도 하나님이 기뻐하시는, 반드시 필요한 일입니다. 내 생각이 아닌 성령님의 인도하심을 따라 홀로, 또 같이 하나님을 예배하십시오. 복되고 형통합니다. 아멘!!!

💚 주님, 성도들과 함께하는 삶의 소중함을 깨닫고 즐거이 동역하게 하소서.

🖼 내 신앙에도 위 예화의 주인공과 같은 면이 없는지 돌아봅시다.

나의 영적 일지

진짜 건강의 비결

읽을 말씀 : 잠언 4:20-27

● 잠 4:22 그것은 얻는 자에게 생명이 되며 그 온 육체의 건강이 됨이니라

'토끼 효과'(The Rabbit Effect)라는 학설이 있습니다.

미국 조지아 공과대학교(Georgia Institute of Technology)의 네렘 교수(R. Nerem)는 토끼들에게 고지방 사료를 먹이면서 콜레스테롤 수치를 측정하는 연구를 하고 있었습니다. 그런데 일부 토끼들의 혈관이 매우 건강했습니다. 토끼들은 실험실에 갇혀 운동도 할 수 없었고 모두 같은 양의 사료를 먹고 있었습니다. 때문에 과학적으로는 혈관이 건강할 수 없는 상태였습니다.

실험에 문제가 있다고 판단해 면밀하게 과정을 검토하던 네렘 교수는 놀라운 사실을 발견했습니다.

고지방 사료를 먹으면서도 혈관이 건강한 토끼들은 연구원들이 이름을 붙여 소중히 돌본 토끼들이었습니다.

같은 환경, 같은 사료였음에도 사람과 관계를 맺은 토끼들은 매우 건강했습니다. 네렘 교수는 아마 사람에게도 이와 비슷한 상호작용이 존재할 것이라고 예측했습니다.

추후 진행된 연구에서 75세 이상 노인의 가장 큰 사망원인은 '대인관계의 부재'로 밝혀졌습니다. 토끼처럼 사람도 다른 사람과 건강한 관계를 맺지 않고서는 건강하게 살아갈 수 없었습니다.

하나님은 사람을 혼자서 살 수 없게 창조하셨습니다.

하나님을 만나는 것이 가장 중요한 일이지만 주님 안에서 형제자매들과의 경건한 교제도 하나님이 기뻐 받으시는 예배입니다. 하나님이 허락하신 관계 안에서 아름다운 교제를 나누십시오. 복되고 형통합니다. 아멘!!!

💜 주님, 주변의 모든 사람과 좋은 관계를 맺게 하소서.

🧑‍🤝‍🧑 따뜻한 말과 행동으로 상대방을 배려하는 삶을 삽시다.

나의 영적 일지

주님을 만났다면

읽을 말씀 : 시편 37:1-6

● 시 37:5,6 너의 길을 여호와께 맡기라 저를 의지하면 저가 이루시고
네 의를 빛같이 나타내시며 네 공의를 정오의 빛같이 하시리로다

　세계 최고의 극작가인 윌리엄 셰익스피어(William Shakespeare)가 하루는 한 식당
에 들렀습니다. 그런데 음식을 나르는 소년이 시종일관 웃는 얼굴로 셰익스피
어를 바라봤습니다.

　소년이 웃는 이유가 궁금한 셰익스피어가 물었습니다.

　"식당에서 일하는 게 뭐가 재밌다고 그렇게 웃는단 말이냐?"

　소년은 바로 셰익스피어를 만나서 그렇다고 대답했습니다.

　『사실 이곳에서 일하며 언젠가 셰익스피어 선생님처럼 대단한 분을 만날지
도 모른다고 생각했습니다. 그런데 몇 달 만에 정말로 선생님이 우리 식당에 오
셨지 뭡니까? 저에게 이보다 큰 기쁨은 없습니다.』

　셰익스피어는 식당에서 허드렛일을 하는 소년을 비하하던 자신을 몹시 부끄
럽게 느꼈고, 훗날 소년을 떠올리며 『어려움 속에서도 희망을 잃지 않는 사람이
가장 가치 있는 사람』이라는 명언을 남겼습니다.

　하나님이 가장 아끼는 독생자를 세상에 보내신 이유는 바로 우리 한 사람을
만나기 위해서입니다. 가진 모든 것을 잃었다 해도 예수 그리스도를 만났다면
우리의 인생은 이미 성공한 인생입니다. 하나님을 만나고, 믿고, 동행하는 우리
가 더 이상 바랄 것은 아무것도 없습니다.

　주님이 주신 구원의 놀라운 기쁨을 항상 마음에 품고 살아가십시오. 복되고
형통합니다. 아멘!!!

　💜 주님, 주님께서 이 세상에 오신 목적을 자주 떠올리며 살게 하소서.
　🎋 어려움 속에서도 희망을 잃지 않는 사람들을 존중합시다.

나의 영적 일지

전도지 한 장의 구원

읽을 말씀 : 디모데후서 4:1-5

● 딤후 4:2 너는 말씀을 전파하라 때를 얻든지 못 얻든지 항상 힘쓰라 범사에 오래 참음과 가르침으로 경책하며 경계하며 권하라

　죽을힘을 다해 공부만 하다가 명문대에 입학한 뒤 삶의 목표를 잃어버린 청년이 있었습니다. 그렇게 바라던 대학에 입학했지만 생각처럼 인생은 행복하지도, 보람차지도 않았습니다. 허무한 마음에 매일 술에 취해 여자들을 찾아다녔으나 그럴수록 마음속 공허함은 더욱 커져갔고, 공허한 마음은 극심한 우울증으로 번졌습니다.

　어느 날 평소와 같이 술에 취한 청년은 집에 가면 죽어야겠다는 마음을 갖고 집으로 향했습니다. 그런데 학교 앞을 지나던 청년에게 한 형제가 전도지를 건넸습니다. 대학 선교 단체의 전도 집회를 홍보하는 전단지였습니다.

　그날 죽을 생각으로 술 냄새를 풍기며 비틀거리던 청년에게 건넨 그 전도지 한 장이 한 영혼을 살리는 기적으로 이어졌습니다.

　복음이 궁금해진 청년은 집회에 참석은 했지만 성경도, 예수님의 죽음도, 부활도 이해되지 않았습니다. 주님은 그때마다 도움을 줄 수 있는 한 사람, 한 사람을 보내주셨습니다. 예배 중 마침내 복음이 믿어지는 은혜를 경험한 이 청년은 중년이 되어서도 자신과 같은 이유로 방황하는 학생들을 찾아가 복음을 전하는 선교 단체의 간사로 활동하고 있습니다.

　내가 오늘 건넨 전도지 한 장이, 내가 권한 복음 한 번이 어쩌면 한 영혼을 구하고 수많은 사람에게 복음을 전할 사역자를 세우는 기적의 씨앗이 될 수도 있습니다. 필요한 사람을 만나게 하실 하나님의 섭리를 믿으며 되도록 많은 사람들에게 복음을 전하십시오. 복되고 형통합니다. 아멘!!!

★ 이메일 nabook24@naver.com으로 「전도지」라고 써서 보내주시면 …
　 A4용지에 인쇄해 사용할 수 있는 「전도지 파일 ❶❷」를 보내겠습니다.

💙 주님, 필요한 이들에게 전도지를 돌리며, 전도지 한 장의 기적을 경험하게 하소서.

🦑 지금도 죽음의 늪에 빠진 이들이 있음을 깨닫고 그들을 도웁시다.

나의 영적 일지

로렌스 형제의 편지

읽을 말씀 : 시편 84:8-12

● 시 84:10 주의 궁정에서 한 날이 다른 곳에서 천날보다 나은즉 악인의 장막에 거함보다 내 하나님 문지기로 있는 것이 좋사오니

　평범한 일상생활로도 많은 사람들에게 하나님의 살아계심을 보인 로렌스 형제(본명 *Nicholas Herman*)에게 한 자매가 자신의 힘든 삶을 토로하는 편지를 보냈습니다. 다음은 이 자매에게 보낸 로렌스 형제의 답장 중 일부입니다.

『자매의 어려운 사정을 들으니 저도 가슴이 참 아픕니다.

그러나 그럼에도 기도에 전념하는 것이 우리가 할 수 있는 최선입니다.

어려움조차 주님께 맡기고 감사하십시오.

그것이 진정한 위로가 될 것입니다.

밥을 먹을 때, 청소를 할 때, 어떤 작은 일을 하더라도

주님께 내어드리십시오.

주님은 이런 일들을 기뻐 받으십니다.

주님은 자매님의 생각보다 훨씬 우리와 가까이 계신 분이십니다.

주님과 함께라면 고난도 쉽게 견딜 수 있지만,

주님이 안 계신다면 세상 최고의 즐거움도 헛될 뿐입니다.

주님을 제한하지 말고 믿음을 통해 일상에서 과감히 전진하십시오.』

　천국에서의 삶을 보장받은 우리에게는 세상에서 일어나는 그 어떤 일도 사소한 일입니다. 일의 우선순위를 바르게 정한 사람은 세상의 잡음에 마음을 빼앗기지 않습니다. 어떤 일이 일어나는지에 초점을 맞추지 말고, 그 일 가운데 주님과 동행하고 있는 우리인지에 집중하십시오. 복되고 형통합니다. 아멘!!!

💜 주님, 제게 주어진 일을 주님이 기뻐하시는 향기로운 제사로 올려드리게 하소서.

🧎 삶의 평범한 순간도 주님과 동행하는 중이라고 생각하며 삽시다.

나의 영적 일지

그리스도인의 우울증

읽을 말씀 : 야고보서 5:13-20

● 약 5:13 너희 중에 고난 당하는 자가 있느냐 저는 기도할 것이요 즐거워하는 자가 있느냐 저는 찬송할찌니라

　　설교의 황태자로 불리는 찰스 스펄전(Charles Haddon Spurgeon)은 생전에 굉장히 심한 우울증을 앓고 있었습니다.

　　그럼에도 주변 사람들은 그 사실을 몰랐는데, 스펄전은 신앙의 힘으로 우울증을 잘 다스리고 있었기 때문입니다.

　　다음은 「프로 프리처」(Pro Preacher)라는 신앙 사이트를 운영하고 있는 브랜든 힐게만(Brandon Hilgemann) 목사님이 말한 「우울증을 이길 수 있는 그리스도인의 7가지 방법」입니다.

❶ 기도하라. 하나님은 당신의 기도를 항상 들으시는 분이다.

❷ 당신의 정체성이 크리스천이라는 사실을 기억하라.

❸ 억지로라도 운동을 하고 좋은 음식을 먹어라.

❹ 기독교 공동체 안에서 머물라.

❺ 하나님께 받은 복들을 세어보아라. 그리고 감사하라.

❻ 스마트폰을 내려놓고, 잠시 고요한 가운데 휴식을 취하라.

❼ 자존심을 내려놓고, 믿음의 공동체에 속마음을 털어놓으라.

　　그리스도인일수록, 교회에서 직분을 맡을수록 우울증이 마음을 더 힘들게 할 수도 있습니다. 다른 사람은 신앙으로 이겨냈다는 간증을 하곤 하는데 왜 내 마음은 더 힘든지 스스로가 원망스러울 수도 있습니다. 그러나 그조차도 능히 이기게 하실 주님을 믿고 필요한 모든 일들을 용기 내어 진행해 나가십시오. 복되고 형통합니다. 아멘!!!

💙 주님, 항상 기뻐하며, 범사에 감사하며, 늘 기도하는 삶을 살게 하소서.

🕋 위에 있는 7가지 중에 부족한 부분을 찾아 균형 있게 삽시다.

`나의 영적 일지`

1월 13일

좁은 문의 진리

읽을 말씀 : 마태복음 7:7-14

● 마 7:13 좁은 문으로 들어가라 멸망으로 인도하는 문은 크고 그 길
이 넓어 그리로 들어가는 자가 많고

미국의 여러 경제잡지 회사에서 일하던 험프리 닐(Humphrey B. Neill)은 어느 날
어떤 깨달음을 얻었습니다.

대부분 새로운 길을 찾아내는 사람들은 매우 소수였습니다.

소수가 새로운 시도를 하면 대중은 무시하거나 공격합니다. 그러나 소수가
마침내 성공하면 대중들은 언제 그랬냐는 듯이 유행에 편승합니다.

이런 사회현상을 면밀하게 연구하던 닐은 자신이 도출해낸 결과를 아래의
한 권의 책으로 써냈습니다.

「역발상에 관한 닐의 서한」(Neill Letter of Contrary Opinion).

우리가 흔히 말하는 '역발상'은 바로 이 책에서 시작된 것입니다.

닐은 이 책에서 다음과 같이 말했습니다.

『다수가 성공하는 경우란 없습니다.

모든 사람이 똑같이 생각한다면 틀렸을 가능성이 높습니다.

성공하고 싶다면 대중이 가는 길과 다르게 가십시오.』

세상 모든 사람이 주님을 믿지 않는다 해도 구원의 길은 오직 주님 한 분뿐입
니다. 진리는 결코 상대적일 수 없습니다.

모두가 믿고 구원받아야 할 유일한 진리, 우리의 죄를 용서해 주시고, 하나
님의 자녀가 되게 해주기 위해 험한 십자가를 지고 우리 대신 죽기까지 하신 주
예수님을 믿고 주 예수님의 길을 따라가십시오. 복되고 형통합니다. 아멘!!!

🖤 주님, 세상에 많은 말과 이론이 있지만 주님의 가르침만 따라가게 하소서.

🧶 세상의 가르침과 비교할 수 없는 주님의 가르침을 철저히 따라갑시다.

나의 영적 일지

주님을 닮아가는 법

읽을 말씀 : 요한복음 12:24-33

● 요 12:26 사람이 나를 섬기려면 나를 따르라 나 있는 곳에 나를 섬기는 자도 거기 있으리니 사람이 나를 섬기면 내 아버지께서 저를 귀히 여기시리라

무성영화 시대를 대표하는 명배우 찰리 채플린(Charles Chaplin)이 한 시골을 여행하고 있었는데, 마침 마을에서는 '찰리 채플린 흉내 내기 대회'가 열린다고 홍보 중이었습니다.

호기심이 생긴 채플린은 대회에 나가보기로 했습니다.

대회 당일이 되자 많은 인파가 몰렸고 참가자들이 한 명 한 명 무대로 나와 열심히 채플린을 흉내 냈습니다.

채플린은 영화에서 한 것과 같이 그대로 사람들 앞에서 연기를 펼쳤습니다. 사실상 채플린보다 흉내를 더 잘 낼 수 있는 사람은 있을 수가 없었지만 놀랍게도 찰리 채플린은 고작 3위에 머물렀습니다.

찰리 채플린보다 더 채플린 같은 사람이 그 작은 시골 마을에 두 명이나 더 있다는 사실을 믿을 수 없었지만, 채플린도 그들의 연기를 보고는 깜짝 놀라 인정할 수밖에 없었습니다.

좋아하는 사람을 따라 하다 보면 자신도 모르게 비슷해지게 됩니다.

주님을 사랑한다면 그리고 주님을 닮고 싶다면 우리도 이처럼 말씀을 통해 진리를 묵상하고 기도를 통해 주님과 대화를 나눠야 합니다. 바쁘다는 핑계를 대지 말고 우리가 할 수 있는 최대한의 시간을 내어 말씀과 기도로 주님께 뜻을 묻고, 응답을 기다려야 합니다. 누구보다 주님을 닮기를 열망하는 그리스도인이 되십시오. 복되고 형통합니다. 아멘!!!

🖤 주님, 어느 순간에도 가장 먼저 주님을 바라보며 주님을 닮아가게 하소서.
🧎 어떤 상황에서도 주님이 어떻게 하셨을까를 생각하며 따라 합시다.

나의 영적 일지

가장 큰 비극

읽을 말씀 : 이사야 40:1–11

● 사 40:1 너희 하나님이 가라사대 너희는 위로하라 내 백성을 위로 하라

러시아의 가난한 마부 이오나 포타포브는 며칠 전 사랑하는 아들을 떠나보 냈습니다. 가슴을 저미는 슬픔이었지만 먹고살기 위해선 거리로 나와 마차를 몰아야 했습니다. 친구도, 남은 가족도 없었던 포타포브는 슬픈 마음을 나눌 사 람이 없었습니다. 차오르는 슬픔을 이기지 못한 포타포브는 친절해 보이는 손 님에게 넌지시 말을 걸었습니다.

"사실 제 아들이 며칠 전에 죽었습니다."

『저런, 정말 안됐습니다.』

형식적인 위로를 건넨 손님은 곧이어 길을 돌아가고 있다며 화를 내며 대화 를 끊었습니다. 다음 손님에게도 용기를 내어 말을 걸었지만 "사람이란 먼저 가 나 나중에 가나 결국은 모두 죽는 법입니다"라는 초연한 대답이 돌아왔습니다.

숙소로 돌아와 함께 지내는 동료에게도 말을 걸어보았지만, 동료는 몇 마디 말을 듣기도 전에 피곤한지 잠이 들어버렸습니다.

'내 속마음을 이야기할 사람이 단 한 명도 없구나….'

포타포브의 말을 유일하게 들어주는 친구는 늦은 밤 마구간에서 건초를 먹 는 말뿐이었습니다.

안톤 체호프(Anton Pavlovich Chekhov)의 단편「우수」에 나오는 내용입니다.

인생에서 마음을 나눌 사람이 없다는 것보다 더 큰 비극은 없습니다.

주님은 우리가 마음으로 교제할 때 서로 위로받고, 기쁨을 느끼게 창조하셨 습니다. 지금 마음이 어렵고 힘든 사람을 찾아가 주님이 주시는 사랑으로 위로 하십시오. 복되고 형통합니다. 아멘!!!

♡ 주님, 이웃의 아픔이나 슬픔을 공감하며 힘이 되어주는 사람이 되게 하소서.

🖼 가까이에 있는 사람 중에 어려운 사람을 찾아가서 위로합시다.

나의 영적 일지

포기하지 않는 믿음

읽을 말씀 : 갈라디아서 6:6-10

● 갈 6:9 우리가 선을 행하되 낙심하지 말찌니 피곤하지 아니하면 때가 이르매 거두리라

『"대한민국에 와서 제가 가장 잘한 일은 하나님을 믿게 된 것입니다."

영국주재 북한 대사관 공사로 있다가 대한민국으로 망명한 태영호 국회의원이 2023년 4월 극동포럼에서 강연 중에 고백한 말입니다.

제가 태 의원을 처음 만난 것은 그가 망명 후 안보교육을 마친 후인 2017년 1월의 일로 성경을 선물로 건네주면서 대한민국 사회의 빠른 적응과 어려움 극복을 위해서 기독교 신앙을 가질 것을 적극 권면했습니다. 그는 성경을 다 읽고 믿음이 생기면 그때 교회에 나가겠다고 말했습니다.

이후에 다른 자리에서 태 의원을 만날 때마다 궁금해 물어보니 성경에 이해가 안 되는 말씀이 너무 많아 천천히 읽는 중이라는 대답을 들었습니다. 저는 격려하며, 포기하지 않고, 계속 기도했습니다. 그러던 중 2020년 그가 서울 강남구 갑 국회의원으로 출마하게 됐다며 찾아왔을 때 저는 좋은 기회라 여겨 복음을 전했고, 예수님을 영접한 그는 곧바로 강남중앙침례교회에 등록하게 됐습니다.

태 의원은 탈북민 출신 첫 지역구 국회의원으로 선출되었으며, 지금까지 의정 활동을 활발히 하면서 북한의 실상을 알리고 남북통일을 위해 많은 힘을 기울이고 있습니다. 무엇보다 감사한 것은 2023년에는 침례(세례)까지 받은 일입니다. 하나님의 은혜가 아닐 수 없습니다. 혹시 포기한 영혼이 있습니까? 영혼 구원을 위해 낙심하거나, 포기하지 않고 선을 행하고, 기도하면 하나님은 반드시 거두게 하십니다.』-「김장환 목사의 인생 메모」중에서

하나님은 결코 포기하지 않으십니다. 우리도 주님을 본받아 전도하려는 사람이 구원될 때까지 결코 포기하지 마십시오. 복되고 형통합니다. 아멘!!!

🖤 주님, 어떤 영혼이라도 포기하지 않고 기도하며 전도하게 하소서.

🎦 포기했던 전도 대상자를 위해 기도하며 다시 전도를 시작합시다.

나의 영적 일지

좋은 마음, 좋은 상품

읽을 말씀 : 고린도전서 10:31-33

● 고전 10:31 그런즉 너희가 먹든지 마시든지 무엇을 하든지 다 하나님의 영광을 위하여 하라

　　일본의 '하드록공업'은 37년 연속 흑자를 낸 세계 최강의 중소기업으로 불립니다. 그러나 '공업'이란 말과 어울리지 않게 이 회사가 만드는 제품은 오로지 나사 하나입니다. 이 나사 하나를 제대로 만들기 위해 온 회사의 역량을 총동원하고 일본 최고의 인재들을 스카우트합니다.

　　그 결과 다른 대기업이 따라올 수 없는 독보적인 아이디어와 품질이 더해져 나사 하나로 세계에서 가장 강한 중소기업으로 성장했습니다.

　　그런데 하드록공업의 창업자인 와카바야시 카츠히코 사장이 밝힌 강한 중소기업의 비결은 매우 독특합니다.

　　카츠히코 사장은 자신의 저서에서 성공의 비결을 다음과 같이 밝혔습니다.

　　"좋은 아이디어가 탄생하려면 고객을 위해 일하겠다는 헌신이 필요합니다. 고객에게 기쁨을 드리고, 사회를 이롭게 하겠다는 정신을 가지고 일을 할 때 자기 이익만을 위해 일하는 사람들보다 훨씬 좋은 결과가 나타납니다. 고객을 어떻게 하면 기쁘게 할 수 있을까에 초점을 맞추십시오."

　　같은 일이라도 목적을 어디에 두느냐에 따라 큰 차이가 벌어집니다.

　　우리가 원하는 성공은 누구를 위한 것입니까?

　　이 질문에 속마음을 솔직히 털어놓지 못하면, 우리의 모든 기도와 헌신은 허공에 울리는 꽹과리와 마찬가지입니다.

　　같은 성공, 같은 선행도 나를 위해서가 아닌, 하나님을 위해서 이루고자 하십시오. 복되고 형통합니다. 아멘!!!

💙 주님, 제가 하는 일이 주님을 위해 하는 사역임을 믿고 충성하게 하소서.

🖼 무슨 일을 하든지 주님을 위해 하는 일처럼 충성합시다.

나의 영적 일지

복음이 만든 기적

읽을 말씀 : 디모데전서 6:17-19

● 딤전 6:17,18 네가 이 세대에 부한 자들을 명하여 마음을 높이지 말고 정함이 없는 재물에 소망을 두지 말고 오직 우리에게 모든 것을 후히 주사 누리게 하시는 하나님께 두며 선한 일을 행하고 선한 사업에 부하고 나눠주기를 좋아하며 동정하는 자가 되게 하라

미국에서 태어난 단 바틀렛(Dan Bartlett)은 볼품없는 외모 때문에 외톨이로 자랐습니다. 인종 차별이 심했던 시대에 흑인으로 태어났고, 구순구개열에 목뒤에는 큰 혹까지 있어서 부모조차 외면할 정도였습니다.

가정에서도, 학교에서도, 사회에서도 항상 소외받으며 자란 바틀렛은 고등학교를 겨우 졸업하고 한 부유한 가정의 청소부로 취직했습니다.

비록 외모는 못났지만 자기 할 일을 성실히 하던 바틀렛을 유심히 지켜보던 집주인은 바틀렛에게 좋은 대우를 해주었고 무엇보다 복음을 전했습니다.

집주인의 전도로 교회에 처음 출석한 바틀렛은 하염없이 눈물을 흘렸습니다. 세상 모두가 자신을 외면했지만 주 예수님은 세상 끝 날까지 자신을 떠나지 않으신다는 사실이 정말로 믿어졌습니다.

주님은 바틀렛에게 새로운 꿈을 주셨습니다. 바틀렛은 자신처럼 소외받는 계층들도 제대로 된 교육을 받을 수 있도록 교육학을 전공했고, 훗날 세계 최고의 명문대인 예일대학교(Yale University) 교육학 교수가 될 정도로 명망 있는 교육학자가 됐습니다. 바틀렛은 교수가 된 뒤 다음과 같은 소감을 밝혔습니다.

"역경을 극복하고 교수가 된 것보다 하나님이 언제나 나와 함께하신다는 사실이 저를 더 기쁘게 만듭니다."

복음을 믿으면 구원을 얻어 영혼이 살아나고 삶이 변화됩니다.

어떤 상황에서도 끝까지 나를 떠나지 않으시는 주님을 믿고, 힘들어하지 말고 주님 손을 붙잡으십시오. 복되고 형통합니다. 아멘!!!

🩶 주님, 더 나은 모습으로 반드시 변화시켜 주실 주님이심을 믿으며 살게 하소서.

🖼 주님의 도우심으로 어떤 사람이 되길 원하는지 기도하며 정합시다.

나의 영적 일지

분을 다스리라

읽을 말씀 : 에베소서 4:25-32

● 엡 4:26 분을 내어도 죄를 짓지 말며 해가 지도록 분을 품지 말고

같은 범죄를 저질러도 우발적으로 저지르는 범죄는 계획적으로 저지르는 범죄보다 형량이 낮습니다.

생각해 보면 '홧김에' 분을 참지 못하고 죄를 저지르는 사람이 참 많습니다.

분노의 감정은 그만큼 강렬합니다.

그렇다면 분노를 잘 다스리기 위해서는 어떻게 해야 할까요?

일본의 분노관리협회는 아무리 화가 나더라도 6초만 참으라고 권고하고 있습니다. 분노는 뇌의 전두엽에서 촉발되는 감정인데 보통 '화가 났구나'라고 느끼는 데 6초가 걸리기 때문입니다. 6초가 지나면 이성이 작동하면서 화가 난 이유와 합리적인 해결책이 떠오른다고 합니다.

서울백병원 분노관리센터에서는 15초를 기다리라고 권고했습니다. 분노의 감정을 느끼고 사그라들기까지 평균적으로 걸리는 시간입니다. 또한 1초의 사건으로 15초 동안 분노가 차오르듯이 한 번 기분 나쁜 일을 겪으면 열다섯 번의 좋은 일을 겪어야 상쇄되기 때문에 되도록 자기 자신에게도, 다른 사람에게도 화가 날 일은 하지 않을 것을 권고했습니다.

성경은 마음에 품은 분을 하루가 넘게 갖고 있지 말라고 가르치고 있습니다. 마음속에 차오르는 분노는 어쩔 수 없지만, 주님이 주신 지혜로 그 분노를 지혜롭게 관리할 수는 있습니다. 분을 지혜롭게 다스리는 사람, 더 나아가 분을 품을 일을 만들지 않는 현명한 사람이 되게 해달라고 주님께 간구하십시오. 복되고 형통합니다. 아멘!!!

🖤 주님, 모든 일을 주관하시는 주님을 생각하며 모든 일에 감사하며 살게 하소서.

🎴 인터넷에서 '3초의 여유'를 찾아 읽고 생활에 적용합시다.

나의 영적 일지

직접 경험하라

읽을 말씀 : 히브리서 4:1-10

● 히 4:2 저희와 같이 우리도 복음 전함을 받은 자이나 그러나 그 들은바 말씀이 저희에게 유익되지 못한 것은 듣는 자가 믿음을 화합지 아니함이라

아주 오랜 옛날에 어떤 중국 사람이 새 신발을 사려고 장터를 찾았습니다.

신발 가게를 들러 원하는 신발을 고르던 중 갑자기 이 사람이 화들짝 놀라며 주인을 찾았습니다.

"주인장, 정말 미안한데 내가 무얼 놓고 와서 집에 다녀와야 할 것 같소.

지금 신는 신발이 너무 해졌으니 다시 올 때까지 기다려주시오."

주인이 무얼 놓고 왔냐고 묻자 이 사람은 줄자를 놓고 왔다고 말했습니다.

"내 발 크기를 잴 줄자를 집에다 놓고 왔지 뭐요."

『줄자요? 여기서 신발을 직접 신어보면 되는데 줄자가 왜 필요합니까?』

주인의 말에도 이 사람은 아랑곳하지 않고 서둘러 가게를 나섰습니다.

"그 줄자에 맞춰서 내 발을 재봤단 말이요.

신발을 사려면 그 줄자가 꼭 필요하오."

중국 시대의 유명한 철학가 한비가 머리가 굳어 있는 사람들을 깨우치기 위해 「한비자」에 실은 내용입니다.

발에 맞는 신발은 줄자에 대보는 것보다 직접 신발을 신어보면 더 잘 알 수 있습니다. 마찬가지로 하나님이 주시는 놀라운 은혜와 복은 넘치는 사랑의 바다에 직접 뛰어들어 경험해 보면 더 잘 알 수 있습니다. 가장 쉽고 확실하게 알 수 있는 방법이 있는데 왜 더 어렵고 힘든 길로 돌아가려고 하십니까? 머리로 이해하고 다가가는 신앙생활이 아닌 직접 뛰어들어 경험하는 신앙생활을 하십시오. 복되고 형통합니다. 아멘!!!

♡ 주님, 고정관념을 버리고 주님이 주시는 지혜로 잘 살아가게 하소서.

▨ 성경적이지 않은 고정관념을 가지고 있는지 스스로를 살펴봅시다.

나의 영적 일지

길을 만드는 사람

읽을 말씀 : 이사야 43:19-28

● 사 43:19 보라 내가 새 일을 행하리니 이제 나타낼 것이라 너희가 그 것을 알지 못하겠느냐 정녕히 내가 광야에 길과 사막에 강을 내리니

교통사고를 당해 척추와 골반이 으스러진 화가가 있었습니다.

잠도 잘 수 없는 끔찍한 고통이 떠나질 않았고, 진통제도 듣지 않았습니다.

삶을 포기하고 싶었지만 그럼에도 손에서 붓을 놓을 수는 없었기에 자신이 느끼는 고통을 작품으로 승화시키는 것이 화가가 선택할 수 있는 유일한 방법 이었습니다.

극심한 고통을 겪는 가운데 태어난 작품들은 세간의 높은 평가를 받으며 화가를 세계적인 거장으로 인정받게 만들었습니다. 화가의 이름은 멕시코가 낳은 세계적인 초현실 작가 프리다 칼로(Frida Kahlo)입니다.

한 세계적인 피아니스트가 어느 날 손가락에 이상을 느꼈습니다.

알 수 없는 세균에 감염되어 감각은 나날이 무뎌졌고 예전처럼 연주를 할 수 없는 순간이 곧 찾아왔습니다. 음악을 너무도 사랑했기에 포기할 수 없었던 피 아니스트는 피아노 연주 대신 작곡을 선택했습니다.

이 이야기의 주인공인 낭만파의 거장 로베르트 슈만(Robert Schumann)을 요즘 사람들은 피아니스트가 아닌 수많은 명곡을 써낸 작곡가로 더 많이 알고 있습 니다.

결코 포기하지 않는 사람을 통해 하나님은 놀라운 일을 이루십니다.

주 하나님의 손에 붙들린 사람은 불가능한 일을 이루어냅니다.

눈앞에 펼쳐진 광야에 주저앉는 사람이 아닌, 광야에 길을 만드는 하나님이 쓰시는 사람이 되십시오. 복되고 형통합니다. 아멘!!!

🫀 주님, 어떤 상황에서도 주님을 의지하며 포기하지 않고 큰일을 이루게 하소서.

🖼 내가 극복해야 할 일들을 주님 앞에 내어놓고 끝까지 기도합시다.

나의 영적 일지

아는 책, 읽는 책

읽을 말씀 : 마가복음 12:18–27

●막 12:24 예수께서 가라사대 너희가 성경도 하나님의 능력도 알지 못하므로 오해함이 아니냐

단테(Dante Alighieri)가 쓴 「신곡」(La Divina Commedia)은 인류 문학사에 길이 남을 최고의 걸작으로 꼽힙니다.

이 책은 문장 하나하나에 운율을 살려 마치 한 곡의 노래처럼 쓰였습니다.

세 줄의 시가 33개씩 세 편으로 쓰였고, 단어 하나하나에 각운을 살려 원문으로 읽으면 마치 노래를 부르는 것처럼 들린다고 합니다. 뜻도 심오하기 그지없어 가장 많은 해설이 나온 책이기도 합니다.

미국 하버드대학교의 도서관에서 「신곡」을 검색하면 관련 도서가 무려 1만 2,000여 권이나 나옵니다. 한 권의 책을 제대로 이해하기 위해 무려 1만 권이 넘는 책이 지금까지 나온 것입니다. 그런데 반대로 단테의 「신곡」은 명성과는 다르게 사람들이 어려워 기피하는 책으로도 손꼽힙니다.

미국의 작가 마크 트웨인(Mark Twain)은 단테의 「신곡」을 이같이 평했습니다.

"누구나 알고 있는 유명한 책이지만, 아무도 읽지 않는 책."

혹자는 이 말을 듣고 성경이 떠오를 것입니다.

50억 부가 넘게 팔린, 전 세계에서 가장 위대한 책, 단순한 책이 아닌 진리의 말씀인 성경. 그러나 그 성경을 우리는 얼마나 소중히 여기며 매일 같이 묵상하고 있을까요?

우리의 믿음만큼 성경을 가까이 두고 있지 않다면 이제 다시 결심해야 합니다. 세상의 유일한 진리가 담긴 하나님의 말씀이 기록된 성경을 우리가 믿는 만큼 즐겨 읽고 깊이 묵상하십시오. 복되고 형통합니다. 아멘!!!

🩷 주님, 성경을 읽을 때 성령님께서 깨닫게 해주셔서 믿음의 성도가 되게 하소서.
🖼 내게 맞는 성경 읽기 프로그램을 찾아 성경을 꾸준히 읽읍시다.

나의 영적 일지

찬양이 가진 힘

읽을 말씀 : 사도행전 16:25-32

●행 16:26 이에 홀연히 큰 지진이 나서 옥터가 움직이고 문이 곧 다 열리며 모든 사람의 매인 것이 다 벗어진지라

호주의 한 유명한 찬양팀에게 어느 날 익명의 편지가 도착했습니다.

"저는 미국 캘리포니아 폴섬 교도소에 수감되어 있는 사람입니다.
감옥에서 우연히 여러분의 찬양을 듣게 됐습니다.

저는 종교를 믿지 않았고, 죄를 저질러 여기에 갇혀 있는 완악한 사람입니다. 그러나 틈틈이 여러분의 찬양을 듣고 조금씩 마음이 열리는 기적을 경험했습니다. 여러분의 찬양이 저에게 은혜가 무엇인지 가르쳐 주었습니다.

여러분의 찬양 덕분에 저는 이제 예수님을 구주로 영접했습니다."

멤버들은 소셜미디어를 통해 전해지는 찬양에 이토록 큰 능력이 있다는 사실을 듣고 놀라워했습니다. 큰 감동을 받은 찬양팀은 폴섬 교도소를 찾아가 편지를 보낸 사람을 만나 함께 찬양을 부르며 하나님을 예배했습니다.

더 놀라운 사실은 소셜네트워크에 올라온 이 영상에 교도소에서 찬양을 통해 하나님을 만났다는 수많은 사람들의 댓글이 달렸다는 사실입니다.

찬양은 사람들의 마음을 열어주고, 간접적으로 복음을 전할 수 있는 매우 좋은 매개체입니다.

하나님은 우리의 찬양을 통해서도 역사하십니다.

사람들과 함께 있을 때도 찬양을 틀어놓고, 묵상 중에 누군가 떠오르는 사람이 있다면 망설이지 말고 찬양을 공유하십시오. 찬양 가운데 힘을 주시고 마음을 열어주시는 주님이심을 우리는 의심하지 말아야 합니다.

지금 위로가 필요하다고 생각되는 사람들에게 찬양을 전하는 일을 망설이지 마십시오. 복되고 형통합니다. 아멘!!!

💙 주님, 온 마음과 정성을 다해 주님께 찬양과 예배와 감사를 드리게 하소서.

🖼 나에게 은혜가 되는 찬양을 미디어를 통해서 이웃에게 간증과 함께 보냅시다.

나의 영적 일지

믿음의 방법

읽을 말씀 : 고린도전서 2:1-5

●고전 2:5 너희 믿음이 사람의 지혜에 있지 아니하고 다만 하나님의 능력에 있게 하려 하였노라

영국의 유니버시티 칼리지 런던(University College London)의 연구진들은 수년에 걸쳐서 운전자의 뇌를 조사했습니다. 연구진은 운전자 중에서도 비슷한 일을 하는 버스 기사와 택시 기사의 뇌가 매우 비슷할 것이라는 가설을 세웠습니다.

그러나 연구 결과는 정반대였습니다. 택시 기사들이 버스 기사보다 뇌의 저장소 역할을 담당하는 해마가 훨씬 컸습니다.

같은 운전을 하는데 왜 택시 기사의 뇌가 더 발달했을까요?

연구진은 런던의 복잡한 거리에서 답을 찾았습니다. 택시 기사들은 손님을 태우자마자 세계적으로 복잡하기로 소문난 런던의 거리를 어떻게 지나 목적지에 도착할지를 계산해야 합니다. 그러나 버스 기사들은 언제나 다니는 노선만 운전하면 됩니다. 같은 운전을 해도 머리를 계속해서 사용하는 사람이 더욱더 발달한다는 간단한 원리입니다.

기억력도 마찬가지입니다. 사람이 단기적으로 기억할 수 있는 숫자의 자릿수는 7~8자리 정도입니다. 전화번호, 비밀번호를 비롯해 일상에서 사용하는 숫자는 대부분 이 기준으로 설정되어 있습니다. 그런데 30분 정도만 암기하는 법을 가르치면 평범한 사람도 80자리까지 숫자를 외울 수 있다고 합니다.

타고난 능력보다도 방법을 아는 것이 중요하다는 이야기입니다.

신앙생활이 어렵고 힘든 것은 그 방법을 몰라서일 수 있습니다.

주님이 주시는 짐은 쉽고 가볍다고 성경에 나와 있듯이, 하나님의 말씀을 통해 믿음의 방법을 알아갈수록 우리의 신앙생활은 기쁨만이 가득할 것입니다. 말씀을 통해 올바른 신앙의 방법을 익히십시오. 복되고 형통합니다. 아멘!!!

💗 주님, 말씀을 묵상하고 암송함으로 모든 어려움을 이기고 소망을 갖게 하소서.

🎴 지금 내 삶에 적용할 필요가 있는 말씀을 찾아 적용함으로 어려움을 이겨냅시다.

나의 영적 일지

효율보다 중요한 것

읽을 말씀 : 누가복음 15:1-7

● 눅 15:7 내가 너희에게 이르노니 이와 같이 죄인 하나가 회개하면 하늘에서는 회개할 것 없는 의인 아흔 아홉을 인하여 기뻐하는 것 보다 더하리라

네덜란드의 가장 큰 슈퍼마켓 체인점 중 하나인 「점보」(Jumbo)는 최근 전 매장에서 '느린 계산대'를 운영하기 시작했습니다.

직원들은 환한 미소로 손님들을 맞아주고 천천히 이런저런 대화를 하며 계산을 합니다. 손님들은 계산이 끝난 후에도 5분, 10분씩 그 자리에서 담화를 나누다가 천천히 가게를 떠나곤 합니다. 점점 빠르게 또는 자동화 시스템으로 변해가는 세상에서 매우 시대착오적인 발상이지만 이 느린 계산대 때문에 더 많은 손님들이 점보 매장을 찾는다고 합니다.

독립 가구가 늘어나고 있는 네덜란드에서는 사람들의 「외로움」이 큰 사회문제로 대두되고 있습니다. 수백만 명이 사는 대도시에서 정작 담소를 나눌 친구한 명이 없는 사람들이 부지기수입니다. 이런 가운데 「점보」의 느린 계산대가 사람들의 마음을 이끌었습니다.

몇몇 매장에서만 시행되던 느린 계산대는 사람들의 폭발적인 반응으로 전국 매장으로 확대됐습니다. 「점보」는 아예 지역 주민들끼리 커피 한 잔을 하면서 대화할 수 있는 '수다 코너'까지 추가로 운영할 계획이라고 합니다.

하나님이 세상을 효율로 따졌다면 결코 독생자 예수 그리스도를 세상에 보내지 않으셨을 것입니다. 조선 초기에 우리나라를 찾아온 선교사님들도 마찬가지입니다. 믿음과 사랑은 결코 효율을 따져서는 안 됩니다. 하나님이 우리에게 보여주셨던 것처럼 우리도 한 영혼을 살리기 위해서라면 할 수 있는 모든 노력을 쏟아붓는 비효율적인 것 같은 성도가 됩시다. 복되고 형통합니다. 아멘!!!

💙 주님, 인생에서 중요한 것이 무엇인지를 깨닫고 진리 안에서 살게 하소서.

🧩 주변에 외로워하는 분들을 찾아가 주님의 심정으로 대화를 나눕시다.

나의 영적 일지

사람보다 하나님

읽을 말씀 : 잠언 16:1-5

● 잠 16:2,3 사람의 행위가 자기 보기에는 모두 깨끗하여도 여호와는 심령을 감찰하시느니라 너의 행사를 여호와께 맡기라 그리하면 너의 경영하는 것이 이루리라

경남 양산의 한 유서 깊은 교회를 개척하신 목사님의 이야기입니다.

개척교회 운영이 너무 힘들었던 목사님은 교회가 자립할 때까지 도움을 달라고 근처의 교회들을 돌며 후원을 요청했습니다.

몇몇 교회의 여 선교회에서 선교헌금을 후원해 주기로 해서 한 달에 한 번씩 찾아가 도움을 받곤 했습니다.

그런데 한 번은 찾아간 교회에서 목사님이 오신 것을 깜박 잊었는지 기다리라고 말한 뒤 6시간이 지나서야 헌금을 들고 왔습니다. 6시간을 기다려 3만 5천 원을 받아 들고 돌아오면서 목사님은 이런 생각을 했습니다.

'6시간 동안 하나님께 기도하면 3만 5천 원이 아니라 10배도, 100배도 주실텐데…. 내가 너무 사람만 의지하는 것 아닐까?'

목사님은 이후로 모든 지원 요청을 끊고 철저히 하나님 앞에만 무릎을 꿇었습니다. 하나님만 바라보고 기도하자 하나님이 모든 것을 책임져 주셨고, 그때 이후로 단 한 번의 재정적 어려움 없이 지금은 지역에서 가장 큰 교회 중 하나로 성장해 오히려 많은 교회를 돕고 있습니다.

하나님은 사람과의 만남을 통해서도 역사하시지만, 또한 하나님께 모든 것을 맡기는 성도들의 삶을 무조건 책임져 주시는 분입니다.

"행사의 모든 것을 맡기라"라는 하나님의 말씀처럼 나의 꿈, 비전, 바람 등 모든 것을 기도로 하나님께 아뢰며 맡기십시오. 복되고 형통합니다. 아멘!!!

♡ 주님, 모든 것을 책임져주시는 주님만 바라보며 믿음으로 기도하게 하소서.
🖼 필요한 모든 것을 주님께 기도로 아뢰며 삽시다.

나의 영적 일지

최후에 선택하는 것

읽을 말씀 : 요한복음 15:11-15

●요 15:13 사람이 친구를 위하여 자기 목숨을 버리면 이에서 더 큰 사랑이 없나니

북대서양 횡단호인 타이타닉호(RMS Titanic)가 빙산에 부딪혀 침몰했을 때 1,514 명이 죽고 710명이 구조됐습니다.

이 사고는 동명의 영화로도 유명하지만, 여자와 아이 먼저 구조한다는 '버큰 헤이드호의 전통'이 철저하게 지켜진 사고로도 유명합니다. 당시 생존자인 부 선장은 배에 타고 있는 대부분의 유명인들을 알고 있었습니다.

존 제이콥 애스터 4세(John Jacob Astor IV)는 타이타닉 수준의 여객선을 10대도 가질 수 있는 대부호였습니다. 그를 알아본 승무원이 구조선에 자리를 만들었 지만 그는 "사람이라면 양심이 있어야 한다"라는 말을 남기고 아내만 태웠습니다.

명성 있는 은행가 집안의 후계자였던 벤저민 구겐하임(Benjamin Guggenheim)도 "신사의 체면을 지키겠다"라며 탑승을 거부하고 숨을 거뒀습니다.

이들뿐 아니라 당시 배에 탑승하고 있던 많은 부자, 권력자, 일반 사람들은 자신이 그동안 이룬 모든 것을 포기하고서라도 사회적 약자들을 지키기 위해 기꺼이 목숨을 바쳤습니다.

모든 사람은 빈손으로 이 세상을 떠나기에 최후에 선택하는 것이 무엇인지 가 그 사람이 누구인지를 말해줍니다.

우리가 최후까지 붙잡고 있을 가장 귀한 가치는 무엇입니까?

예수님이 십자가에서 최후로 선택하신 것은 바로 우리였습니다. 목숨을 다 해 우리를 사랑하신 주님을 우리의 생이 끝나는 날까지 포기하지 마십시오. 복 되고 형통합니다. 아멘!!!

💛 주님, 주님께서 베풀어주신 큰 사랑을 어려운 이들과 함께 나누게 하소서.
🖼 지금 어려운 이웃을 돕기 위해 할 수 있는 일이 무엇인지 생각합시다.

나의 영적 일지

이성을 넘어선 사랑

읽을 말씀 : 로마서 5:1-11

● 롬 5:8 우리가 아직 죄인 되었을 때에 그리스도께서 우리를 위하여 죽으심으로 하나님께서 우리에게 대한 자기의 사랑을 확증하셨느니라

'미국 문학의 아버지'로 불리는 마크 트웨인(Mark Twain / 본명 Samuel Langhorne Clemens)은 지극히 이성적이고 합리주의적인 사고방식으로도 유명했습니다.

당연히 하나님을 믿지도 않았고 과학과 이성으로 설명되지 않는 세상의 모든 것을 거부했습니다. 마찬가지로 사랑이라는 감정도 믿지 않았지만 아내 올리비아를 만난 순간부터 사랑을 의심하지 않았습니다. 올리비아를 만난 후 죽을 때까지 그녀를 한순간도 잊어본 적이 없다고 고백할 정도였습니다.

몸이 약했던 올리비아는 종종 몸져누웠는데, 그럴 때마다 트웨인은 마당 나무의 정원에다 무수히 많은 쪽지를 걸어놨습니다.

「새들아, 좀 조용히 해주겠니?

아픈 아내가 너희 때문에 잠을 못 자고 있단다.」

새들이 글을 알 리도 없고, 쪽지를 보고 울지 않을 리는 더더욱 없었습니다.

지독한 합리주의자인 트웨인 역시 그것을 모르는 바는 아니었지만 아내를 너무도 사랑했기에 아무 소용이 없다는 걸 알면서도 쪽지라도 적지 않고서는 참을 수가 없었습니다.

주님의 참된 사랑 앞에서는 세상의 그 어떤 법칙과 통계와 이성도 아무런 소용이 없습니다. 가슴으로 주님의 사랑을 느끼는 사람은 세상 누구보다 굳건한 반석 위에 믿음의 집을 쌓은 사람입니다.

모든 이에게 동일하게 부어주시는 놀라운 그 사랑을 매일 경험하며, 다른 이들에게 전하며 살아가게 해달라고 기도하십시오. 복되고 형통합니다. 아멘!!!

💛 주님, 주님을 처음 만났을 때의 감동을 늘 잊지 않고 전파하며 살아가게 하소서.

🎇 하나님의 사랑에 감격한 순간들을 이웃과 나눕시다.

나의 영적 일지

끝없는 도전

읽을 말씀 : 여호수아 14:6-15

●수 14:12 그 날에 여호와께서 말씀하신 이 산지를 내게 주소서 당신
도 그 날에 들으셨거니와 그곳에는 아낙 사람이 있고 그 성읍들은
크고 견고할찌라도 여호와께서 혹시 나와 함께 하시면 내가 필경
여호와의 말씀하신대로 그들을 쫓아내리이다

학교에 들어가기 전부터 체조를 연습하던 유망주 소녀가 있었습니다.

소녀는 체조를 너무나 사랑했고 재능도 있었지만 10대 때 안타까운 부상으
로 체조를 계속할 수 없었습니다. 그래도 계속해서 체조를 하고 싶었던 소녀는
체조 코치로 경력을 이어갔습니다.

소녀는 어느덧 중년의 아줌마가 됐습니다.

50세가 넘은 나이에 다시 한번 꿈에 도전하고자 체조선수로 복귀했고, 누가
알아주지 않아도 40년 동안 꿋꿋이 체조를 연습해 대회에도 출전했습니다.

세계 최고령 체조선수로 기네스북에 등재된 요한나 쿠아스(Johanna Quaas)의 이
야기입니다.

10대 때 꿈을 품었던 소녀는 90살이 넘은 흰머리 할머니가 돼서도 포기하지
않고 매일 연습했습니다. 그 결과 국제 체조 명예의 전당으로부터 공로를 인정
받아 상패를 받았고, 세계적인 체조선수들도 할머니의 연습 영상에 존경을 표
하는 찬사를 보냈습니다.

이제 할머니는 체조선수로는 은퇴했지만 그래도 여전히 매일 연습을 하며
온라인을 통해 영상을 올리고 있습니다. '누구든, 언제든, 꿈에 도전할 수 있다'
라는 사실을 사람들에게 보여주기 위해서입니다.

쿠아스 할머니가 꿈을 포기하지 않았듯이 우리는 사명을 포기하지 말아야
합니다. 이 땅을 떠나기 전까지 사명에 완성이란 없습니다. 주님이 주신 비전을
위해 포기하지 말고 끝없이 도전하십시오. 복되고 형통합니다. 아멘!!!!

💛 주님, 주님이 주신 사명을 어려움 중에서도 충성스럽게 감당하게 하소서.
🖼 주님께서 주신 사명이라 생각하는 일을 위해 오늘도 준비합시다.

나의 영적 일지

살아내는 연습

읽을 말씀 : 이사야 48:1-11

● 사 48:10 보라 내가 너를 연단하였으나 은처럼 하지 아니하고 너를 고난의 풀무에서 택하였노라

미국의 대표적인 복음주의 작가 게리 토마스(Gary Thomas)는 한때 테니스에 빠져 있었습니다. 눈만 감으면 녹색 코트가 떠올랐고 어떻게 하면 더 테니스를 잘 칠 수 있는지를 하루 종일 고민했습니다.

그러던 중 이미지 트레이닝만으로 실력을 높일 수 있다는 한 테니스 서적을 읽게 됐습니다. 사역으로 바쁜 일상에 시간이 많지 않았던 토마스는 책에 나온 대로 틈만 나면 이미지 트레이닝으로 연습을 했습니다.

마침내 바쁜 일정이 끝나고 토마스는 두근거리는 마음으로 코트에 섰습니다. 책의 내용만큼 테니스 실력이 늘었을지 궁금했습니다. 그러나 그사이 실력은 매우 형편없어졌습니다. 머릿속으로 열심히 연습했지만 실제로 몸을 움직이는 연습에 비하면 효과가 미미했습니다.

그 순간 토마스는 중요한 사실을 깨달았습니다.

'몸을 움직이지 않으면 실력이 늘지 않듯이, 우리 신앙도 마찬가지겠구나.

말씀을 따라 움직이지 않으면 신앙도 성장하지 않겠구나.'

삶으로 살아내지 않고 머릿속에서만 떠올리는 신앙은 우리의 믿음을 성장시키지 못합니다.

악한 세상에서 경건한 성도로 살아가기 위해 우리는 말씀을 배우고, 또 그대로 살아가며 경건의 훈련을 해야 합니다.

매일 주시는 주님의 말씀을, 우리의 삶에서 살아내는 경건의 연단을 기꺼이 감내하십시오. 복되고 형통합니다. 아멘!!!

♡ 주님, 주님께 배우고 받고 듣고 본 바를 행하여 믿음을 견고하게 해주소서.
▒ 혹시 내게 경건의 모양과 더불어 경건의 능력도 있는지 살펴봅시다.

나의 영적 일지

1월 31일

역경이라는 기회

읽을 말씀 : 시편 34:14-22

● 시 34:19 의인은 고난이 많으나 여호와께서 그 모든 고난에서 건지시는도다

이제 농사를 배우기 시작한 젊은 농부가 있었습니다.

이른 봄에 비가 많이 내려 땅이 비옥해지자 젊은 농부는 올해는 풍년이 들 것 같다고 말했습니다.

그러나 옆에 있던 경험 많은 늙은 농부는 정반대의 말을 했습니다.

"큰일이군. 날씨가 너무 좋은데….

이러다가 태풍이라도 만나면 다 쓸려가겠어."

토지가 너무 비옥할 때 식물은 스스로 뿌리를 내리는 노력을 하지 않습니다. 그래서 조금만 바람이 강해도 뿌리가 뽑히고, 비가 조금만 덜 와도 말라버립니다.

실제로 최고의 와인을 만드는 좋은 토양(떼루아, Terroir)은 바로 척박한 땅이라고 합니다. 땅이 척박할수록 포도나무가 스스로 뿌리를 깊고 또 넓게 내려 양질의 좋은 포도가 맺히기 때문입니다. 그래서 경험이 많은 농부는 포도원을 되도록 척박한 환경에 지으려고 합니다. 성장은 좀 힘들고 더딜지라도 최고의 포도를 맺을 수 있기에 포도나무에도 좋은 결과로 이어지기 때문입니다.

그리스도인의 삶에도 고난과 역경이 있는 이유는 주님이 우리를 더욱더 큰 일을 감당할 재목으로 성장시키려고 하시기 때문입니다. 위기가 곧 기회이고 고난이 우리의 믿음을 더욱더 단단하게 연단합니다. 우리에게 가장 좋은 것을 주시는 주님이심을 언제나 전폭적으로 믿으십시오. 복되고 형통합니다. 아멘!!!

💙 주님, 시련이 저의 영육을 단단하게 함을 믿고 감사하며 뚫고 가게 하소서.

🙇 지금 있는 어려움이 굳건한 신앙을 위해서임을 믿고 감사하며 이겨냅시다.

나의 영적 일지

2월

"여호와여 주는 나의 방패시요
나의 영광이시요 나의 머리를 드시는 자니이다
내가 나의 목소리로 여호와께 부르짖으니 그 성산에서 응답하시는도다(셀라)
내가 누워 자고 깨었으니 여호와께서 나를 붙드심이로다"

– 시편 3:3~5 –

살아도, 죽어도 주를 위하여

2월 1일

읽을 말씀 : 로마서 14:6-9

●롬 14:8 우리가 살아도 주를 위하여 살고 죽어도 주를 위하여 죽나니 그러므로 사나 죽으나 우리가 주의 것이로라

『경기도 용인에 사시는 장로님 내외분이 계십니다. 올해 89세, 86세로 극동방송 애청자이자 전파선교사이십니다. 2년 전, 지금 살고 있는 50평대 아파트를 극동방송에 기증하고 싶다는 연락을 받고 심방을 가게 되었습니다.

그때 장로님은 "이제 우리 부부는 하늘나라에 갈 준비를 하며 살고 있습니다"라며 현재 살고 있는 아파트를 자식들에게 물려주지 않고, 사후에 복음 전하는 극동방송과 또 한 기관에 기증하려고 한다는 말씀을 주셨습니다.

저는 그 말씀에 큰 감동을 받았습니다. 알고 보니 장로님 내외분은 어렵고 힘든 교회나 기관에 물질을 흘려보내고 계셨습니다. 그러나 저는 두 군데보다는 한 군데에 헌금하는 것이 더 좋을 것 같아 극동방송이 양보하겠다고 말씀드렸고, 그 후 그분들은 그 아파트를 다른 기관에 기증하셨습니다.

저는 가끔 그분들의 안부가 궁금해 연락을 드렸습니다.

지난해 여름에는 계단을 내려가다가 허리를 다치셨다는 이야기를 듣고, 잠시 들러 기도를 해드렸는데 너무나 좋아하시던 모습이 눈에 선합니다.

인생은 빈손으로 왔다가 빈손으로 가는 공수래공수거(空手來空手去)입니다. 사도 바울은 "우리가 살아도 주를 위하여 살고 죽어도 주를 위하여 죽나니 그러므로 사나 죽으나 우리가 주의 것이로다"라고 신앙 고백을 했습니다. 복음을 전하는 일이라면 자신의 모든 것을 아낌없이 선교에 헌신하며 홀가분한 마음으로 주님 앞에 설 날을 준비하시는 장로님 내외분처럼 우리도 그렇게 멋진 인생을 살았으면 좋겠습니다.』 - 「김장환 목사의 인생 메모」 중에서

살아도 죽어도 주님을 위해 사십시오. 복되고 형통합니다. 아멘!!!

♡ 주님, 내 삶의 목적이 오직 복음 전하는 것이 되게 하소서.

🐾 주님이 주신 사명에 온전히 순종하며 살아갑시다.

나의 영적 일지

올바른 인정

읽을 말씀 : 사도행전 5:23-32

● 행 5:29 베드로와 사도들이 대답하여 가로되 사람보다 하나님을 순종하는 것이 마땅하니라

최근 미국에서는 10대들이 열차 위에 올라타서 버티는 '열차 서핑'을 하다가 수 백 명이 죽었습니다.

SNS에서 큰 관심을 받기 위해 누군가 시작한 '열차 서핑 챌린지' 때문인데, 더 큰 관심을 받으려고 후발주자들이 더 위험한 시도를 했기 때문입니다.

또한 코로나19로 경제가 위기였던 지난 3년간 세계적으로 명품 소비는 24%나 증가했다고 합니다. 이 역시 오프라인으로 사람을 만나지 못하니까 온라인으로 자신을 드러내고 자랑하려는 심리 때문이라고 합니다.

경제 상황이 점점 어려워지고 있음에도 사람들은 명품 구입과 성형에는 더 많은 돈을 투자하고 있습니다.

사람들은 한 번뿐인 인생을 멋지게 살려고, 즉 자기 자신을 위해 명품을 사고 외모를 가꾼다고 응답했으나 전문가들의 의견은 달랐습니다. 자기만족이 아닌 다른 사람에게 보이기 위한 '과시 욕구'가 사회에 팽배하기 때문에 경제가 힘들어도 명품과 성형에 더 많은 돈을 쓴다는 것이었습니다.

이에 대해 하버드대학교(Harvard University) 심리학과 윌리엄 제임스(William James) 교수는 다음과 같이 말했습니다.

"인간에게 가장 깊숙이 잠재된 욕구는 타인으로부터 좋은 평가를 받는 것입니다. 이것이 동물과 구분되는 인간의 가장 중요한 특성입니다."

다른 사람에게 인정받고자 하는 욕구가 나쁜 것은 아닙니다. 그러나 명품과 성형에 목을 매면서까지 집중해서는 안 됩니다. 사람이 아닌 주님을 위해서만 끝없이 충성하는 그리스도인이 되십시오. 복되고 형통합니다. 아멘!!!

♡ 주님, 저를 자랑하는 삶이 아니라, 주님을 자랑하는 삶이 되게 하소서.
🖼 주님이 주신 은혜의 선물들을 주님을 위해 얼마나 사용하는지 살핍시다.

나의 영적 일지

하나님의 타이밍

읽을 말씀 : 로마서 11:25-36

● 롬 11:33 깊도다 하나님의 지혜와 지식의 부요함이여, 그의 판단은 측량치 못할것이며 그의 길은 찾지 못할 것이로다

캐나다 소도시에 30개가 넘는 개척교회를 세운 헨리 블랙커비(Henry T. Blackaby) 목사님은 어느 날 모르는 사람으로부터 연락을 받았습니다.

"목사님, 저는 자원봉사로 캐나다 시골에서 말씀을 가르치고 있는 사람입니다. 이곳 위니펙(Winnipeg)에는 50만 명이나 살고 있지만, 아직 교회가 없습니다. 그러나 모임에 참석하는 사람들의 마음은 누구보다 뜨겁습니다. 제가 사정이 생겨서 더 이상 이 모임에 갈 수가 없게 되었는데 혹시 목사님이 대신 맡아주실 수 있으십니까?"

위니펙은 블랙커비 목사님의 교회로부터 무려 800km나 떨어진 곳이었습니다. 그러나 "하나님이 주신 마음으로 연락을 했다"라는 말에 목사님은 기도 끝에 결국 순종했습니다. 800km나 떨어진 곳에 매주 한 번씩 가서 말씀을 전하고 재정을 지원하는 일은 결코 쉽지 않았습니다. 그러나 그 시기와 그 순종은 분명한 하나님의 타이밍이었습니다.

위니펙에 세워진 교회는 이후 주변의 다른 도시들에 교회를 세우는 중요한 전진기지 역할을 했고 블랙커비 목사님의 아들이 목사 안수를 받고 첫 사역을 시작한 교회가 되기도 했습니다.

인간적인 생각으로는 하나님의 말씀에 결코 순종할 수 없을 때가 많습니다. 그러나 우리의 생각과 능력을 뛰어넘는 하나님의 계획이 분명히 있음을 믿고 기도함으로 주시는 마음에는 무슨 일이든 순종하십시오. 복되고 형통합니다. 아멘!!!

♡ 주님, 주님께서 가장 가치있게 여기시는 순종의 사람으로 쓰임 받게 하소서.

☒ 요즘 하나님이 주시는 순종의 마음이 있다면 부담되더라도 순종합시다.

나의 영적 일지

콘크리트의 법칙

읽을 말씀 : 빌레몬서 1:1-7

● 몬 1:6 이로써 네 믿음의 교제가 우리 가운데 있는 선을 알게 하고 그리스도께 미치도록 역사하느니라

'첫인상 콘크리트의 법칙'이라는 말이 있습니다.

사람의 첫인상은 5초 만에 결정된다고 합니다.

그리고 이어진 5분간의 대화를 통해 나머지 인상이 결정된답니다.

이렇게 짧으면 5초, 길면 5분 만에 결정되는 첫인상이 다시 바뀌려면 40시간이 필요하다고 합니다. 우리가 어떤 사람을 만났을 때 첫인상에 '좋은 느낌'을 받았다면 그 사람이 나쁜 사람이라는 것을 알게 되어도 납득하기까지는 40시간이 필요합니다. 반대로 사실은 좋은 사람이지만 첫인상이 나빴다면 그 사람을 올바로 평가하기까지도 40시간이 필요합니다.

주변에 아주 가까운 사람 외에는 40시간씩 교제를 나눌 사이는 흔치 않습니다. 그런 이유로 첫인상은 콘크리트처럼 굳어져 관계에 큰 영향을 주기 때문에 매우 중요합니다.

미국의 저명한 이미지 컨설턴트 매리 미첼(Mary Mitchell)은 "두 번의 기회가 없으므로 첫인상은 모르는 사람과의 관계를 시작할 때 가장 중요한 포인트"라고 말했습니다.

그리스도인으로 살아가는 우리의 모습이 세상에 어떻게 비추어지느냐가 세상 사람들이 보는 주님에 대한 첫인상일 수도 있습니다. 말씀대로 지혜롭게 말을 하고, 선을 행하는 사랑의 마음으로 세상 사람들에게 좋은 그리스도인의 이미지를 심어주십시오. 복되고 형통합니다. 아멘!!!!

♡ 주님, 세상 사람들에게도 인정받는 좋은 이미지의 그리스도인이 되게 하소서.

주님을 닮은 성품으로 주변 사람들에게 좋은 영향력을 끼칩시다.

나의 영적 일지

2월 5일

기준을 세우라

읽을 말씀 : 신명기 26:8-19

● 신 26:16 오늘날 네 하나님 여호와께서 이 규례와 법도를 행하라고 네게 명하시나니 그런즉 너는 마음을 다하고 성품을 다하여 지켜 행하라

러시아의 한 경찰 서장이 광장에 미친개가 출몰했다는 신고를 받고 출동했습니다. 개는 이미 시장의 귀금속 상인을 물고 난 뒤였습니다.

서장은 부하에게 당장 개를 끌고 가서 죽이라고 명령했습니다.

그런데 구경꾼 중 한 명이 이런 말을 속삭였습니다.

"어, 저 개는 분명히 장군님이 기르시는 개인데…."

이 말을 들은 서장은 깜짝 놀라 개를 서둘러 장군님 댁에 돌려드리라고 명령을 내리며 상인에게 책임을 돌렸습니다.

"가만히 있는 개가 사람을 물겠습니까?

당신이 먼저 개를 자극한 거 아니요?"

잠시 뒤 이 모습을 본 장군의 요리사가 그 개는 장군님의 개가 아니라고 말했습니다. 그러자 서장은 다시 개를 데려가서 당장 죽이라고 명령했습니다.

서장은 시종일관 사람들이 하는 말에 따라 손바닥 뒤집듯이 명령을 바꾸다가 결국 개의 주인이 장군님의 동생이라는 걸 알고는 다시 상인을 나무란 뒤 개를 돌려보냈습니다.

러시아의 극작가 안톤 체호프(Anton Pavlovich Chekhov)가 습작으로 쓴 소설 「카멜레온」의 이야기입니다.

올바른 기준이 없이는 제대로 된 선택을 내릴 수 없습니다.

오직 진리의 말씀인 성경을 통해 우리 삶의 기준을 세우고, 하나님이 기뻐하시는 선택을 하십시오. 복되고 형통합니다. 아멘!!!

🤍 주님, 세상의 소리에 요동치지 않는 참되고 굳센 성도가 되게 하소서.

📰 성경의 가르침을 기준으로 삼아 주님의 말씀에 더욱 귀 기울이며 삽시다.

나의 영적 일지

서비스의 핵심

읽을 말씀 : 로마서 14:13-23

●롬 14:18 이로써 그리스도를 섬기는 자는 하나님께 기뻐하심을 받으며 사람에게도 칭찬을 받느니라

오피니언 리서치 코퍼레이션(Opinion Research Corporation)에서 미국 최고의 경영자 400명을 대상으로 이색적인 설문 조사를 한 적이 있습니다.

이 회사는 미국 최고의 경영자들이 어떤 기준으로 항공편을 고르는지 조사했습니다. 누구보다 합리적이고 자주 비행기를 이용하는 경영자들은 어떤 기준으로 항공편을 골랐을까요? 금액이었을까요? 편의성이었을까요?

정답은 고객에 대한 관심, 즉 서비스였습니다.

미국 최고의 경영자들은 "잘 모르겠는데요"라고 응답하는 직원보다는 "일단 가능한지 알아보겠습니다"라고 응답하는 직원이 있는 항공사를 이용하겠다고 말했습니다.

언스트 앤 영(Ernst & Young)이라는 기업에서도 이와 비슷한 조사를 했습니다.

이 회사에서는 미국의 첨단 기술을 선도하는 업체를 이용하는 고객들을 대상으로 서비스에서 가장 중요한 건 무엇인지 물었습니다. 결과는 가격, 편의성, 빠른 배송이 아닌 '개인적인 접촉'이었습니다. 물건을 구매하며 나누는 짧은 이야기, 다정한 인사, 혹은 고객의 이름을 기억해 주는 것을 손님들은 가장 중요한 서비스의 요소로 꼽았습니다.

다른 사람에게 복음을 전한다는 것은 곧 그 사람의 마음을 얻는 것입니다.

주 예수님이 항상 먼저 사람들을 찾아가고 함께 식사하셨던 것처럼 전도에 앞서 진실된 관심과 헌신을 우리의 전도 VIP들에게 쏟아주십시오. 복되고 형통합니다. 아멘!!!

♡ 주님, 전도를 위해 기도하며 그 사람에게 필요한 말씀을 전하게 하소서.
🙇 우리 삶의 주인이신 주님을 더 많은 사람들에게 알리도록 노력합시다.

나의 영적 일지

먼저 드려라

읽을 말씀 : 로마서 12:1-5

● 롬 12:1 그러므로 형제들아 내가 하나님의 모든 자비하심으로 너희를 권하노니 너희 몸을 하나님이 기뻐하시는 거룩한 산 제사로 드리라 이는 너희의 드릴 영적 예배니라

종교개혁 이후 기독교의 순수성을 지키기 위해 생명까지도 걸었던 새뮤얼 루더포드(Samuel Rutherford) 목사님은 성도들에게 "여러분이 주님을 선택하지 말고, 주님이 여러분을 선택하게 하십시오"라는 설교를 했습니다.

그 이유는 많은 성도가 정해진 시간만을 하나님께 드리기 때문이었습니다.

"여러분의 아침을 하나님께 드리십시오. 그러나 낮 역시 하나님께 드리십시오. 그렇다고 저녁은 여러분의 뜻대로 보내도 된다는 뜻이 아닙니다. 진정한 그리스도인은 하나님이 허락하지 않으신 일은 삶에서 일어나지 않도록 해야 합니다. 우리의 하루를 모두 주님께 드린다면 우리의 삶에 일어나는 모든 일은 하나님이 허락하신 일들입니다. 그 일이 기쁨이든 고난이든 우리는 걱정할 것이 없습니다. 성도의 의무는 오직 순종입니다."

평생을 자메이카 선교에 바쳤던 해럴드 윌디쉬(Wildish, Harold) 선교사도 다음과 같이 말했습니다.

"당신의 모든 죄의 짐을 버리고 지금도 일하고 계시는 성령님의 역사 안에서 쉬십시오. 매일 아침을 성령님의 인도 아래 내어드리고 온종일 기쁨으로 성령님을 의지하십시오."

하나님이 귀한 독생자의 전부를 우리에게 주셨듯이 우리도 일주일의 하루, 하루 중 일부가 아닌 전부를 하나님께 드려야 합니다. 하루의 시작과 마치는 가운데 모든 순간이 성령님의 인도하심을 따르도록 우리의 전부를 내어드리십시오. 복되고 형통합니다. 아멘!!!

💟 주님, 먹든지 마시든지 무엇을 하든지 주님의 영광을 위해서 하게 하소서.

🦮 주님의 은혜가 아니면 살 수 없고 그 무엇도 이룰 수 없음을 고백합시다.

나의 영적 일지

교만의 뿔

읽을 말씀 : 요한복음 16:15–24

●요 16:24 지금까지는 너희가 내 이름으로 아무 것도 구하지 아니하
였으나 구하라 그리하면 받으리니 너희 기쁨이 충만하리라

'카롤루스 대제'로 알려진 프랑크 왕국의 샤를마뉴(Charlemagne)에게는 12명의 용맹한 기사단이 있었습니다.

12기사단 중 한 명인 로랑 드 구비옹 생시르(Laurent de Gouvion–Saint–Cyr) 장군이 하루는 무어인이라고 불리는 이슬람 이민족과 전투를 벌이고 있었습니다. 생각보다 거센 적군의 저항에 생시르 장군은 매우 불리한 전황에 처했고 급기야 포위까지 당했습니다.

이런 일을 대비해 카롤루스 대제는 기사단에게 '뿔 나팔'을 하나씩 하사했습니다. 뿔 나팔을 불기만 하면 근처에 있는 다른 병사들은 12명의 기사단을 구하기 위해 열 일을 제쳐두고 달려와야만 했습니다.

그러나 생시르 장군은 끝까지 뿔 나팔을 불지 않고 무어인들에게 포위당한 채 전사했습니다. 12기사단인 자신이 먼저 다른 사람에게 도움을 구할 수는 없다는 체면 때문이었습니다. 그 체면 때문에 아끼던 병사들이 적의 창칼에 쓰러지고 급기야 자신도 목숨을 잃었지만 그래도 생시르 장군은 끝까지 체면 때문에 뿔 나팔을 불지 않았습니다. 언제든지 자신을 구할 수 있는 왕의 나팔을 불지 않았던 것은 체면이 아닌 교만의 문제입니다.

생시르 장군처럼 우리도 주님의 도움을 외면하고 우리의 힘으로만 모든 문제를 해결하려고 하지는 않습니까? 주님은 우리가 구하기만 하면 아끼지 않고 모든 좋을 것을 베푸시는 분이십니다. 주님께 우리 삶의 모든 문제와 어려움을 기꺼이 맡겨 드리십시오. 복되고 형통합니다. 아멘!!!

♡ 주님, 전능하신 주님께 도움을 구하지 않는 교만한 성도가 되지 않게 하소서.
🖼 요즘 어려운 일이 있다면 해결해 주시는 주님께 시간을 내서 간구합시다.

나의 영적 일지

성공의 마스터키는 노력

읽을 말씀 : 역대상 28:1-7

● 대상 28:7 저가 만일 나의 계명과 규례를 힘써 준행하기를 오늘날과 같이 하면 내가 그 나라를 영원히 견고케 하리라 하셨느니라

미국의 초대 대통령 조지 워싱턴(George Washington)은 자신의 성공 비결을 「새벽 4시 기상」이라고 말했습니다.

"나는 다른 사람보다 특출난 재능이 없었다. 그래서 보통 사람들보다 3시간 더 일찍 일어나기로 했다. 내가 할 수 있는 것은 이것뿐이었다. 나는 매일 4시에 일어났고, 그 결과 다른 사람보다 더 많은 일을 할 수 있었다."

메이저리그 뉴욕 양키즈의 간판스타였던 호르헤 포사다(Jorge Posada)는 평범한 야구 선수였습니다. 그러나 프로가 되고 나서 자신의 가치를 끌어올리기 위해 기피 포지션인 포수를 연습했고 오른손잡이임에도 타격에 유리한 왼손 타격으로 바꿨습니다.

성인, 그것도 프로가 되고 나서 그동안 해왔던 습관을 바꾸는 건 절대로 쉬운 일이 아니었지만, 그래도 포사다는 뼈를 깎는 노력을 통해 이루어냈습니다. 성공하기 위해서는 그 방법밖에 없었기 때문입니다.

성공한 사람들은 저마다의 성공 비결이 있습니다.

사람마다, 상황 따라 비결은 달라집니다.

그러나 그 누구도 노력 없이 성공한 사람은 없습니다.

우리도 성공하고 싶다면 결단해야 합니다. 더욱 노력해야 합니다.

주님이 주신 말씀을 더욱 붙들어야 하며, 모든 일에 기도로 간구해야 합니다.

주님이 우리 모두에게 주신 비전과 상황과 이루실 때는 다르지만, 그 일을 위해 우리가 성실히 노력하며 순종해야 한다는 성공의 비결, 성공의 기본을 기억하십시오. 복되고 형통합니다. 아멘!!!

♡ 주님, 무엇보다도 주님을 따르는 길이 성공의 비결임을 깨닫게 하소서.

🗾 성공하고 싶다면 먼저 주님의 음성에 귀 기울이고 순종합시다.

나의 영적 일지

질문이 사라진 이유

2월 10일

읽을 말씀 : 베드로전서 1:7-9

● 벧전 1:7 너희 믿음의 시련이 불로 연단하여도 없어질 금보다 더 귀
하여 예수 그리스도의 나타나실 때에 칭찬과 영광과 존귀를 얻게
하려 함이라

다이빙 사고로 전신마비가 된 성도가 있었습니다.

성도는 믿음으로 신체적 어려움을 극복하고 많은 사람에게 희망과 용기를
주는 글을 쓰고 입으로 그림을 그려 전시회도 열었습니다. 그러나 그럼에도
'하나님은 왜 나에게 이런 시련을 주셨는가?'에 대한 답을 찾지 못하고 있었습니
다.

그런데 이런 성도의 고민을 알고 있기라도 하듯이 어느 날 성도의 책을 읽은
한 독자가 다음과 같은 편지를 보냈습니다.

『당신에게 도움이 될까 싶어 내 얘기를 잠깐 할까 합니다.

나는 잔인한 사고로 아들을 먼저 떠나보낸 사람입니다. 그 뒤에도 여러 힘든
일이 일어났지만 나는 내 삶에 왜 이런 일이 일어났는지를 모릅니다. 그런데 주
님을 만난 뒤에 어떤 변화가 일어났는지 아십니까? 나는 더 이상 고난의 이유
가 궁금하지 않습니다. 하나님을 안다는 것만으로도 충분하기 때문입니다.』

성도는 이 편지에 큰 감명을 받고 앞으로는 '시련에도 불구하고' 믿는 믿음이
아니라 오히려 '시련 때문에' 믿는 믿음을 갖고 살겠다고 다짐했습니다.

장애인들을 위한 기독교 사역 단체 「조니와 친구들」(Joni and Friends)을 설립한
조니 에릭슨 타다(Joni Eareckson Tada)의 일화입니다.

힘들고 어려운 일을 만나더라도 우리의 마음과 입에서 "주님만으로 나는 만
족합니다"라는 고백이 나오길 소망합니다.

주님 한 분만으로 정말로 만족한다는 고백을 드릴 수 있는 성숙한 신앙인이
되십시오. 복되고 형통합니다. 아멘!!!

🤍 주님, 어떤 상황에서도 주님의 은혜에 감사하며 주님의 뜻을 찾게 하소서.
🙏 지금 어려움이 있다면 어떻게 극복할지 주님께 묻는 기도를 합시다.

나의 영적 일지

밸브 하나의 중요성

읽을 말씀 : 갈라디아서 6:1-5

● 갈 6:2,3 너희가 짐을 서로 지라 그리하여 그리스도의 법을 성취하라 만일 누가 아무것도 되지 못하고 된줄로 생각하면 스스로 속임이니라

국내의 한 농촌 교회에서 보일러가 망가져 냉골에서 예배를 드려야 했습니다. 이 소식을 들은 한 선교회에서 헌금을 보내줘 다행스럽게도 전보다 훨씬 더 좋은 보일러를 거의 모든 공간에 연결할 수 있게 됐습니다.

며칠에 걸친 대공사가 끝나고 드디어 보일러를 틀었습니다.

그런데 분명히 보일러 내부에서는 뜨거운 물이 도는데 교회 바닥이 영 따뜻해지지 않았습니다. 어떤 날은 온수만 나오고, 어떤 날은 난방만 되고, 어떤 날은 몇몇 방만 따뜻해지는 등 중구난방이었습니다.

며칠을 지켜보던 목사님이 서비스 업체를 불렀는데 원인은 아주 작은 밸브 하나였습니다. 물을 필요한 곳으로 보내주는 삼방 밸브라는 부품이 설치 중 망가져서 어떤 때는 난방으로 틀어도 온수만 나오고, 또 어떤 때는 온수를 틀어도 난방만 되는 등 멋대로 돌아갔던 것입니다.

작은 밸브가 수리된 후 따스해진 교회에서 목사님은 이런 깨달음을 얻었다고 합니다.

'이 작은 밸브가 고장 나면 보일러가 쓸모없게 되는 것처럼
하나님과 우리의 관계가 올바르지 않다면
세상의 그 어떤 성공도 쓸모가 없다.'

세상을 창조하신 하나님이 가장 중요하게 여기신 것은 바로 인간이었습니다. 모든 것을 아끼지 않고 주시며 우리를 구원하신 주 예수님만을 섬기며, 예수님과의 관계를 멀리하게 하는 모든 것들을 마음에서 치우십시오. 복되고 형통합니다. 아멘!!!!

♡ 주님. 작은 것의 소중함을 알고 작은 죄의 무서움을 알게 하소서.

🎨 주님과의 관계에서 막힌 부분이 있는지 면밀히 살펴봅시다.

나의 영적 일지

도둑이 드는 이유

읽을 말씀 : 베드로전서 5:1-11

● 벧전 5:8 근신하라 깨어라 너희 대적 마귀가 우는 사자 같이 두루 다니며 삼킬 자를 찾나니

'겨울 사과밭에는 도둑이 없다'라는 말이 있습니다.

사과는 가을이면 모두 수확이 끝나기 때문에 도둑이 굳이 겨울에 사과밭에 올 이유가 없다는 뜻입니다. 어쩌면 그리스도인이 고난을 받는 이유도 이와 같을 수 있습니다. 훔칠 물건이 있어야 도둑이 드는 것처럼 믿음이 있는 사람에게 사탄이 고난을 주는 것입니다. 미국에서 주로 아버지들을 위한 사역을 하는 닉 해리슨(Nick Harrison) 목사님은 이렇게 말했습니다.

"위대한 믿음의 위인들은 대부분 그만큼 큰 시험을 받았다.

승리를 체험하기 위해서는 전쟁을 겪어야 한다."

5만 번의 기도 응답을 받은 조지 뮬러(George Muller)는 "강한 믿음을 얻으려면 강한 시련을 견뎌야 한다"라고 말했습니다.

"믿음을 단련하는 유일한 방법은 큰 시련을 견디는 것뿐입니다.

저는 혹독한 시험 가운데서 참된 믿음을 배웠습니다."

우리가 고난을 받는 것은 사탄이 하나님께서 우리에게 주신 큰 복을 노리고 염려, 근심, 걱정으로 우리를 공격하기 때문입니다. 그래서 우리는 항상 깨어있어야 합니다. 그저 깨어있는 것이 아니라 "근신하라, 깨어라, 대적하라!"라는 주님이 주신 말씀처럼 하나님의 큰 복을 파괴하기 위해 노리고 오는 사탄을 주 예수님 이름으로 대적해야 합니다.

우리 삶에 찾아오는 고난도, 큰 복과 축복도 모두 주님의 뜻 가운데 이루어진 것입니다. 우리가 처한 상황, 환경에 관계없이 담대한 용기로 주님 앞에 쉬지 않고 기도하는 믿음의 용사로 우뚝 서 나가십시오. 복되고 형통합니다. 아멘!!!

💙 주님, 연단을 통해 더욱 성장하게 하심을 깨닫고 늘 주님을 의지하게 하소서.

🙏 고난과 연단이 있을 때 더욱 주님만을 믿고 의지하며 앞으로 나아갑시다.

나의 영적 일지

훌륭한 멘토를 만나려면

읽을 말씀 : 빌립보서 4:1~9

● 빌 4:9 너희는 내게 배우고 받고 듣고 본 바를 행하라 그리하면 평
강의 하나님이 너희와 함께 계시리라

미국 고든 대학(Gordon College)의 마이클 린지(Michael Lindsay) 박사는 미국에서 가장 어린 나이에 총장이 된 인물입니다.

젊은 시절부터 다양한 분야에서 업적을 이룬 린지 박사는 어느 날 자신이 이른 나이에 미국 매사추세츠주에서 최고로 꼽히는 기독교 대학의 총장이 될 수 있었던 것은 하나님이 좋은 멘토들을 때에 맞게 붙여주셨기 때문이라는 사실을 깨달았습니다. 린지 박사는 550명의 세계적인 리더들을 따로 만나 인터뷰를 했는데 그 과정에서 다음과 같은 「3가지 공통점」을 찾았습니다.

● 첫째, 큰 열정으로 오랜 기간 관심사에 시간을 투자했다.

● 둘째, 희생이 따르더라도 모든 일에 솔선수범했다.

● 셋째, 훌륭한 멘토를 만났다.

자신이 깨달은 성공의 비결과 마찬가지였습니다.

린지 박사는 이 중에서 무엇보다 세 번째 조건인 '훌륭한 멘토'가 가장 중요하다고 생각했습니다. 첫째, 둘째 조건은 스스로의 힘으로 이룰 수 있지만 세 번째 조건은 하나님이 허락하시지 않으면 누릴 수가 없기 때문입니다.

그런 이유로 마이클 린지 총장은 훌륭한 멘토를 만나기 위해 가장 중요한 것은 '기도'라고 말했습니다. 린지 총장은 좋은 멘토들에게 먼저 만남을 부탁하곤 했는데, 기도하고 나서 찾아갔을 때는 단 한 번도 거절당하지 않았기 때문입니다.

주님이 우리에게 주시는 가장 귀한 복 중 하나는 바로 관계의 복입니다. 주님이 주시는 복음을 강물처럼 흘려보낼 수 있도록 살아가며 좋은 멘토들을 만나게 해달라고 기도하십시오. 복되고 형통합니다. 아멘!!!

♡ 주님, 저를 성장시켜줄 훌륭한 멘토를 만나게 인도하소서.

🎴 멘토로 삼고 싶은 사람이 있다면 먼저 기도하고 찾아가 교제합시다.

나의 영적 일지

천국이 있는 곳

읽을 말씀 : 누가복음 17:20-25

● 눅 17:21 또 여기 있다 저기 있다고도 못하리니 하나님의 나라는 너희 안에 있느니라

초기 한국교회의 유명한 부흥사였던 이성봉 목사님은 한국 전쟁 당시 피난길인 목포에서 부흥회를 인도하다가 공산당원에게 붙잡혔습니다.

신을 인정하지 않는 공산당원들은 목사님을 감옥에 가두고 매일 모진 고문을 가하며 모욕했습니다. 그럼에도 목사님은 감옥에서도 기도를 쉬지 않으며 만나는 죄수와 간수들에게 전도를 했습니다.

하루는 이 모습을 보고 화가 머리끝까지 난 한 공산당원이 목사님을 끌고 나와 마구 때렸습니다.

"아직도 찬양이 나오나? 그렇게 자랑하던 천국 한 번 보여주시게.

그럼 당장 자네를 풀어주고 나도 예수를 믿겠네."

이성봉 목사님은 지금 보여주겠다고 대답했습니다.

그러자 당원은 더 화가 나서 때렸습니다.

"죽어서 가는 천국 말고, 지금 여기서 보여달란 말이야!"

이 말에 이성봉 목사님은 다음과 같이 대답했습니다.

『천국 본향은 죽어서 가는 곳이라 보여드릴 방법이 없습니다.

그러나 내 마음에 천국 지점이 있습니다.

이렇게 매를 맞으면서도 당신에게 복음을 전하는 내 모습이 그 증거입니다.』

주님은 천국이 어디 있냐고 묻는 이들에게 바로 너희 안에도 있을 수 있다고 대답하셨습니다. 주님을 믿고, 우리 마음에 모시며 살아간다면 그 어디라 해도 하늘나라입니다. 천국에서의 기쁨을 누리며 살아가십시오. 복되고 형통합니다. 아멘!!!

🤍 주님, 이 땅에서도 주님이 통치하시는 천국의 삶을 살게 하소서.

🖼 마음속에 주님을 모시면 그곳이 어디든 천국의 삶이라는 것을 잊지 맙시다.

나의 영적 일지

홀로 만나라

읽을 말씀 : 시편 37:5-10

● 시 37:7 여호와 앞에 잠잠하고 참아 기다리라 자기 길이 형통하며 악한 꾀를 이루는 자를 인하여 불평하여 말지어다

　뉴욕 퀸즈의 뉴 라이프 펠로십 교회(New Life Fellowship Church)는 73개국 출신의 사람들이 모이는 다인종 교회입니다.

　이 교회의 담임이자 인기 강사인 피터 스카지로(Peter Scazzero) 목사님은 어느 날 지난 일기를 보다가 바쁜 일정을 핑계로 경건 생활을 소홀히 하고 있다는 사실을 깨달았습니다. 지난 일 년간 일주일에 6일은 일을 하고 하루는 교회 업무를 봤습니다. 따로 시간을 내어 주님을 만나 교제한 적이 전혀 없었습니다.

　바쁜 일정 가운데 시간을 내기란 쉽지 않았지만 스카지로 목사님은 그래도 주님과의 교제 시간을 포기할 수 없었습니다. 처음에는 일주일에 1시간을 내기도 쉽지 않았지만 이내 일주일 중 하루 이상을 온전히 주님과 교제하는 시간으로 사용할 수 있게 됐습니다.

　일정은 더욱더 바빠지고 교회 성도는 나날이 늘어갔습니다. 그러나 주님과 함께하는 시간을 통해 부족한 시간 이상의 능력과 기적을 체험할 수 있었습니다.

　스카지로 목사님은 자신과 비슷한 이유로 고민하는 성도들에게 중세 기독교의 유명한 명언을 들려주곤 합니다.

　"가서 골방에 앉아서 가만히 주님을 기다리게나.

　골방이 모든 답을 가르쳐 줄 것이네."

　함께 모여 주님을 예배하고 교제하는 공동체 생활도 중요하지만, 조용한 가운데 주님의 임재를 경험하는 경건의 시간도 포기하지 말아야 합니다. 아무리 바빠도 영육을 강건하게 하는 경건의 시간을 주님 앞에 내어드리십시오. 복되고 형통합니다. 아멘!!!

♡ 주님, 꾸준한 경건 시간을 통해 주님을 더 알아가고, 배워가게 하소서.

▨ 성경 말씀을 묵상하고 꾸준히 기도하며 주님 곁으로 더 가까이 나아갑시다.

나의 영적 일지

가슴 뛰는 꿈, 열정적인 삶

읽을 말씀 : 요엘 2:21-30

● 욜 2:28 그 후에 내가 내 신을 만민에게 부어 주리니 너희 자녀들이 장래 일을 말할 것이며 너희 늙은이는 꿈을 꾸며 너희 젊은이는 이상을 볼 것이며

『방송선교사역을 감당하고 있는 제게는 특별한 편지가 있습니다. 바로 북한의 청취자들에게서 받은 편지들입니다.

그 가운데서도 제 마음을 울린 한 청취자의 사연을 소개합니다.

이 청취자는 "성경과 찬송가를 천천히 한 글자씩 읽어 주세요"라고 요청했습니다. 이유인즉슨, 성경과 찬송가를 구하는 것이 엄청 힘든 북한에서 늦은 밤 방송을 들으며 성경 구절과 찬송가 가사를 받아 적는데 한 글자라도 놓치지 않기 위해서였습니다.

하나님께서는 오늘도 극동방송을 통해 복음을 자유롭게 전할 수 없는 저 북녘의 영혼들을 구원하고 계십니다. 할렐루야!

저에게는 꿈이 있습니다.

남북통일이 되면 곧바로 북한 주요 도시에 극동방송 안테나를 세우고 복음방송을 시작하는 것입니다. 자유롭게 북한에 복음을 전하는 것입니다.

이제 구순이 넘은 나이지만, 오늘도 이 꿈이 저의 삶을 움직이게 합니다.

한 알의 겨자씨가 무성한 숲을 이루듯이 오늘날 불과 몇 안 되는 것 같은 겨자씨 같은 북한 땅의 성도들, 그리고 북녘 선교를 위해 기도하는 극동방송 청취자들이 숲과 같이 우뚝 선 교회들을 북녘땅에 세우는 날이 올 것입니다.』 - 「김장환 목사의 인생 메모」 중에서

하나님께서 주시는 꿈을 구하십시오. 그리고 그 꿈과 사명으로 열정 있는 삶을 살아가십시오. 하나님께서 우리를 통해 하나님의 나라를 이루어가실 것임을 믿으십시오. 복되고 형통합니다. 아멘!!!

💙 주님, 나의 영혼에 주의 영을 부어주시고 열정으로 가슴 뛰는 삶을 살게 하소서.

🎴 하나님께서 주신 꿈을 잊고 있지는 않았는지 돌아봅시다.

나의 영적 일지

2월 17일

칭찬으로 키운 꿈

읽을 말씀 : 잠언 27:21–27

● 잠 27:21 도가니로 은을, 풀무로 금을, 칭찬으로 사람을 시련하느니라

유명한 작곡가 아버지를 둔 소년이 있었습니다.

소년은 열심히 작곡하는 아버지 곁에서 숙제를 하고 있었습니다.

악상이 떠오르지 않아 연거푸 한숨만 쉬는 아버지의 모습을 본 소년은 숙제를 멈추고 아버지에게 말했습니다.

"작곡이 그렇게 힘드시면 제가 한번 해볼게요."

음표도 볼 줄 모르는 소년은 아버지의 악보를 가져다가 오선지에 엉망으로 그림을 그렸습니다.

아들이 망쳐놓은 오선지를 보고 아버지는 다음과 같이 말했습니다.

『정말 대단한 작품인걸. 아버지보다 네가 더 작곡을 잘하는구나.』

아들은 아버지의 이 말을 듣고 음악가의 꿈을 품었습니다.

이후 안정적인 직장을 구하라는 아버지의 압박에도 굴하지 않고 묵묵히 작곡가의 길을 걷던 소년은 어른이 되어 유럽 최고의 작곡가로 이름을 알렸습니다. 그는 '왈츠의 왕'으로 불리는 요한 슈트라우스 2세(Johann Baptist Strauss)입니다.

예수님은 만나는 사람마다 말씀으로 비전을 불어넣으셨습니다.

아버지의 칭찬 한마디가 아들을 유럽 최고의 작곡가로 키운 것처럼, 우리가 만나는 사람들에게 주 예수님이 주신 지혜로 최고의 칭찬만을 전달하십시오. 우리의 칭찬을 받은 사람이 용기를 얻어 주님이 주신 달란트를 세상 곳곳에서 꽃피우고, 우리가 뿌린 칭찬이 다시 우리의 덕으로 돌아올 것입니다. 다른 사람을 먼저 세우고 스스로도 세움 받는, 무엇보다 말을 중요하게 여기는 그리스도인이 되십시오. 복되고 형통합니다. 아멘!!!

💗 주님, 사람들에게 가식과 허위가 아닌 진실된 칭찬만을 할 수 있게 하소서.

🦶 만나는 모든 사람에게 진실함으로 예를 갖춰 칭찬합시다.

나의 영적 일지

의미가 존재하려면

읽을 말씀 : 전도서 12:1–8

● 전 12:1 너는 청년의 때 곧 곤고한 날이 이르기 전, 나는 아무 낙이 없다고 할 해가 가깝기 전에 너의 창조자를 기억하라

현대 과학의 발전 속도는 눈이 부실 정도로 빠릅니다.

과학자들은 지질을 연구해 지구의 나이를 예측할 수 있고, 우주가 얼마나 광활하며 얼마나 빠르게 확장되어 가고 있는지를 계산할 수 있습니다. 우주의 탄생과 발전과정에 대해서도 의미 있는 이론들이 속속들이 생겨나고 있습니다.

그러나 과학이 지금보다 더 발전하고 많은 것을 알아낸다 해도 이런 일이 일어난 이유를 설명할 수는 없습니다.

'왜?'가 아닌 '어떻게?'를 밝혀내는 학문이 과학이기 때문입니다.

유명한 과학자 중에도 이런 주장을 하는 사람들은 매우 많습니다.

미항공우주국 나사(NASA)에서는 프린스턴 신학연구센터(Center for theological Inquiry)의 신학자 24명을 초청해 '외계인과의 접촉 시 도움이 되는 신앙적 지침'에 대한 조언을 구했습니다.

눈부시게 발전한 과학을 이용해 설령 외계인을 만난다 하더라도 이런 만남과 현상을 어떻게 받아들이고 이해해야 할지는 과학이 해결할 수 없는 문제라고 판단했기 때문입니다.

세계 최고의 석학들도 해결할 수 없는 문제라면 도대체 누가 해결할 수 있겠습니까? 여러분입니까? 아니면 미래의 과학자입니까? 아닙니다. 창조주이신 주님을 믿지 않고서는 누구도 해결할 수 없는 문제입니다.

전능하신 하나님이 창조하신 분명한 시작이 있음을 믿지 않는다면 세상의 모든 것이 의미 없는 우연의 산물일 뿐입니다. 하나님이 우릴 창조하시고 분명한 계획을 갖고 계심을 의심하지 마십시오. 복되고 형통합니다. 아멘!!!

♡ 주님, 어떠한 사람을 만나도 담대하게 복음을 전할 준비가 되게 하소서.

🧎 히브리서 11장 6절을 찾아 암송하고 믿음으로 선포합시다.

나의 영적 일지

이기는 습관

읽을 말씀 : 디모데전서 4:6-8

● 딤전 4:8 육체의 연습은 약간의 유익이 있으나 경건은 범사에 유익하니 금생과 내생에 약속이 있느니라

엘리트 운동선수들은 올림픽에서 금메달을 따려고 4년간 매일 피와 같은 땀을 흘립니다. 평균적으로 1년에 310일, 매일 4시간 이상, 6년을 운동할 때 올림픽에 나갈 실력이 갖춰진다고 합니다.

사도 바울은 우리 그리스도인의 삶을 '운동선수'와 비교했습니다.

하나님이 주신 사명을 가지고 세상 가운데 비전을 이루어나가려면 운동선수처럼 우리도 부단히 노력해야 한다는 뜻입니다.

다음은 미국 남침례교회 총회장을 역임한 잭 그레이엄(Jack Graham) 목사님이 말한「건강한 크리스천이 되기 위한 최고의 습관」입니다.

❶ 계속 향상되고자 하는 겸손한 불만족이 있어야 한다.

❷ 하나님의 일을 최우선으로 놓고 집중해야 한다.

❸ 세상을 등지고 주님을 위한 거룩한 각오를 가져야 한다.

❹ 하나님이 주신 동기를 따라야 한다.

운동경기에서 승자는 한 명뿐입니다. 하지만 하늘나라의 법칙은 주님의 말씀을 따라 열심히 실천하는 모든 사명자가 승리자가 되는 것입니다.

우리가 승리하지 못하는 것은 능력이 부족해서가 아니라 주님을 더 의지하지 못하기 때문입니다. 습관적으로 주님을 의지하고 노력하는 사람은, 세상에서 항상 승리를 경험하는 사람이 됩니다.

주님이 우리에게 주신 비전을 굳건히 붙잡고, 세상이 아닌 주님의 일에 집중하며, 포기하지 않고 날마다 더 노력하는 신령한 경주자가 되십시오. 복되고 형통합니다. 아멘!!!

♡ 주님. 매일 매 순간 경건의 훈련을 하여 주님께 영광 돌리게 하소서.

▨ 위에 있는「최고의 습관 4가지」중에 부족한 부분을 찾아 보완하는 성도가 됩시다.

나의 영적 일지

세상 속의 교회

읽을 말씀 : 마태복음 5:13-20

● 마 5:13 너희는 세상의 소금이니 소금이 만일 그 맛을 잃으면 무엇으로 짜게 하리요 후에는 아무 쓸데 없어 다만 밖에 버리워 사람에게 밟힐 뿐이니라

미국 워싱턴에 있는 퓨 리서치 센터(Pew Research Center)의 조사에 따르면 "미국인들의 55% 이상이 미국 교회가 사회에 긍정적인 영향을 끼치고 있다"라고 답했습니다. 또한 65%의 미국인들은 종교 지도자들이 훨씬 더 높은 윤리 기준을 지니고 있다고 응답했습니다.

예전에 비해 기독교의 사회적 위상이 낮아지고, 사회적인 시선이 나빠졌다고들 말하지만, 그래도 여전히 세상 사람들은 그리스도인에 대한 높은 기대감을 갖고 있고, 그 기대에 부응하기를 바라고 있습니다.

다음은 웨인 코데이로(Wayne Cordeiro)가 말한 「세상을 가슴 뛰게 할 12종류의 교회」 중 「핵심적인 7가지」입니다.

❶ 하나님의 임재에 굶주린 교회

❷ 정체성을 잃지 않는 교회

❸ 감사가 일상인 교회

❹ 실수에서 배우는 교회

❺ 영적 고갈이 없는 교회

❻ 나보다 남을 생각하는 교회

❼ 처음부터 끝까지 사랑이 넘치는 교회

교회는 세상에 유일한 진리가 담긴 희망을 제시해야 합니다.

말씀을 배우고 실천함으로 세상에 올바른 진리를 전하는 성숙한 그리스도인이 되십시오. 복되고 형통합니다. 아멘!!!

🤍 주님, 제가 세상을 가슴 뛰게 할 성도가 되어 주님께 영광 돌리게 하소서.

🖼 위 7가지에 '교회' 대신 '성도'로 바꿔서 적어 붙여놓고 삶을 개선합시다.

나의 영적 일지

사명을 확신하라

읽을 말씀 : 사도행전 20:17-24

● 행 20:24 나의 달려갈 길과 주 예수께 받은 사명 곧 하나님의 은혜의 복음 증거하는 일을 마치려 함에는 나의 생명을 조금도 귀한 것으로 여기지 아니하노라

성경을 보면 하나님은 매우 다양한 방법으로 우리를 찾아오신다는 사실을 알 수 있습니다.

하나님은 사도 바울처럼 강권적으로 찾아오시기도 합니다.

에스더처럼 시대적 상황으로 찾아오시기도 합니다.

그러나 하나님을 만난 사람들은 이후 새로운 비전, 즉 사명을 위해 살아간다는 공통점이 있습니다.

다음은 세계적인 리더십 전문가인 존 맥스웰(John C. Maxwell) 목사님이 저서에서 발표한 「성경에서 배우는 사명의 기초 5계명」입니다.

❶ 당신의 삶에는 분명한 목적이 있다.

❷ 사명을 성취할 때 우리는 가장 큰 만족감을 느낀다.

❸ 사명이 무엇인지 분명히 모르고 살아갈 수도 있다.

❹ 우리의 생각과 마음을 통해 사명은 발현된다.

❺ 사명을 받았음에도 무시하고 살아가는 사람은 심판을 받을 것이다.

사람들은 신비로운 현상을 통해 하나님을 만나고 싶어 하는 경향이 있지만, 다메섹 도상에서 빛처럼 하나님을 만난 바울이나, 역경을 통해 조금씩 하나님을 경험하게 된 요셉이나 같은 사명자라는 사실을 잊지 말아야 합니다.

체험보다 중요한 것은 사명입니다.

오늘 하루를 하나님이 우리에게 주신 사명을 위해 살아가십시오.

복되고 형통합니다. 아멘!!!

💜 주님, 저에게 주신 주님의 사명이 무엇인지 깨닫고 충성하게 하소서.

🎴 사명자의 책임을 다하기 위해 무엇을 해야 할지 생각합시다.

나의 영적 일지

사과나무 전도

읽을 말씀 : 시편 126:1-6

● 시 126:5,6 눈물을 흘리며 씨를 뿌리는 자는 기쁨으로 거두리로다
울며 씨를 뿌리러 나가는 자는 정녕 기쁨으로 그 단을 가지고 돌아
오리로다

험난한 외지에서 몇 년째 복음을 전하는 선교사가 있었습니다.

매일 같이 밖으로 나가 복음을 전했지만 몇 년째 단 한 영혼도 주님을 믿지
않았습니다. 하루는 유독 날이 더워 선교사가 복음을 전하다 쓰러졌습니다.

정신을 차려보니 자신의 모습이 너무 비참했습니다.

하나님이 자신을 일부러 고생시킨다는 마음까지 들었습니다.

그 순간 선교사의 마음에 하나님이 감동을 주셨습니다.

"무엇 때문에 지쳐 쓰러져 있느냐?"

선교사는 아무리 복음을 전해도 사람들이 받아들이지 않아서 힘이 든다고
솔직히 고백했습니다. 그러자 하나님이 다시 감동을 주셨습니다.

"고개를 들어 눈앞의 사과나무를 보아라.

농부가 7년 동안 아무 말 없이 거름을 주고 물을 주고 나서야

열매를 맺는단다. 지금 열매가 없다고 낙심하지 말아라."

큰 깨달음을 얻은 선교사는 다시 일어나 하나님이 주신 명령을 따라 최선을
다해 복음을 전했습니다.

타임지가 선정한 가장 위대한 선교사 중 한 분인 스탠리 존스(E. Stanley Jones)의
이야기입니다.

씨를 뿌리고 밭을 일구면 농부의 할 일이 끝나듯이, 사람들을 찾아가 복음을
전하는 것이 우리의 할 일입니다. 수확은 농부이신 아버지 하나님께 맡기고 복
음의 씨앗을 날마다 뿌리십시오. 복되고 형통합니다. 아멘!!!

♡ 주님, 복음을 전하는 일에 소홀하지 않고, 열매를 기다리게 하소서.

🖼 주변에 복음의 씨앗이 필요한 사람이 누구인지 찾아 복음을 전합시다.

나의 영적 일지

수면제가 필요한 사람

읽을 말씀 : 잠언 5:21-23

● 잠 5:22 악인은 자기의 악에 걸리며 그 죄의 줄에 매이나니

주로 어린이들을 위한 동화를 썼던 독일의 유명한 소설가 에리히 케스트너 (*Erich Kästner*)가 친구들과 여행을 떠났을 때의 일입니다.

일행 중에는 불면증이 매우 심한 에른스트라는 친구가 있었습니다.

기차를 타고 가면서도 에른스트는 자신의 불면증이 혹시 여행에 방해가 될까 봐 노심초사했습니다. 혹시 몰라 평소에 먹는 수면제까지 챙겨왔습니다.

하루를 알차게 보내고 숙소로 돌아온 케스트너와 친구들은 다시 밤늦게까지 이야기꽃을 피웠습니다. 그런데 놀랄만한 일이 일어났습니다.

불면증이라던 에른스트가 피곤했는지 먼저 잠이 든 것입니다.

친구들은 에른스트가 깨지 않도록 조용히 대화를 나누었습니다.

그런데 20분 뒤 더 놀랄만한 일이 일어났습니다.

잠이 든 에른스트가 화들짝 놀라 깨어서는 무언가를 찾기 시작했습니다.

갑자기 깨어난 이유를 묻는 케스트너에게 에른스트가 말했습니다.

"정말 큰일 날 뻔했어. 깜박하고 수면제를 먹지 않고 잠들었지 뭐야."

수면제를 먹고 다시 잠에 빠진 에른스트를 보고 케스트너와 친구들은 기가 막혀 웃을 수밖에 없었습니다.

주님이 이미 용서하신 죄를 다시 용서해달라고 하기보다는, 이미 모든 것을 주신 주님께 더 큰 복을 달라고 기도하기보다는, 이미 모든 죄를 용서하시고 모든 것을 주신 주님께 오직 감사, 오직 찬양만을 드리십시오. 복되고 형통합니다. 아멘!!!

💙 주님, 모든 죄를 용서해 주시고 큰 복을 주신 주님의 은혜에 감사하게 하소서.

🎴 주님께서 이미 주신 좋은 것들을 누리고 살고 있는지 생각해 봅시다.

나의 영적 일지

사역자의 정의

읽을 말씀 : 고린도후서 2:11-15

● 고후 2:15 우리는 구원 얻는 자들에게나 망하는 자들에게나 하나님 앞에서 그리스도의 향기니

하버드대학교 신학과 교수였던 영성가 헨리 나우웬(Henri Nouwen)에게 한 청년이 찾아와 사역을 위해 신학을 공부하고 싶다며 상담을 요청했습니다.

청년의 고민을 듣고 난 나우웬은 다음과 같이 말했습니다.

"신학을 하는 것만이 사역은 아닙니다. 무슨 일을 하든 만나는 사람들에게 예수님이 떠오르게 하는 사람이 진정한 사역자입니다."

다음은 헨리 나우웬의 책 「예수님을 생각나게 하는 사람」에 나온 「사역자의 3가지 정의」입니다.

❶ 치유하시는 예수님을 생각나게 하는 사람입니다.

우리가 세상에서 겪는 상처와 고통은 오직 주님만이 치유하실 수 있습니다.

❷ 고난 가운데서도 먼저 예수님을 떠올리게 할 수 있는 사람입니다.

사람들은 고통을 이유로 주님과 멀어지려 하지만 정말로 주님이 필요할 때는 우리가 고통을 겪고 있을 때입니다.

❸ 예수님의 인도하심이 무엇인지 생각하게 하는 사람입니다.

현재에 안주하지 않고 주님의 인도하심을 따라 미래로 걸어가는 삶이 진정한 그리스도인의 삶입니다.

지금 우리가 만나는 사람들에게 예수님을 전하고, 예수님을 생각하게 한다면 그것이 주님이 원하시는 값진 사역입니다. 주님이 보내신 그곳에서 주님이 만나게 하신 사람들에게 전해야 할 진리를 전하십시오. 아멘!!!

🩶 주님, 주님이 보내신 그곳에서 말씀을 전하며 이웃을 사랑하게 하소서.

🧎 주님이 우리를 사랑하신 것처럼 우리도 사람들을 사랑하며 삽시다.

나의 영적 일지

향상의 목표

읽을 말씀 : 베드로전서 2:1-10

● 벧전 2:2 갓난 아이들 같이 순전하고 신령한 젖을 사모하라 이는 이로 말미암아 너희로 구원에 이르도록 자라게 하려 함이라

일본 최고의 럭비 선수였던 우에다 아키오는 현역 시절 라이벌이 없을 정도로 뛰어난 실력이라는 전문가들의 평가를 받았습니다.

선수 생활을 은퇴한 후에도 그는 명감독으로 이름을 떨치며 맡는 팀마다 최고의 성적을 이루었습니다.

일본 최고의 명문대 게이오 대학에서 감독 생활을 하며 승승장구하던 당시 아키오 감독은 자신의 성공 비결에 대해 다음과 같이 말했습니다.

"선수를 할 때는 다른 선수들보다 실력만 뛰어나면 최고가 될 수 있었습니다. 그런데 감독은 상황이 달랐습니다. 다른 누군가를 따라 할 수도, 자기 마음대로 할 수도 없었습니다. 결국 저는 감독으로 다른 사람을 롤 모델로 삼지 않고 제가 원하는 마음속의 그림을 그렸습니다.

오늘의 라이벌은 어제의 저였고 매일매일 어떻게 해야 승리를 거둘 수 있고 선수들의 마음을 사로잡을 수 있을지를 연구했습니다. 감독은 현실에 안주하면 안 되고 변하는 시대에 걸맞은 비전을 제시해야 합니다."

세상이 변하고 발전해도 주님을 향한 우리의 예배와 찬양은 계속되어야 합니다. 어떤 문제와 어려움이 있더라도 우리는 찬양을 멈춰서는 안 됩니다. 예배를 포기해서는 안 됩니다.

세상 모든 사람이 주님을 외면하고 멀리하더라도 어제보다 더 뜨겁게, 더 크게 주님을 사모하고 찬양하십시오. 복되고 형통합니다. 아멘!!!

💚 주님, 사람들에게 좋은 영향력을 끼치는 주님의 사람이 되게 하소서.
🎴 사람들에게 좋은 영향력을 끼치기 위해 해야 할 일을 생각해 봅시다.

나의 영적 일지

주신 것을 사용하라

2월 26일

읽을 말씀 : 베드로전서 4:1-11

● 벧전 4:10 각각 은사를 받은대로 하나님의 각양 은혜를 맡은 선한 청지기 같이 서로 봉사하라

십 년 전만 해도 사람의 뇌는 20대까지만 발달하며 40대부터는 노화가 시작된다는 것이 중론이었습니다.

그런데 뇌를 연구하던 과학자들은 놀라운 사실을 발견했습니다.

뇌를 주로 사용하는 사람들은 나이가 아무리 들어도 인지능력이 저하되지 않았습니다. 어떤 부분은 오히려 젊은 사람들을 능가했습니다.

뇌는 인체에서 재생능력이 가장 뛰어난 기관이기 때문입니다.

신체가 건강하고 꾸준한 두뇌활동을 하는 사람들은 나이가 들어서도 뇌의 능력이 저하되지 않았습니다. 계산능력은 약간 떨어졌으나 언어능력, 이해능력, 통찰력을 주관하는 유동 능력은 80살이 넘어서도 계속 증가했습니다.

새로운 방식의 *MRI*를 개발한 뇌과학의 세계 최고 권위자인 조장희 박사도 이와 비슷한 말을 했습니다.

"뇌는 사용할수록 발달합니다. 나이가 들어서 늙는 것이 아니라, 나이가 들었다고 생각해 뇌를 사용하지 않기 때문에 뇌가 늙는 것입니다."

받은 달란트가 중요한 것이 아니라, 받은 달란트를 열심히 사용하는 사람이 주님께 칭찬받는 착하고 충성된 종입니다. 하나님이 주신 달란트가 무엇인지 찾아보십시오. 그리고 주님을 위해 주님께서 우리에게 주신 큰 복과 재능과 은사와 능력을 다시 복음을 전하는 데에 온전히 사용하십시오. 복되고 형통합니다. 아멘!!!

💟 주님, 주님께서 주신 좋은 것들을 주님의 영광을 위해 사용하게 하소서.

📷 주님이 주신 좋은 것들을 주님을 위해 사용하는지 확인합시다.

나의 영적 일지

부정을 차단하라

2월 27일

읽을 말씀 : 에베소서 5:8-14

● 엡 5:8 너희가 전에는 어두움이더니 이제는 주 안에서 빛이라 빛의 자녀들처럼 행하라

미국 보스턴 마라톤 대회에서 끔찍한 테러가 벌어졌을 때 미국의 모든 언론들은 하루 종일 이 사건만을 다루었습니다.

당시 UC 어바인 연구팀(University of California, Irvine)은 보스턴에서 수천 명의 사람을 대상으로 정신건강 연구를 하고 있었습니다. 연구 대상에는 테러에 직·간접적으로 영향을 받은 사람들도 있었고, 아무 관련 없는 제3자도 많았습니다.

그런데 믿을 수 없는 연구결과가 나왔습니다. 실제로 테러를 당한 당사자보다 아무 관계없는 제3자가 더 큰 트라우마에 시달리는 경우가 많았기 때문입니다. 과다한 뉴스 시청이 그 원인이었습니다. 어떤 사람들은 하루에 6시간이나 테러 사건에 대한 뉴스를 보았습니다. 그렇다 해도 매우 놀라운 결과였습니다.

뉴스는 사람들의 마음에 생각보다 큰 영향을 미치고 있었습니다.

사람의 뇌는 긍정적인 이슈보다 부정적인 이슈에 10배 더 민감하게 반응합니다. 그래서 매스미디어는 우리의 관심을 끌려고 부정적인 사건들을 더 많이 노출합니다. 우리는 아무 생각 없이 이런 기사들을 보고 있다고 생각하지만 점점 더 많은 부정적인 기사들에 노출될수록 우리의 정신과 마음은 피폐해져 갑니다.

교회에 대해서도 마찬가지입니다.

우리가 교회의 부정적인 일들에 집중할수록 우리의 믿음은 조금씩 흔들립니다. 어둠보다는 빛에 집중하는, 어두운 곳에 가서 빛처럼 살아가는 긍정에 집중하는 그리스도인이 되십시오. 복되고 형통합니다. 아멘!!!

🤍 주님, 세상의 부정적인 뉴스에 생각이 매몰되지 않도록 마음을 지켜주소서.

📖 잠언 22장 4절을 암송하고 주님께서 약속하신 복을 기대하며 삽시다.

나의 영적 일지

새로운 삶을 위한 훈련

읽을 말씀 : 베드로전서 1:3-12

● 벧전 1:7 너희 믿음의 시련이 불로 연단하여도 없어질 금보다 더 귀하여 예수 그리스도의 나타나실 때에 칭찬과 영광과 존귀를 얻게 하려 함이라

쇠재두루미는 중앙아시아에서 주로 서식하다가 겨울을 날 때는 북부 아프리카와 유럽의 동남부로 거주지를 옮기는 철새입니다.

문제는 추운 겨울을 따스하게 나기 위해선 해발 8,000m가 넘는 히말라야산맥을 넘어야 한다는 점입니다. 하늘 높이 날 수 있는 쇠재두루미라 하더라도 결코 쉬운 일이 아닙니다. 그러나 어렵다고 히말라야산맥을 넘지 않으면 추위에 모두 얼어 죽고 맙니다. 그래서 쇠재두루미는 가을이 되면 슬슬 히말라야산맥을 넘기 위한 훈련을 합니다.

가장 먼저 숨을 쉬는 법을 바꿉니다. 높은 고도일수록 공기가 차가워지기 때문에 한 번에 들숨을 마셨다가는 폐가 얼어 추락하고 맙니다. 쇠재두루미는 공기주머니를 두 개로 나누어 반씩 숨을 마시고 내뱉는 훈련을 합니다.

그다음으로는 한 무리가 되어 날아가는 연습을 합니다. 여러 마리가 무리를 지으면 지을수록 공기저항을 덜 받아 더 오래, 더 빨리 날 수 있기 때문입니다. 가끔 대열을 이탈해 다른 아시아 지역으로 떨어져 나가는 쇠재두루미들도 있는데 대부분 추운 겨울을 버티지 못하고 동사합니다.

봄, 여름, 가을을 편하게 지내다가 이런 훈련을 하는 것이 결코 쉽지는 않습니다. 그러나 반드시 필요한 일입니다. 이렇게 하지 않으면 결국 죽을 수밖에 없기 때문입니다.

그리스도인의 경건 생활도 우리가 살아가기 위해 반드시 필요한 일입니다.

힘들어도 새벽을 깨우고, 시간을 내어 말씀을 묵상하고, 무릎을 꿇고 하나님께 기도하십시오. 복되고 형통합니다. 아멘!!!

♡ 주님, 꾸준한 경건의 훈련을 통해 매일 승리하는 성도가 되게 하소서.
🧑 아무리 바쁜 일상이어도 경건의 시간만큼은 성실히 실행합시다.

나의 영적 일지

고통이 주는 유익

읽을 말씀 : 시편 119:68-74

● 시 119:71 고난 당한 것이 내게 유익이라 이로 인하여 내가 주의 율례를 배우게 되었나이다

작가의 꿈을 품고 살던 고향을 떠나 영국에 도착한 한 남자가 있었습니다.

하루 종일 글을 쓰고 수많은 책을 냈으나 남자가 쓴 모든 책은 혹평조차 받지 못할 정도로 관심을 받지 못했습니다. 크게 실망한 남자는 어쩔 수 없이 고향인 한적한 시골로 돌아가 나무를 베며 생계를 이어갔습니다.

하루라도 땀을 흘리지 않으면 땔감을 구할 수 없었고 몸 곳곳에 배긴 근육통은 몇 달이 지나도 사라지지 않았습니다. 그러나 시골에서 남자는 하나님이 창조하신 자연의 아름다움을 느꼈습니다.

몇 달 뒤 남자는 그저 하나님이 자신에게 주신 복에 감사하는 깨달음을 글로 썼습니다. 전처럼 성공을 위해서 쓴 글이 아닌 그간의 경험과 성찰에서 나오는 자신을 위한 짧은 수필이었습니다.

그런데 놀라운 일이 일어났습니다. 기념용으로 몇 부 출판한 책이 저절로 널리 알려지며 남자는 하루아침에 유명 작가로 명성을 얻게 됐습니다.

남자는 성공 후 자신을 찾아오는 기자들에게 항상 다음과 같이 말했습니다.

"사람은 자신이 겪은 고통만큼 성장할 수 있습니다. 사람은 고난을 통해 겸손해지고, 겸손해질 때 하나님과 가장 가까워지기 때문입니다."

1973년에 노벨문학상을 수상한 패트릭 화이트(Patrick White)의 이야기입니다.

우리 삶의 모든 여정에는 주 하나님의 깊은 뜻이 담겨 있습니다.

고난을 통해서도 주님이 우리에게 말씀하신다는 사실을 잊지 말고, 언제나 주님 곁을 떠나지 말고 오직 감사하십시오. 복되고 형통합니다. 아멘!!!

♡ 주님, 지금 현실에 불평하기보다 앞으로의 비전을 보고 인내하게 하소서.

※ 고난과 역경으로 힘든 때에도 주님을 의지하며 감사의 기도를 잊지 맙시다.

나의 영적 일지

3월

"주께서 내 마음에 두신 기쁨은
저희의 곡식과 새 포도주의 풍성할 때보다 더하니이다
내가 평안히 눕고 자기도 하리니 나를 안전히 거하게 하시는 이는
오직 여호와시니이다"

– 시편 4:7,8 –

3월 1일

독립운동가의 유언

읽을 말씀 : 시편 102:19-28

● 시 102:22 때에 민족들과 나라들이 모여 여호와를 섬기리로다

『우리나라의 독립을 위해 모든 것을 바쳤던 독립운동가 중 몇 분이 남긴 유언을 모아봤습니다.

● 사람의 죽고 사는 것이 먹는 데 있지 않고 정신에 있다.
독립은 정신으로 이루어진다(남자현, 국제조사단에 혈서로 쓴 독립 호소문을 보냄).

● 나라에 바칠 목숨이 오직 하나밖에 없는 것이 이 소녀의 유일한 슬픔입니다(유관순, 만세운동 주도).

● 죽음의 순간은 오래전부터 각오하고 있었다.
조국의 광복을 보지 못하고 떠나는 것이 한스러울 뿐이다.
죽어서도 독립운동을 계속하리라(조명하, 일본 육군 대장 암살 시도).

● 동지들은 조국 광복을 기필코 이루라. 나는 광복을 이루지 못하고 떠나니 내 몸과 유품은 모두 불태워서 바다에 날리라(이상설, 헤이그 특사).

나라를 위해 목숨을 아끼지 않은 순국선열의 희생이 독립하는데 큰 역할을 했듯이, 수많은 믿음의 선배들이 목숨을 바쳐가며 복음을 전했기에 오늘날 우리도 주님을 믿고 영생을 얻을 수 있었습니다. 주님의 대속으로 이루어진 구원과 평화와 자유를 다시 잃지 않도록 계속해서 깨어 기도하며 충성되이 복음을 전해야겠다고 다짐해 봅니다.』 - 「김장환 목사의 인생 메모」 중에서

우리나라와 민족에 큰 복을 주신 주님을 찬양하며, 영적으로 타락하지 않도록 깨어 기도하십시오. 우리나라와 민족을 위해 우리의 선현들이 기도했듯이 이제는 우리가 깨어 나라와 민족, 다음 세대를 위해 기도해야 합니다. 이 중대한 사명을 결코 잊지 마십시오. 복되고 형통합니다. 아멘!!!

♡ 주님, 믿음의 선조들의 희생을 기억하며, 깨어 기도하며 주님을 섬기게 하소서.
🖼 순국선열과 복음을 위해 희생하신 선조들의 고귀한 정신과 믿음을 기억합시다.

나의 영적 일지

다니엘처럼

읽을 말씀 : 다니엘 6:11-22

● 단 6:13 그들이 왕 앞에서 대답하여 가로되 왕이여 사로잡혀 온 유다 자손 중에 그 다니엘이 왕과 왕의 어인이 찍힌 금령을 돌아보지 아니하고 하루 세번씩 기도하나이다

함께 친하게 지내는 다섯 명의 사람이 있다고 생각해 봅시다.

이 다섯 명은 나이도, 성격도, 능력도 비슷합니다. 그런데 어느 날부터 한 사람이 열심히 노력해서 다른 사람을 뛰어넘는 성장을 이루었습니다. 몸에 나쁜 것도 끊었습니다. 그러면 다른 사람들은 어떻게 반응할까요? 성장을 축하하고 자기도 나아지려는 동기부여를 받을까요? 그러나 안타깝게도 현실에서는 정반대의 일이 일어납니다. 사람들은 혼자 성장하는 사람을 시기하고, 질투하고, 다시 전처럼 돌아오라고 압박합니다. 심지어 가족이라 해도 마찬가지입니다.

「차별화」라는 단어를 만든 정신의학 전문의 머레이 보웬(Murray Bowen)은 누군가 더 나은 삶을 살아가려고 할 때 주변 사람들은 이렇게 반응한다고 합니다.

- 1단계: 너 좀 이상해졌어. 예전처럼 다시 돌아와야 해.
- 2단계: 지금이라도 늦지 않았어. 우리가 받아줄 테니 다시 돌아와.
- 3단계: 네가 돌아오지 않는다면 우리는 너를 공격하고 미워할 수밖에 없어.

세상 사람들은 자기들과 다른 삶을 살아가는 사람을 용납하지 못합니다.

바로 다니엘처럼 말입니다.

우리가 다니엘처럼 주님을 공경하는 삶을 살아가고 있다면 당연히 다니엘처럼 세상 사람들의 시기와 질투를 받을 것이고, 그럼에도 믿음으로 모든 것을 극복해낼 것입니다. 바벨론에서도 믿음을 지키며 주님의 능력을 체험했던 다니엘처럼, 세상의 압박에 굴하지 말고 당당히 그리스도인임을 선포하며 살아갑시다. 복되고 형통합니다. 아멘!!!

💗 주님, 세상의 압박에도 굴하지 않고 당당히 주님의 자녀로 사는 성도가 되게 하소서.
🖼 세상 사람들의 시기와 질투를 받아도 믿음으로 모든 것을 극복해갑시다.

나의 영적 일지

성경을 믿는 자세

읽을 말씀 : 누가복음 1:36-38

● 눅 1:37,38 대저 하나님의 모든 말씀은 능치 못하심이 없느니라 마리아가 가로되 주의 계집 종이오니 말씀대로 내게 이루어지이다 하매 천사가 떠나가니라

어느 날 마틴 루터(Martin Luther)에게 한 구약학자가 찾아와 창세기는 모세가 기록하지 않았을 가능성이 크다며 토론을 요청했습니다.

루터는 다음과 같이 대답했습니다.

"그게 도대체 어쨌다는 말입니까?

창세기를 누가 기록했는지는 중요하지 않습니다.

모세가 기록하지 않았다고 해서 창세기가 성경이 아닌 게 된다는 말입니까?

우리에게는 창세기가 분명한 하나님의 말씀이라는 사실만이 중요합니다."

독일의 신학자 본회퍼(Dietrich Bonhoeffer)에게 어떤 사람이 "동정녀 임신을 믿느냐?"라고 물었습니다.

본회퍼는 다음과 같이 대답했습니다.

"동정녀 임신을 누구보다도 믿기 힘든 사람은 우리가 아니라 마리아였을 것입니다. 그리고 이 사실을 성경에 기록한 기자들이었을 것입니다.

사랑하는 사람의 말을 따지지 않고 있는 그대로 받아들이듯이 성경 말씀을 마리아처럼, 성경을 기록한 기자들처럼 있는 그대로 마음에 들여놓으십시오."

우리는 성경을 어떻게 받아들이고 있습니까?

성경의 역사를 바로 알고, 한 구절씩 깊이 연구하고 묵상하는 것은 매우 중요한 일입니다. 그러나 그것보다 모든 말씀이 하나님이 우리에게 주신 분명한 진리임을 믿는 믿음이 더욱 중요합니다.

흔들림 없는 믿음으로 성경이 유일한 하나님의 말씀임을 인정하십시오. 복되고 형통합니다. 아멘!!!

♡ 주님, 성경에 기록된 말씀들이 저를 위한 주 하나님의 말씀임을 철저히 믿게 하소서.
📖 주님이 내게 주신 약속의 말씀을 따로 기록해 놓고 암송하고 적용합시다.

나의 영적 일지

지체의 의미

읽을 말씀 : 고린도전서 12:14-27

● 고전 12:27 너희는 그리스도의 몸이요 지체의 각 부분이라

사도 바울은 모든 성도가 예수님의 몸이자 한 지체라고 말했습니다(고전 12:27). '지체'의 사전적 의미는 말 그대로 온몸을 말합니다.

머리부터 발끝까지 모든 지체는 하나의 몸을 이룹니다.

그리고 몸이 건강하기 위해서는 조화가 가장 중요합니다.

만약 발이 자기만 너무 고생한다고 손이랑 위치를 바꿔 달라고 불평하면 어떻게 되겠습니까? 손은 손대로, 발은 발대로 고생할 것입니다. 귀는 귀대로, 눈은 눈대로, 코는 코대로의 역할이 있습니다. 뒤통수가 자기만 드러나지 않는다고 눈을 달아달라고 할 수 없습니다.

이런 말은 두 번 생각할 필요도 없는 당연한 상식입니다.

그러면 이제 똑같은 생각으로 교회 공동체를 떠올려봅시다. 나는 어떤 지체입니까? 함께 모여있는 다른 성도는 어떤 지체입니까? 내가 손이라고 발에게 뭐라고 하지 않았습니까? 내가 귀인데 눈이 되게 해달라고 기도하지 않았습니까?

분명한 것은 우리의 몸은 우리를 구원하신 그리스도의 것입니다.

지체끼리 서로 뽐내고 자랑할 것이 아니라 우리의 주님 되시는 그리스도를 어떻게 더욱 섬길 것인지가 우리의 주된 관심사여야 합니다.

정말로 모든 성도가 한 지체라는 생각으로 사람들을 바라보십시오.

미움 대신 고마움이, 갈등 대신 화합이 우리 안에 꽃 필 것입니다.

지체는 그리스도 안에서 연합한 한 몸입니다. 일주일에 한 번 마주치는 형식뿐인 교제가 아니라 일주일 내내, 때로는 떨어져서, 때로는 연합하여 몸을 위해 헌신하는 참된 지체의 교제를 맺어가십시오. 복되고 형통합니다. 아멘!!!

💚 주님, 몸 되신 그리스도 안에서 각 성도가 아름답게 연합하게 하소서.

🙇 주변에 선한 영향력을 끼치되 주님 앞에서 겸손한 그리스도인이 됩시다.

나의 영적 일지

먼저 거절의 원리

읽을 말씀 : 잠언 4:20-27

● 잠 4:27 우편으로나 좌편으로나 치우치지 말고 네 발을 악에서 떠나게 하라

미국 캔자스시티(Kansas City)에 있는 메트로 교회의 샘 스톰즈(C. Samuel Storms) 담임 목사님이 하루는 일정 때문에 먼 지역에 있는 호텔에 투숙했습니다.

목사님은 방 열쇠를 건네받자마자 직원에게 독특한 부탁을 했습니다.

"제 방에 있는 텔레비전의 모든 성인 채널을 끊어주십시오."

옆에서 이 모습을 지켜본 동행인이 굳이 그렇게까지 할 필요가 있냐고 목사님께 물었습니다.

『목사님,

그냥 텔레비전을 켜지 않거나, 채널만 돌리지 않으면 되는 것 아닌가요?』

이 질문에 목사님이 대답했습니다.

"지금의 저는 충분히 유혹을 이겨낼 수 있다고 생각합니다.

하지만 방안에 들어서면 생각이 달라질 수 있습니다.

혹은 우연히 텔레비전을 보다가 유혹에 넘어갈 수도 있습니다.

15분 뒤의 나를 알 수 없으므로 곧 찾아올 유혹에

미리 '아니오'라고 대답한 것뿐입니다."

샘 스톰즈 목사님은 어떤 호텔을 방문해도 반드시 이와 같은 부탁을 하고서 방으로 들어간다고 합니다.

사소하다고 생각하면서도 끊지 못한 죄를 누구나 경험했을 것입니다.

죄를 끊는 가장 좋은 방법은 미리 가능성을 차단하는 것입니다. 반복해서 같은 죄를 짓기 전에 미리 거절하는 지혜로운 성도가 되십시오. 복되고 형통합니다. 아멘!!!

♡ 주님, 유혹에 넘어갈 수 있는 환경을 물리치는 지혜로운 성도가 되게 하소서.

🎴 내가 약한 부분이 무엇인지를 사전에 파악하여 그곳(그것)을 피합시다.

나의 영적 일지

가장 큰 법칙

읽을 말씀 : 골로새서 1:15-23

● 골 1:16 만물이 그에게 창조되되 하늘과 땅에서 보이는 것들과 보이지 않는 것들과 혹은 보좌들이나 주관들이나 정사들이나 권세들이나 만물이 다 그로 말미암고 그를 위하여 창조되었고

    하나님이 창조하신 세상은 법칙을 통해 균형을 이루고 있습니다.

    그 안에서 살아가는 우리는 하나님이 창조하신 법칙을 결코 거스를 수 없습니다. 우리가 가장 크게 느끼는 것은 바로 중력의 법칙입니다. 아무리 높게 점프를 해도 2초만 지나면 누구나 땅으로 떨어지고 옥상에서 떨어져서 살 수 있는 사람은 거의 없습니다. 중력의 법칙이 우리를 지배하기 때문입니다.

    그런데 이 중력의 법칙을 이겨내고 하늘을 날 수 있는 방법이 있습니다.

    바로 더 큰 법칙을 따를 때입니다.

    공기역학의 법칙은 중력의 법칙을 극복해냅니다.

    그렇지 않다면 비행기는 발명될 수 없었을 것입니다.

    높은 지대에서 바람만 잘 타면 우리는 엔진 없이도 글라이더를 타고 마음껏 하늘을 날 수 있습니다. 중력의 법칙이 갑자기 사라진 것이 아니라 중력의 법칙을 극복할 수 있는 새로운 법칙의 적용을 받고 있기 때문입니다.

    세상의 모든 법칙을 만드신 분이 주 하나님이시기에 동등한 본체이신 주님은 공생애 동안 많은 기적을 이루실 수 있었습니다. 그리고 우리를 구원하신 주님이 우리가 따라야 할 새로운 법을 주셨습니다.

    누구도 극복할 수 없는 죽음의 법칙을 이기는 방법도 하나뿐입니다.

    영원한 생명으로 이를 수 있는 구원의 길을 주님을 믿음으로 걸으십시오. 복되고 형통합니다. 아멘!!!

♡ 주님, 구원의 길을 걸어가며 세상의 유혹을 물리치게 하소서.

🎋 세상의 창조주이신 구주 예수님이 인도하는 길로 따라갑시다.

나의 영적 일지

오늘이라는 선물

읽을 말씀 : 골로새서 3:1-4

● 골 3:2 위엣 것을 생각하고 땅엣 것을 생각지 말라

아내를 먼저 떠나보낸 남편이 있었습니다.

남편은 슬픈 마음으로 아내의 유품을 하나씩 정리하고 있었습니다.

그런데 포장도 뜯지 않은 선물 상자가 귀하게 보관되어 있었습니다. 무슨 물건인가 싶어 뜯어보니 예전에 외국에 갔을 때 기념으로 산 고급 스카프였습니다. 그때 아내가 여행지에서 스카프를 사며 했던 말이 떠올랐습니다.

"정말 너무 아름다운 스카프에요. 잘 보관했다가 중요한 날에 써야겠어요."

하지만 안타깝게도 아내는 세상을 떠날 때까지 그 스카프를 단 한 번도 사용해 보지 못했습니다.

남편은 스카프를 가슴에 품고 한참을 울다가 훗날 딸이 성인이 되었을 때 물려주며 이렇게 말했습니다.

『이 스카프는 너희 엄마가 중요한 날에 쓰려고 아껴두었다가 한 번도 사용하지 못한 스카프란다. 이 스카프를 네가 소중히 여겼으면 좋겠다. 그러나 특별한 날에만 쓰려고 아껴두지 않았으면 좋겠구나. 매일매일이 소중하고 특별한 선물이라는 걸 이 스카프를 통해 기억해 줬으면 좋겠다.』

매일 반복되는 일상이지만, 아침에 눈을 뜨고 밤에 눈을 감기까지 모든 순간이 주님의 은혜 없이는 일어날 수 없는 특별한 선물입니다. 매일 반복되는 하루 가운데 주님을 향한 감사를 잊고 있었다면 곧 돌이키십시오. 날마다 놀라운 은혜를 허락하시는 주님께 감사를 드리며 오늘 하루를 최선을 다해 주님을 위해 살아가십시오. 복되고 형통합니다. 아멘!!!

♡ 주님, 평범한 하루도 주님께서 주신 특별한 선물임을 깨닫게 하소서.

🎖 날마다 은혜를 부어주시는 주님께 감사하며 오늘 하루도 힘을 냅시다.

나의 영적 일지

요새를 준비할 때

읽을 말씀 : 시편 18:1-6

3월 8일

● 시 18:2 여호와는 나의 반석이시요 나의 요새시요 나를 건지시는
자시요 나의 하나님이시요 나의 피할 바위시요 나의 방패시요 나
의 구원의 뿔이시요 나의 산성이시로다

이스라엘 남쪽에는 '마사다'(Masada)라는 국립공원 겸 성지가 있습니다.

마사다는 히브리어로 '산성'이라는 단어인 '미스갑'(Misgab)에서 나온 '요새'라
는 뜻입니다. 마사다는 거대한 바위 절벽 사이에 마치 왕궁처럼 우뚝 솟아 있는
요새입니다. 지붕에 올라서면 사방에서 오는 적을 살필 수 있고 좁고 거친 협곡
사이에 자리를 잡고 있어서 적은 수로도 요새를 방어할 수 있었습니다.

로마가 이스라엘을 쳐들어왔을 때 최후의 항전군은 마사다로 몸을 피해 있
었는데 로마군이 완전히 사방을 포위했음에도 이곳에서 2년을 넘게 버틸 수 있
었습니다.

당대 최강의 군대인 로마군을 이토록 고생시킨 마사다는 로마군이 쳐들어오
기 40여 년 전에 지어졌습니다. 당시는 이스라엘이 매우 평온했던 시기였습니
다. 평온한 시기에 굳이 이처럼 견고한 요새를 지어야 하냐고 묻는 사람이 분명
있었을 것입니다. 그러나 평온한 시기였기에, 이처럼 견고한 요새를 지을 수 있
었고 그로 인해 세계 최강의 로마군을 앞에 두고도 오랜 시간을 버티며 독립을
위해 싸울 수 있었습니다.

지금 우리 삶에 아무런 어려움이 없다면 감사한 마음으로 믿음의 요새를 준
비해야 합니다. 주님을 향한 견고한 믿음은 형통할 때가 아닌 위기의 때에 빛을
발합니다. 사탄의 간교에도 끄떡없이 믿음을 지킬 수 있는 견고한 말씀의 요새
를 마음에 세우십시오. 복되고 형통합니다. 아멘!!!

🤍 주님, 요새이시고, 방패이시고, 피난처이시며, 산성이신 주님을 굳게 믿게 하소서.
📖 시편 18편 1~3절을 암송하고 더욱 주님을 믿고 의지하며 삽시다.

나의 영적 일지

3월 9일

진정한 기쁨

읽을 말씀 : 요한복음 17:9~16

● 요 17:13 지금 내가 아버지께로 가오니 내가 세상에서 이 말을 하옵는 것은 저희로 내 기쁨을 저희 안에 충만히 가지게 하려 함이니이다

긍정적인 사람이 더 행복하고 오래 산다는 연구는 심리학계의 오랜 화두였습니다. 그중 가장 유명한 연구 몇 가지를 소개합니다.

비슷한 환경에서 비슷한 조건으로 살아가는 198명의 사람을 조사한 결과 긍정적인 사람의 90%는 85세 이상으로 장수했습니다.

부정적인 사람 중 장수한 사람은 30%밖에 되지 않았습니다.

다음으로는 명문대의 졸업사진을 분석했습니다.

졸업사진을 찍을 때는 모두 미소를 지어야 합니다. 그러나 긍정적인 사람은 이때 진짜 미소를 짓고, 부정적인 사람은 억지로 만들어낸 미소를 짓습니다.

심리학자들은 사진만 봐도 두 가지 미소를 구분할 수 있습니다.

이 두 그룹을 무려 30년간 추적조사를 했는데, 졸업사진에서 진짜 미소를 지은 그룹이 더 건강한 삶, 행복한 결혼생활, 좋은 인간관계를 유지했습니다.

미소가 아닌 외모와 소득으로는 별다른 차이를 찾아낼 수 없었습니다.

신앙생활을 하며 우리가 표현하는 기쁨이 진짜인지, 가짜인지 주님은 모두 알고 계십니다. 기도와 찬양은 우리가 처한 상황과 상관없이 언제나 진심을 담아 주님께 드려야 합니다. 우리의 감정과 환경을 뛰어넘을 수 있는 놀라운 기쁨을 주님이 우리 마음에 주셨다는 사실을 잊지 마십시오.

주님이 우리에게 베푸신 모든 은혜를 통해 진심으로 흘러나오는, 기쁨이 살아있는 신앙생활을 하십시오. 복되고 형통합니다. 아멘!!!

♡ 주님, 세상이 주는 것과 같지 않은, 주님의 평안을 주소서.

▨ 항상 기뻐하며, 모든 일에 감사하며, 쉬지 않고 기도하는 삶을 삽시다.

나의 영적 일지

올바른 우선순위

읽을 말씀 : 누가복음 12:22-31

●눅 12:31 오직 너희는 그의 나라를 구하라 그리하면 이런 것을 너희에게 더하시리라

아프리카 오지에 복음을 전하러 떠난 선교사가 있었습니다.

선교사가 도착한 마을에는 물이 부족하다는 큰 문제가 있었습니다. 식수를 구하기 위해 마을 사람들은 매일 아주 먼 거리를 걸어 다녀와야 했습니다.

마을의 식수 문제를 해결하기 위해 열심히 기도하던 선교사는 기적적으로 응답을 받았습니다.

마을 주변에 물이 나오는 작은 수원지가 발견된 것입니다.

선교사는 기쁜 마음에 당장 추장을 만나 이제 우물만 파면 마음껏 물을 구할 수 있다고 이야기했습니다.

이 말을 들은 추장은 마을 사람들을 불러 한참을 회의하더니 우물을 파는 건 어렵겠다고 대답했습니다.

선교사가 이유를 묻자 추장이 대답했습니다.

"너무 바빠서 시간이 없다는 결론입니다.

물을 길러 다니느라 우물을 팔 시간이 없어요."

당장 하루를 버틸 물을 구하려고 우물을 파지 않는 마을 사람들처럼 잘못된 우선순위를 정해놓고 인생을 살아가고 있지는 않습니까?

주님을 만나고도 세상일에 매진하는 사람들이 이와 같은 사람들입니다.

주님이 주시는 다함이 없는 생명수를 위해 살아가는 올바른 우선순위를 설정하는 그리스도인이 되십시오. 복되고 형통합니다. 아멘!!!!

♡ 주님, 어떤 순간에도 그리스도인다운 우선순위를 지키게 하소서.

▨ 혹시 물을 길러 다니느라 우물을 못 파고 있지는 않은지 생각해 봅시다.

나의 영적 일지

그래도 다가가라

읽을 말씀 : 요한복음 13:1-11

● 요 13:1 유월절 전에 예수께서 자기가 세상을 떠나 아버지께로 돌아가실 때가 이른줄 아시고 세상에 있는 자기 사람들을 사랑하시되 끝까지 사랑하시니라

미국 해병대에 입대한 믿음이 독실한 청년이 있었습니다.

청년은 다른 해병 수십 명과 훈련을 받으며 막사에서 함께 지냈습니다.

다른 병사들은 하루 종일 욕을 입에 달고 음담패설을 하며 지냈습니다.

옆에서 보고만 있어도 힘들 정도로 불경스러운 일들이 매일 숙소에서 벌어졌습니다. 독실한 청년은 이런 상황을 버티는 것이 매우 힘들었습니다.

낮에는 고된 훈련으로 몸이 힘들었고 밤에는 동료들 때문에 정신이 힘들었습니다. 그저 하루라도 빨리 이 자리를 떠나게 해달라고 기도하는 청년에게 하루는 하나님이 이런 감동을 주셨습니다.

"내가 너를 그곳으로 보냈다."

분명히 주님이 주신 감동이었습니다. 그 일로 하나님께 순종해 보자고 마음먹은 청년은 그날부터 동료들 사이에 섞이기 시작했습니다.

다른 병사들과 친해지자 그들은 자신의 고민을 청년에게 털어놓았습니다.

청년은 이제 비난이 아닌 이해의 눈으로 동료들을 바라봤습니다.

훈련이 끝날 즈음에는 동료 중 무려 7명이 예수님을 영접하게 됐습니다.

달라스 신학교의 총장이었던 찰스 스윈돌(Charles R. Swindoll) 목사님은 "내가 소명을 확신한 곳은 바로 군대였다"라고 고백했습니다.

주님이 우리를 보내신 지금 이곳이 바로 우리가 헤쳐 나가야 할 사명의 장소입니다. 주님이 보내신 곳에서 오직 충성하는 청지기가 되십시오. 복되고 형통합니다. 아멘!!!

♡ 주님, 힘든 상황과 환경 중에서도 주님의 음성을 듣고 따르게 하소서.

🎴 주변에 있는 사람들을 비난의 눈이 아니라 이해의 눈으로 봅시다.

나의 영적 일지

농구로 주신 소명

읽을 말씀 : 고린도전서 4:1~9

● 고전 4:1 사람이 마땅히 우리를 그리스도의 일군이요 하나님의 비밀을 맡은 자로 여길찌어다

초등학교 때부터 농구 선수가 되고 싶었던 셰릴이라는 소녀가 있었습니다.

셰릴은 대학생 때 국가 대표로 선발될 정도로 훌륭한 농구 선수로 자랐습니다. 독실한 그리스도인이었던 그녀는 미국의 크리스천 체육인 협회(FCA)에 가입해 다른 운동선수들과도 신앙적으로 꾸준히 교류했습니다.

그런데 셰릴이 27살이 되던 해에 한 선교사가 뜻밖의 제안을 했습니다.

"스포츠를 선교에 직접적으로 활용하는 단체를 만들어보지 않겠습니까?"

셰릴은 스포츠가 분명히 선교에 도움이 될 것이라고 생각했습니다.

세계 어떤 나라도 스포츠 교류를 금지하는 나라는 없었기 때문입니다.

그러나 자신이 그 일을 감당할 수 있을 것이라고는 생각하지 않았습니다.

다른 사람이 그 일을 해낸다면 기꺼이 참여는 하겠다고 생각했으나 주 하나님은 셰릴의 마음에 계속해서 거룩한 부름을 주셨습니다.

결국 셰릴은 주님의 부름에 응답했습니다. 모르는 일 투성이었으나 주님의 인도하심을 따라 모든 일들이 차근차근 진행됐습니다.

70개국이 넘는 나라에서 500개 이상의 선교 프로그램을 진행한 ISF(International Sports Federation)의 창립자 셰릴 울핑거(Cheryl Wolfinger)의 이야기입니다.

아무리 부담이 되어도 주님이 주신 소명이라면 그 소명이 나의 소명이며, 그 일이 내가 해야 할 일입니다. 주님의 부르심에 무릎으로 순종하는 사람이 다른 영혼을 살리는 일에 쓰임을 받습니다. 마음에 주신 확실한 소명이 있다면 아멘으로 응답하십시오. 복되고 형통합니다. 아멘!!!

💗 주님, 주님의 부름이 있을 때 주님을 의지하며 따르는 성도가 되게 하소서.

📖 주님께서 나에게 주신 소명이 무엇인지 생각하고 철저히 따릅시다.

나의 영적 일지

동기가 무엇인가

읽을 말씀 : 골로새서 2:6-12

● 골 2:8 누가 철학과 헛된 속임수로 너희를 노략할까 주의하라 이것이 사람의 유전과 세상의 초등 학문을 좇음이요 그리스도를 좇음이 아니니라

모형 토끼를 쫓는 경주에서 오랜 기간 우승을 차지한 사냥개가 있었습니다.

사냥개가 언제부터인가 경주에 나가지 않는 것을 보고 같은 우리에 갇혀 있던 개가 말을 걸었습니다.

"요즘은 경기에 참여하지 않나?"

『전혀 나가고 있지 않네.』

"왜지? 나이가 많아서?"

『나이는 무슨. 나는 마지막으로 나갔을 때도 우승을 했다네.』

"그럼 도대체 왜 그런가? 대우가 나쁜가?"

『천만에 다른 개들은 경험도 못 해본 진수성찬을 대접받지.』

"그럼 도대체 이유가 뭔가?"

마지막 질문에 사냥개는 잠시 눈을 감고 있다가 대답했습니다.

『내가 쫓는 토끼가 진짜인 줄 알았더니 가짜 모형이더라고.

그날부터 나는 의욕을 잃어 경주에 나서지 않네.』

돈을 보상으로 노력하는 사람은 결국 성공할 수 없다는 교훈을 알려주기 위해 월가의 전설적인 투자 전문가 존 보글(John Clifton Bogle)이 자주 사용한 예화입니다.

세상에서의 성공도 동기가 잘못되어 있으면 이룰 수 없습니다.

하물며 신앙은 어떻겠습니까?

모형으로 만든 토끼를 쫓는 잘못된 신앙생활이 되지 않도록 우리의 푯대를 다시 사신 주님을 향해 단단히 세우십시오. 복되고 형통합니다. 아멘!!!

💚 주님, 주님의 부르심을 따라 푯대를 향하여 달려가는 삶을 살게 하소서.

🎨 세상의 성공이 아니라 믿음 안에서 참된 형통을 이루도록 노력합시다.

나의 영적 일지

희망이 만든 기적

읽을 말씀 : 시편 146:1-10

● 시 146:5 야곱의 하나님으로 자기 도움을 삼으며 여호와 자기 하나
님에게 그 소망을 두는 자는 복이 있도다

캄보디아 프놈펜에서 '툭툭'이라고 불리는 자전거 인력거를 끌던 17세 소년
이 있었습니다. 소년은 퇴근을 하다 캄보디아 내전 당시 매설된 지뢰를 밟고 다
리 하나를 잃었습니다.

다리를 잃은 소년은 이제 유일한 생계 수단인 인력거를 끌 수도 없었고, 캄보
디아에서 가장 쉽게 구할 수 있는 일자리인 농장에서 일을 할 수도 없었습니다.

그렇게 집에서만 세월을 보내던 소년은 어느 날 갑자기 이대로 인생을 끝낼
수는 없다는 생각을 했습니다.

다리가 없어도 꿈을 꿀 수 있다는 사실을 사람들에게 보여주고 싶었던 소년
은 앙코르와트에서 열리는 국제 장애인 마라톤 대회에 참가했습니다.

소년은 그때까지 체계적인 훈련을 받아본 적이 단 한 번도 없었습니다.

조악한 의족을 끼고, 제대로 된 훈련도 받지 못했지만 장애인도 할 수 있다는
것을 보여주겠다는 희망을 품고 뛰었던 소년은 가장 먼저 결승선을 통과하며
금메달을 목에 걸었습니다.

국제 장애인 마라톤 대회에서 2002년부터 5년 연속 금메달을 목에 걸었던
산 마오(San Mao)의 이야기입니다.

마음에 희망을 품고 사는 사람은 작은 고난에 쓰러지지 않습니다.

우리의 산 소망이 되어주신 예수님을 믿고, 주님이 주시는 놀라운 능력으로
세상에서 주님의 살아계심을 증거합시다. 복되고 형통합니다. 아멘!!!

♡ 주님, 주님께서 이루어주시길 바라는 비전을 가지고 열심히 살게 하소서.

🏃 비전을 이루는데 어려운 점을 극복하기 위해 주님의 말씀을 가까이합시다.

나의 영적 일지

고요함의 값어치

읽을 말씀 : 예레미야애가 3:19-28

● 애 3:26 사람이 여호와의 구원을 바라고 잠잠히 기다림이 좋도다

한 유명 신학교에서 새로운 시설 건설을 위한 기금을 모금 중이었습니다.

학교의 미래가 걸려 있는 중요한 일이었기에 총장은 아내와 함께 몇 달이 넘게 기금을 확보하러 동분서주했습니다. 잠도 줄여가며 아침부터 저녁까지 동문들을 만나러 다녔고 유력 기관들을 찾아가 투자 유치를 부탁해 가까스로 필요한 자금을 확보했습니다.

총장은 복음을 전할 미래의 일꾼을 키워내는 하나님의 일이라 생각해 모든 힘을 쏟아 헌신했지만 어쩐지 일이 끝나고 난 뒤 영혼이 텅 빈 것처럼 느껴졌습니다. 건강도, 신앙도 위기가 찾아왔음을 느낀 총장은 학교에 양해를 구하고 한적한 휴양지로 떠났습니다.

컴퓨터도 없는 곳에서 핸드폰도 켜지 않고 하루 종일 자연을 거닐며 시시때때로 말씀과 묵상을 하는 것이 일과의 전부였습니다.

처음엔 적응이 힘들었지만 일주일이 지나기 전 주 예수님의 임재하심이 느껴졌으며 마음 안에서 샘솟는 깊은 평안이 흘러나왔습니다.

주님을 위해 쉴 새 없이 달려가는 삶도 좋지만 때때로 그저 주님을 묵상함을 통해 평안에 이를 수 있다는 것을 총장은 깨달았고 몇 주간의 휴식 뒤 학교로 돌아가 다시 주님이 주신 책무를 다했습니다.

고요한 가운데 임재하시는 주님을 묵상할 때 우리의 영혼은 참된 기쁨과 평안을 누리게 됩니다. 바쁘고 분주한 세상 가운데 오직 주님만을 바라고, 주님만을 구하는 시간을 준비하십시오. 복되고 형통합니다. 아멘!!!

🩷 주님, 분주한 일상 중에도 주님을 찾는 묵상 시간을 갖게 하소서.

🎴 바쁜 일상에서 일어나는 모든 일에도 주님의 뜻이 있음을 깨달읍시다.

나의 영적 일지

기도로 나아갑시다

읽을 말씀 : 마태복음 6:5-15

●마 6:6 너는 기도할 때에 네 골방에 들어가 문을 닫고 은밀한 중에 계신 네 아버지께 기도하라 은밀한 중에 보시는 네 아버지께서 갚으시리라

『극동방송은 매일 아침 모든 직원이 모여서 함께 예배를 드립니다.

누구든 예외가 없습니다. 공식적인 업무를 시작하기 전 하나님 앞에 감사하고 찬양하며 말씀을 나누고 중보 기도하는 예배의 시간은 가장 중요하고 아름다운 시간 중 하나입니다.

극동방송에는 본사는 물론 전국 12개 지사 모든 곳에 별도로 마련된 기도실이 있습니다. 주님 앞에 내 마음의 소원을 아뢰고 싶을 때, 사역에 문제가 생겨서 지혜가 필요할 때, 심령이 곤고할 때, 기쁨의 감사를 아뢸 때 우리 동역자들은 누구나 자유롭게 기도실을 찾아 주님을 만나는 시간을 갖습니다.

애청자들이 가장 좋아하는 프로그램이 「생방송 소망의 기도」라는 통계도 있는데, 이토록 기도는 우리의 삶에 호흡과도 같은 중요한 경건생활이라는 생각이 듭니다.

아주 이른 시간, 또는 퇴근 후의 시간에도 기도실 근처를 지날 때면 문 앞에 신발이 놓여 있는 것을 자주 보게 됩니다. 누군가 주님께 기도하고 있는 것입니다. 조용히 부르짖고 있는 것입니다.

이러한 기도의 사람과 기도의 시간이 있기에 주님께서는 극동방송의 사역을 붙들어 주시고 생명의 열매들을 맺게 해주시는 것임을 저는 믿고 있습니다.』 -「김장환 목사의 인생 메모」 중에서

기도하는 사람은 실패하지 않습니다. 마음속에 어려움이 있을 때, 내 힘으로 방법을 찾을 수 없을 때, 주님을 더 깊이 만나고 싶을 때, 조용히 주님 앞에 나아가 무릎을 꿇고 기도하십시오. 복되고 형통합니다. 아멘!!!

♡ 주님, 기도를 통해서도 주님을 더 만나기를 열망하는 제가 되게 하소서.
🖼 기도의 시간을 정해놓고 그 시간만큼은 온전히 주님께 드립시다.

나의 영적 일지

프랭클린 효과

읽을 말씀 : 로마서 12:14-21

● 롬 12:20 네 원수가 주리거든 먹이고 목마르거든 마시우라 그리함으로 네가 숯불을 그 머리에 쌓아 놓으리라

미국 건국의 아버지 중 한 명인 벤자민 프랭클린(Benjamin Franklin)이 펜실베이니아 주 의원이던 시절의 일입니다.

중요한 안건으로 다른 의원의 협력을 반드시 얻어야 할 일이 있었는데 그 의원은 맹목적으로 프랭클린을 싫어했습니다.

동료 의원들은 이 문제를 놓고 전전긍긍하고 있었는데 프랭클린은 아무 걱정 하지 말고 2주만 기다려달라고 말했습니다.

그리고 2주가 지나자 프랭클린은 거짓말처럼 상대 의원의 협력을 얻어냈습니다. 도대체 무슨 방법을 썼냐고 묻자 프랭클린은 단지 책을 빌렸다고 말했습니다.

"사람은 도움을 줄 수 있는 사람에게 더 호감을 느끼기 마련입니다.

그 의원에게는 아주 힘들게 구한 책이 있었는데 그 책을 빌려달라고 정중히 부탁하자 갑자기 다음부터 저를 만날 때마다 도울 일이 없느냐고 물었습니다."

벤자민 프랭클린은 이때의 경험으로 "나에게 친절을 베푼 사람은 내가 친절을 베푼 사람보다도 나를 더 도와주려고 한다"라는 말을 남겼는데 지금은 '프랭클린 효과'라는 이름으로 불리고 있습니다.

남을 돕는 것도 중요하지만 다른 사람의 도움을 적재적소에서 받는 것도 중요합니다. 되도록 많이 베풀고, 필요한 것은 당당히 도움을 받으며 복음이 흘러 갈 수 있을 정도로 관계의 통로를 넓히는 지혜로운 성도가 되십시오. 복되고 형통합니다. 아멘!!!

💟 주님, 도움을 받기도 하고 도움을 주기도 하는, 좋은 관계를 풍성히 맺게 하소서.
🎎 크고 작은 일들을 주변 사람들과 함께하고 연합하는 성도가 됩시다.

나의 영적 일지

기도할 용기

읽을 말씀 : 마태복음 7:7-12

● 마 7:7 구하라 그러면 너희에게 주실 것이요 찾으라 그러면 찾을 것이요 문을 두드리라 그러면 너희에게 열릴 것이니

신앙생활에서 가장 중요한 것은 기도입니다.

예수님은 제자들에게 주님의 능력이 기도를 통해서만 나오는 것이라고 가르쳐 주셨습니다. 그러나 신앙생활에서 가장 어려운 것 또한 기도입니다. 기도할 방법을 몰라서가 아닙니다. 거룩하신 주님 앞에 감히 우리가 나아갈 수 없다고 생각하기 때문입니다.

다음은 이런 성도들을 위해 영국의 크리스천포스트(Christian Post) 신문에서 쓴 「기도할 힘을 주는 4가지 성구」입니다.

❶ 히브리서 4장 14~16절 / 예수님의 희생 덕분에 우리는 담대히 은혜의 보좌로 나아갈 자격을 얻었습니다.

❷ 베드로전서 5장 6~7절 / 하나님이 우리의 모든 염려와 걱정을 맡아주시고 해결해 주십니다.

❸ 빌립보서 4장 6절 / 우리가 기도로 하나님께 구할 때 하나님은 반드시 응답하십니다.

❹ 시편 51장 12~17절 / 상한 심령을 가진 사람들의 진실한 기도를 하나님은 외면하지 않으십니다.

기쁨 가운데 살아갈 때도, 슬픔 가운데 살아갈 때도 우리는 기도를 쉬는 죄를 범해서는 안 됩니다. 하나님은 기도하는 사람의 모든 필요를 채워주십니다.

하나님께 기도하는 사람은 마음에 아무 걱정이 없습니다. 기도할 수 있다면 아무 일도 걱정 말고 모든 것을 주님께 맡기며 평안한 마음을 누리십시오. 복되고 형통합니다. 아멘!!!

♡ 주님, 주님의 능력이 기도를 통해서만 나오는 것을 믿고 기도에 힘쓰게 하소서.

🐾 마태복음 7장 7절 말씀대로 구하고, 찾고, 두드리는 기도를 합시다.

나의 영적 일지

가장 높은 곳, 가장 낮은 곳

읽을 말씀 : 마태복음 20:20-28

● 마 20:28 인자가 온것은 섬김을 받으려 함이 아니라 도리어 섬기려 하고 자기 목숨을 많은 사람의 대속물로 주려 함이니라

브라질의 대표적인 관광지 중 하나인 리우데자네이루에는 '구원의 예수상' (Christ the Redeemer)이라는 랜드마크가 있습니다.

두 팔을 벌린 예수님의 모습을 나타낸 석상은 높이만 해도 30m이고 양팔의 길이가 23m나 되는 총 무게 635t의 어마어마한 크기입니다.

더 놀라운 것은 거대한 석상이 710m나 되는 높은 산 위에 세워졌다는 사실입니다. 더 높은 산에서 구원의 예수상을 바라보면 마치 예수님이 모든 지구의 사람들을 품는 것 같은 느낌을 준다고 합니다.

많은 관광객이 찾아오는 명소지만, 브라질 현지인들은 어려운 일을 겪을 때면 이곳을 방문해 마음의 평안을 구한다고 합니다.

브라질의 가장 높은 곳에 예수상이 있다면 이탈리아 제노바에는 가장 낮은 곳에 예수상이 있습니다. 수상 사고로 목숨을 잃은 사람들을 기리기 위해 만든 이 구리상을 사람들은 '심연의 그리스도'(Cristo degli Abissi)라고 부릅니다. 이 구리상은 매년 조류에 쓸려 더 깊은 곳으로 이동하기 때문에 지금은 전문 다이버들도 정확한 위치를 찾지 못한다고 합니다.

우리 마음에 계시는 예수님을 만나려고 일부러 동상을 찾아갈 필요는 없습니다. 저 높은 곳에 있는 사람이나, 여기 낮은 곳에 있는 사람이나 누구나 예수님을 만나야 구원을 얻고 참된 평안을 누리게 되는 것은 틀림없는 사실입니다.

가장 높은 곳에서 가장 낮은 우리를 구원하기 위해 오신 예수님을 모든 사람에게 널리 전하십시오. 복되고 형통합니다. 아멘!!!!

♡ 주님, 세상 끝 날까지 주님께서 우리와 항상 함께하심을 믿게 하소서.

▨ 모든 사람을 구원하기 위해 오신 주님을 주변 사람에게 열심히 전합시다.

나의 영적 일지

목자의 음성

읽을 말씀 : 요한복음 10:26-30

● 요 10:27,28 내 양은 내 음성을 들으며 나는 저희를 알며 저희는 나를 따르느니라 내가 저희에게 영생을 주노니 영원히 멸망치 아니할 터이요 또 저희를 내 손에서 빼앗을 자가 없느니라

외국의 어떤 남자가 기르던 개를 잃어버렸습니다.

평소 개를 가족처럼 소중히 여겼던 남자는 온 도시를 돌아다니며 전단지를 뿌렸습니다. 많은 보상금도 걸었습니다. 다행히 몇 주 만에 10km나 떨어진 지역에서 개를 찾았다는 전화가 왔습니다.

개를 보호하고 있던 남자는 한 가지 문제가 있다고 말했습니다.

"다행히 다친 곳도 없고 건강합니다.

그런데 며칠째 밥을 먹지 않아요.

먹는 사료가 따로 있나요?"

남자는 잠시 수화기를 개의 귀에 대달라고 부탁했습니다.

그러고는 개에게 곧 데리러 갈 테니 잠시만 기다리라고 말했습니다.

『이제 아무 걱정 안 하셔도 됩니다. 저는 곧 출발하겠습니다.』

개를 보호하고 있던 남자는 전화를 끊은 후 깜짝 놀랐습니다. 주인의 목소리를 들은 개가 거짓말처럼 사료를 맛있게 먹고 있었기 때문입니다.

캐나다 브리티시컬럼비아(British Columbia)주에서 일어난 실화입니다.

지쳐 방황하는 개가 가장 필요로 했던 것은 포근한 잠자리나 먹이가 아닌 주인의 음성이었습니다.

지치고 고단한 우리의 삶을 가장 잘 회복시켜 주시는 것은 주님의 음성입니다. 우리의 삶 가운데 계속해서 들려주시는 주님의 음성에 귀를 기울이는 주님의 양이 되십시오. 복되고 형통합니다. 아멘!!!

🤍 주님, 마음의 중심에 항상 주님을 모시며, 주님의 음성을 들으며 살게 하소서.

🧎 주님의 음성을 듣기 위해 하나님의 말씀을 읽고 기도와 묵상을 자주 합시다.

나의 영적 일지

풍요의 위협

읽을 말씀 : 잠언 30:1-10

● 잠 30:9 혹 내가 배불러서 하나님을 모른다 여호와가 누구냐 할까
하오며 혹 내가 가난하여 도적질하고 내 하나님의 이름을 욕되게
할까 두려워함이니이다

　　미국의 유명한 심리학자 매들린 러바인(Madeline Levine)은 미국 부유층의 자녀
들을 오랜 기간 상담하다가 놀라운 사실을 알았습니다.

　　집이 가난한 아이들보다 부자인 아이들이 오히려 정서적으로 심각한 문제를
겪고 있었기 때문입니다. 돈이 세상의 전부인 것처럼 생각하고 자라다 보니 돈
때문에 정작 삶에서 중요한 것들을 놓치게 되고, 그 결과 대부분이 껍데기에 집
착하는 공허한 삶을 살아가게 된 것입니다. 오랜 세월 동안 수도 없이 많은 부유
층의 자녀를 만난 뒤 러바인은 다음과 같이 말했습니다.

　　"부유한 가정에서 자란 십대들은 미국 사회에서 새롭게 위험에 노출되어 있
는 집단입니다. 이들 대부분은 경제적, 사회적 우위에도 불구하고 다른 어떤 십
대 집단보다도 높은 우울증, 약물 오남용, 불안 장애 수치를 갖고 있습니다."

　　지나친 풍족함이 아이들을 망친다고 생각한 러바인은 자신의 연구결과를 토
대로 「물질적 풍요로부터 내 아이를 지키는 법」(The Price of Privilege)이라는 책을 출
판했는데, 한국어로도 번역되었습니다.

　　우리나라도 물질적 풍요로 마음에 병이 드는 십대들이 많아졌다고 합니다.
물질이 아무리 풍요해도, 영혼이 공허하면 행복한 삶을 살아갈 수 없습니다. 우
리를 위해 모든 것을 희생하신 예수님의 사랑을 깨달을 때 우리는 진정한 행복
이 무엇인지 알게 됩니다.

　　우리를 구원하기 위해 십자가에서 모든 것을 내어주신 예수님의 사랑을 통
해 참된 기쁨이 무엇인지 깨달으십시오. 복되고 형통합니다. 아멘!!!

💛 주님, 기쁨의 근원이시며 저를 위해 생명까지 주신 주님만을 사랑하게 하소서.
🧎 물질의 많고 적음보다는 생명의 주님이 함께하심을 기뻐하며 삽시다.

나의 영적 일지

교회 성장의 걸림돌

3월 22일

읽을 말씀 : 사도행전 9:26-31

● 행 9:31 그리하여 온 유대와 갈릴리와 사마리아 교회가 평안하여 든든히 서 가고 주를 경외함과 성령의 위로로 진행하여 수가 더 많아지니라

2000년대 들어 실시된 각 교단 총회의 조사에 의하면 현재 한국 교회 중 주일학교가 없는 곳이 무려 70%라고 합니다.

다음 세대가 비상인 상황입니다. 10대, 20대가 교회에 없다면 당연히 그리스도인도 점점 줄어들 수밖에 없습니다.

이것은 한국뿐 아니라 미국도 비슷한 상황입니다.

미국 최대 교단인 남침례회의 전문 연구기관 라이프웨이 크리스천 리소스 (Lifeway Christian Resource)의 톰 레이너(Thom S. Rainer) 회장은 「교회 성장이 후퇴하는 원인 6가지」를 진단했습니다.

❶ 이익이 생길 때만 교회에 나오는 성도들의 증가

❷ 주일 성수를 철저히 지키는 헌신적인 성도 수의 감소

❸ 지역 사회에 다가갈 노력을 하지 않는 교회

❹ 교제하느라 바빠서, 시간이 없다는 핑계로 전도를 잊은 성도들

❺ 해마다 늘고 있는 교회 내 갈등과 분열

❻ 일부 교인들이 가지고 있는 특권의식

교회가 성장하기 가장 어려웠던 시기는 아마도 초대교회 때였을 것입니다.

그러나 오히려 가장 힘들었던 그 당시가 복음이 폭발적으로 퍼져나가던 부흥의 때였습니다. 문제점을 아는 데서 그치지 말고 우리가 먼저 기도하며 주님을 위해 피와 땀을 흘리는 부흥의 초석을 일구는 진정한 제자가 되십시오. 복되고 형통합니다. 아멘!!!

♡ 주님, 성도 수가 줄어드는 것을 안타까워만 말고 대신 열심히 전도하게 하소서.

🎭 지금 나의 상황에 가장 적합한 방법으로 전도합시다.

나의 영적 일지

3월 23일

완전한 지도, 성경

읽을 말씀 : 시편 12:1-8

● 시 12:5 여호와의 말씀에 가련한 자의 눌림과 궁핍한 자의 탄식을 인하여 내가 이제 일어나 저를 그 원하는 안전 지대에 두리라 하시 도다

전쟁의 아픔을 겪은 나라라면 어디든지 지뢰로 큰 문제를 겪습니다.

지뢰는 탐지만 되면 제거는 매우 쉽습니다.

그러나 지뢰 종류마다 찾아내는 방법이 다를 뿐 아니라 한 번 탐지를 한 지역에서도 종종 사고가 터지곤 합니다. 그러므로 지뢰가 묻혀 있는 곳을 찾기 어렵기 때문에 지뢰 매설지역은 접근을 못하는 금지구역으로 설정하는 것이 최선입니다.

우리의 삶은 때때로 이 지뢰밭같이 느껴지기도 합니다.

생각지도 못한 고난과 어려움이 시시때때로 찾아옵니다.

마치 영화의 한 장면처럼 '일어날 일들을 미리 알았다면'이라는 생각이 들기도 합니다. 그러나 이미 우리 인생의 해답이 담긴 완벽한 지도가 우리 손에 있음을 알고 계십니까?

바로 성경입니다.

성경에 모든 해답이 나와 있다고 느끼지 못한다면 그건 아직 지도를 제대로 해석하지 못한 것입니다.

혹은 지도를 갖고 있으면서도 그대로 따라가지 않았기 때문입니다.

성경을 펴고 오늘 주신 말씀을 묵상해 보십시오.

우리가 어디로 가야 하는지, 무엇을 해야 하는지 하나님이 성령님을 통해 분명히 가르쳐 주실 것입니다.

성경을 통해 주 하나님이 주신 완벽한 인생의 지도를 따라 하루하루 발걸음을 내디디십시오. 복되고 형통합니다. 아멘!!!

💗 주님, 위험지대에서도 안전하게 인도해 주시는 주님의 은혜를 감사하게 하소서.

🎨 바쁘다는 핑계로 성경 읽기와 기도를 소홀히 하지 않았는지 돌아봅시다.

`나의 영적 일지`

미래에 다가올 위험

읽을 말씀 : 시편 119:101-105

● 시 119:105 주의 말씀은 내 발에 등이요 내 길에 빛이니이다

　구세군을 시작한 윌리엄 부스(William Booth)는 "세상의 낮은 곳을 찾아가 복음을 전하라"라는 주님의 소명을 따라 교회를 사임하고 아내와 함께 빈민굴을 돌며 복음을 전했습니다.

　부스는 복음을 전할 수 있는 곳이라면 어디라도 마다하지 않고 찾아갔습니다. 죽을 때까지 전도를 쉬지 않았던 윌리엄 부스 덕분에 구세군은 100년도 채 되지 않아 세계 56개국에 지부를 세우는 영향력 있는 교단이 됐습니다.

　노년에 거동이 불편해져 한 병원에서 요양 중이던 부스에게 어떤 기자가 찾아와 한 가지 질문을 했습니다.

　"장차 기독교에 찾아올 위험들에는 어떤 것들이 있을까요?"

　부스는 이 질문에 세 가지 답을 했습니다.

　● 첫째, 실천 없이 지식만 전하는 철학적 기독교
　● 둘째, 사람만 위하고 정작 그리스도는 없는 교회
　● 셋째, 지옥 없는 천국을 말하는 당근만 있는 교회

　부스가 세상을 떠났을 때는 아직 청교도적 정신이 강하게 남아있던 1912년이었습니다.

　지금 시대를 살아가고 있는 우리는 부스가 말했던 그 위험에 점점 강하게 부딪히고 있습니다. 그럴수록 우리의 정체성을 잃지 말고, 주님의 말씀을 붙들고 더더욱 세상에서 빛의 역할을 감당해야 합니다.

　세상의 흐름에 타협하지 말고 주님의 말씀이 분명히 드러내고 있는 명약관화한 진리를 세상에 전하십시오. 복되고 형통합니다. 아멘!!!!

🩷 주님, 세상에 빛과 소금이 되기 위해 제가 해야 할 일을 알게 하소서.

🖼 소외된 곳과 소외된 사람들을 위해 할 일이 무엇인지 생각하고 실행합시다.

`나의 영적 일지`

3월 25일

하나님의 고고학

읽을 말씀 : 에베소서 4:17-24

● 엡 4:22 너희는 유혹의 욕심을 따라 썩어져 가는 구습을 좇는 옛 사람을 벗어 버리고

고고학자들은 여러 사료를 바탕으로 옛 유적지를 찾아냅니다.

그리고 하는 일은 대부분 땅을 파는 것입니다.

한참 동안 땅을 파다가 어떤 유적지가 나오면 고고학자들은 그 흔적을 모두 파낸 뒤 다시 또 땅을 파기 시작합니다. 그러면 그 이전 시대의 유적이 다시 나옵니다. 유적은 대부분 같은 지역에 겹겹이 쌓여있기 때문입니다. 심한 경우 한 자리에서 4, 5시대의 유적이 발견되는 일도 있습니다.

왜 유적은 이렇게 같은 지역에 층층이 쌓여있을까요?

그 이유는 예전에는 다른 문명을 정복하면 모두 불태워서 폐허로 만들고 다시 세웠기 때문입니다. 그래서 오랜 역사에 걸쳐 찬란한 문명을 지닌 도시일수록 파내면 파낼수록 계속해서 과거의 유적이 쏟아져 나옵니다.

미국의 신학자 토마스 키팅(Thomas Keating)은 성령님을 우리 인생의 고고학자라고 표현했습니다. 고고학자들이 계속해서 예전 유적을 파내듯이 성령님은 우리의 옛사람을 계속해서 파내며 새로운 사람으로 변화시키기 때문입니다. 유적을 파내는 듯 마음을 파내는 과정은 매우 괴롭지만, 이 과정을 견뎌야만 진정한 회복과 치유를 경험할 수가 있습니다.

우리 마음속에 깊이 자리 잡고 있는 더러운 옛 습관, 죄의식, 나쁜 감정들을 뽑아내지 않으면 온전히 주님을 기쁘게 섬길 수가 없습니다. 우리의 모든 것을 아시고, 치유하기 원하시는 성령님의 손길에 우리의 내면을 온전히 맡기십시오. 복되고 형통합니다. 아멘!!!

♡ 주님, 성령님의 도우심으로 진정한 회복과 치유를 경험하게 하소서.
▩ 회복과 치유가 필요한 나의 마음을 성령님께 맡겨 드립시다.

나의 영적 일지

처음 볼 얼굴

읽을 말씀 : 시편 27:8-14

●시 27:8 너희는 내 얼굴을 찾으라 하실 때에 내 마음이 주께 말하되 여호와여 내가 주의 얼굴을 찾으리이다 하였나이다

태어난 지 두 달도 되지 않아 사고로 시력을 잃은 아기가 있었습니다.

한 살이 되자 아버지가 돌아가셨고, 어머니는 일하느라 바빠 온종일 할머니 손에서만 자랐습니다. 독실한 그리스도인인 할머니는 불쌍한 아기를 위해 틈만 나면 하나님의 말씀을 들려주고, 손을 붙들고 함께 기도했습니다.

할머니의 노력으로 아기는 건강한 소녀로 자랐고, 모세오경을 비롯해 시편과 잠언을 외울 정도로 말씀도 가까이했습니다. 그러나 소녀가 11살이 되던 해 그토록 아끼던 할머니가 돌아가시자 소녀는 혼자가 됐고, 서른 살이 될 때까지 자신이 태어난 이유를 모르고 다람쥐 쳇바퀴 돌 듯이 살았습니다.

그러던 어느 날 예배 가운데 누군가의 찬양이 소녀의 가슴속에 들어왔습니다.

「웬 말인가 날 위하여 주 돌아가셨나」(찬송가 143, 통 141)

찬양이 들리는 순간 주 예수님이 자신을 위해 돌아가셨다는 사실이 정말로 믿어졌습니다. 그리고 할머니가 자신에게 들려준 것처럼 자신도 세상 사람들에게 복음을 전할 수 있는 아름다운 찬양을 지어야겠다는 꿈이 생겼습니다.

95세로 돌아가실 때까지 1만 편 이상의 찬양과 시를 썼던 페니 크로스비(Fanny J. Crosby) 여사의 이야기입니다.

크로스비 여사는 다시 태어난다 해도 앞을 보지 못하기를 원한다고 말했습니다. 처음 볼 얼굴이 천국에서 뵙는 주님의 얼굴이어야 하기 때문입니다.

우리가 사명을 다하고 천국에 가는 그날, 우리는 분명히 살아계신 주님을 영접할 것입니다. 새로운 이름을 가지고 영원한 천국에 들어가는 그날을 기다리며 주님이 맡겨주신 사명에 최선을 다하십시오. 복되고 형통합니다. 아멘!!!

♡ 주님, 유한한 땅의 삶이 아니라 영원한 천국의 삶을 바라보며 살게 하소서.

🖼 주님께 고백하고 싶은 마음의 음성을 글로 적어 봅시다.

나의 영적 일지

워싱턴의 기도

읽을 말씀 : 시편 5:1-7

● 시 5:3 여호와여 아침에 주께서 나의 소리를 들으시리니 아침에 내가 주께 기도하고 바라리이다

미국의 초대 대통령인 조지 워싱턴(George Washington)은 대통령이 되기 전 미국의 독립을 위해 최전선에서 싸운 장군이었습니다.

워싱턴이 장군 시절일 때 미국의 독립을 결정짓는 승리를 이끌었던 밸리 포지(Valley Forge)에는 워싱턴기념교회가 세워져 있습니다.

이 교회에는 워싱턴이 「매일 아침 드리던 기도문」이 적혀 있습니다.

『전능하신 하나님.

미국을 지켜주실 수 있는 분은 오직 하나님뿐임을 믿습니다.

우리 지도자들이 하나님의 말씀에 순종하도록 하시고

국민을 사랑할 수 있도록 사랑의 마음을 허락하여 주소서.

우리가 먼저 정의롭게 살아가게 하시고, 자비를 실천하며,

이 나라를 좋은 나라로 세우기 위해 겸손히 국민들을 섬기게 하옵소서.』

병사들이 가장 많이 목격한 워싱턴의 모습은 바로 기도하는 모습이었다고 합니다. 워싱턴이 대통령이 된 뒤 오랜 세월을 비서로 함께 일했던 로버트 루이스(Robert Louis)는 다음과 같은 말을 남겼습니다.

"그분은 매일 아침 성경을 펴놓고 조용히 기도하며 하루를 시작했습니다."

정치의 표준을 철저히 성경에 두었던 조지 워싱턴은 이런 말을 남겼습니다.

"하나님과 성경 없이 이 세상을 올바르게 통치하는 것은 불가능하다."

미국 역사상 가장 위대하고 존경받는 대통령은 하나님을 붙들고 기도하는 대통령이었습니다. 주 하나님께 온전히 우리의 삶을 맡기며 위대한 사명을 감당하는 그리스도인이 되십시오. 복되고 형통합니다. 아멘!!!

🫶 주님, 저의 삶을 주님께 맡기며 위대한 사명을 감당하는 성도가 되게 하소서.

🙇 우리나라 대통령도 전지전능하신 주 하나님께 기도하며 섬기기를 기도합시다.

나의 영적 일지

나의 관객은 누구인가

3월 28일

읽을 말씀 : 로마서 14:1-12

● 롬 14:8 우리가 살아도 주를 위하여 살고 죽어도 주를 위하여 죽나
니 그러므로 사나 죽으나 우리가 주의 것이로라

미국의 코미디언 밥 호프(Bob Hope)는 가장 오래, 가장 많은 코미디 공연을 한
배우로 기네스북에 등재되어 있습니다.

그는 유흥업소에서 싸구려 소재로 소비되던 코미디를 많은 사람들에게 즐거
움을 주는 코미디로 탈바꿈시킨 사람으로 「코미디의 창시자」로 불립니다.

밥 호프는 30년 이상의 전성기를 누렸고, 관객이 있는 곳이라면 전쟁터도 마
다하지 않고 달려갔습니다. 호프처럼 미국 사람에게 즐거움을 준 사람은 없었
기에 「역사상 최고의 미국인」을 뽑는 투표에서도 그는 언제나 상위권에 들 정도
로 미국 사회에서 매우 중요한 인물입니다.

이처럼 사회적으로 성공했을 뿐 아니라, 사람들에게 많은 존경을 받은 호프
는 70세가 넘은 나이에도 계속해서 코미디쇼를 진행했습니다. 10년, 20년도 아
닌 무려 50년 동안 쉬지 않고 공연한 밥 호프에게 한 기자가 물었습니다.

"혹시 이제 좀 쉴 계획은 없습니까?

전망 좋은 곳으로 여행을 다니며 낚시를 즐기셔도 되지 않습니까?"

『저도 그러고 싶습니다. 그런데 낚시를 몇 번이나 가도 물고기들은 박수를 쳐
주지 않더군요. 저는 관객의 박수가 없으면 살 수가 없는 사람입니다.』

호프를 통해 많은 미국인이 즐거움을 얻었지만, 호프 역시 그 박수로 인해 살
아갈 수 있었던 것입니다.

우리 삶의 목적은 누구를 향해 있습니까? 사람입니까? 세상입니까?

우리의 모든 것을 아시고 필요한 필요한 모든 것을 주시는 주님의 기쁨과 인
정을 위해 살아가십시오. 복되고 형통합니다. 아멘!!!

♡ 주님, 사람이 아닌, 주님께 인정받는 삶을 목표로 삼게 하소서.
📖 주님께 인정받는 성도가 되기 위해 무엇을 해야 할지 생각해 봅시다.

나의 영적 일지

탄생, 구원, 경이

읽을 말씀 : 시편 139:13-15

● 시 139:14 내가 주께 감사하옴은 나를 지으심이 신묘막측하심이라 주의 행사가 기이함을 내 영혼이 잘 아나이다

의료 선교사인 폴 윌슨 브랜드(Paul Wilson Brand)와 신학자 필립 얀시(Philip Yancey)는 각자의 사역의 자리에서 평생 수많은 기적을 경험했습니다.

그러나 두 사람은 말년에 가장 크고 귀한 기적은 이미 모든 사람이 경험했다는 공통적인 의견을 가지고 있었습니다. 두 사람이 함께 쓴 책「오묘한 육체」에는 이 기적이 무엇인지 다음과 같이 나와 있습니다.

『세상에는 놀랄만한 기적이 많이 일어나고 있고,

많은 사람들이 기적을 바라고 있습니다.

그러나 무엇보다 우리가 가장 놀라야 하는 기적은 우리의 탄생입니다.

우리가 세상에 태어났다는 사실이 모든 기적 중의 기적이며,

신비 중의 신비입니다.

생각해 보십시오. 단 하나의 정자와 난자의 만남으로 수정되고 10조 개에

이르는 세포가 생겨납니다. 게다가 그 세포에는 생명이 깃들어 있습니다.

이 신비를 어떻게 말로 표현할 수 있겠습니까?』

우리가 세상에 태어났다는 사실, 하나님이 우리에게 생명을 주셨다는 사실만큼 놀라운 축복과 기적은 없습니다. 더욱 놀라운 것은 이런 우리를 살리려고 가장 귀한 독생자 예수님까지 세상에 보내주셨다는 사실입니다. 세상의 가장 놀라운 기적, 축복, 경이가 나라는 존재라는 사실과 이런 나를 위해 세상에 오신 예수 그리스도를 믿으십시오. 복되고 형통합니다. 아멘!!!!

🩷 주님, 우리에게 주신 생명이 가장 큰 기적임을 믿게 하소서.

🧎 세상의 가장 놀라운 기적은 나라는 존재임을 믿읍시다.

나의 영적 일지

더 높은 가치를 찾아서

3월 30일

읽을 말씀 : 디모데전서 6:6-10

● 딤전 6:7,8 우리가 세상에 아무것도 가지고 온 것이 없으매 또한 아무 것도 가지고 가지 못하리니 우리가 먹을 것과 입을 것이 있은 즉 족한 줄로 알 것이니라

세계적으로 공신력이 있는 과학 저널 「네이처 인간 행동」(Nature Human Behavior)에 「돈과 인간의 행복 관계에 대한 연구」가 실렸습니다.

164개국 약 170만 명을 대상으로 진행된 조사이기 때문에 거의 모든 사람에게 적용된다고 볼 수 있는 매우 신뢰도 높은 연구였습니다.

이 연구에 따르면 우리나라 돈으로 연봉이 약 1억 원이 될 때까지는 삶의 행복도가 정비례했습니다. 그런데 1억 원이 넘어가는 순간부터는 연봉이 늘어도 삶의 행복도는 급격하게 떨어졌습니다.

많은 돈을 벌수록 「얼마나 버는가?」가 아닌 「어떻게 사용하는가?」가 삶을 더 행복하게 만들었습니다.

그 이유는 크게 3가지가 있었습니다.

● 첫째, 재산이 많아질수록 관리하기 위해 더 큰 노력이 필요하다.

● 둘째, 재산이 많아질수록 인간관계에 문제가 생길 여지가 크다.

● 셋째, 재산이 많아질수록 삶에 투자하는 시간이 부족해진다.

돈은 세상을 살아가기 위해 반드시 필요한 요소입니다. 또한, 하나님이 주시는 복 중에는 재물의 복도 분명히 존재합니다. 그러나 많은 재물의 복을 구하는 것보다 하나님이 주신 복을 올바로 흘려보내는 지혜가 더욱 중요합니다.

세상의 일차원적인 가치를 추구하지 말고, 하나님이 가르쳐 주신 더 높은 가치를 추구하는 수준 높은 가치관을 가지십시오. 복되고 형통합니다. 아멘!!!

🤍 주님, 돈에 현혹되지 않고 올바른 가치관을 갖고 살게 하소서.

🖼 세상의 재물보다 주님의 가르침을 더 중요하게 여기며 삽시다.

나의 영적 일지

3월 31일

성도의 목표

읽을 말씀 : 빌립보서 3:17-21

● 빌 3:20 오직 우리의 시민권은 하늘에 있는지라 거기로서 구원하는 자 곧 주 예수 그리스도를 기다리노니

한 아메리칸 인디언 부족의 추장이 세 아들과 활을 챙겨 들판으로 나갔습니다. 넓은 들판 앞에는 커다란 나무가 한 그루 있었고 그 가지 위에 독수리 한 마리가 앉아 있었습니다.

추장은 먼저 맏아들에게 질문했습니다.

"앞에 무엇이 보이느냐?"

『푸른 하늘이 보이고, 큰 나무가 보입니다.』

추장은 둘째 아들에게도 같은 질문을 했습니다.

『큰 나무와 가지 위의 독수리가 보입니다.』

마지막으로 셋째 아들에게도 같은 질문을 했습니다.

『독수리의 가슴이 보입니다.』

이 말을 들은 추장은 흡족한 미소를 지으며 말했습니다.

"정답이다. 이제 활을 들어 쏴라!"

사냥을 마친 셋째 아들은 부족의 정식 후계자로 지명됐습니다.

활을 들고 들판에 나온 것은 사냥을 위해서입니다.

사냥꾼이 들판에서 찾아야 하는 것은 사냥감이며, 명백한 목표를 알고 있는 사람만이 리더가 될 수 있습니다.

그리스도인인 우리의 목표는 무엇입니까?

주님이 주신 명령을 따라 우리가 수행해야 할 임무가 무엇인지 잊지 말고 살아가십시오. 복되고 형통합니다. 아멘!!!

♡ 주님, 주님이 주신 명백한 푯대를 향해서만 나아가는 주님의 제자다운 삶을 살게 하소서.

▩ 주님께서 내게 주신 비전이 무엇인지를 알고 그에 초점을 맞추고 싶습니다.

`나의 영적 일지`

4월

"오직 주에게 피하는 자는 다 기뻐하며
주의 보호로 인하여 영영히 기뻐 외치며
주의 이름을 사랑하는 자들은 주를 즐거워하리이다
여호와여 주는 의인에게 복을 주시고
방패로 함 같이 은혜로 저를 호위하시리이다"

– 시편 5:11,12 –

1천 번째 이어지는 소중한 만남

읽을 말씀 : 잠언 27:10-20

● 잠 27:17 철이 철을 날카롭게 하는 것 같이 사람이 그 친구의 얼굴을 빛나게 하느니라

『90살을 넘긴 지금도 방송을 진행하고 있으니, 어쩌면 제가 현역 최고령 라디오 프로그램 진행자일지 모르겠다는 생각도 종종 듭니다.

「만나고 싶은 사람 듣고 싶은 이야기」가 1,000회째 방송을 앞두고 있습니다.

매주 한 차례씩 20년 가까이 달려온 지난 세월을 돌아보니, 그야말로 하나님의 은혜라는 말밖에는 표현할 방법이 없습니다.

그동안 정말로 다양한 분들을 만나 이야기를 나눴습니다.

전직 대통령부터 환경미화원까지, 노인부터 아이까지 다양한 분들의 삶의 이야기, 믿음의 고백, 인생의 지혜를 듣고 함께 깨달은 바를 이야기할 수 있었음이 제게는 복입니다. 언제까지 가능할지 모르지만 건강이 허락하는 한 이 프로그램을 계속하고 싶은 바람이 있습니다.

다양한 분들과의 만남과 이야기 가운데 저는 많은 교훈을 얻었는데 크게 요약해 본다면 다음의 두 가지 내용입니다.

첫째는 하나님은 겸손히 기도하는 사람을 들어 쓰신다는 사실이며, 둘째는 어느 분야에서건 성공하기 위해서는 명확한 목표와 흔들리지 않는 믿음이 있어야 한다는 점입니다. 모든 사람에게는 한 가지 이상의 배울 점이 있습니다. 오늘 하루 만나는 사람들을 통해 삶의 지혜와 열정, 그리고 혹은 믿음까지도 배우는 소중한 하루가 되었으면 좋겠습니다.』 – 「김장환 목사의 인생 메모」 중에서

사람이 사람을 만나면 역사가 일어나고 사람이 하나님을 만나면 기적이 일어납니다. 하나님이 주신 소중한 만남을 기회로 삼아 믿음을 키워가며 주 하나님의 일에 더 헌신하십시오. 복되고 형통합니다. 아멘!!!

♡ 주님, 오늘도 한 사람 한 사람과의 만남을 소중히 여기게 하소서.
▧ 만남을 통해 어떤 유익을 누리고 있는지 생각해 봅시다.

`나의 영적 일지`

마음을 좀먹게 하는 것

읽을 말씀 : 잠언 21:1-9

● 잠 21:4 눈이 높은 것과 마음이 교만한 것과 악인의 형통한 것은 다 죄니라

콜로라도의 한 산에는 미국의 역사보다 나이가 많은 거목이 있습니다.

500살은 거뜬히 넘는 이 나무는 아주 오랜 세월 많은 위기를 버티며 꿋꿋이 그 자리에 서 있었습니다.

콜럼버스가 신대륙에 도착했을 때, 이 나무는 매우 작은 묘목이었습니다.

청교도들이 메이플라워호를 타고 상륙했을 때 이 나무는 튼튼하게 자라고 있었습니다. 주변의 나무들이 이런저런 이유로 쓰러지고 뽑혀 나갈 때도 이 나무만큼은 꿋꿋이 그 자리를 지키며 계속해서 자라났습니다.

벼락을 14번이나 맞았고, 기상 이변으로 폭설과 한파를 수차례, 민가를 쓸어버리는 폭풍도 여러 차례 만났지만, 뿌리를 깊이 내린 이 거목을 어떻게 할 수는 없었습니다.

그런데 이렇게 500년의 세월을 버티던 고목이 어느 날 완전히 말라서 죽어 버렸습니다. 학자들의 연구 결과 원인은 바로 작은 딱정벌레였습니다.

벌레들은 단단한 나무의 외피가 아닌 부드러운 안으로 들어가 조금씩 파먹기 시작했고, 그 결과 벼락도, 폭풍도, 한파도, 500년의 세월도 이겨내고 버틴 이 거목은 며칠 만에 죽고 말았습니다.

작은 죄, 걱정, 불안이 우리의 마음을 좀먹게 하는 작은 벌레입니다.

주님이 주시는 평안의 마음이 있는 사람은 죄를 멀리하고 어떤 염려도 하지 않습니다. 말씀의 능력을 통해 우리의 마음에 자리 잡은 믿음의 뿌리가 뽑히지 않도록 견고히 지키십시오. 복되고 형통합니다. 아멘!!!

♡ 주님, 모든 염려, 낙심, 불안을 주님께 맡겨 버리고 마음의 평안을 갖게 하소서.

🔊 요즘 마음을 힘들게 하는 일들이 무엇인지 생각하고 주님께 맡겨 버립시다.

나의 영적 일지

처음부터 끝까지

읽을 말씀 : 디모데후서 3:10-17

● 딤후 3:15 또 네가 어려서부터 성경을 알았나니 성경은 능히 너로 하여금 그리스도 예수 안에 있는 믿음으로 말미암아 구원에 이르는 지혜가 있게 하느니라

　　일본에서 기독교 핍박이 극심하게 일어났던 근대에 우연히 성경을 한 권 받아들게 된 소년이 있었습니다.

　　명문 고등학교를 다니던 소년은 성경이 어떤 책인지 궁금해 틈만 나면 숨어서 읽었습니다. 몇 번을 읽다 보니 어떤 말씀은 믿어졌고, 어떤 말씀은 이해가 되지 않았습니다. 성경도 겨우 구한 마당에 주석이나 경건 서적은 구할 수도 없었기에 소년은 다른 도움 없이 오직 본문만으로 성경을 이해해야 했습니다.

　　여전히 성경이 완전히 믿어지지는 않았지만 반복되는 묵상 중에 소년은 주 예수님을 구세주로 영접하는 놀라운 경험을 했습니다. 청년이 되어서는 몰래 전도를 하다가 발각되어 감옥에 들어갔는데 거기서도 어렵게 구한 쪽 성경과 외운 말씀을 묵상하며 말씀을 파고들었습니다.

　　출소 뒤 마음 편히 성경을 읽을 수 있는 시대가 찾아오자 청년은 신학을 전공하며 더더욱 열심히 말씀을 연구했습니다. 아내가 불의의 사고로 세상을 떠났을 때도, 딸이 세상에서 방황할 때도 손에서 성경을 놓지 않았습니다. 이런 청년을 통해 하나님은 만 명에 가까운 사람들이 주 예수님을 영접하게 하셨고, 일본 신학의 기틀을 다지게 하셨습니다.

　　일본의 무디로 불리는 폴 가나모리 목사님의 이야기입니다.

　　"저는 드디어 이 책의 첫 장부터 끝장이 전부 진리임을 믿습니다"라고 가나모리 목사님은 노년에 간증했습니다.

　　우리는 성경을 몇 퍼센트나 믿고 있습니까? 한 장, 한 구절도 빼놓지 말고 모든 말씀이 분명한 진리임을 믿으십시오. 복되고 형통합니다. 아멘!!!

🩷 주님, 믿음이 흔들릴 때에도 진리의 말씀인 성경을 붙잡게 하소서.
🧎 매일 시간을 내어 차분히 성경을 읽고, 더욱 성경을 공부합시다.

나의 영적 일지

가장 좋은 낚시법

읽을 말씀 : 누가복음 9:1–6

● 눅 9:6 제자들이 나가 각 촌에 두루 행하여 처처에 복음을 전하며 병을 고치더라

남들보다 유달리 물고기를 잘 잡는 어부가 있었습니다.

다른 어부들이 빈 그물로 돌아올 때도 이 어부만큼은 배에 물고기를 가득 채우고 돌아왔습니다. 사람들은 이 어부를 '낚시의 달인'이라고 불렀습니다.

어부의 명성이 점점 높아지며 여기저기서 배우려는 사람들이 찾아왔습니다.

어부는 고기를 낚을 시간도 없이 찾아오는 사람들을 가르쳤습니다.

그러자 한 사람이 아예 가르침을 정립해 학문으로 만들면 어떻겠냐고 제안했습니다. 듣고 보니 효율적인 방법이었습니다. 어부는 '낚시학'이라는 학문을 만들었습니다. 이 학문만 배우면 누구나 다른 어부를 가르칠 수 있었습니다.

제자들이 점점 많아져 어느덧 낚시 대학이 생겼습니다.

이제 사람들은 직접 바다에 나가서 고기를 잡기보다는 고기를 잡는 방법을 가르치는 사람이 되어 편하게 돈을 벌기 원했습니다. 어부 역시 매우 오랜 기간 바다에 나가지 못했습니다.

모든 일을 마치고 은퇴한 어부는 마침내 바다로 나갔습니다. 그러나 이미 고기를 잡은 지 너무 오래되어 모든 노하우를 잊고 말았습니다. 머리로만 낚시를 기억했던 어부는 단 한 마리의 물고기도 잡지 못하고 돌아왔습니다.

풀러 신학교의 성서 선교학 교수인 찰스 벤 엥겐(Charles Van Engen) 박사가 학생들에게 자주 들려주는 예화입니다.

가장 좋은 선교 이론은 밖에 나가서 전하는 것입니다. 완벽한 때를 기다리지 말고 교회 안에서 배운 하나님의 말씀을 세상 밖에서 곧 실천하는 선교의 달인이 되십시오. 복되고 형통합니다. 아멘!!!

♡ 주님, 머리나 이론이나 관념이 아니라 생활과 행동으로 주님을 전하게 하소서.

▨ 최소 3명의 전도 대상자를 정하고 기도로 준비한 후 복음을 전합시다.

나의 영적 일지

최선의 증거

읽을 말씀 : 누가복음 4:1-13

●눅 4:8 예수께서 대답하여 가라사대 기록하기를 주 너의 하나님께 경배하고 다만 그를 섬기라 하였느니라

'성공, 성취, 노력, 일' 등을 연구하며 전문적인 글을 써온 미국의 칼럼니스트 폴 그레이엄(Paul Graham)은 「위대한 일을 이룬 사람에게 있는 3가지 능력」을 다음과 같이 말했습니다.

❶ 재능 ❷ 연습 ❸ 노력

여기서 두 가지 자질만 갖추어도 보통은 '천재'라고 불리며 매진하고 있는 분야에서 뛰어난 성과를 냅니다. 그런데 더 깊게 연구한 그레이엄은 3가지 능력보다 더 중요한 조건이 있다는 사실을 발견했습니다. 바로 '최선을 다하는 것'이었습니다. 이 능력은 '성실히, 꾸준히' 하던 일을 계속해나가는 능력입니다.

재능이 있는 사람이 큰 노력을 쏟아 연습해도 일주일 만에는 별 성과를 낼 수 없습니다. 재능과 노력, 연습 못지않게 그 일을 중요하게 여기고 성실히 이행하는 능력이 다른 무엇보다 중요합니다.

마이크로소프트를 창업한 빌 게이츠(Bill Gates)는 20대 때 단 하루도 쉬어본 적이 없다고 말했습니다. 20세기 최고의 영국 작가로 꼽히고 있는 우드하우스(P.G. Wodehouse)는 각 문장을 최소 열 번 이상 고친 뒤에야 출판을 고려했습니다.

하나님께 최선을 다한다는 말의 뜻은 우리가 가진 모든 것으로, 노력하는 자세로 꾸준히 하나님을 섬기며 하나님이 맡기신 일을 한다는 뜻입니다.

지금 하나님 앞에 최선을 다하고 있습니까? 주님을 잊은 채로 사는 날이 단 하루도 없도록 최선을 다해 신앙생활을 하십시오. 복되고 형통합니다. 아멘!!!

♡ 주님, 늘 주님의 일에 게으름 없이 열심히 최선으로 행하게 하소서.
🎑 노력하는 자세로 꾸준히 주님을 섬기며 주님이 맡기신 일을 합시다.

나의 영적 일지

모두 이루신다

읽을 말씀 : 데살로니가전서 5:18–28

● 살전 5:24 너희를 부르시는 이는 미쁘시니 그가 또한 이루시리라

'프레드릭 대제'로 불리는 프로이센의 황제 프리드리히 2세(Friedrich II)가 하루는 가장 지혜로운 신하를 불러 다음과 같이 물었습니다.

"성경이 진리인 이유를 간단히 설명해 보게."

이 질문에 신하는 다음과 같이 대답했습니다.

『유대인 때문입니다. 폐하.』

성경에 나오는 예언이 모두 이루어졌다는 뜻의 대답이었습니다.

독일의 철학자 헤겔(Georg Wilhelm Friedrich Hegel)도 이와 비슷한 말을 한 적이 있습니다.

"나의 철학은 유대인에 대한 일 빼고는 모든 일을 설명한다."

「확실한 많은 증거」의 저자 아서 태펀 피어선(Arthur Tappan Pierson, 한국 이름: 피어선, 皮漁鮮)은 성경에 기록된 예언이 전부 성취될 확률을 나름의 연구로 계산했는데, 무려 0.000001%보다 적은 확률이었습니다.

심지어 예언이 기록된 수천 년의 시간까지 고려하면 성경이야말로 누구도 부인할 수 없는 확실한 진리입니다.

성경에 기록된 말씀은 하나님이 우리에게 주신 세상의 유일한 진리입니다. 이 진리를 거스르는 세상의 모든 것은 사탄의 악한 간교일 뿐입니다.

이미 모두 이루어진 하나님의 말씀을 믿으며 앞으로 이루어질 하나님의 약속을 붙들고 살아가십시오. 복되고 형통합니다. 아멘!!!

♡ 주님, 주님의 말씀을 철저하게 믿고 순종해 주님만을 닮아가게 하소서.
▨ 지금도 살아서 역사하시는 주님의 말씀을 100% 믿는지 확인합시다.

나의 영적 일지

말씀으로 찾는 정체성

읽을 말씀 : 요한복음 1:12-18

● 요 1:14 말씀이 육신이 되어 우리 가운데 거하시매 우리가 그 영광을 보니 아버지의 독생자의 영광이요 은혜와 진리가 충만하더라

교회 성도들에게 태교로 말씀 암송을 추천하는 한 장로님이 계셨습니다.

몇 년이 지나자 암송으로 태교를 한 아이들이 눈에 띄게 바르고 지혜롭게 성장하는 모습이 보였습니다.

처음에는 반신반의하던 부모들도 변화하는 자녀의 모습을 보고 솔선수범하며 같이 말씀을 암송하기 시작했습니다.

'어려서부터 말씀 암송을 해야 하나님이 주시는 큰 복을 누리고 그리스도인의 정체성을 잃지 않는다'고 생각한 장로님은 성경 암송을 전문으로 교육하는 학교를 세웠습니다.

실제로 나라도 없이 몇백 년을 떠돌던 유대인들이 정체성을 지킬 수 있었던 것은 어려서부터 외우게 하는 「모세오경」 때문입니다.

반대로 하나님의 말씀이 아닌 인간의 이성과 지성을 더 신뢰하게 된 유럽에서는 급격하게 기독교가 쇠퇴하고 사회가 더 암울해졌습니다. 하나님의 말씀을 잊으며 동시에 그리스도인이라는 정체성을 잊었기 때문입니다.

예수님도 모든 일을 말씀을 통해서 하셨습니다.

사탄을 대적하실 때도 말씀으로 하셨고, 사람들을 가르치실 때도 하나님이 주신 말씀으로 하셨습니다.

하나님이 주신 이 귀한 말씀을 암송으로 마음 판에 새기며 우리의 정체성을 잊지 마십시오. 복되고 형통합니다. 아멘!!!

💙 주님, 주님께서 주신 약속의 말씀을 마음 판에 새겨 모든 일에 승리하게 하소서.

🖼 성경을 읽다가 내게 주시는 약속의 말씀을 노트에 적어놓고 암송합시다.

나의 영적 일지

믿음의 위인들의 공통점

읽을 말씀 : 마가복음 14:32-42

● 막 14:38 시험에 들지 않게 깨어 있어 기도하라 마음에는 원이로되 육신이 약하도다 하시고

현대 기독교에서 가장 중요한 인물 네 명을 꼽는다면 '사도 바울, 아우구스티누스, 마틴 루터, 요한 웨슬레'일 것입니다. 활동한 시대도 다르고 맡은 사명도 다른 이들이지만 네 명에게는 '기도'라는 공통점이 있습니다.

먼저 사도 바울은 "쉬지 말고 기도하라"라는 말을 남길 정도로 기도의 사람이었습니다.

아우구스티누스는 자신은 기도를 통해서 변화했으며, 기도를 통해서만 하나님을 깊이 경험하는 경건의 삶으로 나아갈 수 있다고 강조했습니다.

아우구스티누스를 회심시킨 것은 17년간 하나님 앞에 간절히 기도한 어머니의 기도였기 때문입니다.

마틴 루터는 종교개혁을 일으켰을 당시 매일 3~4시간씩 기도로 영적 전투를 벌이며 부담감과 힘든 마음을 이겨냈습니다.

'기도를 쉬지 말자'는 모라비안 운동 가운데 하나님을 만난 요한 웨슬레는 틈만 나면 기도했고, 또한 어딜 가나 기도의 용사의 중요성을 강조했습니다.

웨슬레가 몸담았던 모라비안 공동체는 100년 동안 기도의 불을 끄지 않고 이어온 유일한 믿음의 공동체였습니다.

기도가 얼마나 중요한지는 예수님의 삶을 통해서도 배울 수 있습니다.

기도는 선택이 아닌 성도의 의무입니다. 기도를 쉬는 죄를 단 하루도 범하지 마십시오. 복되고 형통합니다. 아멘!!!

💟 주님, 항상 기뻐하며, 범사에 감사하며, 매일 기도를 쉬지 않게 하소서.
🎴 가족, 동료, 주변 사람들의 건강과 행복을 위해 기도합시다.

나의 영적 일지

전하지 않을 수 없다

읽을 말씀 : 마태복음 28:1-10

● 마 28:6 그가 여기 계시지 않고 그의 말씀하시던대로 살아나셨느
니라 와서 그의 누우셨던 곳을 보라

러시아에서는 크리스마스보다 부활절을 더 중요한 절기로 여깁니다.

성도들은 부활절을 앞두고 집을 깨끗이 청소합니다. 부활주일은 친지 가족
과 함께 집안에서 경건히 보내는 풍습이 있기 때문입니다.

부활주일이 되기 전날은 교회 예배당에 모여 함께 예배를 드리는데, 교회를
다니지 않는 사람들도 얼마든지 참석할 수 있습니다.

토요일 저녁 자정이 되면 목사님이 종을 울리며 예수님의 부활을 선포합니
다. 성도들도 "예수님이 정말로 살아나셨습니다!"라고 서로에게 인사합니다.

예배를 드린 성도들은 다시 이른 새벽에 거리 곳곳으로 흩어집니다.

저 멀리서 환한 아침 해가 떠오르면 성도들은 거리에서 만나는 사람들에게
부활의 기쁜 소식을 전합니다.

"그리스도가 부활하셨습니다!"

부활은 복음의 완성입니다.

예수님의 수많은 기적을 보고도 복음을 전하기를 두려워했던 제자들이 예수
님의 부활을 보고는 순교를 두려워하지 않고 복음을 전했습니다. 부활하신 예
수님을 믿을 때의 감격이 마음에 살아있다면, 우리 역시 예수님을 전하지 않고
는 견딜 수 없어야 합니다.

듣는 사람마다 전하지 않고는 견딜 수 없었던, 예수님이 정말로 우리를 위해
죽으시고 다시 부활하셨다는 진리의 복음을 전하십시오. 복되고 형통합니다.
아멘!!!

♡ 주님, 부활하신 주님을 생각하며 강하고 담대하게 기쁜 소식을 전파하게 하소서.
🎵 우리를 위해 죽으시고 다시 살아나신 예수님을 기쁨으로 찬송합시다.

나의 영적 일지

정직의 축복

읽을 말씀 : 신명기 6:16-25

● 신 6:18,19 여호와의 보시기에 정직하고 선량한 일을 행하라 그리하면 네가 복을 얻고 여호와께서 네 열조에게 맹세하사 네 대적을 몰수히 네 앞에서 쫓아내리라 하신 아름다운 땅을 들어가서 얻으리니 여호와의 말씀과 같으리라

한 여성이 실수로 노숙자에게 동전을 던져주다가 매우 고가의 다이아몬드 반지를 함께 넣었습니다. 바로 눈치채지 못한 여성은 그날 밤 집에 도착해서야 다이아몬드 반지가 사라진 걸 알았습니다.

그런데 도대체 어디서 잃어버렸는지 생각이 나지 않았습니다.

지푸라기라도 잡는 심정으로 다음 날 노숙자를 찾아가 혹시 반지를 못 봤느냐고 묻자 노숙자가 기다렸다는 듯이 말했습니다.

"다이아 반지 말씀이시군요? 어제 실수로 제 깡통에 넣고 가셨습니다."

노숙자는 여성이 다시 찾으러 올까 봐 소중히 반지를 보관하고 있었습니다.

어려운 상황에서도 양심을 지킨 노숙자의 행실에 감동을 받은 여성과 남편은 이 이야기를 지역 신문에 올렸고, 많은 사람이 해리스라고 불리는 이 노숙자를 후원했습니다.

해리스는 이 일을 통해 16년 전 헤어졌던 동생을 다시 만났고 많은 후원을 받아 재정적으로도 독립할 수 있었습니다.

그러나 해리스는 이런 관심과 환대가 이해되지 않는다고 말했습니다.

"잃어버린 물건을 당연히 찾아줬을 뿐인데 왜 이런 일이 일어나는 걸까요?"

미국 캔자스시티에서 일어난 실화입니다.

세상이 어두울수록 작은 빛도 표가 납니다.

작은 선행에도 사람들이 감동받는 이 어두운 세상에서 하나님의 진리의 등불을 밝히 비추이는 참된 그리스도인이 되십시오. 복되고 형통합니다. 아멘!!!

🤍 주님, 선한 마음과 행동으로 하나님의 자녀다운 그리스도인이 되게 하소서.

🧎 어떤 경우에도 남의 것을 탐내지 말고 가진 것에 만족하며 삽시다.

나의 영적 일지

인생이란 신기루

읽을 말씀 : 누가복음 17:16-21

● 눅 17:21 또 여기 있다 저기 있다고도 못하리니 하나님의 나라는 너희 안에 있느니라

사막을 행군하던 군인들이 있었습니다.

사막의 뙤약볕에 몇 날 며칠 걷기만 하다 보니 체력은 금방 떨어졌고, 어느덧 물과 식량도 거의 떨어졌습니다.

그런데 갑자기 선두에 선 병사가 큰소리로 외쳤습니다.

"오아시스다! 파란 호수가 나타났다."

저 멀리 정말로 오아시스의 모습이 아지랑이처럼 피어올랐습니다.

병사들은 너 나 할 것 없이 힘을 내어 오아시스를 향해 달려갔습니다.

그때 한 병사가 다급하게 외쳤습니다.

"저것은 신기루입니다. 저 방향에는 결코 오아시스가 있을 수 없습니다.

우리는 신기루가 맺히는 곳의 반대로 가야 합니다."

그러나 눈앞에 분명히 보이는 오아시스에 정신이 팔려 어떤 병사도 이 말을 듣지 않았습니다. 결국 2, 3명의 병사만이 신기루의 반대 방향으로 길을 틀어 구조되었고, 신기루를 향해 달려간 병사들은 사막에서 탈진해 모두 숨을 거둔 상태로 발견되었습니다.

이집트의 누비아 사막에서 실제로 있었던 이야기입니다.

세상에서의 삶은 분명히 존재하지만 결국은 사라질 신기루입니다.

사라질 허상을 위해 힘써 달려가지 말고 주님이 우리를 위해 예비하신 영원하고 완전한 그 나라를 위해 준비하며 살아가십시오. 복되고 형통합니다. 아멘!!!!

💚 주님, 삶이 힘들다고 해서 신기루 같은 세상의 허망한 것을 좇지 않게 하소서.

🗡 성경적인 가치관을 잊지 않고 세상에서 살아가고 있는지 살펴봅시다.

나의 영적 일지

의미 없는 노력

읽을 말씀 : 사무엘상 12:20-25

● 삼상 12:21 돌이켜 유익하게도 못하며 구원하지도 못하는 헛된 것을 좇지 말라 그들은 헛되니라

한 마을의 시장에 어떤 남자가 낙타를 한 마리 끌고 왔습니다.

남자는 요란하게 난리를 치며 사람들을 끌어모았습니다.

세상에서 한 번도 보지 못한 신기한 것을 보여주겠다고 자신만만하게 외쳤습니다. 도대체 무얼 보여줄까 궁금했던 사람들이 어느덧 남자의 주변을 둘러 쌌습니다.

사람이 모이자 남자는 낙타를 앞으로 끌고 왔습니다.

그리고 남자가 신호를 주자 낙타는 아주 천천히 뒤로 걷기 시작했습니다.

남자는 군중 앞에 서서 의기양양하게 말했습니다.

"어떻습니까? 여러분은 낙타가 뒤로 걷는 모습을 본 유일한 분들입니다."

『도대체 그게 뭐 어쨌단 말이오?』

군중들은 화를 내며 순식간에 사라졌습니다. 남자는 묘기를 보여주고 돈을 받으려고 낙타를 데리고 오랜 시간 연습했지만, 단 한 사람에게도 돈을 받을 수 없었습니다. 아무리 힘들고, 불가능한 일이었다 해도 낙타가 뒤로 걷는 걸 보고 좋아할 사람은 없었기 때문입니다.

세상에서 아무리 빛나는 성과를 이루었다 하더라도 하나님이 보시기에 기쁜 일이 아니면 모두 헛일입니다. 지금 우리는 누구를 위해 열과 성을 쏟고 있습니까? 세상의 기준이 아닌 하나님의 기준에 합한, 하나님을 기쁘시게 하는 일을 하며 살아가십시오. 복되고 형통합니다. 아멘!!!

🩶 주님, 주님이 기뻐하시는 일이 무엇인지 알고, 더욱 헌신하게 하소서.

🧑‍🦰 내 삶에서 이루어가고 있는 일들이 주님을 기쁘시게 하는 것인지 돌아봅시다.

나의 영적 일지

4월 13일

사랑의 눈으로 보면

읽을 말씀 : 고린도후서 13:8-13

● 고후 13:11 마지막으로 말하노니 형제들아 기뻐하라 온전케 되며 위로를 받으며 마음을 같이 하며 평안할찌어다 또 사랑과 평강의 하나님이 너희와 함께 계시리라 거룩하게 입맞춤으로 서로 문안하라

멕시코시티에서 일어난 가스 폭발 사고로 많은 어린이가 목숨을 잃는 안타까운 사건이 있었습니다. 500명이나 되는 어린이가 죽었고, 수많은 어린이가 중태에 빠졌던 이 사건을 이웃 나라 미국에서는 연일 보도했습니다.

이 기사를 보고 안타까워하지 않은 사람은 단 한 명도 없었습니다.

그중 몇몇은 사고를 당한 어린이를 위해 기부금을 내기도 했습니다.

그런데 뉴욕에 사는 한 신실한 자매는 신문에 실린 중상을 입은 한 어린이의 얼굴을 보고는 측은한 사랑의 마음이 들었습니다.

신문을 덮고 오랜 시간이 지나도 아이의 얼굴이 선명하게 떠올랐습니다.

예배를 드릴 때도, 기도할 때도 계속해서 떠올랐습니다.

하나님의 뜻이 있을 거라고 생각한 그녀는 신문사를 통해 아이의 연락처를 받았고 아이가 회복할 수 있게 2년간 재정적으로 도움을 줬습니다.

시간이 날 때면 아이를 찾아가 복음을 전하며 위로했고, 그 가운데 사랑의 마음이 점점 커져 결국은 입양까지 하게 됐습니다.

주님이 주신 은혜로 우리는 도울 수 있는 사람을 힘써 도와야 합니다. 주님이 우리에게 넘치는 큰 복을 주신 이유가 바로 이것 때문입니다. 주님의 말씀대로 이웃을 돕고 섬길 때, 주님이 더 큰 복을 부어주십니다.

세상에 안타까운 일들이 일어날수록 우리가 할 수 있는 최선을 다해 세상에 주님의 사랑을 전하십시오. 복되고 형통합니다. 아멘!!!

♡ 주님, 주변의 어려운 사람들을 외면하지 않고 힘껏 돕게 하소서.
🎴 지금 내가 도와야 할 사람이 있는지 생각해 보고 구체적으로 도웁시다.

나의 영적 일지

땅에 떨어진 음식

읽을 말씀 : 베드로후서 2:15-22

● 벧후 2:22 참 속담에 이르기를 개가 그 토하였던 것에 돌아가고 돼지가 씻었다가 더러운 구덩이에 도로 누웠다 하는 말이 저희에게 응하였도다

　　루터의 절친한 동역자인 신학자 저스터스 요나스(Justus Jonas)가 높은 귀족 가문의 사람들을 만나 복음을 전하고 있었습니다. 귀족들은 요나스가 전하는 복음을 잠시 듣다가 지루하다는 듯이 말을 끊었습니다.
　　"아무런 돈벌이도 안 되는 말을 뭐 그리 오래 하십니까?"
　　이 말을 들은 요나스는 귀족들에게 한 우화를 들려주었습니다.
　　『숲속의 왕 사자가 여러 동물을 불러 잔치를 열었습니다.
　　세상의 산해진미가 다 차려진 성대한 잔치였습니다.
　　그런데 이런 식탁을 앞에 두고 대뜸 돼지가 화를 내며 말했습니다.
　　『여기 땅에 떨어진 밀 이삭은 없습니까?』
　　산해진미를 앞에 두고 우리에서 먹던 밀 이삭을 찾는 돼지는
　　얼마나 어리석습니까?
　　저는 여러분에게 사자가 차린 진수성찬 같은 영혼의 진미를 드리려고
　　하는 중입니다. 그런데 자꾸 땅에 떨어진 밀 이삭을 찾으시는군요.』
　　하나님의 말씀을 통해 얻는 영의 양식은 우리의 영원을 보장해 주는 가장 중요한 생명의 양식입니다. 이 귀한 산해진미를 앞에 두고도 땅에 떨어진 음식을 구하고 있지는 않습니까?
　　우리를 위해 예비해두신 하나님의 영의 진미를 매일 묵상하며 섭취하십시오. 복되고 형통합니다. 아멘!!!

🤍 주님, 제가 위대한 주님의 일에 동참하고 있음을 알고 충성하게 하소서.
🎴 삶이 힘들 때 주님의 말씀을 묵상함으로 힘과 위로와 용기를 얻읍시다.

나의 영적 일지

부인할 수 없는 사실

읽을 말씀 : 디모데후서 3:14-17

● 딤후 3:16,17 모든 성경은 하나님의 감동으로 된 것으로 교훈과 책
망과 바르게 함과 의로 교육하기에 유익하니 이는 하나님의 사람
으로 온전케 하며 모든 선한 일을 행하기에 온전케 하려 함이니라

영국의 한 유명한 지성인이자 무신론자가 성경이 가짜라는 사실을 밝혀내려
고 연구를 시작했습니다. 그가 보기에 성경에 나온 수많은 예언은 전부 이루어
질 수 없는 가짜였습니다. 그래서 가장 많은 예언이 기록되어 있고, 사료를 조사
하기 쉬운 다니엘서를 연구했습니다. 다니엘서에 나온 많은 예언 중 하나만이
라도 가짜라는 사실을 밝히면, 성경의 모든 말씀이 진리라는 그리스도인의 논
리를 무너트릴 수 있었기 때문입니다. 그런데 다니엘서를 연구하면 할수록 성
경이 진짜라는 사실을 부정할 수가 없었습니다.

런던의 경찰국장이었던 로버트 앤더슨(Robert Anderson)은 결국 자신의 책 제목
을 「비판자의 굴 앞에 선 다니엘」(Daniel in the Critic's Den)이라고 지었습니다. 애초의
목적과는 달리 다니엘서 연구를 통해 왜 성경이 진짜인지를 인정하는 간증문이
된 것입니다.

이 책을 본 또 다른 무신론자이자 역사학자인 에드워드 기번(Edward Gibbon)은
다음과 같이 말했습니다.

"난 지금도 하나님을 믿지 않지만 그럼에도 이 책에 나온 예언은 역사적 사료
로 확인할 수 있는 분명히 이루어진 사실이다."

성경을 읽을수록 우리는 참된 진리가 무엇인지만을 깨닫게 됩니다.

성경에 나온 예언은 진실로 이루어진 진리이며, 앞으로 이루어질 진리입니다.
생명보다 소중한 이 말씀을 통해 주님이 주시는 지혜를 깨달으십시오. 복되고
형통합니다. 아멘!!!

♡ 주님, 작은 지식으로 말씀을 비난하는 사람들에게 할 말을 준비하게 하소서.

🖼 날마다 지혜를 주시는 주님께 감사하며 더욱 말씀을 가까이합시다.

나의 영적 일지

말씀으로 전해지는 주님의 음성

읽을 말씀 : 욥기 37:1−12

● 욥 37:5 하나님이 기이하게 음성을 울리시며 우리의 헤아릴 수 없는 큰 일을 행하시느니라

『공황장애를 참으면서 일하던 한 간호사가 상태가 너무 악화되어 일을 그만두었습니다. 건강을 위해 지방에 내려갔는데, 우연히 극동방송을 듣고 애청자가 되었고 사연으로도 참여하기 시작하면서 조금씩 영육이 변화되었습니다. 나중에는 공황장애 약을 먹지 않아도 큰 이상이 없었고 건강도 함께 조금씩 회복되며 복직도 가능해졌습니다. 몸과 마음의 여유가 생기니 남는 시간에 자기 계발을 통해 신장과 관련된 책을 번역까지 할 수 있었습니다.

모든 것을 포기하고 쉬러 온 이분을 회복시킨 것은 바로 복음이요, 주님의 말씀이었습니다. 삶의 끝자락에 서 있던 자신을 회복시킨 주님의 능력에 이분은 오직 감사밖에는 드릴 것이 없다고 고백했습니다.

이 간호사처럼 지금도 극동방송에서 흘러나오는 목사님들을 통한 주님의 말씀과 찬양을 매일매일 공급받지 않고는 살아갈 수 없다고 고백하는 분들이 계십니다. 누구든 자신을 살게 하고 새롭게 하는 에너지원이 있고 새 힘을 공급받는 통로가 있습니다. 그리스도인에게는 찬양과 말씀이 바로 이 에너지이며, 우리 극동방송은 바로 이 일을 감당하고 있습니다.

사람은 아무리 노력해도 인생을 변화시키지 못합니다. 그러나 주님은 하실 수 있습니다. 지치고 힘든 영혼도 주님의 자녀로 변화시킬 능력을 세상에 전달하는 방송, 바로 극동방송이 하는 일입니다.』−「김장환 목사의 인생 메모」 중에서

영의 양식 없이는 신앙이 자라날 수 없습니다. 주 하나님을 찬양하며 말씀으로 은혜받는 믿음의 자리를 하루라도 빼먹지 않도록 노력하십시오. 복되고 형통합니다. 아멘!!!

♡ 주님, 매일 주님의 음성을 청종하고 주시는 말씀에 순종하게 하소서.

🖼 충분한 영의 양식을 공급받을 수 있도록 자주 경건의 시간을 지킵시다.

나의 영적 일지

올바른 선택

읽을 말씀 : 로마서 12:14~21

●롬 12:21 악에게 지지 말고 선으로 악을 이기라

'좋은 생각은 하나님이 주시는 것이고, 나쁜 생각은 사탄이 주는 것이다'라고 많은 성도들이 생각합니다.

그러나 많은 신학자는 이런 개념은 매우 중대한 잘못이라고 이야기합니다.

만약 우리가 실수로 나쁜 생각을 실천했다면, 하나님이 사탄한테 진 것처럼 여겨지기 때문입니다.

우리 마음의 초점을 하나님께 분명히 맞추는 일이 무엇보다 중요합니다.

다음은 「목적이 이끄는 삶」의 저자 릭 워렌(Richard Duane Warren) 목사님이 말한 「건강한 성도로 살아가기 위해 내려야 할 3가지 선택」입니다.

❶ 내 마음을 진리로 채우겠다고 결심하라(마 4:4).

❷ 부정적인 생각이 떠오르지 않도록 마음을 지키라(롬 8:5).

❸ 마음과 생각의 초점을 오로지 선한 일에 맞추라(딤후 2:8).

성경에는 우리를 향한 하나님의 약속이 7천여 개가 넘게 나와 있습니다.

매일 말씀을 묵상하며, 말씀을 한 구절이라도 지켜 행하는 사람은 하나님의 인도하심을 따라 옳은 길을 벗어나지 않는 하나님의 큰 복을 받는 삶을 살아갑니다.

하나님의 말씀을 우리 삶의 나침반으로 삼아 죄의 곁길로 빠지지 말고 하나님이 인도하시는 정도를 따라 걸어가십시오.

세상의 유혹과 시험이 아무리 몰려온다 하더라도 오직 하늘의 주님만을 바라보십시오. 복되고 형통합니다. 아멘!!!

♡ 주님, 마음과 생각의 초점을 오로지 주님의 말씀과 선한 일에 맞추게 하소서.

🔎 위 3가지 선택을 읽고 내게 약한 부분이 어떤 것인지 찾아 개선합시다.

나의 영적 일지

성경을 붙들라

읽을 말씀 : 잠언 30:1-6

4월 18일

● 잠 30:5 하나님의 말씀은 다 순전하며 하나님은 그를 의지하는 자의 방패시니라

영국의 저명한 성경 연구가인 패트릭 마빌로그(Patrick Mabilog) 목사님은 오랜 기간 일반 성도들이 성경을 더 깊이 묵상할 수 있는 방법을 연구했습니다.

다음은 마빌로그 목사님이 연구한 「성경을 더 깊이 묵상하는 4가지 방법」입니다.

❶ 눈이 아닌 마음으로 보라.

눈으로만 성경을 보면 금방 싫증이 납니다. 마음으로 묵상하고 읽는 사람만이 말씀을 통해 기쁨을 얻습니다.

❷ 하루도 포기하지 말고 꾸준히 읽어라.

습관이 되기 위해서는 하루도 포기하지 말고 반복해야 합니다.

❸ 작은 목표부터 시작하라.

습관을 들일 때까지는 하루에 한 장, 그것도 힘들다면 하루에 몇 구절부터 시작해야 합니다.

❹ 적당한 때를 정하라.

성경 묵상을 하나님과의 약속이라 생각하고 어기지 않을 수 있는 가장 적절한 시간을 정해야 합니다.

마틴 루터는 "나에겐 세상의 어떤 책보다 성경 그 자체를 읽는 것이 가장 큰 즐거움이다"라고 말했습니다.

많이 읽는 것보다 꾸준히 읽고, 읽은 말씀을 삶에 적용하는 것이 더 중요합니다. 성경을 통해 하나님을 만나고 세상에 없는 기쁨을 경험하는, 감격이 살아있는 그리스도인이 되십시오. 복되고 형통합니다. 아멘!!!

💙 주님, 주님의 말씀을 꾸준히 읽고, 읽은 말씀을 삶에 적용하게 하소서.

🦋 위의 4가지 묵상 방법을 실천하며 주님의 은혜에 감사합시다.

나의 영적 일지

걱정이란 불치병

읽을 말씀 : 빌립보서 4:2-9

● 빌 4:6 아무 것도 염려하지 말고 오직 모든 일에 기도와 간구로, 너희 구할 것을 감사함으로 하나님께 아뢰라

항상 죽음을 걱정하는 영국의 한 작가가 있었습니다.

작가는 매일 몸이 아프다며 주치의를 집으로 불렀습니다.

의사가 아무리 정상이라고 해도 작가는 매일 어디가 아프다며 자신이 죽을 병에 걸렸다고 생각했습니다.

하루는 작가가 진짜 죽을 병에 걸린 것 같다며 다급히 의사를 불렀습니다.

그런데 오히려 의사가 집 안에 들어오자마자 쓰러졌습니다.

"너무 급하게 오느라…. 심장에 이상이 생긴 것 같습니다.

제 지시를 따라 저를 도와주십시오."

작가는 의사의 지시에 따라 열심히 간호했습니다. 약 2시간이 지난 뒤 의사가 정신을 차리고 일어나 회진비를 달라고 요구했습니다.

작가는 『당신을 돌본 것은 나인데 왜 돈을 내야 합니까?』라고 말했습니다.

그러자 의사가 대답했습니다.

"죽을 병에 걸린 사람이 저를 2시간 동안 간호할 수 있습니까?

제 꾀병으로 당신의 걱정을 사라지게 했으니 병을 고친 것 아닙니까?"

큰 깨달음을 얻은 작가는 흔쾌히 진료비를 지불했습니다.

아일랜드의 극작가로 노벨문학상을 수상한 조지 버나드 쇼(George Bernard Shaw)의 일화입니다.

주님이 주시는 평안이 없는 사람은 걱정을 안고 살아갈 수밖에 없습니다. 우리의 모든 문제를 먼저 아시고, 해결해 주실 주님의 선한 능력을 믿고 오직 주님께 감사와 찬양을 올려드리십시오. 복되고 형통합니다. 아멘!!!

🩷 주님, 모든 문제를 미리 아시고 해결해 주시는 주님을 찬송하게 하소서.

🖼 우리의 모든 죄와 모든 병을 은혜로 고쳐주시는 주님께 감사합시다.

나의 영적 일지

더 높이 날아오르자

읽을 말씀 : 시편 37:1-6

4월 20일

● 시 37:5 너의 길을 여호와께 맡기라 저를 의지하면 저가 이루시고

　　영국의 항공기 제조회사 핸들리 에어크래프트(Handley Page Aircraft Company)의 창업자인 핸들리 페이지(Handley Page)는 세계적으로 명성이 높은 비행기 조종사였습니다. 핸들리 페이지가 공군 장교였던 시절 에어쇼에서 멋진 비행 묘기를 선보이고 있었습니다.

　　그런데 어디서 자꾸 바스락거리는 소리가 들렸습니다.

　　기체 안쪽을 살펴보니 어디서 탔는지 큰 생쥐 한 마리가 기체 여기저기를 갉아먹고 있었습니다. 실수로 엔진에 달린 전선이라도 하나 끊어지면 비행기가 바로 추락할 위기였습니다.

　　자칫하면 수많은 인명피해까지 발생할 상황이었습니다.

　　절체절명의 순간에서 페이지는 주님께 기도했습니다.

　　'주님, 제 힘으로는 어쩔 수가 없습니다. 모든 것을 주님께 맡깁니다.'

　　그 순간 더 높이 하늘로 올라가야겠다는 생각이 들었습니다.

　　마음의 감동을 따라 하늘로 높이 올라가자 어느샌가 쥐 소리가 들리지 않았습니다. 높은 고도에서 산소가 부족해져 쥐가 죽은 것입니다.

　　페이지는 다시 내려와 여유 있게 준비한 나머지 기술까지 선보이며 무사히 착륙했습니다.

　　땅의 문제로 마음이 어려울 때 우리의 마음은 주님께 향해야 합니다.

　　우리의 어려움을 해결해 주시고 앞길을 형통하게 인도해 주실 주님께 기도로 모든 것을 맡기십시오. 복되고 형통합니다. 아멘!!!

♡ 주님, 제 힘이 아닌 주님의 능력만을 의지하는 겸손한 자가 되게 하소서.

📷 내 힘으로 해결할 수 없었던 일 중 주님께 기도해 해결된 일들을 다시 한번 감사합시다.

나의 영적 일지

다른 복음은 없다

읽을 말씀 : 갈라디아서 1:6-10

●갈 1:7 다른 복음은 없나니 다만 어떤 사람들이 너희를 요란케 하여 그리스도의 복음을 변하려 함이라

20세기 최고의 신학자로 꼽히는 칼 바르트(Karl Barth)에게 누군가 "가장 중요한 신학의 정수가 무엇이냐?"라고 물었습니다.

다른 학자들에게서는 들을 수 없는 심오한 대답이 나오리라는 기대와는 달리 칼 바르트는 덤덤하게 "성경이 전하는 예수님의 사랑입니다"라고만 대답했습니다.

마틴 루터는 "성경을 짜고 또 짜면 한 방울의 피가 나올 것"이라고 말했습니다. 실제로 성경에는 '피'라는 단어가 무려 460번이나 나와 있습니다.

성경에는 수많은 진리가 있고 신학에는 많은 학문이 있지만, 그 무엇보다 중요한 것은 예수님이 우리를 구원하기 위해 피 흘려 돌아가셨다는 사실, 그리고 하나님의 사랑이 얼마나 놀라운지를 깨닫는 것입니다.

피는 인간이 살아가는데 가장 중요한 요소입니다.

피가 없으면 온몸에 영양소가 돌지 않고 외부에서 침입한 병균을 죽이지도 못합니다. 그러나 여기서 끝이 아닙니다. 우리에겐 예수님이 우릴 위해 흘리신 피가 필요합니다. 피가 없이는 살아갈 수 없듯이 예수님의 보혈을 믿지 않는 사람은 죄에서 벗어날 수 없고 사망의 심판을 피할 수 없습니다.

피 대신 물이나 영양소를 채워서 살아갈 수 없듯이, 예수님의 보혈이 아니고서는 누구도 구원받을 수 없습니다. 다른 보혈, 즉 다른 진리는 없습니다.

우리를 위해 십자가에서 피 흘려 돌아가신 유일하신 우리의 구세주, 주 예수님만을 구주로 믿으십시오. 복되고 형통합니다. 아멘!!!

💙 주님, 십자가에서 피 흘려 돌아가신 주님의 사랑과 은혜를 깊이 깨닫게 하소서.

📖 성경을 읽을 때마다 주님의 사랑과 은혜와 보혈을 기억합시다.

나의 영적 일지

끝이 아닌 시작

읽을 말씀 : 고린도전서 15:12–21

● 고전 15:20 그러나 이제 그리스도께서 죽은 자 가운데서 다시 살아 잠자는 자들의 첫 열매가 되셨도다

프랑스의 소설가 사무엘 베케트(Samuel Barclay Beckett)의 대표 희곡 「승부의 종말」(Endgame)은 완전히 망해버린 지구가 배경입니다.

쓰레기로 가득한 집 안에 유일하게 생존자 몇 명이 남아있지만 이들에게 희망은 없습니다. 이미 집 밖은 온통 사막으로 뒤덮여서 누구도 살아갈 수가 없습니다. 이런 환경에서 어떤 사람은 가만히 누워서 죽기를 기다리고, 어떤 사람은 그래도 희망을 품고 바깥으로 나가려 합니다. 아무 상관없이 쓰레기통 안에서 숨어 사는 사람도 있습니다.

등장인물들은 연극 내내 자기 하고 싶은 얘기만 하다가 결국 막을 내립니다. 떠난 사람도, 남은 사람도, 외면한 사람도 결국은 이미 끝난 세상에서 할 수 있는 일은 없었습니다.

'인생은 끝난 게임처럼 불합리하다'라는 생각으로 베케트가 쓴 희곡입니다. 연극 내에서도 하나님을 향한 불평이 대사로 종종 등장합니다.

철학자이자 신학자인 키르케고르(Søren Kierkegaard)도 이와 비슷한 의미로 인생을 물가에 던진 돌로 표현한 적이 있습니다. 유유히 날아도 가고 물가에 파동도 일으키지만 이내 조용히 가라앉는 것이 모든 사람의 인생이기 때문입니다. 단, 하나님을 만나지 않았을 때의 일입니다.

예수님의 탄생과 죽음, 그리고 부활이라는 놀라운 역사적 사실이 우리에게 일어났기 때문에 이 사실을 믿는 우리에게 죽음은 끝이 아닌 시작입니다.

썩지 않는 영원한 소망을 우리에게 허락하신 주님을 믿음으로 영생을 얻으십시오. 복되고 형통합니다. 아멘!!!

♡ 주님, 십자가 보혈로 우리에게 구원을 주신 주님을 찬송하게 하소서.
▧ 부활의 주님을 믿는 우리에게 죽음은 끝이 아님을 기억합시다.

나의 영적 일지

고난의 크기만큼

읽을 말씀 : 베드로전서 4:12-19

● 벧전 4:13 오직 너희가 그리스도의 고난에 참예하는 것으로 즐거워하라 이는 그의 영광을 나타내실 때에 너희로 즐거워하고 기뻐하게 하려 함이라

메뚜기와 같이 작은 곤충에게 1*cm* 정도의 상처는 금방 죽게 될 치명상입니다. 그러나 사람에게 급소가 아니라면 1*cm*의 상처는 생명에 전혀 지장이 없는 작은 상처입니다. 덩치가 더 큰 코끼리에게는 모기에게 물린 정도의 작은 상처일 것입니다. 이처럼 같은 상처라도 대상이 누구냐에 따라 다르게 적용됩니다.

마찬가지로 간장 종지에 담긴 물은 소금을 한 스푼만 타도 짜서 마실 수가 없습니다. 그러나 대야에 타면 아무 맛도 나지 않습니다. 강물에 아무리 소금을 뿌려봐야 그냥 맹물일 뿐입니다. 마찬가지로 바닷물을 맹물로 만든다고 아무리 담수를 부어봐야 짠물입니다.

이 원리는 신앙에도 그대로 적용됩니다. 우리가 아무리 깨끗하고 선하게 살아봤자 하나님이 보시기엔 흙탕물이나 마찬가지입니다. 또한 바다와 같은 하나님의 은혜로 구원받지 못할 사람 역시 한 명도 없습니다.

우리의 인생도 마찬가지입니다.

우리가 고난이라고 여기는 것을 소금이라고 생각해 보십시오.

우리의 믿음의 그릇이 종지인 사람에게는 고난이 짜게 느껴질 것이며, 믿음의 그릇이 강물과 같이 흘러넘치는 사람에게는 아무리 많은 소금도 맹물처럼 느껴질 것입니다.

주님은 우리를 위해 고난을 없애주시기도 하지만, 반대로 고난을 통해 믿음을 더 크게 키워주시기도 합니다. 주 예수님보다 더 큰 고난을 당한 사람은 단한 명도 없습니다. 이미 승리하신 주님을 의지함으로 어떤 고난도 이겨낼 더 큰 믿음을 달라고 간구하십시오. 복되고 형통합니다. 아멘!!!

🤍 주님, 어떤 고난도 주님을 의지하여 씩씩하게 이겨낼 수 있도록 도와주소서.
🗝 우리가 감당할 수 있는 고난만을 주시며 도우시는 주님께 감사합시다.

나의 영적 일지

가장 중요한 일

읽을 말씀 : 요한복음 4:19-24

● 요 4:24 하나님은 영이시니 예배하는 자가 신령과 진정으로 예배 할찌니라

아이젠하워(Dwight David Eisenhower) 미국 대통령이 소련과 정상회담 중이던 때의 일입니다. 아이젠하워 대통령은 소련의 수상 흐루쇼프(Nikita Sergeyevich Khrushchev)에게 주일 전날 전화를 걸었습니다.

"내일 저와 함께 교회에 가지 않으시겠습니까?"

공산국가인 소련의 수상이었던 흐루쇼프는 자신은 무신론자라며 제안을 거절했습니다.

다음 날 정상회담으로 약속된 시간에 아이젠하워는 나타나지 않았습니다. 무려 두 시간이 지나서야 회장에 모습을 드러냈습니다. 흐루쇼프는 국빈으로 미국을 방문했기 때문에 매우 큰 결례였습니다.

아이젠하워가 예배를 드리고 오느라 늦었다고 솔직하게 말하자 흐루쇼프는 다음과 같이 말했습니다.

『당신이 무슨 핑계를 댈지 두 시간 동안 고민하고 있었는데 의외로군요.』

자칫하면 양국 사이의 큰 문제로 번질 수 있는 사건이었지만 그래도 아이젠하워는 믿음을 우선으로 뒀고, 흐루쇼프는 이런 배포를 인정해 정상회담은 수월하게 끝이 났습니다.

그리스도인에게 예배는 가장 중요한 일 중 하나입니다. 초대교회 성도들은 예배를 위해 모든 것을 포기했고, 때때로 목숨까지 아끼지 않았습니다.

우리에게도 예배란 세상의 어떤 일보다도 더 소중한 일이어야 합니다.

우리의 마음과 정성을 다한 예배로 주님의 이름을 높여드리십시오. 복되고 형통합니다. 아멘!!!

♡ 주님, 예배가 그 어떤 일보다 중요한 제 인생의 최우선 순위가 되게 하소서.

🖼 이런저런 핑계로 예배에 소홀하지 않는지 돌아보고 고칩시다.

나의 영적 일지

막을 수 없는 일

읽을 말씀 : 누가복음 12:22-28

● 눅 12:25 또 너희 중에 누가 염려함으로 그 키를 한 자나 더할 수 있느냐

한 목사님이 미국 부흥회에 초청을 받았다가 다시 한국으로 돌아오려고 워싱턴에서 뉴욕을 경유하는 비행기를 타고 가는 중이었습니다.

워싱턴에서 뉴욕은 비행기로 1시간여 밖에 안 걸리는 지역입니다.

그런데 비행기는 무려 3시간을 선회하고 있었습니다.

승객들은 불안한 마음에 동요했습니다.

어느덧 비행기는 연료도 거의 떨어졌고 불안한 기류로 실내 온도도 점점 내려가 추워졌습니다. 기장은 결국 중간에 위치한 브래들리 공항에 비상착륙을 하겠다는 안내 방송을 했습니다.

다행히 비행기에는 아무런 이상이 없어서 무사히 착륙할 수 있었습니다.

비행기가 그 짧은 거리의 뉴욕 공항에 착륙할 수 없었던 이유는 오직 한 가지, 짙은 안개 때문이었습니다. 자동항법장치도 문제없었고, 연료도 충분히 있었지만, 활주로가 보이지 않을 정도로 짙은 안갯속에서는 도저히 착륙할 방법이 없어 오랜 시간을 지체하고도 다른 공항에 착륙해야 했습니다.

목사님은 이 경험을 통해 다음과 같은 깨달음을 얻었다고 합니다.

'첨단 과학과 기술이 발달한 시대에도 인간은 짙은 안개 하나를 극복할 수 없구나. 주님, 무슨 일이 있든지 오직 주님의 인도하심만 따라가겠습니다.'

아무리 걱정해도 키 한 자를 더 할 수 없다는 주님의 말씀처럼 세상일의 대부분은 우리 힘으로 어쩔 수가 없습니다.

우리의 힘이 아닌, 불가능함이 없으신 주님의 힘을 의지해 주님이 주신 사명을 감당하며 요셉과 같이 형통한 삶을 살아가십시오. 복되고 형통합니다. 아멘!!!!

💜 주님, 저의 연약함을 인정하며 주님의 은혜만 구하게 하소서.

🕱 전지전능하시고 생사화복을 주관하시는 주님께 모든 삶을 맡깁시다.

나의 영적 일지

비할 데 없는 사랑

읽을 말씀 : 로마서 8:31-39

● 롬 8:39 높음이나 깊음이나 다른 아무 피조물이라도 우리를 우리 주 그리스도 예수 안에 있는 하나님의 사랑에서 끊을 수 없으리라

소아마비로 어려서부터 다리를 저는 아이가 있었습니다.

어려서부터 사진을 찍고 싶어 했지만 어려운 가정 형편과 불편한 몸 때문에 선뜻 말을 꺼내지 못했습니다. 그런데 어떻게 알았는지 어머니가 힘들게 장만해오신 카메라를 아이의 손에 쥐여주었습니다. 아이가 산으로 들로 다니며 매일 사진을 찍느라 때로는 다치기도 했지만, 꿈을 위한 일이란 걸 알기에 한 번도 나무라지 않았고 언제나 응원을 해주었습니다. 이 아이는 훗날 에든버러 국제 페스티벌에 초청받을 정도로 유명한 미디어 예술 작가로 성장했습니다.

조산으로 미숙아로 태어난 아이가 있었습니다.

태어나자마자 수술을 두 번이나 받으며 목숨은 건졌지만 시력을 잃어버리고 말았습니다. 눈이 보이지 않는 대신 소리에 관심을 갖고 노래를 좋아하자 어머니는 아이가 바라는 공부를 위해 백방으로 뛰어다녔습니다. 어머니의 노력 덕분에 아이는 일반인은 무엇인지 알지도 못하는 전통 국악의 성악에 해당하는 정가 교육을 어려서부터 받을 수 있었습니다. 아이의 재능은 어머니의 헌신을 통해 눈부시게 꽃을 피웠고 그 결과 국악경연대회에서 대통령상을 수상하며 한국 최고의 국악인 중 한 명으로 인정받았습니다.

어머니의 사랑은 세상에서 비할 데 없는 가장 고귀한 사랑입니다. 그러나 자녀를 위해 눈부시게 헌신하는 어머니의 사랑보다 더 큰 사랑이 존재합니다.

바로 가장 귀한 아들을 주신 하나님의 사랑입니다. 우리를 위해 독생자도 아끼지 않고 세상에 보내주신 하나님의 놀라운 사랑을 깨닫고 하나님을 위해 사는 그리스도인이 되십시오. 복되고 형통합니다. 아멘!!!

🧡 주님, 무엇과도 비교할 수 없는 하나님의 크신 사랑을 항상 기억하게 하소서.

🖼 비할 데 없는 놀라운 사랑을 주신 주님만을 의지합시다.

나의 영적 일지

감사의 행방

읽을 말씀 : 누가복음 17:11-19

● 눅 17:17 예수께서 대답하여 가라사대 열 사람이 다 깨끗함을 받지
아니하였느냐 그 아홉은 어디 있느냐

미국의 작가 A. J. 제이콥스(Arnold Stephen Jacobs Jr.)는 매일 아침 온 가족과 식사
를 하며 감사 기도를 드렸습니다.

그런데 하루는 감사 기도를 드리고 난 뒤 아들이 이렇게 말했습니다.

"아빠, 그런데 이 음식을 위해 수고하신 분들에게 직접 감사하다고 해야 하지
않나요?"

듣고 보니 맞는 말이었습니다. 제이콥스는 일단 모닝커피 한 잔을 만들어준
사람들에게 어떤 식으로든 감사 인사를 전해보기로 했습니다. 될 수 있으면 찾
아가서 인사를 전하고, 그럴 수 없을 때는 전화나 이메일로 전하기로 했습니다.

먼저 커피를 맛있게 만들어준 바리스타를 찾아가 감사를 전했습니다. 그러
나 여기에서 끝이 아니었습니다. 원두를 로스팅 해준 전문가, 포장지를 만들어
준 사람, 커피를 재배한 농부…. 커피 한 잔을 먹는 일에 이처럼 많은 사람의 노
력이 들어가는 줄은 꿈에도 몰랐던 일이었습니다. 제이콥스는 심지어 테이크아
웃 잔의 뚜껑을 만든 플레밍이라는 발명가에게도 연락을 했습니다.

감사 인사를 받은 사람들은 하나같이 세상에서 가장 행복한 미소로 보답했
습니다. '커피 한 잔의 감사'를 전하며 제이콥스는 세상이 우리 생각보다 훨씬
더 촘촘하게 연결됐다는 것을 깨달았습니다.

커피 한 잔에 수많은 사람의 노고가 묻어 있는 것처럼, 우리 삶의 모든 것은
하나님이 주신 놀라운 은혜입니다. 이 은혜를 잊지 말고 우리 삶에 실종된 감사
를 되찾으십시오. 복되고 형통합니다. 아멘!!!

🩶 주님, 주님께서 은혜로 베풀어주신 은택을 송축하는 삶을 살게 하소서.

🖼 주님께서 내게 주신 복들을 노트에 적으면서 감사합시다.

나의 영적 일지

말씀 묵상의 힘

읽을 말씀 : 여호수아 1:1–9

● 수 1:8 이 율법책을 네 입에서 떠나지 말게 하며 주야로 그것을 묵상하여 그 가운데 기록한대로 다 지켜 행하라 그리하면 네 길이 평탄하게 될 것이라 네가 형통하리라

미국의 복음방송협회(*The Good News Broadcasting Association*)가 조사한 바에 따르면 일주일에 성경을 네 번 이상 읽는 성도는 그렇지 않은 성도에 비해 죄를 덜 짓는다고 합니다.

구체적인 내용은 다음과 같습니다.

● 성경을 주 4회 이상 읽는 성도와 죄 –
　술의 유혹을 62% 더 잘 이겨냄
　음란물, 혼외정사의 죄를 59% 더 짓지 않음
　다른 사람의 험담과 거짓말을 28% 덜 함

● 성경을 주 4회 이상 읽는 성도와 신앙 –
　헌금을 416% 더 많이 함
　암송을 407% 더 많이 함
　전도를 228% 더 많이 함

● 성경을 주 4회 이상 읽는 성도와 건강 –
　열등감을 32% 덜 느끼고 남을 31% 더 잘 용서함
　외로움과 우울증에 빠질 확률이 30% 적음
　두려움과 걱정을 14% 덜함

하나님의 말씀은 우리의 삶을 변화시킬 분명한 힘이 있습니다.

우리는 하나님의 말씀을 통해서만 거룩한 삶을 살아갈 힘을 얻을 수 있습니다. 영의 양식인 말씀을 꾸준히 섭취하십시오. 복되고 형통합니다. 아멘!!!!

♡ 주님, 주님의 생동력 넘치는 말씀을 삶에 적용하며 살아가게 하소서.
🧎 성경 말씀을 매일 읽고 주님의 약속을 삶에 적용하는 성도가 됩시다.

나의 영적 일지

돌뿌리가 된 자랑거리

읽을 말씀 : 빌립보서 3:1-9

● 빌 3:8 또한 모든 것을 해로 여김은 내 주 그리스도 예수를 아는 지식이 가장 고상함을 인함이라 내가 그를 위하여 모든 것을 잃어버리고 배설물로 여김은 그리스도를 얻고

오스트리아 브라우나우암인(Braunau am Inn)의 시장인 한스 스타이닝어(Hans Steininger)는 유럽에서 가장 멋진 수염을 가진 사람으로 불렸습니다.

스타이닝어 역시 자신의 수염에 자부심을 가지고 있었습니다.

수염이 1.4m나 자라 땅에 끌렸지만 스타이닝어는 수염을 절대 자르지 않고 멋지게 정리해 주머니에 넣고 다녔습니다.

어디를 가든 먼저 수염을 정리하고, 수염부터 꺼냈습니다.

그런데 브라우나우암인의 한 주택가에서 아주 큰불이 났습니다.

시장인 스타이닝어는 한밤중에 상황을 살피러 급하게 뛰어갔는데 그러다 주머니에 들어있는 수염이 빠져나오며 발이 뒤엉켜 넘어졌습니다.

때마침 강한 바람까지 불어 중심을 잡지 못한 스타이닝어는 그만 목이 부러져 즉사했습니다.

믿을 수 없을 정도로 어이없고 비극적인 그의 죽음은 서양에서 '가장 어이없는 죽음', '수염 때문에 죽은 사람'의 대명사로 지금까지도 알려져 있습니다.

사도 바울은 "세상에서 이룬 모든 자랑이 아무런 쓸모없는 배설물과 같다"라고 고백했습니다.

우리의 본능을 따라 살면 하나님이 주신 것이 아닌 내가 이룬 것을 드러내며 교만해집니다. 우리의 자랑거리가 우리 삶의 걸림돌이 될 수 있다는 사실을 잊지 말고, 오직 예수님이 우리에게 주신 구원의 은혜만을 자랑으로 여기며 살아가십시오. 복되고 형통합니다. 아멘!!!

♡ 주님, 세상에서 이룬 모든 자랑거리가 아무런 쓸모없음을 깨닫게 하소서.

🎭 남들이 나를 부러워하는 것이 있다면 그것을 누가 주었는지 생각합시다.

나의 영적 일지

하나님으로부터 멀어졌을 때

읽을 말씀 : 히브리서 11:1-6

● 히 11:6 믿음이 없이는 기쁘시게 못하나니 하나님께 나아가는 자는 반드시 그가 계신 것과 또한 그가 자기를 찾는 자들에게 상 주시는 이심을 믿어야 할찌니라

미국 크리스천 어머니들에게 가장 인기 있는 작가 중 한 사람인 신디 맥미나민(Cindi McMenamin)이 크리스천 가정들을 위해 쓴 「하나님이 안 계신다고 느껴질 때 해야 할 7가지 일」입니다.

❶ 하나님과 나 사이에 제거할 장벽이 있는지 살펴보라.

❷ 날 선 검인 하나님의 말씀을 암송하며 마음을 다듬으라.

❸ 하나님을 향한 찬양으로 마음의 초점을 맞추라.

❹ 하나님의 이름을 부르짖으라.

❺ 소리 내어 하나님께 집중하는 기도를 하라.

❻ 모든 걱정과 잡념을 주님께 맡기고 고요한 가운데 거하라.

❼ 산책하며(고요한 가운데) 하나님의 임재하심을 구하라.

삶이 고되고 어려울 때, 누구나 '하나님이 버리셨다'라고 느껴지는 순간이 있습니다.

언제나 우리와 함께하신다는 하나님의 약속이 믿기지 않을 때가 있습니다.

그러나 그 순간에도 하나님은 우리를 떠나지 않으시고 함께 하십니다.

주님은 우리의 모든 아픔과 눈물, 상한 마음을 아시고 곁에서 위로해 주고 계십니다.

연약한 우리의 몸과 마음을 주님께 의탁하며 주님이 계시지 않는다고 느껴질 때 더욱 간절히 주님을 부르짖으며 찾으십시오. 복되고 형통합니다. 아멘!!!

♡ 주님, 살아계신 주님이 나의 모든 기도를 들으신다는 사실이 믿어지게 하소서.

🖼 기도할 때 히브리서 11장 6절 말씀을 의지하며 주님을 기쁘시게 합시다.

나의 영적 일지

5월

"여호와는 나의 반석이시요 나의 요새시요
나를 건지시는 자시요 나의 하나님이시요 나의 피할 바위시요
나의 방패시요 나의 구원의 뿔이시요 나의 산성이시로다
내가 찬송 받으실 여호와께 아뢰리니
내 원수들에게서 구원을 얻으리로다"

– 시편 18:2,3 –

50년 전 그때의 부흥으로…

읽을 말씀 : 하박국 3:1–4

● 합 3:2 여호와여 내가 주께 대한 소문을 듣고 놀랐나이다 여호와여 주는 주의 일을 이 수년 내에 부흥케 하옵소서 이 수년 내에 나타내시옵소서 진노 중에라도 긍휼을 잊지 마옵소서

『1973년 6월 3일 주일 오후, 무더운 땡볕임에도 여의도 광장에 110만 명의 성도들이 모였습니다. 기독교 집회 역사상 최대 인원이 몰린 「빌리 그래함 전도대회」 집회 마지막 날에는 폭포수와 같은 성령님의 은혜가 임했습니다. 당시 39세였던 저는 빌리 그래함 목사님의 설교 통역 한 번이 제 인생에 이처럼 큰 영향을 미칠 것이라고는 상상도 못했습니다.

2023년 6월 3일 토요일 오후, 「빌리 그래함 전도대회 50주년」을 맞이해 서울 월드컵 경기장에서 기념대회가 열렸습니다. 대회를 준비하면서 전국에서 만난 수많은 사람들은 50년 전에 받은 은혜가 자신의 인생을 어떻게 바꿨는지를 간증했습니다. 이들은 성도가 되고, 교회에서 직분자들이 되고, 목사가 되고, 선교사가 되었습니다. 정말로 많은 간증이 쌓여 있습니다. 하나님께서 이루신 위대한 일을 돌이켜보니 감사와 감동이 새롭게 다가왔습니다.

「빌리 그래함 전도대회 50주년 기념대회」에서는 아들인 프랭클린 그래함 목사님이 아버지처럼 정제된 복음의 진수를 힘 있게 전했고(명성교회 김하나 목사님 통역), 이날 6천 명이 넘는 사람들이 자리에서 일어나 예수 그리스도를 영접하는 기도를 드렸습니다. 아무리 시간이 흐르고, 사람이 바뀔지라도 복음의 능력과 성령님의 역사는 동일하게 일어납니다. 한국교회는 다시 살아날 것입니다. 선교한국, 통일 한국의 사명 완수를 위해 우리의 가장 뜨거웠던 시절을 생각하며 다시 하나님 앞에서 힘을 모으면 좋겠습니다.』 –「김장환 목사의 인생 메모」 중에서

우리에게 주어진 사명을 감당하며 다시 온 세상에 복음을 전하는 참된 주님의 제자로 헌신합시다. 복되고 형통합니다. 아멘!!!

💟 주님, 한국교회가 선교의 귀한 사명을 더욱더 감당하고 부흥하게 하소서.
🖼 개인의 구원과 회복을 넘어 세계 선교에 비전을 갖고 나아갑시다.

역경의 의미

읽을 말씀 : 데살로니가전서 2:1-8

● 살전 2:2 너희 아는 바와 같이 우리가 먼저 빌립보에서 고난과 능욕을 당하였으나 우리 하나님을 힘입어 많은 싸움 중에 하나님의 복음을 너희에게 말하였노라

    근대 철학의 문을 연 프랜시스 베이컨(Francis Bacon)은 야고보서 1장 3절과 베드로전서 1장 7절 말씀을 참조해 다음과 같은 말을 남겼습니다.

    "번영은 숱한 공포와 재난을 불러오지만,

    역경을 이겨내고 난 뒤에는 오히려 위안과 희망이 찾아온다."

    영국 수상이었던 윈스턴 처칠(Winston Churchill)이 서거했을 때 뉴욕타임스는 다음과 같은 글을 썼습니다.

    "처칠이 위대한 이유는 가장 힘든 시대의 역경을 이겨내고

    희망으로 이끌었기 때문입니다.

    정치적인 패배에도, 세계대전에도 그는 물러서지 않았습니다."

    강철왕 카네기는 남들보다 몇 배나 많은 역경을 겪었기 때문에 자신이 성공할 수 있었다고 말했습니다.

    "아무리 평범한 사람도 살면서 100번 정도는 위기를 맞습니다.

    이 역경을 마주하고 이겨내는 사람은 축복을 받지만

    휩쓸리는 사람은 잔혹한 대가를 치르며 나머지 삶을 살아가게 됩니다."

    위대한 인물은 위대한 역경을 극복한 사람입니다.

    성경의 위인도 마찬가지입니다.

    우리 앞에 역경이 사라지게 해달라고 기도하지 말고, 그 역경을 통해 주님을 더욱 의지하며 성장하는 믿음을 달라고 기도하십시오. 복되고 형통합니다. 아멘!!!

💙 주님, 역경을 통해 신앙이 성숙해지고 더 큰 복을 받게 됨을 믿게 하소서.

🖼 역경을 만날 때마다 주님의 도우심을 생각하고 감사합시다.

나의 영적 일지

희망이 낳은 희망

읽을 말씀 : 로마서 15:8-13

●롬 15:13 소망의 하나님이 모든 기쁨과 평강을 믿음 안에서 너희에게 충만케 하사 성령의 능력으로 소망이 넘치게 하시기를 원하노라

   미국의 장애인 농구 국가대표 선수인 마이클 코인(Michael Coin)은 올림픽에 나갈 정도로 뛰어난 선수였습니다. 그러나 어려서부터 앓던 ADHD와 자폐 때문에 은퇴 후 일상생활에는 약간의 어려움이 있었습니다. 이미 올림픽에 나갈 정도로 많은 역경을 극복했지만, 사회는 보통 사람들과 약간 다르다는 이유로 코인에게 기회를 주지 않았습니다. 취업에 필요한 자격증도 여러 개 땄지만 그래도 사회는 코인을 외면했습니다. 오랜 노력에도 실패만 거듭한 코인에게 어느 날 문득 이런 생각이 들었습니다.

   '이렇게 된 이상 내가 창업을 하면 되지 않을까?

   그래, 직원들도 나와 같이 사회에서 받아주지 않는 사람들을 채용하자.'

   코인은 가족과 여러 전문가의 도움을 받아 고향인 미국 로드아일랜드에 「레드, 화이트 & 브루 커피하우스(Red, White & Brew Coffeehouse)」라는 이름의 카페를 차렸습니다. 코인은 미국의 공중파 뉴스와 진행한 인터뷰에서 자신이 카페를 차린 이유를 다음과 같이 설명했습니다.

   "우리는 맛있는 한 잔의 커피를 팝니다. 그러나 그 커피를 통해 장애에 대한 이웃과 사회의 시선을 변화시키고자 하는 더 큰 목적이 있습니다."

   코인의 카페는 장애인 자녀를 둔 부모들의 성지가 됐습니다. 코인이 편견을 극복하고 일을 하는 모습만 보여줘도 자녀에게 희망을 줄 수 있기 때문입니다.

   올바른 소망을 품고 이루어내는 사람은 민들레 홀씨처럼 수많은 작은 희망을 세상에 흩뿌립니다. 주님이 우리 마음에 주시는 소망을 끝까지 포기하지 마십시오. 복되고 형통합니다. 아멘!!!

🖤 주님, 저에게 주어진 환경을 탓하지 않고 그 환경을 극복할 수 있게 하소서.

🎐 장애를 가졌음에도 열심히 사는 분들을 찾아 자주 격려합시다.

나의 영적 일지

반드시 때는 온다

5월 4일

읽을 말씀 : 갈라디아서 6:6-10

● 갈 6:9 우리가 선을 행하되 낙심하지 말찌니 피곤하지 아니하면 때가 이르매 거두리라

스코틀랜드의 한 가난한 가정에서 태어나 오로지 배고픔을 면하려고 14세의 나이에 미국으로 이민 온 소년이 있었습니다. 초등학교도 4년밖에 다니지 못한 소년은 박봉을 받으며 방문판매 일을 했지만 당시 미국 경기가 좋지 않았기에 온종일 마을을 돌아다녀도 물건을 한 개도 팔지 못할 때도 종종 있었습니다.

어느 날 마음이 지쳐 꺾일 때쯤 소년은 한 노인의 집 거실에서 잠시 차를 마시며 쉴 수 있었습니다. 그 집 거실 한 벽에는 낡은 그림이 걸려 있었습니다.

소년은 그 그림에서 눈을 뗄 수 없었습니다. 썰물 때의 해변에 초라한 나룻배 한 척이 놓여 있었고, 날씨도 금방 비가 쏟아질 것 같이 구름이 잔뜩 끼어 있었습니다. 그 그림의 아래편에는 다음과 같은 글이 쓰여 있었습니다.

'The high tide will come. On that day, I will go out to the sea.'

(밀물 때는 반드시 찾아온다. 그때 나는 바다로 나갈 것이다.)

소년은 노인에게 그 그림을 달라고 간곡히 부탁했고, 노인은 자신이 세상을 떠나면 유산으로 넘겨주겠다고 약속했습니다. 소년이 28세가 되던 해 노인은 정말로 그림을 남겨주었습니다. 청년은 이후 자신의 사업을 꾸리며 어렵고 힘든 일이 생길 때마다 노인이 남겨준 그림을 보며 '지금은 썰물 때이다. 반드시 밀물은 온다'는 희망을 품었습니다.

'강철왕' 앤드류 카네기(Andrew Carnegie)의 소년 시절 이야기입니다.

주님은 결코 우리를 포기하지 않으십니다. 주님의 때는 반드시 임할 것을 믿고 주님이 주신 말씀을 의지하며 인내하십시오. 복되고 형통합니다. 아멘!!!

💙 주님, 주님께서 언제나 함께하시어 복된 삶을 주리라 믿고 포기하지 않게 하소서.
🖼 아직 이루어지지 않은 일로 실망 중에 있다면 주님의 도우심을 더 구합시다.

나의 영적 일지

최고의 선물 기도

읽을 말씀 : 누가복음 2:46-52

● 눅 2:52 예수는 그 지혜와 그 키가 자라가며 하나님과 사람에게 더 사랑스러워 가시더라

5남매의 엄마이자 남편과 부부, 자녀, 가정을 위한 많은 책을 집필한 헤더 핼 펌 콥(Heather Harpham Kopp)이 쓴 「사랑하는 자녀를 위한 기도문」을 요약한 글입 니다.

「주님께서 그 지혜와 그 키가 자라며

하나님과 사람에게 더 사랑스러워 가셨던 것처럼

저희 아이들도 그렇게 성장하길 원합니다.

제가 아이들을 평생 올바른 선택을 내릴 수 있는

지혜로운 사람으로 양육할 수 있도록 도와주소서.

무엇보다도 하나님을 경외함이 지혜의 근본임을 그들에게 알려주소서.

주님은 지식과 지혜의 근원이십니다.

주님께서는 지혜를 구하는 자들에게 지혜를 주시겠다고 하셨습니다.

자만심, 질투, 이기적인 야망 같은

주님으로부터 온 지혜가 아닌 것들을 멀리하게 하소서,

순수, 동정, 겸손, 자비, 공정함, 그리고 신실함 같은

생명의 보화들을 자녀에게 주소서.

주님을 개인적으로 만나고 영접하는 것이 가장 뛰어난 지혜이자

지식이라는 사실을 아이들이 기억하게 하소서.

예수님의 이름으로 기도합니다. 아멘.」

모든 것이 풍족한 이 시대에도, 우리 자녀가 주님 안에서 지혜와 믿음이 더하 여 자라나도록 기도의 탑을 쌓아주십시오. 복되고 형통합니다. 아멘!!!

🖤 주님, 주님이 보내주신 아이들을 성경 말씀으로 잘 양육하게 하소서.

🎨 아이들의 마음에 확실한 복음의 씨앗이 심겨지도록 양육합시다.

나의 영적 일지

사람을 안아주는 캥거루

읽을 말씀 : 요한복음 13:11-15

● 요 13:15 내가 너희에게 행한것 같이 너희도 행하게 하려하여 본을
보였노라

호주의 앨리스 스프링스(Alice Springs)에는 캥거루 보호구역이 있습니다.

이곳에는 야생 캥거루를 보호하기 위해 하루에도 수많은 자원봉사자가 찾아
옵니다. 그런데 새로운 자원봉사자가 찾아올 때마다 캥거루 한 마리가 저 멀리
서 뛰어옵니다. 이 캥거루를 처음 본 자원봉사자들은 당황해 겁을 먹지만 주변
사람들이 이내 안심을 시켜줍니다.

"괜찮아요. 이 캥거루는 당신을 안아주러 온 거예요."

퀸 애비(Queen Abi)라는 이름의 이 캥거루는 매일 아침 찾아오는 자원봉사자들
에게 뛰어가 허그를 하고 또 환하게 웃어줍니다.

처음에는 우연의 일치라고 생각했지만 애비는 몇 달째 매일 아침 자원봉사
자들을 찾아와 안아주었습니다. 그 이유는 자신의 목숨을 구해준 사람들이 그
런 모습을 보여줬기 때문입니다.

부모에게 버림받고 덫에 걸려 죽어가던 아기 캥거루 애비를 발견한 자원봉
사자들은 애비를 보자마자 안아주고 상처를 치료해 줬습니다.

그날 이후로 애비는 사람만 보면 달려가 웃으며 안아줍니다. 자기를 구해줬
던 사람들이 자기에게 베풀었던 그 친절처럼 말입니다.

사람도, 동물도, 배우고 경험한 대로 행동합니다.

우리는 주님의 사랑을 통해 무엇을 배웠습니까?

우리는 삶에서 무엇을 가르치고 있습니까?

주님이 우리에게 행하신 대로, 보여주신 대로 세상에서 사랑을 실천하십시
오. 복되고 형통합니다. 아멘!!!

♡ 주님, 날이 갈수록 주님의 은혜로 성숙하게 해주시고 본이 되게 해주소서.
🖼 주님께서 내가 어떤 상황에 있을 때 구원해 주셨는지를 묵상합시다.

나의 영적 일지

한계는 하나님이 정하신다

읽을 말씀 : 시편 100:1-5

● 시 100:3 여호와가 우리 하나님이신줄 너희는 알찌어다 그는 우리를 지으신 자시요 우리는 그의 것이니 그의 백성이요 그의 기르시는 양이로다

'던바의 수'(Dunbar's number)라는 말을 들어보셨습니까?

영국 옥스퍼드 대학의 문화인류학자인 로빈 던바(Robin Dunbar) 교수가 1992년에 발표한 '인맥의 최대치는 150명'이라는 이론입니다.

이 이론은 한동안 정설로 받아들여져 세계적으로 큰 영향력을 끼쳤습니다.

'고어텍스' 특허로 유명한 미국의 고어(W. L. Gore & Associates) 회사는 공장의 조직 단위를 150명 단위로 조직했습니다. 스웨덴 국세청은 사무실 그룹을 150명 단위로 들어갈 수 있게 리모델링 했습니다. 모두 던바의 수에 따른 조치였습니다.

세계적인 경제잡지들은 고어를 비롯한 글로벌 회사들의 성공이 던바의 수에 맞춘 조직 개편이라고 입을 모아 칭찬했습니다.

그러나 최근 연구결과에 따르면 '던바의 수'는 완전히 틀린 연구라고 합니다. 던바의 수는 사람과 비슷한 영장류를 연구해 나온 결과인데, 아무리 비슷하다 해도 영장류는 영장류였고, 사람은 사람이었습니다.

사람은 대부분 자신의 생각을 따라 인맥의 한계가 결정되는데, 인맥을 얼마든지 맺을 수 있다고 생각하는 사람은 500명이 훌쩍 넘는 인맥도 효과적으로 관리할 수 있었습니다.

세상의 지식과 과학적 결과는 언제든지 뒤바뀔 수 있기에 진리가 될 수 없습니다. 우리의 한계를 규정할 수 있는 분은 우리를 창조하신 오직 하나님뿐입니다.

세상이 정한 울타리를 벗어나 하나님이 주시는 놀라운 능력과 큰 복으로 세상 가운데 하나님의 일을 행하십시오. 복되고 형통합니다. 아멘!!!

🖤 주님, 제 주변에 있는 이들을 나보다 더 낫게 여기고 좋은 사귐을 갖게 하소서.

🖼 내가 친구나 지인으로 감당할 수 있는 사람은 몇 명이나 될지 생각해 봅시다.

나의 영적 일지

참된 가정이란

읽을 말씀 : 에베소서 6:1-9

● 엡 6:1 자녀들아 너희 부모를 주 안에서 순종하라 이것이 옳으니라

교수이자 작가인 플로렌스 퍼링턴(Florence E. Purington)이 쓴 「참된 가정」이라는 글입니다.

「참된 가정은 체육관입니다.

아이들은 가정을 통해 건강해져야 합니다.

참된 가정은 등대입니다.

앞에서 몰려오는 큰 파도를 피할 수 있도록,

나아갈 항로를 정할 수 있도록,

가정은 빛을 비추어줘야 합니다.

참된 가정은 토론회장입니다.

솔직하게 서로의 생각과 처한 상황을 털어놓을 수 있어야 합니다.

참된 가정은 고향의 항구입니다.

떠난 지 아무리 오래되었다 하더라도

다시 돌아올 때 진정한 안식을 얻습니다.

참된 가정은 무엇보다도 하나님께 예배를 드리는 거룩한 곳입니다.」

참된 가정이란 믿음으로 쓰이고 있는 한 권의 책과 같습니다.

부모는 우리 가정이 하나님의 말씀의 법도에서 벗어나지 않도록 든든한 버팀목이자 인도자가 되어야 합니다. 우리는 부모님을 하나님이 세우신 권위자로 인정해야 하고 부모님은 자녀가 그렇게 여기도록 교육해야 합니다.

하나님이 주신 말씀으로 우리 가정을 잘 이끌어주는 부모가 되도록 지혜와 명철을 달라고 기도하십시오. 복되고 형통합니다. 아멘!!!

♡ 주님, 부모님의 사랑과 정성에 감사하며 최선을 다해 보답하게 하소서.

📷 부모님께 감사의 마음을 담은 편지와 선물을 드립시다.

나의 영적 일지

세 가지 질문

읽을 말씀 : 베드로후서 3:8-18

● 벧후 3:17 그러므로 사랑하는 자들아 너희가 이것을 미리 알았은
즉 무법한 자들의 미혹에 이끌려 너희 굳센데서 떨어질까 삼가라

하나님은 우리의 외모가 아닌 중심을 보신다고 말씀하셨습니다.

그러면 우리의 신앙이 겉으로만 드러난 것인지 내면까지 감화된 것인지 어떻게 알 수 있을까요?

팀 켈러(Timothy J. Keller) 목사님은 「가짜 그리스도인은 다음의 3가지 질문에 대답할 수 없다」라고 말했습니다.

● 첫째, 당신의 삶을 통해 하나님이 드러나고 계신가?
● 둘째, 하나님이 나의 모든 죄를 용서하셨다고 확신하는가?
  하나님의 사랑이 선명하게 느껴지는가?
  그렇다면 얼마나 선명하게 느껴지고 확신하는가?
● 셋째, 하나님이 주시는 기쁨으로 행복한 시간을 보내고 있는가?
  살아가는 가운데 하나님의 임재하심을 체험하는가?
  하나님이 당신을 사랑하신다고 느끼는가?

이와 더불어 "말씀을 통해 하나님의 부르심과 뜻을 발견하는 시간이 없다면, 그 사람의 보여지는 모습이 어떠하든 진짜 그리스도인이 아닐 것"이라는 말도 덧붙였습니다.

우리의 믿음은 하나님을 향해 온전히 세워져야 합니다.

언젠가 우리 모두는 하나님 앞에서 우리의 믿음 대로 심판을 받게 됩니다.

마지막 때에 심판을 피하고 영원한 생명을 얻을 수 있도록 말씀을 통해 구원을 확증할 믿음을 얻으십시오. 복되고 형통합니다. 아멘!!!

♥ 주님, 저의 삶을 통해 주님이 살아계심을 이웃에게 보여주게 하소서.

▨ 최근 내 삶을 통해 주님이 드러난 일이 무엇이었는지 생각해 봅시다.

나의 영적 일지

기부로 만든 오병이어

읽을 말씀 : 요한복음 6:5-15

5월 10일

● 요 6:12,13 저희가 배부른 후에 예수께서 제자들에게 이르시되 남은 조각을 거두고 버리는 것이 없게 하라 하시므로 이에 거두니 보리떡 다섯 개로 먹고 남은 조각이 열 두 바구니에 찼더라

호주의 한 이벤트 회사 대표인 로니 칸(Ronni Kahn)은 매번 행사가 끝나고 버려지는 무수한 쓰레기를 어떻게 처리할지 고민 중이었습니다.

그러던 어느 날 행사가 끝나고 버려지는 쓰레기보다 더 충격적인 소식을 뉴스를 통해 듣게 되었습니다. 1년 동안 호주 내에서 버려지는 음식을 돈으로 환산하면 200억 호주 달러(한화 16조여 원)나 된다는 뉴스였습니다. 전 세계적으로 8억 명의 사람들이 기아로 고통받고 있는데, 대부분의 선진국에서는 멀쩡한 음식과 식재료를 버리느라 천문학적인 돈을 사용하고 있었습니다.

이런 모순을 견딜 수 없었던 칸은 다음날부터 지역의 식당과 마트를 돌면서 버려지는 음식을 재분배하는 방법을 연구했습니다.

칸은 첫 달에 약 4천 명에게 한 끼를 무료로 전달했습니다. 새로운 시작에 보람을 느낀 칸은 하던 일을 그만두고 오즈하베스트(OzHarvest)라는 사회적 기업을 만들어 본격적으로 버려지는 음식의 재분배에 힘을 쏟았습니다.

일을 시작한 지 15년이 지난 지금 오즈하베스트는 1년에 2,500만 끼를 저소득층에게 나눠주고 있습니다. 지금은 호주를 넘어 남아공과 영국, 뉴질랜드까지 진출해 세계 여러 나라에서 배고픈 이들에게는 희망을 전하고, 음식물 쓰레기라는 사회적 문제도 해결하는 일거양득의 긍정적 효과를 끼치고 있습니다.

우리의 작은 관심과 행동이 세상을 더 나은 곳으로 변화시킬 수 있습니다.

주변에 도움을 필요로 하는 사람이 있는지 매일 사랑의 눈으로 주변을 살피십시오. 복되고 형통합니다. 아멘!!!

♡ 주님, 저에게 일용할 양식을 주심에 감사하며 어려운 이들과도 나누게 하소서.
🧎 주님께 감사하며 음식을 남김없이 먹고, 이웃과도 나눌 방법을 생각합시다.

나의 영적 일지

잠잠히 때를 기다리라

읽을 말씀 : 전도서 3:1-11

● 전 3:11 하나님이 모든 것을 지으시되 때를 따라 아름답게 하셨고 또 사람에게 영원을 사모하는 마음을 주셨느니라 그러나 하나님의 하시는 일의 시종을 사람으로 측량할 수 없게 하셨도다

미국의 시인이자 성공한 전기작가인 해리 골든(Harry Lewis Golden)은 잡지 사업으로도 큰 성공을 거두었습니다. 아무런 홍보도 없이 무일푼으로 시작한 잡지 사업은 골든에게 작가나 시인보다 더 큰 부와 명예를 안겨주었습니다.

골든은 이에 대한 성공 비결을 자신의 자서전 「미국에서만」(Only in America)을 통해 다음과 같이 밝혔습니다.

「내 성공의 비결은 인내입니다.

19년 전 잡지를 창간했을 때 구독자는 고작 600명이었습니다. 잡지사를 운영하기에 턱없이 적은 숫자였습니다. 혼자서 모든 글을 쓰고 편집하고 배달까지 했습니다. 지금은 5만 명이 넘는 사람들이 우리 잡지를 구독하고 있습니다.

그렇게 되기까지 나는 기다리며 내가 할 일을 했습니다. 그러나 내가 기다린 것은 부나 명예가 아닙니다. 내가 만든 잡지가 지역사회에 중요한 역할을 할 수 있다고 믿으며, 그렇게 되기까지를 기다린 것입니다.

초조하고 힘들었던 적이 한두 번이 아니었지만, 나는 믿음을 지키며 최선을 다해 일했고, 그리고 기다렸습니다.」

하나님의 약속은 하나님의 때에 반드시 이루어집니다.

요셉도, 다윗도, 다니엘도, 이해할 수 없는 고난을 당했지만, 그 가운데 흔들리지 않고 하나님의 약속을 믿음으로 인내했습니다. 그리고 모든 약속과 축복은 결국 이루어졌습니다.

우리에게 주신 하나님의 약속도 하나님의 때에 반드시 이루어질 것을 믿으며, 그때가 오기를 기다리십시오. 복되고 형통합니다. 아멘!!!

💗 주님, 저에게 주신 약속의 말씀이 때가 되어 이루어질 때까지 인내하게 하소서.

🙏 지금 하고 있는 일을 주님께서 허락하신 일로 믿고 최선을 다합시다.

나의 영적 일지

인사가 이끈 변화

읽을 말씀 : 시편 30:4-12

● 시 30:11 주께서 나의 슬픔을 변하여 춤이 되게 하시며 나의 베옷을 벗기고 기쁨으로 띠 띠우셨나이다

유독 수줍음이 많은 버스 기사 한 분이 있었습니다.

어느 날 승객 한 분이 환하게 웃으며 "기사님, 안녕하세요!"라며 힘차게 인사를 건넸습니다. 기사님은 부끄러워 제대로 대답도 못 했지만, 그렇게 기분이 좋을 수가 없었습니다.

작은 친절의 힘을 경험한 기사님은 자기도 매일 승객에게 먼저 인사를 건네야겠다고 결심했습니다. 첫날은 입이 잘 떨어지지 않아 퇴근하고 나서도 거울을 보며 계속해서 인사를 연습했습니다.

"안녕하세요. 좋은 하루입니다. 즐거운 하루 보내세요."

거울 속의 미소는 자기가 봐도 어색했지만, 기사님은 계속해서 연습하며 만나는 모든 승객에게 인사를 건넸습니다. 그러자 버스를 이용하는 승객들의 표정과 행동도 긍정적으로 변해갔습니다.

기사님은 한 발 더 나아가 버스를 꾸미기 시작했습니다.

어린이 승객이 좋아할 만한 장난감을 손잡이에 달아 놓거나, 성탄절이 되면 트리 장식을 붙여놓기도 했습니다.

인사로 시작해 매일 작은 친절을 베푼 기사님은 어느덧 지역의 유명 인사가 되었고, 사람들은 기사님이 운행하는 버스를 '행복한 버스'라고 부르고 있습니다. 지금도 대구에서 버스를 운행하시는 한 기사님의 이야기입니다.

주님이 주신 기쁨을 누리며 사는 사람은 먼저 인사하고, 먼저 웃게 됩니다.

주님의 사랑이 우리 삶을 얼마나 행복하게 변화시키는지 먼저 건네는 인사와 친절로 세상 사람들에게 알려주십시오. 복되고 형통합니다. 아멘!!!

💛 주님, 주님께서 주신 세상과 비교할 수 없는 기쁨을 이웃들과도 나누게 하소서.

🖼 누구에게나 먼저 인사하고 주님이 주신 기쁨을 전하는 유쾌한 사람이 됩시다.

나의 영적 일지

신앙의 습관화

읽을 말씀 : 로마서 12:6-13

● 롬 12:12 소망 중에 즐거워하며 환난 중에 참으며 기도에 항상 힘
쓰며

심리학자들이 사람들을 두 그룹으로 나누어 영화를 보여줬습니다.

한 그룹은 영화를 처음부터 끝까지 이어서 보여줬고, 다른 한 그룹은 중간에 광고를 몇 번 넣어 끊어가며 보여줬습니다.

어느 그룹이 영화를 더 만족스럽게 봤을까요?

놀랍게도 중간에 광고를 보여준 그룹입니다. 영화 중간에 광고가 나오는 현상 자체는 짜증 나는 일이었지만 그 뒤에 다시 영화가 나오는 경험이 더 긍정적으로 느껴졌기 때문입니다. 바꿔 말하면 귀찮고 짜증 나고 힘든 일이 때로는 우리 삶을 더 행복하게 만들어줄 수 있다는 이야기입니다.

심리학자들은 이런 현상을 '습관화'(Habituation)라고 부릅니다.

예를 들면 임산부에게 시끄러운 경적을 들려주면 태아는 아주 강한 자극을 느낍니다. 그러나 경적이 반복되면 태아는 더 이상 어떤 반응도 보이지 않습니다. 시끄러운 경적에 익숙해져 스트레스를 받지 않는 '습관화'를 체득했기 때문입니다.

자극에 자주, 반복해서 노출될수록 습관화는 더 빠르게 이루어집니다.

신앙에도 이처럼 습관화가 필요합니다. 새벽에 일찍 일어나는 일은 누구에게나 고통스러운 일입니다. 하지만 새벽에 일찍 일어나 먼저 기도하는 습관을 들이면 일찍 일어나는 고통을 덮고도 남을 주님의 은혜를 누리게 됩니다.

신앙생활을 가로막는 어떤 어려움이 나타나더라도 믿음으로 극복하는, 습관적으로 승리하는 그리스도인이 되십시오. 복되고 형통합니다. 아멘!!!

♡ 주님, 제 생활에서 습관화되어야 할 부분을 깨달아 삶에 적용하게 하소서.

🎴 내 삶에서 우선적으로 습관화해야 할 3가지를 찾아 실행합시다.

나의 영적 일지

동정녀의 기적

읽을 말씀 : 이사야 7:10-16

● 사 7:14 그러므로 주께서 친히 징조로 너희에게 주실 것이라 보라 처녀가 잉태하여 아들을 낳을 것이요 그 이름을 임마누엘이라 하리라

성경에 나온 기적 중 사람들이 가장 믿기 힘들어하는 것은 동정녀 마리아의 임신입니다.

말씀을 이성으로만 이해하려고 하는 성도들은 성경의 각종 기적을 번역의 오류나 사람들의 착각으로 받아들이기도 합니다.

예를 들면 이사야서의 예언에 나오는 처녀의 임신은 남자를 알지 못하는 처녀가 아닌 '젊은 여자'로 기록되어 있었던 오류라고 이해하는 방식입니다.

그러나 이런 식의 오류는 오히려 예수님이 돌아가시고 얼마 되지 않은 초대교회 시대에 더욱 심했으며, 중세 시대에도 판을 쳤습니다.

천재 수학자이자 독실한 크리스천인 블레즈 파스칼(Blaise Pascal)은 당시에 이런 말을 하는 사람들이 얼마나 많았는지 다음과 같은 글을 남겼습니다.

「동정녀가 아이를 낳을 수 없다고 주장하는 사람들은 암탉도 수탉 없이는 달걀을 낳을 수 없다고 주장하는가?

암탉이 혼자 알을 낳을 수 있게 세상을 창조하신 분이라면 동정녀도 (남자를 통하지 않고) 아이를 낳을 수 있게 하실 능력이 왜 없단 말인가?」

성경은 우리의 입맛대로 골라서 믿는 뷔페가 아닙니다.

창세기부터 계시록까지 온전히 믿음으로 받아들여야 할 세상의 유일한 진리입니다.

천지의 창조부터 예수님의 오심, 이후에 머물 천국까지 성경의 모든 내용을 유일한 진리로 믿고 받아들이십시오. 복되고 형통합니다. 아멘!!!

🤍 주님. 성경의 일점일획도 의심 없이 철저히 믿는 성도가 되게 하소서.

▨ 부정확한 단체에서는 성경공부를 절대 하지 말고 초대를 받아도 멀리합시다.

나의 영적 일지

5월 15일

참 스승 한 명의 힘

읽을 말씀 : 잠언 22:1-6

● 잠 22:6 마땅히 행할 길을 아이에게 가르치라 그리하면 늙어도 그 것을 떠나지 아니하리라

아프리카 케냐(Kenya)의 오지인 '프와니 빌리지'(Pwani Village)라는 시골에 부임한 한 중학교 신임교사가 있었습니다. 한 선생님이 60명의 학생을 돌봐야 했고, 컴퓨터도 한 대밖에 없어서 제대로 된 수업도 힘들었습니다. 어려서부터 마약에 빠져 자퇴하는 학생들도 많았고 "보내봤자 쓸모도 없다"라며 자녀를 학교에 보내지 않는 가정들도 매우 많았습니다.

선생님은 아무리 힘들고 열악한 상황이라 해도 아이들이 배워야 미래가 있다고 생각했습니다. 그래서 자신의 월급 80%를 털어서 아이들의 교복을 맞춰 주고 필요한 기자재를 구입했습니다. 학교에 나오지 않는 아이들은 끝까지 찾아가서 설득했고, 부모님들에게 욕을 먹어 가면서까지 설득했습니다.

선생님의 노력과 열정에 감동한 학생들은 학교로 돌아왔습니다.

3년 동안 학생이 2배로 늘었고, 선진국 학생들과 비교해도 뒤처지지 않는 학업 성과를 올렸습니다. 이 학생들은 국제 과학경진대회에서 여러 차례 수상하며, 영국왕립학회가 주는 상을 받기도 했습니다.

2019년 '세계 최고의 교사상'을 수상한 피터 타비치(Peter Mokaya Tabichi) 선생님의 이야기입니다.

참된 스승 한 명이 수많은 학생들을 수렁에서 건져내고, 바른길로 인도합니다. 최고의 교사이신 예수님을 스승으로 모시고, 마땅히 배운 바를 다른 사람에게 가르쳐 사람을 살리고 진리의 길로 인도하는, 포기하지 않는 누군가의 스승이 되어주십시오. 복되고 형통합니다. 아멘!!!

💛 주님, 참 믿음을 심어주고 바른 교육을 행하는 사람이 되게 하소서.
🧎 우리의 행동에서 주님이 드러나도록 바른 언행의 주인공이 됩시다.

나의 영적 일지

기도가 이루어지는 믿음

읽을 말씀 : 마태복음 7:7-10

● 마 7:7,8 구하라 그러면 너희에게 주실 것이요 찾으라 그러면 찾을 것이요 문을 두드리라 그러면 너희에게 열릴 것이니 구하는 이마다 얻을 것이요 찾는 이가 찾을 것이요 두드리는 이에게 열릴 것이니라

『세상일에 지쳐 신앙생활을 점점 소홀히 하는 집사님이 계셨습니다.

주일 성수만 겨우 하고 세상에 짓눌려 살아가던 중 우연히 라디오 채널을 돌리다 극동방송을 듣게 되셨답니다. 주일 예배만 드릴 때는 세상에서 신앙을 지키기가 쉽지 않았는데 이제는 어디서나 방송을 틀면 하나님의 말씀과 찬송을 듣고 예배를 드릴 수 있어 점점 주님과 가까워지고 있음을 느낄 수 있었답니다.

운송업을 하며 물건을 납품하던 집사님은 일하는 내내 극동방송을 틀어놓고 전국 어디를 다니든지 예배를 드렸는데 어느 날 하나님께 기도를 드렸습니다.

'제가 성령님이 친히 운영하는 기업을 세우게 해주세요.

제가 그 열매로 먹고살게 해주시고, 귀한 선교의 사명도 감당하게 해주세요.'

당시 생활과 환경이 어려웠지만 믿음으로 드린 이 기도를 하나님은 드린 기도 그대로 이루어주셨답니다. 집사님은 현재 아내와 자녀, 손주와 전도 대상까지 포함한 10명이 넘는 사람의 이름으로 전파선교를 후원하고 계십니다.

먹고 즐기는 것이 끝이 아니라는 사실을 알 때 거룩한 꿈을 품게 되고, 하나님이 응답해 주시는 기도가 무엇인지 알게 됩니다. 복음을 듣게 될 때 놀라운 일을 경험한 사람만이, 복음의 전파를 위해 헌신하게 됩니다. 이 놀라운 복음을 전파를 통해 세계만방으로 실어 나르는 것이 하나님이 저에게 주신 사명이라고 믿습니다.』 – 「김장환 목사의 인생 메모」 중에서

주님을 향한 거룩한 꿈, 곧 비전을 품고 주님께 기도하며 의지할 때 주님은 우리의 모든 기도를 듣고 응답해 주십니다. 비전을 품고, 주님의 이루심을 기대하며 복음을 전하며 사십시오. 복되고 형통합니다. 아멘!!!

🖤 주님, 주님의 능력을 경험할 수 있는 믿음의 기도를 드리게 하소서.

🖼 세상일과 나의 정욕이 아닌 주님의 일을 위한 거룩한 소망을 품읍시다.

나의 영적 일지

시편 46편의 위로

읽을 말씀 : 시편 46:1–11

● 시 46:10 이르시기를 너희는 가만히 있어 내가 하나님 됨을 알찌어다 내가 열방과 세계 중에서 높임을 받으리라 하시도다

세계적인 재난이 찾아올 때마다 사람들은 두려움을 이겨낼 이런저런 방법을 찾곤 합니다. 그러나 사람의 마음에서 생겨나는 근원적인 두려움은 인간이 만든 학문과 방법으로는 결코 이겨낼 수 없습니다.

다음은 30년이 넘는 세월 동안 사람들을 상담한 기독교 상담학의 거장 에드워드 웰치(Edward T. Welch) 박사가 말한 「시편 46편을 통해 배우는 두려움을 극복하는 3가지 방법」입니다.

● 첫째, 하나님은 우리의 필요를 따라 도우시는 분임을 믿으라.

하나님은 우리의 분명한 피난처시며 환난 중에 만날 큰 도움이라고 말씀은 가르치고 있습니다. 이 말씀이 우리의 고백이 되어야 합니다.

● 둘째, 하나님의 뜻이 이루어지는 하나님이 통치하시는 나라를 바라보라.

다윗은 두려울 때마다 우리의 본향인 하나님의 나라를 떠올리며 힘을 얻었습니다. 지금 세상이 우리가 영원히 머물 곳이 아니란 걸 우리는 기억해야 합니다.

● 셋째, 심판의 날을 기다리며, 오히려 기쁨으로 노래하라.

주님을 믿는 사람에게 심판의 날은 오히려 기쁨의 날입니다.

주님은 성경에 나오는 모든 말씀을 분명히 지키시는 분입니다.

말씀을 통해 주신 놀라운 위로의 약속을 붙들고 모든 두려움을 이겨낼 용기를 얻으십시오. 복되고 형통합니다. 아멘!!!

💙 주님, 말씀에 의지하여 마음을 강하고 담대히 하며 두렵지 않게 하소서.

🧩 시편 46편을 찾아 읽고 그 말씀에서 주시는 하나님의 약속을 찾읍시다.

나의 영적 일지

인지 왜곡과 신앙

읽을 말씀 : 잠언 16:20-25

● 잠 16:20 삼가 말씀에 주의하는 자는 좋은 것을 얻나니 여호와를 의지하는 자가 복이 있느니라

어떤 일이든 좋은 쪽으로만 생각하는 사람과 어떤 일이든 나쁜 쪽으로만 생각하는 사람이 있습니다.

두 사람 중 정신이 더 건강한 사람은 누구일까요?

대부분 긍정적인 쪽을 택하겠지만, 심리학자들이 볼 때는 두 사람 다 정신적으로는 건강하지 않다고 합니다. 사물과 현상을 있는 그대로 보는 것이 아니라 '인지적 왜곡'을 통해 해석하기 때문에 어떤 방식이든 일을 그르칠 확률이 크기 때문입니다.

다음은 실제 치료에 사용되는 「인지적 왜곡을 교정할 수 있는 5가지 방법」입니다.

❶ '모' 아니면 '도'라는 식의 양자택일적 사고를 피해야 한다.

❷ 한 번의 실수를 실패로 연결 짓는 것처럼 결론을 비약해서는 안 된다.

❸ 감정에 휩쓸린 과도한 일반화를 하지 말아야 한다.

❹ 인간은 100% 완벽할 수 없기에 완벽주의에 대한 강박을 버려야 한다.

❺ 단점이든 장점이든, 과소평가 혹은 과대평가를 하지 말아야 한다.

있는 그대로의 주 하나님을 바라보는 것이 올바른 신앙생활입니다.

우리의 알량한 생각으로 하나님을 오해하거나, 하나님의 능력을 멋대로 재단하지 마십시오.

실수하지 않으시는 하나님을 믿으며 우리 삶의 운전대를 온전히 하나님께 맡기십시오. 복되고 형통합니다. 아멘!!!

💙 주님, 제가 좌로나 우로나 치우치지 않고 균형 잡힌 삶을 살게 해주소서.
📖 위 5가지 방법 중에 나에게 해당되는 것이 무엇인지 확인하고 고칩시다.

나의 영적 일지

5월 19일

잠시 머무는 동안

읽을 말씀 : 누가복음 12:29-34

● 눅 12:33 너희 소유를 팔아 구제하여 낡아지지 아니하는 주머니를
만들라 곧 하늘에 둔바 다함이 없는 보물이니 거기는 도적도 가까
이 하는 일이 없고 좀도 먹는 일이 없느니라

인도의 한 시골 들판에서 백발이 성성한 할아버지가 감자를 작은 산더미처럼
쌓아놨습니다. 조수 청년과 함께 감자를 깎고 썰고 삶고 하더니, 큰 냄비에 기름
을 잔뜩 붓고 팔팔 튀기기 시작했습니다. 몇 시간 동안 채 썬 감자를 튀기다 보니
어느새 저녁이 됐습니다. 할아버지는 산더미처럼 쌓인 감자에 소금을 뿌려 간을
한 뒤 조수 한 명과 함께 정성껏 포장을 하더니 어디론가 들고 갔습니다.

한 마을의 보육원에 도착한 이들은 아이들이 배불리 먹을 수 있도록 정성껏
튀긴 프렌치프라이를 나누어줬습니다. 900만 명이 넘는 구독자를 보유한 채널
'그랜드파 키친'(Grandpa Kitchen)의 동영상 내용입니다.

가난한 아이들을 먹이기 위해 항상 100인분씩 요리를 하던 할아버지 나라야
나 레디(Narayana Reddy)는 직접 만든 요리를 아이들에게 나눠주고 동영상 광고와
후원으로 번 돈으로는 아이들에게 필요한 학용품을 구입해 선물했습니다.

얼마 전 레디 할아버지가 세상을 떠났을 때 마지막 유튜브 영상에는 12만 개
의 추모 댓글이 달렸습니다. "사랑하고, 나누고, 돌보자"라고 입버릇처럼 말하
던 할아버지의 유지를 잇기 위해 지금은 두 명의 손자가 이전과 같은 방식으로
100인분씩의 요리를 해서 아이들과 나누고 있습니다. 레디 할아버지는 "지구에
잠시 머무는 동안은 남을 돕는 것이 가장 중요한 일이다"라고 말했습니다.

크리스천은 남을 돕는 일에 더해, 진리의 복음까지도 전해야 합니다.

주님이 맡기신 이 사명을 지키기 위해 세상에 잠시 머무는 동안 충성을 다하
십시오. 복되고 형통합니다. 아멘!!!

♡ 주님, 저도 이웃을 사랑하고, 돌보고, 이웃과 나누는 삶을 살게 하소서.
⚅ 나는 충분히 이웃을 섬기며 살아가고 있는지 생각해 봅시다.

나의 영적 일지

구명조끼를 양보한 이유

읽을 말씀 : 요한복음 5:11-15

● 요 5:13,14 고침을 받은 사람이 그가 누구신지 알지 못하니 이는 거기 사람이 많으므로 예수께서 이미 피하셨음이라 그 후에 예수께서 성전에서 그 사람을 만나 이르시되 보라 네가 나았으니 더 심한 것이 생기지 않게 다시는 죄를 범치 말라 하시니

1943년 1월 22일, 미국의 병력 수송선 도체스터(The Dorchester)호는 904명의 병사를 싣고 뉴욕항을 떠나 그린란드로 향했습니다.

항해 12일째 되는 날 갑자기 선체에 큰 충격이 가해지며 배가 가라앉기 시작했습니다. 도체스터호를 발견한 독일 잠수함이 어뢰를 쏜 것이었습니다.

아수라장이 된 가운데 병사들은 정신을 차리고 구명조끼를 입고 구명정에 올라탔습니다. 그런데 배가 파손된 탓인지 구명조끼가 턱없이 부족했습니다.

가라앉는 배에서 죽어가는 병사들은 두려움에 울부짖기 시작했습니다.

그때 클라크 폴링(Clark V. Poling) 중위를 포함한 4명의 군목이 병사들을 찾아와 "자네는 예수님을 구세주와 주님으로 믿는가?"라고 물었습니다. 병사들이 아니라고 대답하자 4명의 군목은 입고 있던 구명조끼를 벗어 건넸습니다.

"우리는 예수님을 믿기 때문에 오늘 죽어도 천국에 간다네. 자네들도 꼭 이 조끼를 입고 살아서 예수님을 믿길 바라네. 우리 나중에 천국에서 보세."

4명의 군목은 가라앉는 배에서 서로 어깨동무를 하고 찬송을 부르다 순교했습니다. 당시 미국 대통령이던 트루먼(Harry S. Truman)은 이 소식을 듣고 군목 4명의 아름다운 희생을 기리는 기념예배당(US Naval Chapel)을 건축했습니다.

우리의 소망은 이 세상의 것이 아닙니다. 세상의 그 어떤 고난도, 죽음까지도 두렵지 않은 것은 영원한 천국을 이미 우리에게 주신 주님의 약속이 있기 때문입니다. 주님이 우리에게 맡기신 구원의 소명을 다하기 위해 때로는 우리의 목숨까지도 아끼지 말고 주님께 순종하십시오. 복되고 형통합니다. 아멘!!!

♡ 주님, 영원한 천국을 이미 우리에게 주셨다는 주님의 약속을 철저히 믿게 하소서.

🖼 위 4명의 군목들의 삶을 생각하면서 만약 나였다면 어땠을까를 생각해 봅시다.

나의 영적 일지

록스타의 선행

읽을 말씀 : 전도서 3:12-18

● 전 3:12 사람이 사는 동안에 기뻐하며 선을 행하는 것보다 나은 것이 없는 줄을 내가 알았고

미국 뉴저지주 레드 뱅크 지역에는 '소울 키친'(Soul Kitchen)이라는 무료 식당이 있습니다. 노숙자, 가난한 사람, 퇴역 군인, 끼니를 때우기 힘든 사람이라면 누구라도 와서 양질의 재료로 만들어진 세 가지 메뉴의 식사를 할 수 있습니다.

모든 메뉴는 0원입니다. 소울 키친이 가장 중요하게 여기는 것은 이용하는 손님들이 자존심을 지키는 것입니다.

물론 일반 손님도 환영입니다. 일반 손님은 20달러를 기부하면 한 끼를 먹을 수 있습니다. 혹은 다른 어려운 사람들을 위해 그 이상을 기부해도 됩니다.

소울 키친은 더 좋은 재료를 싼 가격에 공수하기 위해 직접 채소를 키웁니다. 직원 대신 자원봉사자를 쓰고, 그래도 부족한 금액은 기부를 받아 충당합니다. 지금까지 10만 끼가 넘는 식사를 사람들에게 제공했습니다.

코로나로 운영이 어렵던 시절에도 '어려운 사람들은 지금 더 어려울 것이다'라는 생각으로 이전과 똑같이 무료 식사를 제공했습니다.

더 놀라운 것은 이 식당을 만들고 운영하는 사람이 록의 살아 있는 전설 본 조비(Bon Jovi)라는 사실입니다. 절정의 톱스타일 때도 기부와 봉사에 관심이 많았던 본 조비는 더 많은 사람을 돕기 위해 소울 키친을 오픈했고, 계속해서 지점을 늘려가고 있습니다.

주님은 우리 모두에게 충분한 달란트를 주셨습니다.

주님이 주신 달란트를 다시 주님이 주신 사명을 따라 지혜롭게 사용하는 충성된 일꾼이 되십시오. 복되고 형통합니다. 아멘!!!!

🩷 주님, 베푸신 은혜를 아끼지 말고 기꺼이 이웃과 나누게 하소서.

🧩 내가 소외된 이들에게 할 수 있는 일이 무엇인지 찾아서 행동합시다.

나의 영적 일지

쓰레기 해변의 회복

읽을 말씀 : 시편 69:29-36

● 시 69:32 온유한 자가 이를 보고 기뻐하나니 하나님을 찾는 너희들아 너희 마음을 소생케 할찌어다

뭄바이의 베르소바 해변은 인도에서 가장 더러운 해변이었습니다.

20년이 넘게 사람들이 쓰레기를 버린 탓에 바다 근처에만 가도 악취가 가득했습니다. 산더미처럼 쌓인 폐기물 탓에 해변이 오염되어 어떤 생물도 살지 못하는 곳이 됐습니다.

일 때문에 베르소바 해변 근처로 이사를 온 변호사 아프로즈 샤(Afroz Shah)는 이 광경을 보고 몹시 놀랐습니다. 자기 키만한 쓰레기 더미가 해변 여기저기에 쌓여 있었습니다.

누군가는 이 쓰레기를 치워야 한다는 생각에 샤는 틈이 날 때마다 해변을 산책하며 쓰레기를 줍기 시작했습니다. 계란으로 바위를 치는 격이었지만 그래도 2년간 쓰레기를 계속해서 주웠고, 그런 모습에 감명을 받은 사람들이 봉사단을 조직해 함께 도왔습니다.

몇 년이 지나자 2.5km의 해변가는 다시 이전의 아름다운 모습으로 돌아왔습니다. 바다거북이도 20년 만에 해변으로 돌아왔습니다. 샤는 이제 해변에 있는 50여 개의 공중 화장실을 치우며 사람들을 위해 코코넛 나무를 심으려고 계획 중입니다. 이 역시 누군가 해야 할 일이기 때문입니다.

한 사람이 하나씩 쓰레기를 주운 덕분에 해변이 다시 살아났습니다.

우리의 마음에 있는 작은 죄들도 하나씩 치워나갈 때 우리의 삶은 조금씩 주님이 창조하신 모습 그대로 거룩하게 회복됩니다. 마음의 작은 죄와 나쁜 습관들을 그냥 두지 말고 하나씩 버려 나가십시오. 복되고 형통합니다. 아멘!!!

💟 주님, 날이 갈수록 주님의 도우심으로 성화의 삶을 살아가게 하소서.

🧎 마음의 작은 죄와 나쁜 습관들이 있는지 살피고 기도하며 버립시다.

나의 영적 일지

탈출구가 없는 세상

읽을 말씀 : 잠언 3:6-10

● 잠 3:7 스스로 지혜롭게 여기지 말찌어다 여호와를 경외하며 악을
떠날찌어다

한 교도소에 수감된 죄수가 어느 날 완벽한 탈옥 방법을 발견했습니다.

매일 일정한 시간에 교도소에 빵을 배달하러 오는 차가 있었는데, 그때 감시
가 소홀한 틈을 타서 차에 올라탈 수 있을 것 같았습니다.

한 달 동안이나 주도면밀하게 관찰한 결과 탈옥 계획은 그야말로 완벽해 보
였습니다.

드디어 탈옥을 실행에 옮기기로 한 날, 경비가 허술해진 틈을 타서 죄수는 빠
르게 차 안으로 몸을 숨겼습니다. 빵을 싣는 트렁크는 숨이 막힐 정도로 덥고 답
답했습니다. 그러나 잠시 뒤 자유를 얻을 수 있다는 생각에 죄수는 즐거운 마음
으로 버텼습니다.

2시간 정도 지난 뒤 마침내 차 문이 열렸습니다.

한걸음에 내달려 도망치려고 몸을 날린 죄수는 이내 깜짝 놀랄 수밖에 없었
습니다. 차가 도착한 곳은 다른 지역에 있는 교도소였기 때문입니다.

교도소에 빵을 배달하러 온 차가 다시 또 향하는 곳이 어디겠습니까?

당연히 교도소라는 걸 죄수는 잊고 있었습니다.

호주 시드니의 한 교도소에서 실제로 일어난 일입니다.

이 세상에는 우리가 구원을 얻을 수 있는 진정한 탈출구란 없습니다.

우리를 창조하시고, 우리를 위해 이 땅에 오시고, 우리를 위해 십자가에서 구
원을 이루신 그리스도 예수님만을 믿음으로 구원받을 수 있음을 반드시 기억하
십시오. 복되고 형통합니다. 아멘!!!

♡ 주님, 죄의 속박에서 저를 구속해 준 주님의 보혈과 은혜를 잊지 않고 감사하게 하소서.
🎞 어떤 계획이라도 주님을 끝까지 의지하며 지혜를 구하는 삶을 삽시다.

나의 영적 일지

천 명의 어머니

5월 24일

읽을 말씀 : 야고보서 1:19-27

● 약 1:27 하나님 아버지 앞에서 정결하고 더러움이 없는 경건은 곧 고아와 과부를 그 환난 중에 돌아보고 또 자기를 지켜 세속에 물들지 아니하는 이것이니라

인도 데칸고원에 있는 푸네라는 도시에는 아이들을 위해 거리에서 구걸하는 여인이 한 명 있습니다. 여인은 자기 집에 돌볼 아이들이 수백 명이 있다며 사람들에게 적선을 바랐습니다. 사람들은 대부분 이 말을 믿지 않았지만 실제로 이 여인은 천 명의 고아들을 돌보고 있습니다. 푸네의 주민들은 이 여인을 '1천 고아의 어머니'라고 부릅니다.

10대 때 억울한 누명을 쓰고 돌도 안 된 딸을 안고 매 타작을 당해 죽을 뻔했던 여인은 기적적으로 만난 소 한 마리의 도움으로 목숨을 건졌습니다. 가진 것이 하나도 없을 때도 물 한 모금, 밥 한 끼를 나누며 살았는데 그 도움으로 살아나는 사람들을 보고 평생 연약한 아이들을 돌보며 살아야겠다고 결심했습니다.

돈도 없고 능력도 없었지만, 여인은 길 가다가 만난 버림받은 아이들을 모두 거두며 살았습니다. 인원이 많아지자 보육원을 만들었고, 그 보육원은 4개로 늘어났습니다.

어떻게 이런 기적 같은 일이 일어날 수 있었을까요? 어려운 가운데 구걸을 하며 키운 자녀들이 훌륭하게 자라 다시 어머니를 후원했기 때문입니다.

마더 테레사 상을 비롯해 수십 개의 세계적인 봉사상을 수상한 '1천 고아의 어머니' 신두타이 삽칼(Sindhutai Sapkal)의 이야기입니다.

사랑의 마음과 믿음만 있다면 불가능한 일은 없습니다. 놀라운 사랑으로 우리를 구원해 주신 우리의 주 예수님의 사랑을 다시 세상에 전하며 가장 귀한 일에 헌신하는 자녀가 되십시오. 복되고 형통합니다. 아멘!!!

♡ 주님, 구원받은 사람으로서 주님께 영광을 돌리는 선한 일을 하게 하소서.

🎴 고아와 같은 아이들을 돌봐주는 기관의 일을 물질로라도 도웁시다.

나의 영적 일지

전화를 탄생시킨 원동력

읽을 말씀 : 잠언 11:21-25

● 잠 11:25 구제를 좋아하는 자는 풍족하여질 것이요 남을 윤택하게 하는 자는 윤택하여지리라

전화를 발명한 것으로 알려진 알렉산더 벨(Alexander Graham Bell)은 사실 전화를 두 번째로 발명한 사람이었습니다.

이탈리아의 안토니오 무치(Antonio Santi Giuseppe Meucci)가 먼저 전화를 발명했지만, 사람들이 전화를 필요로 할 것 같지 않다고 여겨 특허를 포기했습니다.

그러나 벨은 전화가 세상에 반드시 필요할 것이라고 여겨, 세간의 무시에도 아랑곳하지 않고 전화를 계속해서 개발했습니다. 그리고 무엇보다 벨은 농아들에게 전화가 반드시 필요할 것이라고 생각했습니다.

잘 알려지지 않은 사실이지만 벨은 삼중고의 천사 헬렌 켈러와 매우 깊은 우정을 나눴습니다. 벨의 아내 역시 농아였고, 헬렌 켈러에게 설리번 선생님을 소개해 준 것도 벨이었습니다. 농아들에게 발성법을 가르쳐 주는 선생님이기도 했던 벨은 언젠가 농아들이 전화기를 통해 소리를 들을 수 있기를 바라는 마음으로 많은 돈을 들이면서까지 특허를 포기하지 않았습니다.

헬렌 켈러는 자서전 「내 삶의 이야기」(The story of my life)에서 벨을 향해 "농아들에게 말을 가르치고 대서양에서 로키산맥까지 말을 들을 수 있는 '귀'를 갖게 해 주신 분께…"라고 헌사를 남겼습니다.

주님이 우리에게 주신 귀한 능력과 에너지를 '나'를 위해서만 사용하지 말고 '남'을 위해 흘려보냅시다. 진정으로 가치 있는 사랑인 남을 위한 사랑을 전파하며 사십시오. 복되고 형통합니다. 아멘!!!

♡ 주님, 넓은 안목과 지혜를 주시어 사람들에게 유익을 주는 일을 감당하게 하소서.

⚔ 주위에 있는 어려운 사람에게 무엇인가 도움을 주는 필요한 사람이 됩시다.

나의 영적 일지

노아를 바라보라

읽을 말씀 : 히브리서 11:1-10

● 히 11:7 믿음으로 노아는 아직 보지 못하는 일에 경고하심을 받아 경외함으로 방주를 예비하여 그 집을 구원하였으니 이로 말미암아 세상을 정죄하고 믿음을 좇는 의의 후사가 되었느니라

늦은 나이에 주님을 만나 주님을 위해 평생을 전도자로 살겠다고 결심한 청년이 있었습니다.

청년은 열심히 일해서 돈을 모아 방학 기간을 맞은 어린이들을 위한 캠프를 열었습니다. 수많은 아이가 교회로 몰려와 찬송도 부르고, 공과 공부도 열심히 했습니다. 그러나 따로 만나서 대화를 나누면 아이들은 그냥 교회가 재밌어서 온 것이지 예수님을 믿게 된 것이 아님을 알게 됐습니다. 그 많은 어린이 중 진실로 주님을 영접한 아이는 한 명도 없었습니다.

청년은 자신의 모든 노력이 그야말로 헛일이라는 걸 깨달았습니다.

청년은 하나님을 위해 열심히 전도를 하는데 왜 결실이 생기지 않는지 이해할 수가 없었습니다. 원망스러운 마음에 기도도 하지 못하고 있을 때 한 성경 구절이 눈에 들어왔습니다.

노아가 120년 동안 순종했던 장면이 나오는 창세기의 말씀이었습니다.

'노아 같은 의인도 120년 동안 외쳤지만 결실을 맺지 못했구나….

주님, 앞으로는 오로지 복음을 전하는 제 의무에만 신경을 쓰겠습니다.'

전 세계를 돌아다니며, 심지어 전쟁터에서도 병사들에게 복음을 전한 전도자 무디(Dwight Lyman Moody)의 청년 시절 이야기입니다.

우리의 일은 다만 복음의 씨를 뿌리는 것입니다. 모든 결과를 주님께 맡기며 우리가 해야 할 전도의 의무에만 집중하십시오. 복되고 형통합니다. 아멘!!!

💚 주님, 때를 얻든지 못 얻든지 복음 전파를 위해 힘쓰는 삶이 되게 하소서.
🖼 전도지를 아파트 또는 건물의 편지함 등 어디에라도 넣어 전도합시다.

나의 영적 일지

사랑을 습관으로

읽을 말씀 : 빌립보서 4:2-9

● 빌 4:8 종말로 형제들아 무엇에든지 참되며 무엇에든지 경건하며 무엇에든지 옳으며 무엇에든지 정결하며 무엇에든지 사랑할만하며 무엇에든지 칭찬할만하며 무슨 덕이 있든지 무슨 기림이 있든지 이것들을 생각하라

도산 안창호 선생은 독립운동을 위해 '흥사단'이라는 단체를 만들었습니다. 안창호 선생은 다음의 두 가지 정신을 흥사단원들에게 강조했습니다.

● 첫 번째 정신은 '애기애타'(愛己愛他)입니다.

"남에게 대접받고자 하는 대로 남을 대접하라"라고 가르쳤던 예수님이 최고의 리더였듯이, 사람들을 올바른 길로 이끄는 리더가 되기 위해서는 스스로를 사랑하듯 남을 사랑해야 한다고 생각했기 때문입니다.

● 두 번째 정신은 '정의돈수'(情誼頓修)입니다.

습관을 갈고닦으면 성품이 된다는 뜻입니다. 남을 돕는 일에 타고난 사람, 남을 사랑하는 사람이 따로 있는 것이 아니라 우리가 의식하고 부지런히 반복해서 노력하면 어느새 우리도 저절로 남을 돕고, 먼저 사랑하게 된다는 뜻입니다.

나라의 독립과는 별로 상관이 없어 보이는 정신이지만, 흥사단은 임시정부 수립을 위한 자금의 90%를 지원했을 정도로 독립에 중요한 역할을 했습니다.

올바른 정신과 사랑의 힘이 얼마나 큰지 안창호 선생은 흥사단을 통해 증명했습니다.

좋은 행동을 반복할 때 습관이 되듯이 우리의 경건 생활도 반복과 노력이 필요합니다. 하나님과 더 가까워지고, 하나님의 말씀을 실천하기 위해 필요한 좋은 행동들이 우리 삶의 습관이 되도록 노력하고, 또 노력하십시오. 복되고 형통합니다. 아멘!!!

♡ 주님, 성령님의 도움으로 좋은 성품을 위한 좋은 습관을 들이게 인도하소서.

🖼 사회에서 소외된 계층의 분들에게도 주님의 이름으로 대접합시다.

나의 영적 일지

큰 복을 주신 이유

읽을 말씀 : 고린도후서 9:5-15

● 고후 9:13 이 직무로 증거를 삼아 너희의 그리스도의 복음을 진실히 믿고 복종하는 것과 저희와 모든 사람을 섬기는 너희의 후한 연보를 인하여 하나님께 영광을 돌리고

영국의 프로축구 리그인 프리미어 리그(Premier League)에서 뛰고 있는 사디오 마네(Sadio Mane) 선수의 휴대폰이 화제가 된 적이 있습니다.

주급으로 10억을 받는 억만장자가 사용하는 휴대폰의 액정이 깨져 있었습니다. 게다가 5년도 더 전에 출시된 구형 모델이었습니다.

그뿐만이 아니었습니다. 자가용도 많이 낡고 작아 몇몇 짓궂은 팬들이 "그렇게 돈을 벌어서 어디다 쓰냐?"라고 질문하자 마네는 이렇게 대답했습니다.

"돈을 많이 벌면 스포츠카를 10대씩 사고 비싼 보석을 잔뜩 사놔야 하나요? 전 그런 거에 관심이 없습니다. 저는 제 돈으로 어려운 사람을 돕는 일이 더 중요하고 행복합니다."

아프리카 세네갈 출신의 마네는 그동안 수십 개의 학교와 병원을 지었고 아이들을 위해 많은 물품을 지원하고 있었습니다. 그러나 세간에 알려지는 것을 원치 않아서 조용히 진행하다 보니 사람들은 돈을 많이 벌면서도 휴대폰도 안 사는 수전노로 오해했던 것입니다.

주 하나님은 우리 모두에게 놀라운 은혜와 큰 복을 허락하셨습니다.

받은 은혜를 떠올려보십시오.

그리고 그 은혜를 주신 이유도 생각해 보십시오.

주님이 우리를 통해 바라시는 일이 분명히 있을 것입니다.

바로 그 일을 위해 주님이 주신 큰 복을 사용하는 선한 청지기가 되십시오. 복되고 형통합니다. 아멘!!!

💜 주님, 주님께서 주신 큰 복을 어려운 이웃을 위해 사용하는 사람이 되게 하소서.
🖼 어려운 이웃을 위해 나의 수입을 얼마나 사용하고 있는지 생각해 봅시다.

나의 영적 일지

당당히 고백하라

읽을 말씀 : 로마서 1:8-17

●롬 1:16 내가 복음을 부끄러워하지 아니하노니 이 복음은 모든 믿는 자에게 구원을 주시는 하나님의 능력이 됨이라 첫째는 유대인에게요 또한 헬라인에게로다

행동심리학자들의 말에 따르면 식당에서 친구들과 함께 온 누군가가 주문하는 모습만 보고도 성격을 알 수 있다고 합니다.

일반적으로 3가지 타입이 있다고 합니다.

❶ 가장 먼저 주문하는 사람입니다.

메뉴를 보지도 않고 주문하거나 자신 있게 가장 먼저 주문하는 사람은 모임을 이끄는 리더에 걸맞은 성격과 자질이 있는 사람입니다.

❷ 친구가 시킨 메뉴를 따라 주문하는 사람입니다.

협조성이 높고 주변에 쉽게 동조하는 사람입니다. 다른 사람과 반대 의견을 낼 때 불안함을 느낍니다. 다수파의 의견을 그대로 따라가는 사람입니다.

❸ 친구가 시킨 음식과 상관없이 먹고 싶은 것을 주문하는 사람입니다.

주위의 영향을 받지 않으면서 자기가 원하는 것이 무엇인지 알고 실천할 능력이 있는 자신감이 있는 사람입니다.

심리학의 연구 결과지만 신앙에도 그대로 적용할 수 있다고 생각합니다.

초대 교회 예수님의 제자들은 온 세상이 배척해도 당당히 복음을 전하던 세 번째 부류의 사람들입니다.

오늘날 그리스도인으로 살아가고 있는 우리는 지금 어떤 모습으로 살아가고 있습니까? 어디서나 당당히 자신감을 가지고 복음을 전파하며, 복음의 능력으로 살아가는 그리스도인이 되십시오. 복되고 형통합니다. 아멘!!!

♡ 주님, 복음의 능력으로 세상에서 당당하고 담대히 살아 주님께 영광되게 하소서.

🐾 위 세 부류 중에 나는 어떤 부류인지 살피고 개선이 필요하면 고칩시다.

나의 영적 일지

걱정 해결 공식

읽을 말씀 : 마태복음 6:25-34

5월 30일

● 마 6:34 그러므로 내일 일을 위하여 염려하지 말라 내일 일은 내일 염려할 것이요 한 날 괴로움은 그날에 족하니라

뉴욕의 한 공장에서 기술자로 일하는 청년이 있었습니다.

하루는 공장의 중요한 기계가 고장이 나서 이 청년이 수리를 맡았습니다.

그런데 수리를 마쳤음에도 기계가 돌아가지 않았습니다.

다음 날도, 그다음 날도 원인을 찾아보았지만 도대체 고칠 수가 없었습니다.

하루씩 수리를 못하는 날이 늘어나자 회사 역시 엄청난 손해를 입게 되었습니다. 기술책임자인 청년은 매일 같이 입이 바싹 말랐고, 밤잠을 못 이룰 정도로 힘든 하루를 보냈습니다.

그러던 어느 날 걱정만으로는 문제를 해결할 수 없다고 생각한 청년은 「걱정 해결 공식의 3원칙」이라는 것을 만들어 적용했습니다.

❶ 두려움이나 자신감을 빼고, 현재 일어난 문제의 최악의 상황을 그려 본다.

❷ 실패했을 경우 내가 경험해야 할 모든 일이 무엇인지 정리한다.

❸ 이제 남은 시간과 노력을 어떻게 사용해야 할지 결정한다.

이렇게 마음을 정리하자 거짓말처럼 해결책이 떠올랐습니다. 이 청년은 이후로 걱정이 생길 때마다 이 3원칙을 통해 지혜롭게 해결해나갔습니다.

바로 에어컨을 발명한 윌리스 캐리어(Willis Haviland Carrier) 박사의 청년 시절 이야기입니다.

우리에게는 세상 누구보다도 더 강력한 걱정 해결 공식이 있습니다.

바로 주님의 말씀입니다. "하나님을 믿으니 또 나를 믿으라"라는 주님의 말씀을 믿고 우리의 모든 걱정을 주님께 맡기고 우리가 해야 할 일에 최선을 다하십시오. 복되고 형통합니다. 아멘!!!

♡ 주님, 주님께서 약속하신 말씀을 의지해 모든 걱정과 근심을 해결하게 하소서.

🦋 살면서 어려운 문제를 만날 때마다 위 3가지 공식을 적용해 봅시다.

나의 영적 일지

행운과 행복

읽을 말씀 : 사도행전 13:42-52

● 행 13:52 제자들은 기쁨과 성령이 충만하니라

어느 산속에 사이좋게 살고 있는 토끼 두 마리가 있었습니다.
토끼들은 매일 평화롭게 들판을 뛰놀며 풀을 뜯어 먹으며 지냈습니다.
그런데 한 토끼가 갑자기 깜짝 놀라 외쳤습니다.
"이거 봐! 여기 잎이 4개인 클로버가 있어."
그 순간 어디선가 사람들이 나타나자 토끼들은 재빨리 숨었습니다.
사람들은 토끼가 발견한 네잎클로버를 행운의 상징이라며 조심스레 뜯어갔습니다. 이 말을 들은 토끼는 그다음 날부터 종일 네잎클로버만 찾아다녔습니다. 온 천지에 깔린 게 세잎클로버였지만 입도 대지 않았습니다.
그런데 네잎클로버는 토끼가 먹고 살 만큼 충분하지 않았습니다.
네잎클로버만 찾던 토끼는 점점 야위었고, 결국은 쓰러졌습니다.
그때 친구인 토끼가 세잎클로버를 잔뜩 뜯어와 입에 넣어주며 말했습니다.
"어제 다른 사람들이 하는 말을 들었는데 세잎클로버는 행복이라는 뜻이 있대. 우리는 행운만으로는 살아갈 수 없으니 이제는 이걸 먹고 행복을 찾으렴."
하나님이 우리에게 모든 것을 주셨기에 한순간도 은혜가 아닌 것이 없습니다. 그러므로 잠시도 행복하지 않을 이유가 없습니다. 하나님이 우리 삶에 얼마나 많은 행복의 세잎클로버를 심어주셨는지 생각해 보십시오.
산보다 높고 바다보다 넓은 하나님의 은혜를 충만히 누리며 살아가는 기쁨의 그리스도인이 되십시오. 복되고 형통합니다. 아멘!!!

♥ 주님, 주신 은혜에 감사할 줄 아는 감사와 찬양의 삶을 사는 성도가 되게 하소서.
🎙 이번 주간에 주님께서 주신 복을 노트한 후 주님께 감사하며 기도합시다.

나의 영적 일지

6월

"여호와는 나의 목자시니
내가 부족함이 없으리로다
그가 나를 푸른 초장에 누이시며
쉴만한 물 가으로 인도하시는도다
내 영혼을 소생시키시고 자기 이름을 위하여 의의 길로 인도하시는도다"

– 시편 23:1~3 –

50년 만의 만남

읽을 말씀 : 마태복음 18:12-14

●마 18:14 이와 같이 이 소자중에 하나라도 잃어지는 것은 하늘에 계신 너희 아버지의 뜻이 아니니라

『1973년 여의도 광장에서 열린 「빌리 그래함 전도대회」에 참석했다고 하는 사람들을 종종 만나게 됩니다. 인기 드라마였던 「순풍산부인과」에서 '미달이 아빠'로 잘 알려진 박영규 배우도 그중 한 사람입니다.

작년 설 명절에 「The Heaven Resort」에서 권모세 장로님의 소개로 우연히 만난 박영규 배우는 1973년 당시 연예인 동료들을 따라 여의도 광장에서 개최된 「빌리 그래함 전도대회」에 참석했었답니다. 당시 카랑카랑한 목소리로 통역하는 저를 통해 큰 감동을 받고, 그동안 만나기를 소원해 왔다고 했습니다.

그러던 중 이날 전혀 뜻밖의 장소에서 저를 만나자 깜짝 놀라며, 너무 반가워했습니다. 50년 만에 이루어진 만남이었습니다. 그와 함께 있던 아내는 알고 보니 극동방송 애청자였고, 전파선교사로 섬기고 있었습니다.

참으로 하나님의 은혜가 아닐 수 없습니다. 저는 지금 교회를 다니고 있는지 물었고, 그렇지 않다는 말에 바로 교회에 나갈 것을 권면하고, 함께 간절히 기도했습니다. 박영규 배우는 그 길로 사랑의 교회에 등록해 열심히 신앙생활을 하며, 극동방송의 여러 행사에서 간증을 통해 하나님께 영광 돌리고 있습니다.

저는 박영규 배우와의 만남을 통해 하나님께서는 자신에게 온 사람은 언젠가는 반드시 찾으시는 분이시고, 그를 통해 영광 받으시도록 사용하신다는 사실을 다시 한번 깨닫게 되었습니다.』 - 「김장환 목사의 인생 메모」 중에서

혹시 예전에 열심히 신앙생활을 했는데 지금은 하나님을 떠나 있는 사람들이 있습니까? 낙심치 말고 주님께 반드시 돌아오리라 믿으며 기도하면서 권면하십시오. 복되고 형통합니다. 아멘!!!

🩷 주님, 선을 행하면서 포기하거나 낙심하지 않게 하소서.

📷 하나님께 다시 돌아와야 할 영혼들은 누구인지 적어보고 기도합시다.

나의 영적 일지

목사의 노력, 성도의 노력

6월 2일

읽을 말씀 : 누가복음 8:11-15

● 눅 8:15 좋은 땅에 있다는 것은 착하고 좋은 마음으로 말씀을 듣고 지키어 인내로 결실하는 자니라

　　미국 오하이오주의 더 크로싱 처치(The Crossing Church)는 미국 내에서도 매우 빠르게 성장한 개척교회입니다. 브랜던 켈리(Brandon Kelley) 담임목사님의 설교가 탁월하기로 유명해 각지에서 성도들이 모여들었기 때문입니다.

　　당연히 많은 목회자가 켈리 목사님의 설교 비법을 궁금해했습니다.

　　다음은 한 칼럼에서 켈리 목사님이 밝힌 「발전하는 설교자가 되는 5가지 방법」입니다.

　❶ 설교는 소통이다.

　　　최고의 소통가인 코미디언을 통해 배우라.

　❷ 피드백이 중요하다.

　　　모든 설교를 녹음하고, 분석하고, 조사하라.

　❸ 다른 목회자의 설교도 많이 듣고 참고하라.

　❹ 성경을 부지런히 읽고, 계속해서 성경을 공부하라.

　❺ 냉정한 판단을 해줄 수 있는 설교 코치나 멘토를 두라.

　　교회가 세상 가운데 하나님의 빛을 발하기 위해서는 믿는 성도인 우리가 각자의 역할을 다해야 합니다.

　　목사님들이 더 좋은 설교를 위해 연구하고 노력하듯이 성도들 역시 목회자를 위해 기도하며 일상에서 복음을 전해야 합니다.

　　각자가 맡은 자리에서 주님이 주신 사명에 최선을 다하는, 합력하여 선을 이루는 아름다운 성도, 우리 교회, 한국 교계가 되게 해달라고 기도하십시오. 복되고 형통합니다. 아멘!!!

♡ 주님, 설교를 통해서 주님의 말씀을 들을 수 있는 겸손한 마음을 주소서.

🎴 설교자들이 주님의 말씀과 마음을 잘 전하도록 기도합시다.

　나의 영적 일지

욕심의 덫

읽을 말씀 : 갈라디아서 5:16-26

● 갈 5:16 내가 이르노니 너희는 성령을 좇아 행하라 그리하면 육체의 욕심을 이루지 아니하리라

어떤 마을에 구두쇠로 유명한 수전노가 있었습니다.

수전노는 하루 종일 금고를 지키느라 집 밖에도 거의 나가지 않았고, 부자임에도 마른 빵을 먹으며 악착같이 돈을 모았습니다.

수전노는 자신을 위해서도, 남을 위해서도 돈 한 푼을 아까워했습니다.

그런 수전노의 집에 어느 날 익명의 편지가 도착했습니다.

발신인은 적혀 있지 않았지만, 편지 안에는 매우 비싼 오페라 티켓과 '당신을 위한 선물이에요'라는 쪽지가 들어있었습니다.

수전노는 누가 이 편지를 보냈는지 너무 궁금했습니다.

혹시 오페라에 가면 누가 나타나지 않을지, 혹시 자신을 좋아하는 여인은 아닐지, 상상의 나래를 마구 펼쳤습니다.

뜻밖의 선물을 받은 수전노는 모처럼 잘 차려입고 극장으로 향했습니다.

그러나 오페라를 보는 내내 아무 일도 일어나지 않았습니다.

관람을 마치고 집으로 돌아온 수전노는 깜짝 놀랐습니다. 금고가 텅 비어버린 것입니다. 그리고 텅 빈 금고에는 다음과 같은 쪽지가 붙어있었습니다.

'이제 누가 보냈는지 알겠죠?'

욕심은 결국 모든 것을 잃게 만드는 사탄의 덫입니다.

우리를 위해 모든 것을 은혜로 주신 주님께 우리는 욕심을 부리며 아까워하고 있지 않습니까? 주님이 주신 소중한 것들을 주님의 말씀을 따라, 이웃을 위해, 주님을 위해 사용하십시오. 복되고 형통합니다. 아멘!!!

♥ 주님, 물질에 욕심내지 않고 주님의 나라와 영광을 위해 나누며 살게 하소서.

🖼 내게 주신 좋은 것들을 주님의 나라와 영광을 위해 필요한 곳에 보냅시다.

나의 영적 일지

유적이 증명하는 것

읽을 말씀 : 야고보서 4:11-17

● 약 4:14 내일 일을 너희가 알지 못하는도다 너희 생명이 무엇이뇨 너희는 잠간 보이다가 없어지는 안개니라

요르단에는 세계 7대 불가사의 중 하나인 '페트라'(Petra)라는 고대 도시가 있습니다. 1812년에 한 탐험가에 의해서 발견되기 전까지 사람들은 이 도시의 존재조차 몰랐습니다.

페트라가 처음 발견됐을 때 사람들은 깜짝 놀랄 수밖에 없었습니다.

사막의 거대 암벽에 10층 빌딩만한 건물들이 즐비하고 수도원을 비롯한 왕궁까지 세워져 있었기 때문입니다.

이곳에 남아 있는 원형극장은 4,000명이 넘게 들어갈 수 있는데, 무대 정중앙에 서면 마이크 없이도 온 객석의 사람들이 또렷하게 들을 수 있게 목소리가 크게 울립니다. 그러나 중앙에서 사방으로 한 발자국만 가도 목소리는 울려 퍼지지 않습니다. 이렇게 놀라운 거대 유적지가 발견됐을 당시 이곳에는 아주 소수의 유목민만 살고 있었습니다.

이처럼 영원할 것 같았던 거대한 도시가 도대체 무슨 이유로 쓸쓸한 폐허가 되었는지는 지금도 정확한 원인을 모른다고 합니다.

단지 학자들은 대형 지진 같은 천재지변일 것이라고 추측만 할 뿐입니다.

세상에 영원한 것은 단 하나도 없습니다. 페트라의 사람들이 도시가 영원하리라 생각했던 것 같이 우리도 같은 생각을 하며 살아갑니다. 하지만 세상의 모든 것은 결국 끝이 나고, 누구도 피할 수 없는 하나님의 심판이 임하게 됩니다.

역사가 주는 소중한 교훈을 통해 주님의 크신 섭리를 깨닫고 짧은 인생을 영원한 것을 위해 살아가십시오. 복되고 형통합니다. 아멘!!!

♡ 주님, 주님의 크신 뜻과 주님의 크신 섭리를 깨달으며 살게 하소서.

🧎 요즘 집중하고 있는 일들이 주님을 위한 것인지 나를 위한 것인지 생각해 봅시다.

나의 영적 일지

던지지 않은 돌

읽을 말씀 : 고린도전서 9:24-27

● 고전 9:24 운동장에서 달음질하는 자들이 다 달아날찌라도 오직 상 얻는 자는 하나인 줄을 너희가 알지 못하느냐 너희도 얻도록 이 와 같이 달음질하라

다른 중학교로 이임을 하는 교장 선생님이 마지막 훈화를 하러 학생들 앞에 섰는데, 연단에 큰 돌 두 개를 들고나왔습니다.

한마디 말도 없이 돌을 들고 단상 앞으로 나오는 교장 선생님을 보고 학생들은 의아해했습니다.

교장 선생님은 돌 하나를 땅에 내려놓고, 다른 돌 하나를 운동장 빈 곳을 향해 힘껏 던졌습니다.

다시 단상으로 돌아온 교장 선생님은 아래에 둔 돌을 가리키며 말했습니다.

"여러분, 여러분이 품은 꿈을 제가 던진 돌처럼 힘껏 던지십시오.

어디까지 갈 수 있을지는 모르지만 그래도 힘껏 던지십시오.

던지지 않은 돌은 여기 발아래 평생 있을 뿐입니다."

새마을 운동의 최전선에서 한국 근대화를 위해 한 몸을 바치신 김준 선생이 황등중학교 교장직 이임식에서 했던 말입니다.

그리스도인에게는 무조건 던져야 하는 돌이 바로 전도입니다.

전도만큼 마음에 부담이 되고 어려운 일은 없지만 그럼에도 우리는 말씀을 따라 때를 얻든지, 못 얻든지 전도라는 돌을 던져야 합니다. 거절을 당한다 해도 포기하지 말고 계속해서 전도의 돌을 던지는 것이 우리가 맡은 사명입니다.

주님을 다시 만나는 날 칭찬을 들을 수 있도록 많은 사람들에게 후회 없이 여러 방법을 통해 복음을 전하는 제자가 되십시오. 복되고 형통합니다. 아멘!!!

♡ 주님, 영혼 구원을 위해 포기하지 않고 기도하며 도전하게 하소서.

🏃 전도 대상자들을 정해놓고 끊임없이 기도하며 여러 방법으로 전도합시다.

나의 영적 일지

기억해야 할 희생

6월 6일

읽을 말씀 : 신명기 32:6-10

● 신 32:7 옛날을 기억하라 역대의 연대를 생각하라 네 아비에게 물으라 그가 네게 설명할 것이요 네 어른들에게 물으라 그들이 네게 이르리로다

영국은 매년 11월 11일을 '휴전기념일'(Armistice Day)로 지킵니다.

1차 세계대전이 끝난 날을 기념해 이날과 가장 가까운 주일에는 양귀비꽃을 가슴에 달고 기념행사를 합니다.

가장 치열한 전투가 펼쳐진 지역에서 흘린 장병들의 피가 양귀비꽃으로 피어났다는 전설이 있기 때문입니다.

미국은 5월 마지막 주 월요일을 '메모리얼 데이'(Memorial Day)로 지킵니다.

본래는 남북전쟁 때 희생된 장병들을 기리기 위해 만든 날이지만, 지금은 나라를 위해 희생한 모든 장병들을 기리는 날로 지켜지고 있습니다.

우리나라는 6월 6일이 현충일입니다.

6.25전쟁 당시 목숨을 걸고 희생한 수많은 선열이 없었다면 지금 우리의 삶이 존재하지 않았을지도 모릅니다.

지금 우리가 누리는 당연한 일상, 당연한 믿음이 누군가의 피와 희생을 토대로 쌓인 것이라는 사실을 기억하며 그 숭고한 희생을 잊지 말아야 합니다.

우리가 누리는 자유, 우리가 누리는 신앙 역시 마찬가지입니다.

우리 조국을 위해, 믿음을 위해, 많은 것을 포기했던 선조들의 희생이 있었다는 사실을 잊지 마십시오. 누군가의 소중한 희생 덕분에 우리가 자유를 누리고, 마음 편히 신앙생활을 할 수 있게 되었다는 사실을 기억해야 합니다.

우리의 후대를 위해 주님께서 우리에게 주신 사명이 있다면 기꺼이 감당하십시오. 복되고 형통합니다. 아멘!!!

♡ 주님, 나라를 위해 희생하신 분들을 기억하며 기도하게 하소서.

▧ 선조들의 희생을 기억하며 우리에게 주어진 사명을 감당합시다.

나의 영적 일지

스스로 옭아맨 사슬

읽을 말씀 : 요한복음 14:1-7

● 요 14:6 예수께서 가라사대 내가 곧 길이요 진리요 생명이니 나로 말미암지 않고는 아버지께로 올 자가 없느니라

아시아 최초로 노벨문학상을 수상한 라빈드라나트 타고르(*Rabindranath Tagore*)의 「기탄잘리」에는 어떤 죄수의 이야기가 나옵니다.

화려한 보물창고 안에 쇠사슬로 묶여있는 죄수에게 한 사람이 물었습니다.

"당신은 어떤 사람이길래 여기에 갇혀 있습니까?"

『나는 한때 한 나라의 왕보다도 돈이 많은 부자였습니다.

또한, 이름만 대면 누구나 알만한 권력자이기도 했지요.

그런데 정신을 차려보니 감옥에 갇혀 있더군요.』

"그렇다면 어째서 쇠사슬을 풀지 않고 있습니까?"

『그것은 이 쇠사슬이 절대로 끊어지지 않는 강력한 쇠사슬이기 때문입니다.』

"그런 쇠사슬을 누가, 왜 만들어 당신에게 채웠습니까?"

『이 쇠사슬은 바로 내가 만들어 나에게 채웠습니다.

진정한 자유를 얻기 위해 나는 많은 부를 쌓고, 명예를 얻었습니다.

그러나 내가 행한 모든 일이 결국 내 손과 발에 족쇄를 채우는 일이었습니다.

누구보다 성공하고, 누구보다 높은 자리에 올랐던 나는

누구보다 자유롭지 못한 사람입니다.』

구원받지 않은 사람은 아무리 발버둥을 쳐도 죄에서 벗어날 수 없는 죄수와 같습니다. 세상의 방법으로는 절대로, 누구도 진정한 자유를 누릴 수 없습니다.

우리를 위해 독생자를 주신 하나님의 크신 사랑을 믿음으로 참된 자유를 누리십시오. 복되고 형통합니다. 아멘!!!

🤍 주님, 인간의 의지가 아닌 주님의 은혜를 따르며 살게 하소서.

🖼 주님의 뜻을 분별하고 진리 안에서 자유를 누리며 살고 있는지 살펴봅시다.

나의 영적 일지

틈을 조심하라

읽을 말씀 : 에베소서 4:25-32

6월 8일

● 엡 4:27 마귀로 틈을 타지 못하게 하라

아시아 고대 도시 사데(Sardis)는 부와 학문, 무엇 하나 부족한 것이 없는 부강한 도시였습니다. 지리적으로도 완벽했습니다.

사데의 국경 앞에는 팍톨로스(Pactolus)강이 흐르고, 뒤에는 트몰루스(Tmolus)산 절벽이 있어서 난공불락의 요새였습니다.

당대의 정복자 고레스왕도 사데를 정복하지 못해 전전긍긍하고 있었습니다.

그런데 한 병사가 왕을 찾아와 이렇게 말했습니다.

"제가 혹시나 하는 마음에 사데 뒤쪽의 절벽을 올라가 보았습니다.

아주 힘들긴 해도 오르지 못할 언덕은 아닙니다.

게다가 절벽이 있다고 방심해서인지 지키고 있는 병사가

한 명도 없었습니다."

고레스왕은 병사의 말을 따라 절벽을 통해 정예병을 올려보냈고 난공불락의 사데는 매우 쉽게 함락되었습니다. 더 중요한 것은 이후 다시 세워진 사데 왕국이 한 번 더 절벽을 통해 기어 올라온 병사들에게 함락당했다는 사실입니다.

요한계시록에서 주님이 사데 교회에게 "너는 일깨워 그 남은바 죽게 된 것을 굳게 하라"라고 하신 말씀에는 이런 역사적 배경이 있습니다.

주님을 믿는 순간 구원은 완성되지만, 천국에 가는 날까지 사탄의 꾐에 빠지지 않도록 방심하지 말아야 합니다.

주님의 말씀으로 매일 삶을 무장하며 겸손히 경건한 삶을 살아가십시오. 복되고 형통합니다. 아멘!!!!

🖤 주님, 언제나 흔들리지 않는 굳건한 믿음을 주시어 승리하게 해주소서.

🧩 오직 주님만을 의지하여 사탄의 유혹에 빠지지 맙시다.

나의 영적 일지

D.A.R.E.의 법칙

읽을 말씀 : 디모데후서 2:1-7

● 딤후 2:2 또 네가 많은 증인 앞에서 내게 들은 바를 충성된 사람들에게 부탁하라 저희가 또 다른 사람들을 가르칠수 있으리라

세계적인 컨설팅 회사의 직원인 엘레나 보텔로(Elena Botelho)는 직업 관계상 세계적으로 성공한 경영자들을 많이 만났습니다.

다년간 이들을 직접 만나고 조사하던 중 보텔로는 대부분의 「성공 신화」가 거짓이라는 사실을 깨닫게 됐습니다. 이들이 능력이 없고 노력을 안 했다는 뜻이 아니라 성공한 경영자들이 「비결」이라고 가르치는 말들은 대부분 만들어진 것이었습니다.

어떤 경영자는 자신이 사업을 시작한 동기를 매번 다르게 말했습니다.

어떤 경영자는 말과는 달리 울며 겨자 먹기식으로 억지로 경영자가 된 사람도 있었습니다. 사람들의 기대에 부응해야 한다는 부담 때문에 솔직히 말을 못할 뿐이었습니다.

보텔로는 성공한 경영자들의 글이나 말이 아닌 삶을 분석한 결과 「D.A.R.E.의 법칙」으로 불리는 4가지 공통점이 있다는 사실을 찾아냈습니다.

● 첫째, 확신을 통해 빠른 결단을 내리는 과감함(Dare)

● 둘째, 변화에 신속하게 적응(Adapt)

● 셋째, 끝까지 신뢰를 잃지 않는 관계성(Reliable)

● 넷째, 갈등을 지혜롭게 풀어내는 협력관계 형성(Engage)

크리스천들은 세상에서도 사람들에게 선한 영향력을 끼치는 리더가 되어야 합니다. 믿음 안에서 지혜를 잘 활용해, 주님이 주신 능력으로 많은 사람에게 선한 영향력을 끼치고 이롭게 하는 믿음의 리더가 되십시오. 복되고 형통합니다. 아멘!!!

♡ 주님, 세상에서 비둘기같이 순결하고 뱀같이 지혜롭게 살아가게 하소서.

🖼 나는 지금 믿음의 사람으로서 영향력을 끼치며 잘하고 있는지 살펴봅시다.

나의 영적 일지

친구의 영향력

읽을 말씀 : 잠언 18:15-24

● 잠 18:24 많은 친구를 얻는 자는 해를 당하게 되거니와 어떤 친구
는 형제보다 친밀하니라

「동료 효과」(Peer Effect)라는 말이 있습니다.

주변인 혹은, 친하다고 생각되는 사람에게 영향을 받아 자기도 모르게 행동
이 변하는 효과입니다. 실제로 주변에 과체중인 사람이 많으면 자연스레 살이
찌고, 행복한 사람이 많으면 저절로 행복해진다고 합니다.

또 다른 예로 유색인종 스포츠 스타를 좋아하는 청소년들은 커서도 인종차
별과는 무관한 사람이 되며 오히려 호감을 느낀다고 합니다.

바로 옆에 있는 친구가 아니더라도 자신이 우러러보는 사람이 누구냐에 따
라 영향력을 받는 것입니다.

「베르테르 효과」(Werther Effect)는 동료 효과의 가장 가슴 아픈 예입니다.

이는 유명인의 자살 소식이 들릴 때 많은 10대, 20대들이 따라서 자살하는 사
회적 현상입니다. 결코 일어나서는 안 되는 동료 효과입니다.

반대로 「테레사 효과」(Teresa Effect)라는 바람직한 예도 있습니다. 마더 테레사처
럼 다른 사람을 돕는 유명인들을 보고 봉사에 관심을 갖는 효과입니다.

연구에 따르면 봉사활동을 하는 모습을 영상으로 보기만 해도 사람은 행복
감을 느끼고 삶에 대한 의욕이 상승한다고 합니다. 이 또한 「동료 효과」의 긍정
적인 예입니다.

사람은 누구와 함께 있느냐, 누구를 우러러보느냐에 따라 삶에 큰 영향을 받
습니다. 혼잡한 땅의 모습에 시선을 사로잡히지 말고 우리의 친구가 되어주시
고 구세주가 되어주시는 주님을 바라보며, 오직 선한 영향력만 구하십시오. 복
되고 형통합니다. 아멘!!!

🤍 주님, 주님의 은혜로 이웃에게 선한 영향력을 주는 성도가 되게 하소서.
🖼 늘 전지전능하신 하나님의 자녀임을 잊지 말고 담대하게 행동합시다.

나의 영적 일지

구원의 핵심

읽을 말씀 : 누가복음 6:41-45

●눅 6:42 너는 네 눈 속에 있는 들보를 보지 못하면서 어찌하여 형제에게 말하기를 형제여 나로 네 눈 속에 있는 티를 빼게 하라 할 수 있느냐 외식하는 자여 먼저 네 눈 속에서 들보를 빼어라 그 후에야 네가 밝히 보고 형제의 눈 속에 있는 티를 빼리라

한 구둣방 주인이 이탈리아의 명화가 티치아노 베첼리오(Tiziano Vecellio)의 「베니스의 총독」이라는 초상화를 유심히 감상하고 있었습니다.

한참을 바라보던 그는 무언가 깨달았다는 듯이 큰 목소리로 외쳤습니다.

"이 작품에는 큰 흠이 있습니다!

여기 구두 솔기가 잘못 그려져 있습니다."

르네상스 시대를 대표하는 화가의 유명한 작품을 보고 구둣방 주인이 느낀 것은 구두가 제대로 그려져 있느냐 하는 아주 사소한 요소였습니다.

「교회론」을 쓴 티하메르 토트(Tihamer Toth)는 교회의 안 좋은 모습에만 집중하는 사람들에게 위의 예화를 들려주며 이렇게 말했습니다.

"교회의 2,000여 년 역사 안에는 많은 약점이 있습니다.

교회를 세우신 분은 흠이 없으신 예수님이시지만 인간인 우리는 약하고 죄가 크기 때문입니다. 그러나 교회의 찬란한 역사의 빛에 약간의 그림자가 무슨 문제가 된단 말입니까? 그림자가 아닌 찬란한 빛에 집중하십시오. 형제여!"

구원의 핵심은 인간이 아닌 예수님입니다.

오랜 역사 가운데 조금씩 생겨난 작은 그림자가 예수님이 완성하신 찬란한 구원의 빛을 가릴 수는 없습니다.

흠이 없고 거룩한 삶을 위해 계속해서 노력하되, 작은 그림자보다 찬란한 영광의 빛을 바라보는 그리스도인이 되십시오. 복되고 형통합니다. 아멘!!!!

💛 주님, 주님의 은혜로, 선한 눈으로 장점을 먼저 찾게 하소서.

🧎 누구의 약점을 보았을 때 오히려 그 사람을 위해 기도하는 사람이 됩시다.

나의 영적 일지

마음의 밤과 낮

6월 12일

읽을 말씀 : 갈라디아서 5:6-15

● 갈 5:13 형제들아 너희가 자유를 위하여 부르심을 입었으나 그러나 그 자유로 육체의 기회를 삼지 말고 오직 사랑으로 서로 종노릇하라

중세의 현자로 알려진 한 목회자가 가장 아끼는 두 제자와 야영을 하고 있었습니다. 모닥불을 앞에 놓고 밤새도록 신앙에 관련된 이야기를 하던 중 목회자가 제자들에게 물었습니다.

"어두운 밤이 끝나고 동이 트는 때를 어떻게 알 수 있다고 생각하느냐?"

한 제자가 먼저 대답했습니다.

『멀리 있는 동물이 개인지 고양이인지 구분할 수 있으면 아침이 온 것입니다.』

스승은 고개를 가로저었습니다. 곧이어 다른 제자가 말했습니다.

『동은 이른 새벽부터 틉니다.

머리 위의 나무에서 열린 열매가 무엇인지 구분할 수 있을 때가 아닐까요?』

스승은 자신의 질문은 땅이 아닌 하늘에 대한 이야기라고 대답했습니다.

"다른 사람이 하나님이 허락하신 형제와 자매로 보이는 사람은 마음에 진리의 동이 튼 사람이다. 그러나 다른 사람을 향한 사랑의 마음이 아직 없는 사람은 신앙생활을 열심히 해도 아직 마음이 어두운 사람이다. 너희 마음이 어둠 속에 있는지 빛 가운데 있는지 항상 조심하거라."

우리 마음속에 진리의 빛이 있다면 모든 동역자가 형제자매로 보일 것입니다. 하나님이 우리를 먼저 만나주신 이유, 말씀을 깨닫게 해주신 이유는 먼저 사랑하고, 더욱더 복음을 전하라는 뜻임을 기억하십시오. 복되고 형통합니다. 아멘!!!!

🖤 주님, 날이 갈수록 이웃을 사랑하며 복음을 전하는 제가 되게 하소서.
🎨 하나님이 주신 사랑으로 믿음의 형제자매들을 섬깁시다.

나의 영적 일지

6월 13일

주님을 닮아가는 방법

읽을 말씀 : 시편 25:1-9

● 시 25:5 주의 진리로 나를 지도하시고 교훈하소서 주는 내 구원의 하나님이시니 내가 종일 주를 바라나이다

두 친구가 있었습니다. 한 친구는 어려서부터 인격적으로 완벽한, 누구나 본받고 싶어 하는 사람이었습니다. 그에 반해 다른 친구는 선하게 살려고 노력은 하지만 부족한 점도 많고, 실수도 잦았습니다.

부족한 친구는 완벽한 친구를 만날 때마다 이런 생각을 했습니다.

'나는 이 친구가 너무 좋지만, 동시에 너무 싫다.

이 친구와 함께 있으면 나의 부족한 점이 드러나게 돼.'

부족한 친구는 완벽한 친구를 만날 때마다 마음이 어려웠지만, 그 부담감을 이겨내고 오랜 기간 교제를 이어갔습니다.

그런데 신기한 일이 일어났습니다. 1년이 지나고, 5년이 지나고, 10년이 지나자 부족한 친구도 어느새 완벽한 친구 못지않은 성품을 갖게 되었습니다.

완벽한 친구를 만날 때마다 자신의 부족함을 깨닫는 것은 매우 괴로운 일이었지만 동시에 자신의 부족함을 깨닫고 보완할 최고의 길이었기 때문입니다.

완벽한 친구를 곁에 두고 부족함을 깨달은 친구는 매일 조금씩 노력해 어느새 자신도 완벽한 친구를 닮아갔습니다.

이 원리는 신앙생활에도 그대로 적용됩니다. 죄가 없으신 완벽한 분인 주님의 행적과 말씀을 우리의 삶과 비교해 볼 때 우리의 모습이 너무나 작게 느껴지는 것은 어쩔 수 없습니다. 그러나 그런 만남을 통해 우리는 더욱 성장합니다. 조금씩 더 주님을 닮아가게 됩니다.

작고 연약한 우리의 모습이지만 그럼에도 주님 곁에 머물며 주님과의 교제를 포기하지 마십시오. 복되고 형통합니다. 아멘!!!!

♡ 주님, 날이 갈수록 주님을 닮아가며 성숙한 성도가 되게 하소서.

🖼 성경을 읽으며 얼마나 주님을 닮기 위해 힘쓰고 있는지 생각해 봅시다.

나의 영적 일지

신앙의 전승

읽을 말씀 : 디모데후서 1:3-8

● 딤후 1:5 이는 네 속에 거짓이 없는 믿음을 생각함이라 이 믿음은 먼저 네 외조모 로이스와 네 어머니 유니게 속에 있더니 네 속에도 있는 줄을 확신하노라

독일의 부유한 상인 밑에서 자란 한 소년이 있었습니다.

아버지는 유대인으로 어려서부터 유대교를 믿었습니다.

그런데 어느 날 갑자기 아버지가 성당에 나가기 시작했습니다.

전통적 신앙을 고수하는 것보다 성당에 나가는 것이 사업적으로 이득이 된다고 느꼈기 때문입니다. 그리고 몇 년 뒤 아버지는 루터회 소속의 교회에 나갔습니다. 이 역시 사업적 이득 때문이었습니다.

이런 아버지를 보고 자란 아들은 훗날 "종교는 인민의 아편이다"라는 말을 남겼습니다.

공산주의 혁명을 일으킨 칼 마르크스(Karl Heinrich Marx)는 어린 시절 아버지의 모습을 보고 '종교란 아무짝에도 쓸모없는 것이다'라는 편견을 갖게 됐습니다.

프린스턴 대학교 신학과의 청소년 전문가 켄다 크리시 딘(Kenda Creasy Dean) 교수는 "청소년의 신앙에서 가장 중요한 것은 부모의 신앙"이라고 말했습니다.

여기저기에서 머리로 배우는 신앙보다 가까운 부모님의 삶에서 배우는 신앙이 훨씬 더 큰 영향력을 끼치기 때문입니다.

예수님은 제자들이 말씀을 이해하지 못하고 때때로 잘못된 행동을 한다 해도 묵묵히 삶으로 진리를 가르치셨습니다.

우리 자녀들, 가족들, 주변 사람들에게 우리가 신앙으로 영향력을 미칠 수 있는 가장 확실한 방법은 우리의 삶입니다. 주님의 사랑과 말씀을 따라 살며 매일 주님의 살아계심을 세상에 전하는 참된 그리스도인이 되십시오. 복되고 형통합니다. 아멘!!!

♡ 주님, 마음을 강하고 담대히 하며 누구보다도 주님을 본받아 살게 하소서.
🧩 나에게 나쁜 영향을 주는 사람을 피하고 주님의 삶을 본받아 삽시다.

나의 영적 일지

동일하신 하나님

읽을 말씀 : 히브리서 13:7–13

● 히 13:8 예수 그리스도는 어제나 오늘이나 영원토록 동일하시니라

한 유명 목회자가 매우 힘든 시기를 보내고 있었습니다.

누구에게도 내색하지 않았지만, 그 마음을 안 한 친구가 다음과 같은 글을 적은 편지를 보내주었습니다.

「어제 나를 도우신 주 하나님이

오늘도 똑같이 행하시리라.

영원히 그리하실 주 하나님이시니

그분의 이름을 찬양하라!」

이 시를 통해 목사님은 매우 큰 위안을 얻었습니다.

'그래, 난 주님이 기장이신 비행기에 탑승한 승객이다.

비행기에 이미 탄 사람은 기장을 믿을 수밖에 없다.

비행기가 흔들리고 설령 추락한다 해도 내 힘으로는 할 수 있는 것이 없다.

선한 목자이신 주님만을 믿고 살아가자.'

40년 이상 전 세계를 돌아다니며 복음을 전하신 워렌 위어스비(Warren Wiersbe–한국에도 이 분이 쓴 여러 가지 책이 많이 번역 출판됨) 목사님의 일화입니다. 위어스비 목사님은 힘이 들 때마다 친구가 보내준 편지를 꺼내 읽으며 힘을 얻었다고 합니다.

우리 삶에 임하신 주님의 도우심을 떠올려보십시오.

그동안 우리를 도우셨던 주님이 오늘도 내일도 동일한 은혜로 우리를 구원해 주실 것입니다. 기쁠 때나 힘들 때나 우리 인생의 주인이신 주님만 의지하십시오. 복되고 형통합니다. 아멘!!!

♡ 주님, 어려움 속에서도 주님의 말씀으로 희망을 붙잡고 살게 하소서.

🎨 지치고 힘들 때 붙잡을 주님의 말씀을 3개 이상 암송합시다.

나의 영적 일지

잃어버린 양 한 마리

읽을 말씀 : 누가복음 15:3-7

● 눅 15:4 너희 중에 어느 사람이 양 일백 마리가 있는데 그 중에 하나를 잃으면 아흔 아홉 마리를 들에 두고 그 잃은 것을 찾도록 찾아 다니지 아니하느냐

『전도를 위한 생방송 중에 있었던 일입니다.

여동생의 구원을 위해 방송 신청을 한 오빠가 여동생과 전화로 사연을 나누던 중이었습니다. 오빠가 "우리 같이 천국 가야지"라며 간절히 눈물로 권하자, 여동생도 울면서 영접 기도를 따라하며 예수님을 구세주와 주님으로 영접했습니다. 이 방송을 통해 수많은 분이 '영접 기도'를 따라 하며 예수님을 나의 구세주와 주님으로 영접하는 일들이 일어났고, 지금도 일어나고 있습니다.

극동방송에서는 매주 전도를 위한 프로그램을 진행하고 있습니다. 생방송 중 퀴즈를 내어 현재 교회를 다니지 않는 청취자가 문자를 보내게 하고, 다시 그 청취자에게 전화를 걸어 복음을 전하고 있습니다. 한 번 연락을 받은 분은 주변의 교회에 출석할 때까지 지속적으로 복음을 전하며 돕고 있습니다.

또한 가족 중에 주님을 영접하지 않은 분, 전도하고 싶지만 복음을 전하기 어려운 가까운 사이가 있다면 대신 전화해 복음을 전합니다. 생방송 중에 전도를 부탁한 신청자의 눈물 어린 사연을 들려주고 영접 기도까지 이어질 수 있도록 진행한 뒤 지속적으로 신앙생활을 할 수 있도록 돕고 있습니다. 교회를 떠났던 분들이 다시 주님의 품으로 돌아오고, 주님을 외면하던 가족들이 복음을 향해 마음의 문을 여는 일들, 저는 이런 일들이 진정한 기적이라고 생각합니다.』 - 「김장환 목사의 인생 메모」 중에서

주님은 잃어버린 양 한 마리를 세상 그 무엇보다 아끼십니다. 아직 주님을 만나지 못한 잃어버린 양 한 마리를 위해 기도하며 꾸준히 최선을 다해 복음을 전하십시오. 복되고 형통합니다. 아멘!!!

🩶 주님, 제게 맡겨주신 잃어버린 양들을 주님께로 인도하게 하소서.
🦌 극동방송 전도 프로그램을 통해 많은 사람들이 예수님 믿길 기도합시다.

나의 영적 일지

마음의 빛 되신 주님

읽을 말씀 : 시편 80:1-7

● 시 80:3 하나님이여 우리를 돌이키시고 주의 얼굴 빛을 비취사 우리로 구원을 얻게 하소서

음악의 아버지 바흐(Johann Sebastian Bach)는 노년에 시력을 점점 잃어갔습니다.

앞을 볼 수 없다는 두려움에 점점 사로잡혀 갈 때 한 친구가 달려와 기쁜 소식을 전했습니다.

"수술을 하면 자네 눈을 고칠 수 있다는 소식을 들었네."

바흐는 하나님이 자신에게 한 줄기 희망을 주셨다고 생각해 당장 수술을 받으러 달려갔습니다. 당시 자료를 참고해 봤을 때 아마 바흐가 받은 수술은 초창기에 개발된 백내장 수술이었을 것이라고 합니다.

수술을 마친 바흐가 깨어나자 간병하던 가족들이 물었습니다.

"이제 눈이 보이세요?"

바흐는 잠시 생각에 잠겨 있다 대답했습니다.

『전혀 보이지 않는단다. 하지만 이것이 주님의 뜻이란 걸 깨닫게 되었구나.』

바흐는 오히려 시력을 잃고 나서 마음의 안정을 찾았습니다.

시력은 사라져도 하나님이 주신 마음의 빛은 꺼지지 않는다는 것을 깨달은 바흐는 온 가족과 함께 오히려 찬양을 불렀고, 「저는 이제 주님의 보좌 앞으로 나아갑니다」(Vor deinen Thron tret' ich hiermit)라는 최후의 작품을 완성하고 며칠 뒤 주님의 품에 안겼습니다.

하나님과 함께 할 기쁨의 천국이 우리가 영원히 머물 곳임을 잊지 말아야 합니다. 가장 귀한 선물인 구원을 주신 주님의 은혜를 잊지 말고 세상 가운데 어떤 일을 겪든지 감사와 찬양으로 주 하나님의 이름만을 높여드리십시오. 복되고 형통합니다. 아멘!!!

🤍 주님, 고난은 저를 더 성숙하게 하는 주님의 훈련임을 믿게 하소서.

🙏 고난은 우리를 성숙하게 하는 것임을 깨닫고 기쁘게 기도하며 이겨나갑시다.

나의 영적 일지

긴장을 풀어야 할 때

읽을 말씀 : 마태복음 18:1-5

● 마 18:2,3 예수께서 한 어린 아이를 불러 저희 가운데 세우시고 가라사대 진실로 너희에게 이르노니 너희가 돌이켜 어린 아이들과 같이 되지 아니하면 결단코 천국에 들어가지 못하리라

이솝우화(Aesop's fable)로 알려진 그리스의 작가 아이소포스(Aisopos)는 아이들과 함께 장난을 치며 많은 시간을 보냈습니다.

다 큰 어른이 왜 점잖지 못하게 아이들과 노냐는 주변 사람들의 핀잔에 아이소포스는 다음과 같이 말했습니다.

"아이들과 함께 놀 때 내 지친 심신이 다시 회복됩니다.

악기의 활은 너무 팽팽하면 끊어집니다. 중요한 연주를 앞두고 있을수록 느슨하게 관리해야 합니다. 나에겐 지금이 관리의 시간입니다."

독실한 그리스도인이자 미국 최고의 경영법칙 강연가로 손꼽히는 윌리엄 보세이(William Beausay)는 "인간관계에서 성공하려면 아이들과 친해질 수 있어야 한다"라고 말했습니다. 다음은 「그 3가지 이유」입니다.

❶ 정서적, 영적으로 건강한 사람만이 아이들을 좋아할 수 있습니다.

❷ 경이로움과 열정을 가진 사람만이 아이들을 좋아합니다.

❸ 세상에서 가장 위대한 리더(예수님)가 아이와 친했으며,
　 아이처럼 살았기 때문입니다.

바리새인들은 예수님을 두고 "먹고 마시기를 탐하는 자"라고 손가락질했으나 예수님은 어떤 상황에서도 세상에 온 본분을 잊지 않으셨습니다. 다만 교제해야 할 때와 시험을 받아야 할 때, 그리고 구원의 대업을 이루어야 할 때가 언제인지 아셨던 것뿐입니다.

주님이 주신 놀라운 일상 속에서 일과 쉼의 때를 구분할 수 있는 지혜를 구하십시오. 복되고 형통합니다. 아멘!!!

🤍 주님, 그 무엇보다 주님이 주시는 은혜에 만족하며 살아가게 하소서.
🖼 물질에 만족하기보다 주님의 자녀 됨에 더 크게 감사하며 사는지 살펴봅시다.

나의 영적 일지

6월 19일

참여해야 진짜다

읽을 말씀 : 요한3서 1:5-12

● 요삼 1:11 사랑하는 자여 악한 것을 본받지 말고 선한 것을 본받으라 선을 행하는 자는 하나님께 속하고 악을 행하는 자는 하나님을 뵈옵지 못하였느니라

프랑스 파리에서 전동 킥보드 때문에 사회적 갈등이 일어난 적이 있습니다.

젊은 청년들은 사용이 간편하고 빠르게 이동할 수 있는 공유형 전동 킥보드를 탈 수 있게 해달라고 요청했습니다. 그러나 사고의 위험성을 이유로 중년층, 노년층들은 전동 킥보드를 법으로 금지해야 한다고 주장했습니다.

두 집단 사이의 갈등이 첨예하게 대립하자 파리 시장은 투표로 결정하겠다고 공표했습니다.

투표 결과는 매우 놀라웠습니다. 전동 킥보드 반대표가 80%가 넘을 정도로 압도적인 승리였습니다. 젊은층은 투표에 관심이 없어 대부분의 투표층이 50대 이상이었기 때문에 나온 결과였습니다.

전동 킥보드가 금지됐다는 소식을 듣고 젊은층들은 자신들의 의견이 받아들여지지 않은 결과라며 재투표를 요구했습니다.

이 불만을 들은 파리 시장은 "결과는 번복될 수 없습니다. 참여하는 민주주의가 진짜 민주주의입니다"라고 말했습니다.

투표에 참여하지 않는 사람은 민주주의를 누릴 수 없듯이 전심으로 예배에 참여하지 않는 사람은 부활의 기쁨을 온전히 누릴 수 없습니다.

죄와 허물로 인해 하나님 앞에서 죽은 우리에게 영생을 주기 위해 예수님이 하늘에서 구경만 하지 않고 직접 세상으로 찾아와 모든 것을 주시고 구원을 주셨듯이 주님을 위해 우리의 생명과 모든 것을 드리며 즐거이 헌신하며 참여하는 신앙인이 되십시오. 복되고 형통합니다. 아멘!!!

💙 주님, 날이 갈수록 주님의 그 크신 사랑을 느끼며 살게 하소서.

🔖 하루에 조금씩이라도 성경 말씀을 읽으며 주님을 위한 일을 한 가지라도 합시다.

나의 영적 일지

사랑으로 내어준 예배당

읽을 말씀 : 마태복음 10:34-42

● 마 10:42 또 누구든지 제자의 이름으로 이 소자 중 하나에게 냉수 한 그릇이라도 주는 자는 내가 진실로 너희에게 이르노니 그 사람이 결단코 상을 잃지 아니하리라 하시니라

오갈 데 없는 노숙인들에게 자기 집을 무료로 내어준 한 프랑스 목회자가 있었습니다. 당시 프랑스 경제 상황이 좋지 않아 파리에도 노숙인이 많았습니다.

매일 많은 사람이 목회자의 집을 찾아왔고, 목회자는 급기야 집 안의 작은 예배당을 제외하고는 전부 방으로 개조했습니다. 날이 매우 추웠던 크리스마스 이브에는 이른 시간부터 목회자의 집에 노숙인들이 가득 찼습니다.

그런데 한 노인이 어린아이를 안고 와서 하루만 머물게 해달라고 간청했습니다. 한참을 고민하던 목회자는 당시 시대상으로는 사람들이 이해하기 어려운 과감한 결단을 내렸습니다. 바로 예배당을 이들의 숙소로 내어준 것이었습니다. 이 목회자의 행동을 당시 많은 성도가 비난했습니다.

그러나 목회자는 이렇게 고백했습니다.

"저는 지금 그때와는 비교도 안 될 만큼의 많은 노숙인을 섬기고 있습니다. 주님이 저에게 이렇게 큰 은혜를 주신 것은 그때 예배당을 노숙인에게 내어줘서가 아닐까 생각합니다. 예수님이 가장 사랑하시고, 아끼시는 사람들에게 말이죠."

프랑스인이 가장 존경하는 인물 중 한 명으로 손꼽히는 빈민 구제 운동가 아베 피에르(Abbé Pierre)의 이야기입니다.

예수님은 세상에서 가장 작은 자의 모습으로 지금도 우리와 함께 계십니다. 예수님의 사랑을 실천하는 가장 확실한 방법 중 하나는 우리 주변에 연약하고 소외된 사람들을 돕는 것입니다. 주님을 섬기는 마음으로 먼저 사회적 약자들을 찾아가 섬기십시오. 복되고 형통합니다. 아멘!!!

♡ 주님, 주변에 도움이 필요한 사람을 찾아 주님의 사랑과 은혜를 나누게 하소서.
🧎 주님께서 나에게 은혜로 주신 좋은 것들을 어려운 사람들과 나누며 삽시다.

나의 영적 일지

대공황의 희망

읽을 말씀 : 요한2서 1:1-11

● 요이 1:3 은혜와 긍휼과 평강이 하나님 아버지와 아버지의 아들 예수 그리스도께로부터 진리와 사랑 가운데서 우리와 함께 있으리라

미국의 신학자 클라렌스 라킨(Clarence Larkin)은 성공한 은행가이자 공학자였으나 하나님의 부름을 받고 복음 사역에 뛰어들었습니다.

그러나 라킨이 복음을 한창 전하던 당시에는 미국이 극심한 불경기에 빠져 있었습니다. 일자리가 없어 먹을 것을 구하러 다니는 사람들에게 복음을 전해야 한다는 사실이 라킨의 마음을 힘들게 했습니다. 그러나 하나님의 부르심을 거역할 수 없어 라킨은 더더욱 빈민가를 찾아가 복음을 전했습니다.

그런데 극빈층 인구가 모여 사는 할렘의 한 교회를 방문했을 때 누구보다 더 힘든 상황인 이들의 찬양에 기쁨이 넘치고 힘이 느껴졌습니다. 말씀을 전하러 강단에 선 라킨은 성도들에게 물었습니다.

"여러분 중 70%는 직업을 잃었다고 들었습니다. 온 나라가 절망 가운데 빠져 있는데 여러분은 어떻게 이토록 즐겁게 예배를 드릴 수 있습니까?"

그때 한 교인이 자리에서 일어나 외쳤습니다.

『예수 그리스도 때문입니다!

예수님이 우리와 함께하신다는 사실이 우리의 희망입니다!』

라킨은 불경기라는 이유로 실의에 빠져 있던 자신의 모습을 회개한 후 더욱 담대하게 진정한 희망인 복음을 전했습니다.

라킨은 은퇴하기 전에는 자신의 이름으로 어떤 책도 내지 않았습니다. 복음이란 희망을 세상에 전하는 것이 가장 중요한 일이라고 생각했기 때문입니다.

온 땅의 유일한 소망이신 예수님을, 복음을 서둘러 세상에 전하십시오. 복되고 형통합니다. 아멘!!!

🖤 주님, 우리와 함께 하시어 모든 것을 이루어 주실 주님을 철저히 믿게 하소서.

🎨 힘들 때일수록 주님이 함께하심을 철저히 믿으며 기도합시다.

나의 영적 일지

그럴 수도 있는 이유

읽을 말씀 : 예레미야애가 3:57-60

● 애 3:59 여호와여 나의 억울을 감찰하셨사오니 나를 위하여 신원 하옵소서

한 목회자가 유언비어로 큰 고통을 받고 있었습니다.

몇몇 사람의 악의적인 헛소문이 점점 퍼져가고 있었으나 아무리 해명을 해도 사람들은 관심이 없었습니다.

어디 털어놓을 곳도 없는 답답한 마음에 목사님은 골방에서 주님 앞에 눈물로 기도를 드렸습니다.

'주님, 너무 억울해서 살 수가 없습니다.

그동안 복음을 위해 이렇게 열심히 살아왔습니다.

그런데 어떻게 이런 일이 있을 수가 있습니까?'

그 순간 성령님이 주시는 감동이 마음에 떠올랐습니다.

「그럴 수도 있다. 세상이니까….」

이 음성을 듣는 순간 목사님의 마음은 전에 없이 평안해졌습니다.

'아, 그렇구나. 우리가 사는 세상은 얼마나 불완전한 곳인가!

천국에 들어가는 그 순간까지 이겨내고 살겠습니다. 주님!'

그날 이후로 목사님은 사람들의 소문과 반응에 흔들리지 않았고, 사람들이 뭐라 하든 하나님이 주신 자리와 사명을 묵묵히 감당했습니다.

사람이니까 실수할 수 있듯이, 세상이니까 완벽할 수 없습니다.

그런 가운데 주 하나님을 최선을 다해 섬기고, 경건한 삶을 위해 매일 노력하며 천국을 본향으로 둔 그리스도인으로 살아가십시오. 복되고 형통합니다. 아멘!!!

♡ 주님, 세상의 속된 말에 흔들리지 않고 주님의 말씀과 일에 귀 기울이게 하소서.
🖼 어떤 어려운 순간일지라도 주님께 기도하고 주님이 주신 힘으로 이겨갑시다.

나의 영적 일지

6월 23일

지금 행복한 이유

읽을 말씀 : 이사야 60:14-22

● 사 60:15 전에는 네가 버림을 입으며 미움을 당하였으므로 네게로 지나는 자가 없었으나 이제는 내가 너로 영영한 아름다움과 대대의 기쁨이 되게 하리니

고아원에서 이름 모를 후원자의 도움으로 대학까지 가게 된 소녀가 있었습니다. 소녀는 후원자의 정체를 모른 채 가끔씩 편지로만 소통했는데, 하루는 후원자에게 받은 도움을 떠올리다 다음과 같은 편지를 썼습니다.

「저는 고아지만 행복할 수 있는 방법을 찾아냈어요.

진정한 행복의 비결이라고 불러도 좋아요.

바로 현재를 사는 거예요.

바꿀 수 없는 과거, 알 수 없는 미래가 아니라

바로 지금 1분 1초에 집중하며 즐기는 것이 제가 찾은 행복이에요.

많은 사람이 보이지 않는 누군가와 경쟁하며 살아가고 있어요.

어디에 가야 하는지, 왜 가고 싶은지도 모르고 그냥 숨을 헉헉대며 말이에요.

매일 지나가는 길의 멋진 경치도 알아채지 못하는 삶이

어떻게 행복할 수 있을까요?

다른 사람처럼 멀리 가지는 못할 수도 있지만

그래도 나는 오늘 하루 마주할 수많은 행복을 산처럼 쌓아 올릴 작정이에요.」

진 웹스터(Jean Webster)가 쓴 「키다리 아저씨」에 나오는 편지의 일부입니다.

주님이 주신 행복은 우리의 미래만이 아닌 바로 오늘에도 있습니다.

오늘도 주님이 함께 계시며 주시는 은혜를 떠올려 보며 누리십시오.

단 하루도, 한순간도, 1초도 행복하지 않을 수가 없습니다.

주님으로 인해 얼마나 큰 행복을 느끼고 있는지 기도로 매일 고백하십시오.

복되고 형통합니다. 아멘!!!

💙 주님, 날마다 새롭고 생명력이 넘치는 순간을 경험하며 담대하게 살게 하소서.

🙇 환경에 휘둘리지 않고 순간순간 오직 주님만을 바라보며 찬양하며 삽시다.

나의 영적 일지

경쟁이 아닌 협력

읽을 말씀 : 빌립보서 2:1-11

● 빌 2:3 아무 일에든지 다툼이나 허영으로 하지 말고 오직 겸손한 마음으로 각각 자기보다 남을 낫게 여기고

세계적인 음악대학의 한 교수는 첫 수업에서 모든 학생에게 종이 한 장을 나누어줍니다.

"저는 여러분 모두에게 A학점을 줄 것을 약속합니다.

다만 한 가지 조건이 있습니다. 여러분이 앞으로 다가올 한 학기 동안 어떤 일을 통해 A학점을 받았을지를 가정해서 적어주세요."

교수의 말을 들은 학생들은 저마다 신이 나서 자신이 음악으로 하고 싶은 일, 가장 잘하는 일을 적어서 제출합니다. 과도한 경쟁으로 학생들의 몸과 마음이 피폐해지는 것이 싫어서 교수가 고안한 방법입니다.

그런데 깜짝 놀랄 일이 일어났습니다. 경쟁에서 해방된 학생들이 저마다의 개성을 살려 놀라운 작품과 시도들을 쏟아냈기 때문입니다.

보스턴 필하모닉의 지휘자인 벤자민 잰더(Benjamin Zander)는 45년 넘게 최고의 음대들에서 학생들을 가르치며 「경쟁이 아닌 협력이 학생들의 진정한 능력을 일깨운다」라는 것을 깨달은 후 모든 학생에게 첫 시간부터 A학점을 줬습니다.

열두 제자들은 세상의 방식으로 누가 더 나은지를 따지며 경쟁했지만 예수님의 방식은 협력이었습니다.

예수님은 각 제자의 개성에 따라 가장 잘할 수 있는 일을 맡기셨습니다.

우리에게도 마찬가지입니다. 우리를 불러주시고 세워주신 주님을 믿고 가장 잘할 수 있는 일들로 합력하여 주님의 칭찬을 받는 충성된 종이 되십시오. 복되고 형통합니다. 아멘!!!

🤍 주님, 저의 은사가 무엇인지 깨닫고 주님을 충성스럽게 섬기게 하소서.

🧑‍🤝‍🧑 올바르고 선한 일에 앞장서서 행동하는 주님의 충성된 종이 됩시다.

나의 영적 일지

숭고한 희생의 이유

읽을 말씀 : 신명기 15:12-18

● 신 15:15 너는 애굽 땅에서 종 되었던 것과 네 하나님 여호와께서 너를 속하셨음을 기억하라 그를 인하여 내가 오늘날 이같이 네게 명하노라

캐나다 군인이었던 오거스터스 스몰우드(Augustus Smallwood)는 캐나다왕립연대 (RCR) 소속으로 한국전쟁에 참여했습니다.

6.25 당시 3번째로 많은 군인을 파병했던 캐나다는 임진강 지역의 187고지에서 호주군과 연합해 치열한 접전을 벌였습니다. 수많은 병사가 희생됐지만, 이들의 분전으로 지금의 휴전선을 유지할 수 있었습니다. 스몰우드는 이 전투에 참여했다가 총탄 파편에 머리를 다쳐 평생 심각한 후유증에 시달렸습니다.

어디에 있는지도 모르는 동방의 나라를 지키러 참전했다가 얻은 부상이었지만, 스몰우드는 이 부상을 자랑스럽게 여기며 가족들에게도 틈만 나면 이야기하곤 했다고 합니다. 한국전쟁에 참전한 캐나다 군인들 중 대부분이 크고 작은 후유증으로 고생하고 있지만 이들 역시 참전 결정을 후회하지 않으며 오히려 우리나라의 자유를 위해 함께 싸운 경험을 자랑스럽게 여기고 있습니다. 자신의 소중한 젊음을 바쳤지만 그로 인해 더 귀한 가치를 지켜낼 수 있었다는 것을 그동안의 삶과 경험으로 깨달았기 때문입니다.

자신과 상관없는 나라와 사람이라도, 숭고한 가치를 위해 몸 바쳐 희생한 수많은 사람이 있었기에 지금의 우리나라와 우리 민족이 있을 수 있습니다. 더 나은 가치를 위해 아낌없이 몸을 던졌던 당시의 군인들처럼 우리도 땅의 일보다 더 큰 하늘의 일을 위해 기꺼이 헌신하며 복음을 전해야 합니다. 우리를 위해 희생한 수많은 호국영령을 향한 감사의 마음을 잊지 말고, 지금 우리가 누리는 은혜와 축복들을 통해 다른 나라와 민족을 위해 선한 영향력을 끼치는 사람이 되십시오. 복되고 형통합니다. 아멘!!!

♡ 주님, 지금의 대한민국이 있게 하신 주님의 섭리에 감사하게 하소서.

📖 지금 누리는 은혜와 축복을 통해 이룰 수 있는 더 큰 사명과 가치를 찾아봅시다.

나의 영적 일지

잡초가 준 교훈

읽을 말씀 : 마태복음 7:16-20

● 마 7:18 좋은 나무가 나쁜 열매를 맺을 수 없고 못된 나무가 아름다운 열매를 맺을 수 없느니라

한 젊은 농부가 무더운 여름날 밭의 잡초를 뽑아대며 불평하고 있었습니다.

'하나님도 참, 이런 쓸데없는 풀을 왜 만드셔서 이렇게 고생하게 만드시는지…. 이해가 안가네.'

이 말을 들은 근처의 경험 있는 농부가 웃으며 말했습니다.

『이보게, 훌륭한 농부가 되려거든 잡초가 주는 두 가지 교훈이 있는데….

절대 잊지 말아야 하네.』

젊은 농부는 잡초에 무슨 교훈이 있냐고 되물었습니다.

경험 있는 농부는 잡초에는 다음의 두 가지 교훈이 있다고 말했습니다.

● 첫째, 잡초는 땅을 지켜주는 역할을 한다.

　잡초가 있으면 비가 많이 내려도 땅이 무너지지 않습니다.

　진흙땅에도 뿌리를 내려 밭이 잘 갈리게 도와줍니다.

　척박한 땅에서도 잡초가 무성히 자랄 수 있게 한 하나님의 뜻이 있습니다.

● 둘째, 그래도 잡초는 뽑아야 한다.

　잡초가 유익하다고 해서 뽑아야 할 때 뽑지 않으면 농사를 지을 수 없습니다. 밭을 비옥하게 지켜준 잡초지만 농사철에는 모두 뽑아야 합니다.

하나님의 섭리 안에서 살아가는 우리에게 단 하나도 쓸모없는 것이 없고, 단 한순간도 쓸모없는 때란 없습니다. 온전하신 하나님의 계획을 인정하며 말씀의 씨앗이 비옥하게 자랄 수 있도록 마음속의 잡초를 매일 부지런히 뽑아내는 경건한 농부가 되십시오. 복되고 형통합니다. 아멘!!!!

♡ 주님, 제 마음을 자주 살피게 도와주시고 마음의 쓴 뿌리를 뽑아 주소서.

🌾 마음속의 잡초를 뽑아내고 주님 말씀을 열심히 청종하며 삽시다.

나의 영적 일지

진정한 승리

읽을 말씀 : 마태복음 25:19-30

● 마 25:23 그 주인이 이르되 잘 하였도다 착하고 충성된 종아 네가 작은 일에 충성하였으매 내가 많은 것으로 네게 맡기리니 네 주인의 즐거움에 참예할찌어다 하고

세계 3대 마라톤 대회 중 하나인 뉴욕마라톤 대회가 열리던 날이었습니다.

대회를 시작한 지 24시간이 지났지만, 여전히 결승선은 그 자리에 남아 있었습니다. 29시간이 지나자 저 멀리서 목발을 짚은 한 여인이 나타났습니다.

한눈에 봐도 몸이 불편해 보이는 여인은 목발까지 짚고 절뚝거렸지만 절대 포기하지 않았습니다.

결국 29시간 45분의 기록, 3만2,000명 중 꼴등으로 그녀는 결승선을 넘었습니다. 다발성경화증으로 잘 걷지 못하는 55세의 여인 조 코플로위츠(Zoe Koplowitz)는 포기만 안 하면 누구나 해낼 수 있다는 사실을 보여주기 위해 마라톤에 도전했다고 소감을 말했습니다.

"기록과는 상관없이 저는 오늘 승리했습니다.

성실하게 걸어 나가면 반드시 목표에 도달한다는 것이

마라톤이 우리에게 가르쳐 주는 교훈인 것 같습니다."

우리가 이룬 성과에 상관없이 끝까지 믿음을 지키는 것이 진정한 승리입니다. 2달란트 받은 사람도 5달란트 받은 사람도 주님께 똑같은 칭찬을 받았습니다. 다른 사람이 받은 은사와 달란트를 신경 쓰지 말고 주님이 우리에게 베푸신 은사를 통해 선을 도모하는 일에만 집중하십시오.

주님이 우리에게 주신 능력과 사명의 크고 작음에 상관없이 오늘 주신 일을 위해 충성스럽게 최선을 다하십시오. 복되고 형통합니다. 아멘!!!!

💙 주님, 주변이 아닌 주님만 바라보며 오늘 주신 사명에 집중하게 하소서.

📖 나에게 주어진 사명을 이루기 위해 묵묵히 최선을 다하고 있는지 살펴봅시다.

나의 영적 일지

미련을 갖지 말라

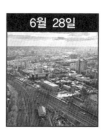

읽을 말씀 : 창세기 19:23–29

● 창 19:26 롯의 아내는 뒤를 돌아 본고로 소금 기둥이 되었더라

    캐나다의 북부 초원에는 많은 야생 오리가 있습니다.
    겨울철이 되면 오리들은 먹이가 있는 남쪽으로 이동합니다. 먼 거리를 이동하다 지친 오리들은 넓고 잔잔한 물가를 발견하고는 잠시 머물러 쉽니다. 오리들이 찾은 물가는 마치 넓은 호수 같습니다. 잔잔하고 먹이도 풍부합니다.
    대부분의 오리는 이곳에서 잠시 힘을 회복하고는 다시 남쪽으로 떠납니다.
    그러나 일부 오리는 넓은 호숫가의 매력에 빠져 머무는 것을 선택합니다.
    이곳도 적당히 따뜻하고 많은 먹이가 있기 때문입니다.
    그러나 그렇게 유유히 호수에 머무는 순간 깜짝 놀라 하늘로 날갯짓을 칩니다. 생각지도 못한 급류에 휩쓸렸기 때문입니다. 그러나 급류가 너무 강해 오리는 날아오르지 못하고 까마득한 폭포 사이로 떨어져 결국 죽고 맙니다.
    캐나다 북부의 오리들이 반드시 쉬었다 가는 이곳은 바로 세계 3대 폭포인 '나이아가라 폭포'입니다. 나이아가라 폭포의 상류는 호수같이 넓고 잔잔하지만 갑자기 물살이 빨라지는 하류에서는 오리조차도 손쓸 틈이 없이 떨어지고 맙니다.
    세상에 미련을 가진 성도는 폭포에 빠진 오리와 같은 최후를 맞게 됩니다.
    이 세상은 잠시 머무는 여정의 일부이며 우리의 본향은 저 천성이라는 사실을 잊지 말아야 합니다.
    잠시 머무는 세상에 미련을 갖지 말고 하루하루 주님이 주신 소중한 사명을 위해 지혜롭게 살아가는 성도가 되십시오. 복되고 형통합니다. 아멘!!!

🩷 주님, 세상의 거짓된 평화에 빠지지 않게 늘 깨어 기도하며 살게 하소서.
🧑‍🦽 목표를 주님 나라로 분명하게 정하고 세상에 미련을 갖지 맙시다.

나의 영적 일지

6월 29일

사랑이 원동력

읽을 말씀 : 마태복음 22:34~40

●마 22:37 예수께서 가라사대 네 마음을 다하고 목숨을 다하고 뜻을 다하여 주 너의 하나님을 사랑하라 하셨으니

'산악인의 전설'로 불리는 이탈리아의 산악인, 탐험가 겸 작가인 라인홀트 메스너(Reinhold Andreas Messner)는 오로지 자신을 위해서만 등산하는 사람입니다.

"등산이 너무 좋아서 산을 오른다"라는 메스너는 어떤 명예도 원하지 않습니다. 그래서 등산가들이 대동하는 짐꾼인 셰르파도 고용한 적이 없고, 고산지대에서 원활하게 등반하기 위해 사용하는 산소마스크도 사용하지 않습니다.

히말라야 14봉을 모두 올랐을 때도 거창하게 조국의 깃발을 꽂지 않았습니다. 나라를 위해서 산을 오른 것도 아니었기 때문입니다. 다만 작은 손수건을 들고 기념사진을 찍고 내려왔습니다.

스폰서도 없이, 누구의 도움도 없이, 때로는 산소통도 없이 메스너는 세계의 높은 산을 오릅니다. 당장 오늘 등반을 하다 죽을지도 모르는데 산을 오르는 일이 너무 즐거워서 짐을 쌀 때부터 콧노래를 부른다고 합니다. 이러한 자발적인 사랑의 원동력 때문인지 메스너는 세계 최고봉인 에베레스트를 무산소로 등정한 최초의 산악인이 되었습니다.

주 예수님은 우리에게 어떤 대가도 바라지 않고 오직 사랑으로, 우리를 살리려고 세상에 오셨습니다.

그런 주님을 우리는 어떤 마음으로 섬기고 예배하고 있습니까?

산이 좋아서 모든 노력을 감내하는 예화의 인물처럼 정말 주님이 그저 좋아서 예배하고 찬양하며 모든 것을 드리고도 즐거워할 수 있으십니까? 그런 사랑의 원동력으로 주님을 섬기는 신앙인이 되십시오. 복되고 형통합니다. 아멘!!!

♡ 주님, 영생을 주신 주님을 찬양하며 즐거운 마음으로 모든 예배를 드리게 하소서.

📷 항상 기뻐하며 범사에 감사하며 쉬지 않고 기도하는 신앙인이 됩시다.

나의 영적 일지

자기 고민이 크다

읽을 말씀 : 누가복음 12:22-30

● 눅 12:28 오늘 있다가 내일 아궁이에 던지우는 들풀도 하나님이 이렇게 입히시거든 하물며 너희일까보냐 믿음이 적은 자들아

묻과 닿은 강가 한쪽에서 오랜 친구인 피라미와 잠자리, 개미가 모였습니다.
피라미가 먼저 친구들에게 걱정을 털어놓았습니다.
"얘들아, 요즘 들어 내 수영 실력이 매우 좋아졌거든.
여기에만 머물기에는 강가의 물이 너무 적지 않을까?"
잠자리와 개미는 함께 손사래를 쳤습니다.
『우리가 보기에는 평생 그럴 걱정은 없어 보이는걸.』
다음으로는 개미가 걱정을 털어놓았습니다.
『요즘 땅굴을 계속 파다 보니 우리 집이 매우 넓어졌어.
조만간 흙이 모자라면 어떡하지?』
잠자리와 피라미는 코웃음을 치며 말했습니다.
"그런 집을 백 개, 천 개 지어도 흙이 모자랄 일은 없겠는걸."
마지막으로 잠자리가 고민을 털어놓았습니다.
『요즘 하늘을 날다 보면 저 하늘에 머리가 닿을 것 같다는 생각이 들어.』
이번엔 피라미와 개미가 입을 모아 말했습니다.
"세상에서 그런 쓸데없는 걱정은 또 처음 보는걸."
우리 눈앞의 바위 같은 걱정도 주님이 보시기엔 모래알보다 작은 사사로운 일입니다.
바다 같은 은혜와 하늘 같은 자비를 부어주시는 전능하신 주님이 우리의 모든 것을 아시고 책임져주심을 믿으십시오. 복되고 형통합니다. 아멘!!!

🤍 주님, 염려가 생길 때 모두 해결해 주시는 주님을 기억하고 기도하게 하소서.
🧶 바다 같은 은혜와 하늘 같은 자비를 주시는 주님을 의지합시다.

나의 영적 일지

7월

"여호와는
나의 빛이요 나의 구원이시니 내가 누구를 두려워하리요
여호와는 내 생명의 능력이시니 내가 누구를 무서워하리요
나의 대적, 나의 원수된 행악자가 내 살을 먹으려고 내게로 왔다가
실족하여 넘어졌도다"

– 시편 27:1,2 –

최고의 공연, 기적의 역사, 파이팅! 나라사랑축제

읽을 말씀 : 이사야 43:16-21

● 사 43:21 이 백성은 내가 나를 위하여 지었나니 나의 찬송을 부르게 하려 함이니라

『극동방송에는 서울을 비롯한 전국 13개 지사에 전속 어린이합창단이 있습니다. 어린이합창단은 자비량 찬양선교사들로 국내는 물론 해외를 다니며 다양한 연주를 통해 기독 문화를 확산하고 국위를 선양하고 있습니다.

특별히 2011년부터는 전국 어린이합창단이 거의 매해 8.15 광복절 즈음에 「파이팅! 나라사랑축제」를 진행하고 있습니다. 작년에는 대구 엑스코와 포항 실내체육관을 가득 메운 청중들과 함께 하나님을 찬양하며 자유 대한민국의 평화와 통일을 노래했습니다.

2016년 6월, 500여 명의 전국 어린이 연합합창단이 뉴욕 카네기홀에서 펼쳤던 기념비적인 공연은 지금도 많은 이들의 가슴속에 큰 감동으로 남아 있습니다. 극동방송 어린이합창단의 사역은 한걸음 더 미래를 향해 나아갑니다. 다음 달 8월에는 극동방송 전국 어린이합창단 650여 명이 미국 워싱턴 케네디센터에서 펼칠 은혜와 감동의 무대가 준비되고 있습니다.

어린이합창단의 공연을 본 분들은 하나같이 놀라 저에게 반응을 보였습니다. "진정한 애국을 하고 있는 것 같다", "지금까지 본 것 중 단연코 최고의 공연이었다", "사람이 할 수 없는 기적과도 같은 공연이다"…. 극동방송을 사랑하는 분들의 끊임없는 기도, 교사들과 스태프들의 헌신, 어머니들의 희생적인 섬김 가운데 극동방송 어린이합창단은 오늘도 은혜의 역사, 기적의 기록을 써 내려가고 있습니다.』 – 「김장환 목사의 인생 메모」 중에서

주님을 찬양하는 우리의 삶이 되게 하십시오. 복되고 형통합니다. 아멘!!!

💜 주님, 우리가 늘 주님의 이름을 찬양하며 영광 돌리게 하소서.
🧎 나라를 사랑하는 마음으로 평화와 통일을 위해 기도합시다.

나의 영적 일지

찬양해야 할 때

읽을 말씀 : 시편 135:1-6

● 시 135:3 여호와를 찬송하라 여호와는 선하시며 그 이름이 아름다우니 그 이름을 찬양하라

이사야서에는 하나님이 인간을 창조하신 목적이 찬양받기 위함(사 43:21)이라고 기록되어 있습니다.

찬양의 사전적인 뜻은 「어떤 대상을 높이거나 행한 일을 기리는 것」입니다.

한 마디로 우리는 하나님을 높이고, 하나님이 행하신 일을 기리기 위해 지음받았습니다.

다음은 성경에 나와 있는 「우리가 찬양해야 할 7가지 때」입니다.

❶ 하나님의 도움을 경험했을 때(사 38:10)

❷ 헌금을 드릴 때(레 19:24)

❸ 큰 복과 축복을 경험했을 때(신 8:10)

❹ 고난을 당했을 때(욥 1:21)

❺ 기쁜 일을 경험할 때(약 5:13)

❻ 예배드릴 때(히 13:15)

❼ 매일 영원토록(시 71:6, 계 7:12)

우리는 모든 상황 가운데 주님을 찬양해야 합니다.

옥에 갇힌 바울과 실라가 주님을 찬양할 때 옥문이 열리는 기적이 일어났듯이 우리가 어떤 상황이든지 주님을 찬양할 때 기적이 일어납니다.

주님은 우리가 기쁠 때나 슬플 때나, 감정과 환경에 상관없이 영원히 찬양받으실 존귀하신 분입니다. 우리가 찬양해야 할 유일한 대상인 주님을 모든 상황 가운데 찬양하십시오. 복되고 형통합니다. 아멘!!!

🤍 주님, 언제 어디서나 주님께 감사하며 찬양하게 하소서.

🖼 늘 주님께 감사하며 찬양할 제목을 찾아 시시때때로 올립시다.

나의 영적 일지

가장 중요한 문

읽을 말씀 : 야고보서 2:14-17

● 약 2:16,17 너희 중에 누구든지 그에게 이르되 평안히 가라, 더웁게 하라, 배부르게 하라 하며 그 몸에 쓸 것을 주지 아니하면 무슨 이익이 있으리요 이와 같이 행함이 없는 믿음은 그 자체가 죽은 것이라

영화 「배트맨」(Batman)은 일거수일투족이 화제가 될 만큼 세간의 큰 관심을 끌었습니다. 20년 만에 새롭게 등장하는 히어로 영화였고 감독부터 배우까지 하나 같이 최고의 캐스팅이었습니다. 특히나 만화에서나 볼 수 있던 주인공의 비밀병기 배트카까지 실제 주행할 수 있도록 정밀하게 제작되었습니다.

영화 역사상 거의 처음으로 시도되는 일이었기 때문에 제작진은 차를 완성하자마자 팀 버튼(Timothy Walter Burton) 감독에게 차를 보여주며 한껏 자랑했습니다. 제작진이 만든 배트카는 만화에서 보던 것과 똑같이 정교했습니다.

그런데 한참 동안 차를 살펴보던 팀 버튼 감독이 제작진에게 물었습니다.

"그런데… 이 차는 어떻게 탈 수 있나요?"

제작진은 외관을 정교하게 만드느라 문 만드는 것을 깜박했다는 사실을 그제야 깨달았습니다.

결국 제작진은 차의 외관을 완전히 교체하고 문을 새로 만들었습니다.

아무리 잘 만든 차라도 문이 없으면 탈 수 없는 고철일 뿐입니다.

마찬가지로 우리의 행위가 없는 믿음만으로는 하나님을 기쁘시게 할 수 없습니다. 전도하지 못하는 성도, 제자 삼지 못하는 교회 모두 마찬가지입니다.

하나님을 최고로 기쁘시게 할 수 있는 일, 성도로서 세상에서 맛볼 수 있는 최고의 보람, 모두 전도를 통해서만 경험할 수 있습니다.

믿음으로 구원받고, 세상에 복음을 전하는 것이 성도의 가장 중요한 본분임을 잊지 마십시오. 복되고 형통합니다. 아멘!!!

🖤 주님, 주님 앞에 거짓이 없는 진실한 성도의 삶을 살아가게 하소서.
🔲 주님을 섬김에 있어서 부족하거나 잘못된 것은 무엇인지 살펴봅시다.

나의 영적 일지

한 가지 소망

읽을 말씀 : 여호수아 24:11-15

● 수 24:15 만일 여호와를 섬기는 것이 너희에게 좋지 않게 보이거든 너희 열조가 강 저편에서 섬기던 신이든지 혹 너희의 거하는 땅 아모리 사람의 신이든지 너희 섬길 자를 오늘날 택하라 오직 나와 내 집은 여호와를 섬기겠노라

정말로 소중한 것이 무엇인지를 알아보려면 선택의 가짓수를 줄여야 합니다. 예를 들면 "가장 좋아하는 책 10권을 뽑아 써보라"라고 하면 대부분 별 고민 없이 써나갈 것입니다. 그러나 가장 좋아하는 책을 한 권만 뽑으라고 한다면 10권을 고를 때보다 훨씬 더 깊이 고민할 것입니다.

우리가 지금 무엇을 가장 소중히 여기고 살아가는지는 다음과 같은 질문을 통해 살펴볼 수 있습니다.

- 단 하루만 살 수 있다면 어떤 일을 하겠습니까?
- 단 한 사람에게만 복음을 전할 수 있다면 누구를 선택하겠습니까?
- 하나님께 단 한 가지만 기도할 수 있다면 어떤 제목을 고르겠습니까?
- 성경에서 가장 큰 은혜를 준 한 구절을 고른다면 어떤 절을 고르겠습니까?
- 세상의 모든 부귀영화와 주님 중 하나만 선택해야 한다면 어떤 것을 선택하겠습니까?

주님은 세상의 모든 영광을 버리고 우리를 구하기 위해 세상에 오시고 그 생명까지 주셨습니다. 모든 만물 가운데 나를 가장 사랑하시고 오직 나만을 선택하신 예수님의 그 사랑을 기억하십시오.

하나님이 나에게 베풀어 주신 은혜들을 떠올려 보십시오. 귀하지 않은 것이 단 하나라도 있습니까? 주님은 언제나 최고의 복을 나에게 베풀어 주셨음을 고백하며 나의 모든 것을 주님께 드리는 성도가 되십시오. 복되고 형통합니다. 아멘!!!

🤍 주님, 저에게 가장 소중하신 분은 주님임을 언제나 기쁘게 고백하게 하소서.

🧎 선택의 기로에 설 때마다 주님께 영광이 되는 선택지를 고릅시다.

나의 영적 일지

두 팔의 방향

읽을 말씀 : 베드로전서 4:7-11

● 벧전 4:11 만일 누가 말하려면 하나님의 말씀을 하는것 같이 하고 누가 봉사하려면 하나님의 공급하시는 힘으로 하는것 같이 하라 이는 범사에 예수 그리스도로 말미암아 하나님이 영광을 받으시게 하려 함이니 그에게 영광과 권능이 세세에 무궁토록 있느니라 아멘

한 목사님이 설교 시간에 성도들에게 주먹을 쥐고 두 팔을 앞으로 내밀어보라고 한 후 "세상을 향해 주먹을 내밀고 있는 이 모습은 우리 마음대로 살려는 모습입니다. 대부분의 세상 사람은 이렇게 살아갑니다"라고 말했습니다.

목사님은 다음으로 팔을 옆으로 뻗어보라고 말했습니다.

"상대방을 향해 주먹을 내미는 모습은 다른 사람을 지배하려는 모습입니다. 사회적으로 성공한 많은 사람이 이렇게 살아갑니다."

목사님은 이번에는 그대로 주먹을 펴보라고 말했습니다.

"상대방을 향해 주먹이 아닌 손을 내밀 때 우리는 예수님 말씀처럼 살아갑니다. 서로 섬기고 사랑하라는 말씀대로 말입니다."

목사님은 이번에는 두 손을 그대로 들어 만세를 해보라고 말했습니다.

"그러나 사람을 섬기고 사랑하는 모습으로는 부족합니다.

지금처럼 하나님께 두 손을 들고 항복하는 신앙생활을 하십시오.

사람을 섬기고 사랑하면서 하나님을 향해서는 주먹을 쥐고 맞서는

어리석은 사람이 되지 마십시오."

예수전도단을 설립한 로렌 커닝햄(Loren Cunningham)이 사용하던 예화입니다.

주님의 말씀대로 형제와 자매를 사랑하며, 주님이 보여주신 사랑대로 모든 것을 주님께 드리십시오.

세상을 향해서도, 사람을 향해서도, 주님을 향해서도 주님의 뜻대로 살아가는 참된 주님의 제자가 되십시오. 복되고 형통합니다. 아멘!!!

♡ 주님, 이웃을 사랑하며 섬기면서, 주님을 향해서는 늘 감사와 찬양을 하게 하소서.

▧ 귀한 사명을 맡겨주신 주님께 감사하는 마음으로 매일 사명을 실천하며 삽시다.

나의 영적 일지

선이 가장 중요하다

7월 6일

읽을 말씀 : 디모데후서 2:1-6

● 딤후 2:5,6 경기하는 자가 법대로 경기하지 아니하면 면류관을 얻지
못할 것이며 수고하는 농부가 곡식을 먼저 받는 것이 마땅하니라

    미국의 수영선수인 브라이언 구델(Brian Stuart Goodell)은 올림픽 2관왕이자 전 세계신기록 보유자였습니다. 또한 구델은 독실한 신앙인이었습니다.

    올림픽에서 금메달을 따고 금의환향한 구델은 많은 교회에 초청되어 간증을 했습니다. 구델은 간증 때마다 자신이 금메달을 따기 위해 얼마나 피나는 노력을 했는지를 자세히 전했습니다.

    물 안에서 보내는 수만 시간의 훈련, 물 밖에서도 이어지는 준비, 심지어 식사와 잠까지 오로지 수영을 위해 조절하는 가혹할 정도의 희생을 통해서 구델은 금메달을 딸 수 있었습니다.

    이 모든 과정을 설명한 뒤 구델은 가장 중요한 것이 빠졌다며 한 가지 말을 덧붙였습니다.

    "이 모든 노력에 앞서 가장 중요한 것이 있습니다. 바로 규칙입니다. 경기를 몇 명이 하는지, 몇 미터를 헤엄치는지, 선을 벗어나면 어떻게 되는지, 이기면 무엇이 주어지는지가 정해지지 않으면 제가 아무리 엄청난 노력을 해도 금메달을 딸 수가 없습니다. 신앙생활도 마찬가지라고 생각합니다. 노력도 중요하지만, 우리가 무엇을 기준으로 누구를 위해 무엇을 하려고 하는지 등 명확한 규칙이 있어야 하나님이 기뻐하시는 신앙생활을 할 수 있습니다."

    땅을 위해 노력하는 사람은 땅의 열매를 맺고, 하늘을 위해 노력하는 사람은 하늘의 열매를 맺습니다. 말씀을 인생의 나침반으로 삼아 주님이 기뻐하시는 삶으로 우리의 예배를 올려드리십시오. 복되고 형통합니다. 아멘!!!

🤍 주님, 경기장에서 경기하는 선수처럼 주님의 말씀을 삶의 규칙으로 삼게 하소서.
🧩 우리 삶에 있는 모든 좋은 것은 모두 주님으로부터 온 것임을 기억하며 감사합시다.

나의 영적 일지

빼앗긴 성경의 행방

읽을 말씀 : 이사야 55:6-9

● 사 55:8,9 여호와의 말씀에 내 생각은 너희 생각과 다르며 내 길은 너희 길과 달라서 하늘이 땅보다 높음 같이 내 길은 너희 길보다 높으며 내 생각은 너희 생각보다 높으니라

독일이 아직 통일되지 않았던 때의 일입니다.

한 목사님이 러시아 선교를 위해 동독을 거쳐 성경을 보내는 일을 하고 있었습니다. 당시 러시아는 성경의 반입을 철저히 막고 있었는데 동독을 통해 넘어오는 짐은 감시를 심하게 하지 않았습니다. 몇 번의 성공을 거듭한 목사님은 무려 2만 권의 성경을 러시아로 보낼 계획을 세웠습니다. 만반의 준비를 하고 동독으로 들어가는 순간 청천벽력 같은 소식이 들렸습니다.

비밀경찰이 성경을 모두 압수했다는 것이었습니다. 그동안 단 한 번도 걸리지 않았던 성경을 러시아 국경도 아닌 동독 국경에서 전부 빼앗기고 말았습니다. 집으로 돌아온 목사님은 눈물을 흘리며 하나님을 원망했습니다.

"하나님, 어떻게 이러실 수가 있습니까?

다른 일도 아니고 복음을 전하려고 시도한 일인데요?"

그로부터 아주 오랜 시간이 지나고 이 목사님은 하나님의 뜻이 무엇인지 알게 되었습니다. 훗날 동독의 비밀경찰기관인 슈타지(STASI)의 문서가 공개됐는데 그중에는 목사님이 빼앗긴 2만 권의 성경이 배편을 통해 무사히 러시아에 도착했다는 정보가 적혀 있었습니다.

냉전 국가에 복음을 전하는 선교 단체 「오픈도어즈」(Open Doors)의 설립자 앤드류 반 데르 비즐(Andrew van der Bijl) 선교사의 이야기입니다.

우리의 짧은 생각으로는 하나님의 놀라운 계획을 이해할 수 없습니다. 우리의 부족한 노력과 손길을 통해 놀라운 일을 행하실 주님을 믿고, 주님의 말씀을 세상에 전파하는 사명에만 온 힘을 사용하십시오. 복되고 형통합니다. 아멘!!!

♡ 주님, 때를 얻든지 못 얻든지 주님의 복음을 다양한 방법으로 전하게 하소서.

▩ 지금까지 복음을 전한 영혼들을 떠올리며 속히 열매가 맺히게 해달라고 기도합시다.

나의 영적 일지

죄를 용서할 수 있는 분

읽을 말씀 : 히브리서 4:11-15

● 히 4:15 우리에게 있는 대제사장은 우리 연약함을 체휼하지 아니하는 자가 아니요 모든 일에 우리와 한결 같이 시험을 받은 자로되 죄는 없으시니라

러시아의 국경을 지키는 한 젊은 병사가 있었습니다.

병사는 군대에 들어오기 전에 많은 빚을 지고 있었습니다.

그런데 계약서를 잘못 써서 이자가 급격하게 불어났다는 소식을 편지로 전해 들었습니다.

늦은 밤 초소에서 자신의 수입과 빚, 늘어나는 이자를 노트에 하나씩 적어보던 병사는 절망에 빠졌습니다.

군인의 월급으로는 도저히 감당할 수 없는 금액이었습니다.

병사는 날이 밝으면 자살하기로 마음을 먹은 뒤 수첩에 유서를 적었습니다.

『나의 이 많은 빚을 도대체 어떻게 갚을 수 있단 말이냐.

누구도 해결해 줄 수 없다.』

유서를 쓴 병사는 마지막 보초를 서기 위해 근무지를 다녀왔습니다.

그런데 남긴 유서 아래에 누군가 한 줄을 더 적어놓았습니다.

『해결해 줄 수 있다. 니콜라스.』

병사는 깜짝 놀랐습니다.

자신의 유서 밑에 적혀 있는 글은 러시아의 황제 니콜라스 1세(Czar Nicholas)의 친필이었습니다.

병사의 해결할 수 없는 빚을 황제가 해결해 줄 수 있었던 것처럼, 누구도 해결할 수 없는 죄의 문제를 오직 주님만이 해결해 주실 수 있습니다.

우리를 사망에서 구원해 주시는 유일한 구세주 예수 그리스도의 이름만을 굳게 붙드십시오. 복되고 형통합니다. 아멘!!!

♡ 주님, 저의 모든 죄와 허물과 짐을 짊어지시는 주님을 의지하며 살게 하소서.

🕮 기대만큼 받지 못한 것에 대한 불만보다 주신 것에 감사하며 삽시다.

나의 영적 일지

7월 9일

성실의 열매

읽을 말씀 : 잠언 15:19-25

● 잠 15:19 게으른 자의 길은 가시울타리 같으나 정직한 자의 길은 대로니라

창세기를 토대로 지구의 나이를 처음으로 계산해 발표한 신학자 제임스 어셔(James Ussher)는 10살 때 하나님을 만났습니다.

"그러므로 형제들아 내가 하나님의 모든 자비하심으로 너희를 권하노니 너희 몸을 하나님이 기뻐하시는 거룩한 산 제사로 드리라."

설교 시간에 들은 로마서 12장 1절의 말씀이 머릿속에서 떠나지 않았습니다. 비록 10살의 어린 나이였지만 어셔는 그날부터 자신의 모든 삶을 하나님을 위해 드리겠다고 다짐하고 또 다짐했습니다.

어셔는 55년간 하루도 쉬지 않고 복음을 전하고 말씀을 연구했고 남는 시간에는 경건 서적을 썼습니다.

누구보다 성실하게 주님을 위해 살았던 어셔가 남긴 유언은 "주님 저의 나태함을 용서해 주소서"였습니다.

세상을 떠난 날에도 어셔는 오전에 예배를 드리고 글을 쓴 후 심방을 다녀왔습니다.

우리를 위해 일하시는 주 하나님의 성실함을 생각해 보십시오.

우리의 모든 시간을 다 주님을 위해 사용한다 해도 부족할 것입니다.

새로운 생명을 주신 주님을 위해 우리가 할 수 있는 최선으로 섬기십시오.

세상에서의 짧은 시간을 나를 위해, 사라질 욕망을 위해 사용하기보다 영원한 하나님의 나라와 그 뜻을 위해 사용하십시오. 복되고 형통합니다. 아멘!!!

♡ 주님, 주님이 보내주신 한 영혼, 한 영혼을 귀하게 여기며 성실히 전도하게 하소서.

🖼 아직 주님을 알지 못하는 주변 사람들을 위해 기도하며 찾아가 복음을 전합시다.

나의 영적 일지

은혜와 헌금

읽을 말씀 : 고린도후서 9:1-8

● 고후 9:7 각각 그 마음에 정한 대로 할 것이요 인색함으로나 억지로 하지 말찌니 하나님은 즐겨 내는 자를 사랑하시느니라

　　고린도후서 8장에는 마게도냐 교회와 고린도 교회라는 완전히 다른 상황에 처한 교회가 나옵니다.

　　마게도냐 교인들은 매우 가난했으나 고린도 교인들은 부유했습니다.

　　마게도냐 교인들은 제대로 성경을 배우지 못했으나 고린도 교인들은 최고의 제자들에게 성경을 배웠습니다.

　　그러나 이 두 교회에는 더 크고 결정적인 차이가 있었습니다.

　　바로 헌금입니다.

　　더 못 살고, 제대로 배우지 못한 마게도냐 교인들이 오히려 고린도 교인들보다 훨씬 더 많은 헌금을 드렸습니다. 이런 이유로 사도 바울은 몇 번이나 마게도냐 교인들을 칭찬하면서 고린도 교인들에게 이런 모습을 배우라고 종용했습니다. 그 이유는 고린도 교회 성도들 역시 매우 훌륭한 성도들이었지만 훨씬 열악한 상황에 처한 마게도냐 성도들보다 적은 헌금을 내고 있었기 때문입니다.

　　주님을 목숨보다 소중히 여긴다고 고백하면서 헌금 드리는 것을 아까워하는 사람의 믿음을 누가 진실로 여기겠습니까?

　　이런 이유로 사도 바울도 고린도 교회 성도들에게 '말과 지식'이 풍성한 만큼 주님께도 풍성하게 드릴 것을 권유한 것입니다.

　　세상의 모든 것을 아끼지 않고 우리에게 주신 주님께 우리는 무엇을 드리고 있습니까? 받은 복을 헤아려 보십시오. 우리의 믿음을 따라 주님께 드릴 수 있는 최선의 것을 최대한 많이, 망설임 없이 드리십시오. 복되고 형통합니다. 아멘!!!!

🤍 주님, 베풀어주신 은혜와 복으로 복음이 만방에 전해지게 하소서.

🖼 받은 은혜와 우리의 믿음을 따라 주님께 최선의 것을 드리는지 살펴봅시다.

나의 영적 일지

잘 믿으십시오

읽을 말씀 : 마태복음 22:34-40

● 마 22:37 예수께서 가라사대 네 마음을 다하고 목숨을 다하고 뜻을 다하여 주 너의 하나님을 사랑하라 하셨으니

한 시골 교회 선생님에게 전도를 받아 교회에 다니던 아이가 있었습니다.

교회의 목사님은 이 아이를 만날 때마다 "예수님을 잘 믿어야 한다"라고 입버릇처럼 말씀하셨습니다. 목사님의 말씀 때문인지 아이는 자라면서 점점 더 믿음이 자라가며 주 예수님을 굳게 믿게 되었습니다.

아이는 자라서 신학교에 진학했고 오랜 기간 사역의 현장에 머물다가 마침내 목사 안수를 받게 됐습니다.

이제 목사가 된 청년은 어린 시절 은사님이던 목사님을 안수식에 초대했습니다. 목사님에게도 청년에게도 매우 감격스러운 순간이었습니다. 안수식이 끝나고 청년은 목사님께 준비한 꽃다발을 드리며 덕담을 부탁했습니다.

"목사님 덕분에 여기까지 올 수 있었습니다. 이제 본격적으로 사역을 시작하는 저를 위해서 마지막으로 해주실 말씀은 없으십니까?"

그러자 목사님은 환한 미소와 함께 언제나처럼 같은 말씀을 하셨습니다.

『허허, 이제부터는 더욱더 예수님을 잘 믿어야 합니다.』

주님을 구세주와 주님으로 영접한 우리의 삶은 어떻습니까?

예수님을 그냥 믿고 있습니까? 아니면 예수님을 잘 믿고 있습니까?

신앙생활에 적당히는 없습니다. 예수님을 믿는 순간 직분에 관계없이 우리는 모든 삶을 주님을 위해 드려야 합니다. 그것이 그리스도인의 삶이며 참된 제자의 삶입니다. 드릴 수 있는 최고의 열정과 믿음으로 주님을 예배하며 주님을 잘 믿으십시오. 복되고 형통합니다. 아멘!!!

♡ 주님, 만나는 사람들에게 최선을 다해 복음과 말씀을 전하게 하소서.

▩ 날이 갈수록 더욱 믿음이 성장하고 있는지 살펴보고 주님과 이웃을 더 잘 섬깁시다.

나의 영적 일지

한 어르신의 기도

읽을 말씀 : 시편 146:1-5

● 시 146:2 나의 생전에 여호와를 찬양하며 나의 평생에 내 하나님을 찬송하리로다

뉴욕타임스의 객원 기자인 조세핀 로버트슨(Josephine Robertson)이 노년에 쓴 『노년기의 사람들을 위한 기도문』입니다.

「하나님 아버지!

오늘 하루도 무언가 건설적인 일을 할 수 있도록 도와주소서.

책임감 있게 사람을 이끌 수 있도록 도와주시고

맡은 일을 여전히 즐거워하며 감당하게 하소서.

젊은이들에게 도움이 되는 아이디어가 떠오르게 하시고

자랑하지 않고 겸손히 다가가게 하소서.

어떤 모임에 가더라도 위축되지 않는 마음을 주시고

정중히 먼저 감사를 표현하는 제가 되게 하소서.

하나님이 주신 재정적인 큰 복을 현명하게, 적절한 곳에 사용하게 하소서.

여전히 다른 사람과 열정적으로 일할 수 있는 자리를 허락해 주소서.

제가 속한 모든 곳이 저로 인해 조금이라도 더 발전하고

나아지게 복을 주소서. 아멘.」

하나님은 가슴속에 뜨거운 열정이 있는 사람에게 나이를 불문하고 맡을 사명을 허락하십니다.

일찍 주님을 만난 사람도, 늦게 주님을 만난 사람도 천국에서 주님을 만나게 되는 그 순간까지 사명을 따라 살아가야 합니다.

지금 내 나이와 상관없이 주님이 주신 비전을 포기하지 말고, 주변에 있는 사람들을 나이와 상관없이 겸손한 마음으로 섬기십시오. 복되고 형통합니다. 아멘!!!

🤍 주님, 교회 안과 밖에서 만나는 어르신들을 존중하며 성심껏 섬기게 하소서.

🧑‍🦳 우리 주변의 노약자나 어려운 사람들을 소홀히 하지 맙시다.

나의 영적 일지

7월 13일

새로운 삶의 주권

읽을 말씀 : 잠언 16:1-7

● 잠 16:3 너의 행사를 여호와께 맡기라 그리하면 너의 경영하는 것이 이루리라

남들보다 힘이 몇 배는 센 청년이 있었습니다.

청년은 어느 날 신문에서 구인 광고를 봤습니다.

「벌목공 구합니다. 체격과 힘이 좋은 사람 우대!」

다음 날 바로 면접을 보러 간 청년은 압도적인 성적으로 입사 테스트에서 1등을 했습니다.

청년은 베테랑보다 많은 보수를 받으며 일을 시작했습니다.

최고의 벌목공 대우를 받게 된 청년은 기분이 좋아 일을 더 열심히 했습니다.

혼자서 몇 사람분의 일을 해내는 청년의 놀라운 신체 능력에 대한 소문은 미국 전역으로 퍼져갔습니다. 그렇게 몇 년이 지나고 사장이 청년을 불렀습니다. 청년은 승진의 때가 됐나 싶었지만 사장은 오히려 해고를 통보했습니다.

"어째서죠? 저보다 벌목을 더 잘하는 사람이 들어왔나요?"

『자네는 여전히 최고의 벌목공이네. 하지만… 저기 창밖을 보게.』

창밖을 본 청년은 깜짝 놀랐습니다. 자신이 몇 날 며칠을 걸려도 자르지 못할 거대한 나무들을 한 대의 벌목 기계가 순식간에 자르고 있었기 때문입니다.

벌목공이 아무리 노력해도 기계를 이길 수는 없습니다.

예수님을 만난 뒤 우리의 삶도 마찬가지입니다.

이전에 어떤 성공을 거두었다 하더라도 이제는 모든 삶의 주권을 최고의 지혜자이시고 능력자이신 주 예수님께 맡겨야 합니다. 모든 삶의 주권을 주님께 맡기고 헛된 노력을 멈추십시오. 복되고 형통합니다. 아멘!!!

💜 주님, 이 세상의 풍조는 따르지 않되 이 세상의 변화에 대해서는 적응하게 하소서.

🎴 세상의 변화를 성경과 기도를 통해 깨닫는 통찰력을 가지고 삽시다.

나의 영적 일지

감사의 근원

읽을 말씀 : 시편 139:13-18

● 시 139:14 내가 주께 감사하옴은 나를 지으심이 신묘막측하심이라 주의 행사가 기이함을 내 영혼이 잘 아나이다

한 나라의 왕이 어느 날 매우 만족스러운 식사를 했습니다.
왕은 큰 상을 주려고 요리사를 불러 칭찬했습니다.
그런데 요리사는 자신의 공이 아니라고 말했습니다.
"오늘따라 유독 재료가 싱싱했습니다.
저보다는 식료품점 주인에게 더 큰 공이 있습니다."
주방장의 말을 들은 왕은 식료품점 주인을 불렀습니다.
그런데 식료품점 주인도 자신의 공이 아니라고 말했습니다.
"농부가 열심히 농사지은 것을 저는 가져다만 팔았는걸요.
진짜 공은 농부에게 있습니다."
왕은 이번엔 농부를 불렀습니다.
그런데 농부마저도 자신의 공이 아니라고 말했습니다.
"저는 그저 땅에 씨앗을 심고 거두기만 하는 농부입니다.
주 하나님이 좋은 햇볕을 주시고 때에 맞게 비를 내려주셔서
좋은 곡식을 거둘 수 있었습니다. 제가 한 것은 아무것도 없습니다."
　모든 일을 내가 한 일이라고 생각할 때 감사할 일이 하나도 없지만 모든 일을 주님이 주신 은혜라고 생각할 때 감사의 제목이 넘쳐납니다.
　누구보다 헌신했음에도 모든 공로를 하나님의 은혜로 돌린 사도 바울처럼 우리가 이루는 모든 일에 대한 공로를 오직 주님께만 돌리십시오. 복되고 형통합니다. 아멘!!!

♡ 주님, 모든 것을 주신 주님께 진정한 감사와 영광을 드리게 하소서.
▨ 나에게 좋은 일이 있기까지 큰 도움을 주신 분들에게 감사합시다.

나의 영적 일지

격려의 힘

읽을 말씀 : 히브리서 10:19-25

● 히 10:24 서로 돌아보아 사랑과 선행을 격려하며

캐나다의 3대 명문으로 불리는 토론토 대학교(University of Toronto)에서 진행한 스트레스에 대한 연구결과입니다.

연구팀에 따르면 나이가 들수록 독신보다 부부가 월등히 스트레스 수치가 낮았습니다. 그 이유가 무엇인지 알아보기 위해 연구팀은 40대에서 60대 부부들만 대상으로 다시 연구를 진행했습니다.

연구 결과 스트레스 수치에 영향을 주는 것은 단 한 가지 '배우자의 격려'였습니다.

일반적으로 나이가 들수록 혈압이 올라갑니다.

심한 육체노동을 해도 혈압이 올라갑니다.

그러나 배우자로부터 지속적으로 격려를 받고, 결속력이 강한 부부는 오히려 혈압이 내려갔습니다.

나이가 들어도 혈압이 오르지 않았고, 아무리 힘든 일을 해도 혈압이 상승하지 않았습니다.

'진정한 격려'와 유대관계가 모든 의학적인 사실을 극복해낸 것입니다.

시대가 어렵고 힘들수록 우리에게 필요한 것은 격려와 유대입니다.

주 예수님이 말씀하신 그날이 다가올수록 함께 모이기를 힘쓰고, 참된 교제 가운데 주님의 사랑으로 서로 격려하십시오.

예수님이 제자들에게 하신 것처럼 격려를 통해 사람을 세우고 영혼을 살리는 피스메이커가 되십시오. 복되고 형통합니다. 아멘!!!

🤍 주님, 서로를 격려하며 힘든 일도 함께 나누는 성경적인 교제를 나누게 하소서.

🙏 서로에게 불평을 말하기보다 감사와 고마운 마음을 전합시다.

나의 영적 일지

폭설로 길을 막으신 하나님

7월 16일

읽을 말씀 : 사도행전 16:6–10

● 행 16:9 밤에 환상이 바울에게 보이니 마게도냐 사람 하나가 서서 그에게 청하여 가로되 마게도냐로 건너와서 우리를 도우라 하거늘

『2013년 1월, 극동방송 청취자들과 함께 성지순례를 떠났습니다.

일정 중에 요르단 국왕을 예방했는데, 그는 요르단과 시리아 국경에 있는 자타리 캠프에 꼭 방문할 것을 권했습니다. 그리고 다음날 요르단에 CNN 뉴스에서 속보를 낼 정도로 믿기 힘든 기상이변인 폭설이 내려 우리 일행은 호텔에 갇히게 되었습니다. 저는 신현석 주 요르단 대사에게 자타리 캠프를 보고 싶다고 말해 우리는 그곳을 방문했습니다. 난민캠프에는 14만여 명의 시리아 난민이 유엔 난민기구에서 제공한 텐트에 머물고 있었는데, 폭설과 폭우 속에 천으로 만든 텐트가 물에 둥둥 떠 있고 난민들은 물에 젖은 텐트 밖으로 나와 추위에 떨고 있었습니다. 캠프 책임자는 "지금 비가 새지 않고, 물에 잠기지 않는 컨테이너 하우스가 가장 필요합니다"라고 말했습니다.

저는 성지순례를 마치고 귀국하자마자 모금 운동을 시작했습니다.

그 결과 우리는 400개의 컨테이너 하우스를 난민캠프에 보냈습니다. 그리고 극동방송의 난민지원 소식을 듣고 모 대기업에서 1,000개, 대한민국 정부에서 300개, 총 1,700개의 컨테이너를 보낼 수 있었습니다.

컨테이너에는 태극기를 붙여서 보냈고 난민캠프에 거대한 코리안 빌리지가 생겼습니다. 참으로 장관이었습니다. 폭설로 길을 막으신 하나님께서는 저를 난민캠프로 인도하셨고, 수천 명의 무슬림에게 그리스도의 사랑으로 집을 선물하는 아름다운 이야기를 완성하셨습니다.』 –「김장환 목사의 인생 메모」 중에서

막다른 골목 앞에 서 있다 하더라도 그곳이 하나님이 부르신 곳이라면 완전하신 하나님만을 온전히 의지하며 순종하십시오. 복되고 형통합니다. 아멘!!!

♡ 주님, 주님의 명령이라면 무엇이든지 순종하는 믿음과 행동을 하게 하소서.
▩ 주님께서 길을 막으실 때, 주님의 또 다른 뜻이 있음을 믿읍시다.

나의 영적 일지

외로움의 문제

읽을 말씀 : 고린도전서 16:13-24

● 고전 16:20 모든 형제도 너희에게 문안하니 너희는 거룩하게 입맞춤으로 서로 문안하라

핵가족을 넘어선 '1인 세대 시대'가 찾아오면서 세계의 여러 나라에서 고독사가 큰 문제로 떠오르고 있습니다. 우리나라도 5년 넘게 모든 연령층에서 고독사가 꾸준히 증가하는 추세입니다.

영국의 90세 노인인 데릭 테일러(Derek Taylor)는 이런 문제를 해결하기 위해 인생을 통해 경험한「덜 외로워지는 법」을 발표했습니다.

테일러의 경험은 과학자들의 인정을 받아 영국 최고의 도시인 맨체스터(Manchester)에서도 적극 활용하고 있습니다.

❶ 새로운 친구를 사귀려고 끊임없이 노력하라.

❷ 도서관과 사회복지센터를 자주 방문하라.

❸ 연락 오기를 기다리지 말고 먼저 연락하라.

❹ 오래 연락을 하지 못한 친구나 친척에게 연락하라.

❺ 이웃과 친해져라.

❻ 자주 봉사활동을 하라.

개인주의와 물질만능주의가 팽배한 시대가 찾아오며 많은 사람이 이전보다 훨씬 어린 나이부터 외로움으로 괴로워하고 있습니다.

세상에서 소외되고 힘들어하는 사람들에게 바로 최고의 친구인 주님을 알고 있는 우리가 찾아가야 합니다. 주님의 사랑과 관심을 두 손에 들고 언제나 우리 곁에서 가장 친한 친구가 되어주시는 주님을 이들에게 전하십시오. 복되고 형통합니다. 아멘!!!

💙 주님, 우리를 괴롭히는 세상의 여러 문제를 능히 말씀으로 극복하게 하소서.

🎴 세상에 참된 행복을 전하는 하나님의 참된 자녀가 됩시다.

나의 영적 일지

뱀의 지혜, 비둘기의 순결

읽을 말씀 : 마태복음 10:16-23

● 마 10:16 보라 내가 너희를 보냄이 양을 이리 가운데 보냄과 같도
다 그러므로 너희는 뱀 같이 지혜롭고 비둘기 같이 순결하라

1860년, 미국 대통령 선거를 앞둔 시점에서 시카고의 유력지인 「시카고 트리
뷴」(Chicago Tribune)은 한 후보를 다음과 같이 칭찬했습니다.

「이 사람은 음모를 꾸미거나 정치적인 야합을 할 인물이 아닙니다.

그는 철저히 국민을 위해 대통령이 되고자 하는 사람입니다. 변호사인 그는
의뢰인이 50달러를 건네도 10달러면 충분하다며 40달러를 돌려주는 사람입니
다. 심지어 패한 재판에서는 모든 수임료를 돌려줍니다.

그러나 의뢰인을 위해 항상 최선을 다하는 훌륭한 변호사입니다. 변호사 시
절에도 그는 돈이 아닌 사람을 바라봤습니다. 이 사람은 성경에 나온 말씀대로
뱀처럼 영리하지만 비둘기처럼 순결한 변호사입니다.」

'뱀처럼 지혜롭고 비둘기처럼 순결한 사람이 나타났다'라는 소식은 순식간에
전국으로 퍼졌습니다. 그전까지 무명이던 이 변호사는 이 글 하나로 인해 단숨
에 유력한 당선 후보가 되었습니다.

시카고 트리뷴지가 칭찬한 이 변호사는 바로 미국인이 가장 존경하는 대통
령인 에이브러햄 링컨(Abraham Lincoln)이었습니다.

예수님이 그렇게 사신 것처럼 우리도 세상의 이익에 둔감하고, 잃어버린 영
혼에는 민감해야 합니다.

작은 이익 앞에 선한 양심까지 내어놓는 파렴치한 성도가 되지 말고 항상 땅
의 것보다 하늘의 것을 추구하는 주님의 지혜를 가진 사람이 되십시오. 복되고
형통합니다. 아멘!!!!

♡ 주님, 지혜롭고 순결한 삶을 살게 하시어 주님께 영광 돌리게 하소서.
▨ 온 마음과 정성과 뜻을 다해 주님을 섬기는 그리스도인이 됩시다.

나의 영적 일지

목이 곧은 백성

읽을 말씀 : 잠언 29:1-11

● 잠 29:1 자주 책망을 받으면서도 목이 곧은 사람은 갑자기 패망을
당하고 피하지 못하리라

중세 시대의 한 신학자가 당시 성도들의 신앙생활을 보고 분개한 나머지 쓴 글입니다.

「하나님께서 도대체 여러분을 어떻게 대해야 합니까?

여러분은 하나님이 복되고 좋은 날을 주셔도 보람 있게 보내지를 못하고,

어렵고 힘든 날을 주시면 견디지를 못합니다.

우리에게 넘치는 큰 복을 주셔도 마찬가지입니다.

그러면 여러분은 교만해져서 남들 앞에서 우쭐대기나 합니다.

스스로 잘나서 그런 줄 알고 사람의 존경을 받으려고 온 힘을 쏟습니다.

반대로 우리를 가난에 처하게 하셔도 마찬가지입니다.

우리는 하나님이 이해할 수 없는 고난을 주셨다고 좌절하고

조금도 인내하지 못하고 하나님을 기꺼이 원망합니다.

도대체 이토록 부족한 우리에게 하나님이 어떻게

무슨 일을 해주실 수 있겠습니까?」

이집트를 탈출한 이스라엘 백성은 하나님의 놀라운 기적을 보고도 불평과 불만을 시도 때도 없이 터트리던 목이 곧은 백성이었습니다. 우리는 출애굽기를 보며 이스라엘 백성을 비웃지만 어쩌면 그 모습이 위의 내용처럼 바로 우리의 모습일 수 있습니다.

궂은 날을 주셔도 감사하고, 좋은 날을 주셔도 감사하는… 범사에 감사하며 주님만 따르고 섬기는 겸손한 자녀가 되십시오. 복되고 형통합니다. 아멘!!!

♡ 주님, 항상 기뻐하며, 범사에 감사하며 쉬지 않고 기도하는 삶을 살게 하소서.

🎴 하루하루 주님의 크신 사랑과 은혜를 깨달으며 살 수 있도록 기도합시다.

나의 영적 일지

남자와 여자의 차이

읽을 말씀 : 이사야 64:6-12

● 사 64:8 그러나 여호와여 주는 우리 아버지시니이다 우리는 진흙이요 주는 토기장이시니 우리는 다 주의 손으로 지으신 것이라

철강왕 카네기(Andrew Carnegie)가 살았던 시대는 여자가 제대로 된 일자리를 구하기 매우 힘든 시기였습니다. 그러나 카네기는 젊은 여성들을 되도록 많이 직원으로 고용해야 한다고 주장했습니다.

이 말을 들은 한 간부가 다음과 같이 반박했습니다.

"여자는 남자보다 체력이 약하고 교육도 많이 받지 못했습니다.

여자를 채용할 여력이 있다면 남자를 더 많이 채용하십시오."

이 말을 들은 카네기가 대답했습니다.

"내 경험으로 볼 때는 완전히 다릅니다.

여자가 남자보다 더 뛰어난 부분이 당연히 있습니다.

맞는 자리에 여자를 앉힌다면 오히려 남자보다 더 신뢰할 수 있습니다."

카네기는 모든 반대를 물리치고 당시 미국 기업 중에서는 최초로 여성을 전신 통신원 책임자로 고용했습니다.

그뿐만 아니라 해외 진출에도 중요한 적임자는 여성을 고용했습니다.

실수가 더 적고 신뢰할 수 있다는 이유에서였습니다.

주 하나님은 남자와 여자를 틀리게 창조하지 않고, 다르게 창조하셨습니다.

누구나 조금만 생각해 보면 깨달을 수 있는 당연한 창조의 이치를 억지로 회피한다면 가정과 사회, 문화가 바로 설 수 없게 됩니다. 하나님의 계획대로 창조된 우리 본연의 아름다운 모습을 사랑하며, 하나님이 주신 달란트로 사명을 감당해 나가는 충성된 일꾼이 되십시오. 복되고 형통합니다. 아멘!!!!

♡ 주님, 저를 부르신 뜻이 무엇인지를 깨닫고, 그에 합당한 삶을 살아가게 하소서.

▧ 주님께 영광 돌리는 그리스도인이 되기 위해 기도하며 순종합시다.

나의 영적 일지

호박과 도토리

읽을 말씀 : 이사야 45:1-8

●사 45:7 나는 빛도 짓고 어두움도 창조하며 나는 평안도 짓고 환난도 창조하나니 나는 여호와라 이 모든 일을 행하는 자니라 하였노라

한여름 구슬땀을 흘려가며 밭을 돌보던 농부가 밭에 달린 호박을 보며 생각했습니다.

"하나님도 참, 이렇게 연약한 줄기에 저런 커다란 호박이 열리게 하시다니…. 나라면 훨씬 작은 열매가 열리게 할 텐데 말이야."

일을 마치고 나무 그늘에서 잠시 쉼을 청하던 농부는 이번엔 커다란 상수리나무를 보고 비슷한 생각을 했습니다.

"아무리 생각해도 이상해. 하나님은 이토록 크고 굵은 나무에 왜 저런 작은 도토리가 맺히게 하셨을까? 나라면 여기에 호박같이 크고 탐스러운 열매가 맺히게 만들 텐데."

농부는 이런저런 생각을 하다가 그늘 아래서 잠이 들었습니다.

잠시 뒤 단잠을 자던 농부의 머리에 도토리가 떨어져 그만 잠이 깼습니다.

그 순간 농부는 큰 깨달음을 얻었습니다.

"내 생각대로 호박과 도토리를 만들었으면 난 방금 죽었겠구나.

하나님 정말 감사합니다."

프랑스 고전주의를 대표하는 시인이자 작가인 장 드 라 퐁텐(Jean de La Fontaine)이 쓴 우화입니다.

주 하나님께서 창조하신 세상은 있는 그대로 완벽한 모습입니다.

우리의 모습 역시 마찬가지입니다. 모든 것을 알맞게 창조하시고 때에 맞게 사용하실 주 하나님을 믿으며 오직 감사한 마음으로 하루를 살아가십시오. 복되고 형통합니다. 아멘!!!

💙 주님, 기도에 어떤 응답을 받더라도 감사하는 마음으로 살게 하소서.

🖼 주님께 호박과 도토리 같은 감사할 일들을 노트에 적고 기도하며 찬양합시다.

나의 영적 일지

불행의 필수 요소

읽을 말씀 : 시편 42:1-11

● 시 42:11 내 영혼아 네가 어찌하여 낙망하며 어찌하여 내 속에서 불안하여 하는고 너는 하나님을 바라라 나는 내 얼굴을 도우시는 내 하나님을 오히려 찬송하리로다

심리학자 웬디 우드(Wendy Wood)는 "우리 삶의 43%는 습관으로 이루어졌다"라고 말했습니다. 다시 말하면 인생의 절반은 우리가 쌓은 습관대로 저절로 흘러간다는 이야기입니다.

습관을 따라 우리는 인생을 행복의 강으로 흘러가게 할 수도 있고, 불행의 강으로 흘러가게 할 수도 있습니다.

다음은 「행복의 문을 여는 193가지 이야기」라는 책에 나오는 「불행한 사람들의 6가지 공통점」입니다.

❶ 모든 일을 완벽하게 처리하려고 한다.

❷ 모든 일을 남과 비교하며 열등감을 느낀다.

❸ 자기만이 옳다고 생각한다.

❹ 너무 사소한 일에 많은 신경을 쓴다.

❺ 다른 사람의 단점에 집중하고 먼저 의심한다.

❻ 다른 사람을 위해 절대로 베풀지 않는다.

우리 인생은 좋은 습관을 따라 흘러갑니다.

신앙도, 행복도 마찬가지입니다.

예수님이 습관을 따라 새벽에 기도하셨던 것처럼 우리의 영혼을 살리는 좋은 습관들을 하루하루 쌓아가십시오. 우리가 보내는 하루가 착실히 쌓여 우리의 인생을 결정합니다.

하나님이 보시기에 합당한 삶이 되도록 우리의 하루를 가꾸십시오. 복되고 형통합니다. 아멘!!!

🫰 주님, 말씀이 인도하는 진리의 길을 따라 바른 삶을 살아가게 하소서.

🖐 위 6가지에서 나에게 해당되는 것이 몇 가지인지 살피고 기도하며 개선합시다.

나의 영적 일지

7월 23일

억지로 감은 눈

읽을 말씀 : 시편 33:1-6

● 시 33:5 저는 정의와 공의를 사랑하심이여 세상에 여호와의 인자
하심이 충만하도다

스페인 마드리드에 사는 카르멘 히메네스(Carmen Jimenez)는 30살 때 갑자기 눈이 멀었습니다. 히메네스와 함께 사는 가족들은 큰 슬픔에 빠졌습니다.

의사도 원인을 찾지 못했습니다.

뒤늦게 시각장애인이 된 히메네스는 힘든 삶을 살아갔습니다. 화장실을 갈 때도 가족의 부축을 받았고, 점자도 배우길 포기했습니다. 그나마 다행인 것은 나라에서 받을 수 있는 장애인 보조 혜택이었습니다.

그렇게 28년이 지났을 때, 그녀의 남편은 문득 이런 생각이 들었습니다.

'앞이 안 보여서 화장실도 못 가는 아내가 어떻게 매일 완벽하게 화장을 하지?'

또 소파에서 텔레비전을 볼 때도 마치 보이는 사람처럼 반응하고 웃었습니다. 결국 가족들의 집요한 추궁에 히메네스는 그동안 눈이 먼 것 같이 흉내를 냈다고 고백했습니다.

시각장애인처럼 산 이유는 단 한 가지, '길에서 마주치는 사람들과 인사하기 싫어서'였습니다.

억지로 눈을 감는다고 시각장애인이 되는 것이 아니듯, 억지로 하나님을 부인한다고 해서 하나님이 살아계시지 않은 것이 아닙니다. 온 세상, 모든 만물, 우리 마음까지도 하나님의 살아계심을 증거하고 있습니다.

억지로 감은 영의 눈을 뜨고 우리를 사랑하시고, 복 주시기를 기다리시는 하나님의 사랑을 두 눈으로 확인하십시오. 복되고 형통합니다. 아멘!!!!

🤍 주님, 살아계셔서 우리와 함께하시는 주님을 전할 지혜와 용기를 주소서.

🖼 어려움에 처한 이웃에게 생명의 복음이라는 씨를 심는 사람이 됩시다.

나의 영적 일지

복의 길, 저주의 길

읽을 말씀 : 신명기 29:1-9

● 신 29:9 그런즉 너희는 이 언약의 말씀을 지켜 행하라 그리하면 너희의 하는 모든 일이 형통하리라

미국 헌법은 「메이플라워 서약」(Mayflower Compact)을 기틀로 세워졌습니다.

종교 핍박을 피해 북아메리카로 이주한 청교도인들은 정착하기 전에 다음과 같은 서약에 모두 사인을 했습니다.

이 서약의 중요 내용은 다음과 같습니다.

❶ 하나님의 이름으로 이 땅에서의 모든 일을 행한다.

❷ 하나님의 은총을 통해 살아간다.

❸ 하나님의 영광을 위해 살아간다.

❹ 하나님의 거룩하신 존전에서 살아간다.

미국이 지금처럼 세계 최고의 강대국이 될 수 있었던 것은 하나님을 향한 신앙을 기틀로 나라가 세워졌기 때문입니다.

하버드대학교의 교수인 경제학자 로버트 배로(Robert Barro) 박사는 20년 동안 세계 60개국의 경제를 연구한 뒤 다음과 같은 결론을 내렸습니다.

"기독교인이 많고, 예배 참석률이 높을수록 경제력이 높아지는 연관 작용이 있다."

그리스도인이 바라고 꿈꾸는 복은 세상의 복과 다릅니다.

하나님의 말씀을 지키며 살아갈 때 일어나는 모든 일이 복이고, 하나님의 말씀을 어길 때 일어나는 모든 일이 저주입니다.

하나님의 말씀을 기준으로 삼아, 하나님이 주시는 복의 길만을 걸으십시오. 복되고 형통합니다. 아멘!!!

💟 주님, 저의 하루의 목표와 인생의 목표가 오직 주님이 되게 하소서.

🪷 우리 삶의 목적은 오직 주님뿐임을 한순간도 잊지 맙시다.

나의 영적 일지

모두 빈손이다

읽을 말씀 : 누가복음 12:13-21

● 눅 12:20 하나님은 이르시되 어리석은 자여 오늘 밤에 네 영혼을 도로 찾으리니 그러면 네 예비한 것이 뉘 것이 되겠느냐 하셨으니

미국 캘리포니아 해변의 한 언덕에는 「허스트 성」(Hearst Castle)이라고 불리는 멋진 건물이 있습니다.

미국의 언론 재벌 윌리엄 랜돌프 허스트(William Randolph Hearst)가 자신의 피서지로 지은 성으로 미국에서 가장 멋진 건물로 불립니다.

1,500만 평의 부지를 모두 보려면 10시간도 넘게 걸립니다.

야외에는 이탈리아에서 공수해온 흰 대리석으로 만든 초대형 수영장이 있고, 정원마다 수천 년 전의 희귀한 조각상들이 자리 잡고 있습니다.

저택에 세워진 기둥은 전부 로마에서 통째로 가져왔고, 바닥마다 순금이 깔려 있습니다. 정원을 수놓은 장식품만 해도 그 당시 가격으로 백만 달러가 넘었다고 합니다. 저택에는 165개의 방이 있는데 수많은 인부들이 28년이 걸려서야 저택을 완공했습니다.

그런데 이런 멋진 대저택을 만든 허스트는 정작 이곳을 방문한 적이 없습니다. 건물이 완공되기 전에 세상을 떠났기 때문입니다.

모든 사람은 빈손으로 세상을 떠납니다.

세상에 아무리 화려한 성이 있고, 엄청난 자랑거리가 있다 해도 하나님이 부르시면 빈손으로 가야 합니다.

결국 두고 가게 될 세상의 물과 욕에 신경 쓰지 말고, 말씀대로 베풀고 나누며 그날에 머물 천국에 보화를 쌓으십시오. 복되고 형통합니다. 아멘!!!

💜 주님, 물질에 눈이 멀어 주님의 말씀을 멀리하지 않게 하소서.
🔲 주님을 향한 믿음과 순종만이 세상 무엇보다 가치 있음을 잊지 맙시다.

나의 영적 일지

성공을 일구는 아침

읽을 말씀 : 누가복음 22:39-46

● 눅 22:39 예수께서 나가사 습관을 좇아 감람산에 가시매 제자들도 좇았더니

성공한 투자가이자 베스트셀러 작가인 팀 페리스(*Tim Ferriss*)는 성공에 관한 수많은 책이 결국 「어떤 일을 지속해서 반복하는 방법을 알려주는 것」이라는 사실을 깨달았습니다.

페리스는 우리 시대에 성공한 사람들을 찾아가 중요하게 여기는 습관이 무엇인지를 물어봤습니다.

거의 모든 사람이 '아침의 습관'을 중요하게 여긴다고 대답했습니다.

「세계적으로 성공한 사람들이 가진 아침 습관 5가지」입니다.

❶ 잠자리를 바로 정리한다.

❷ 명상(기도)으로 정신을 깨운다.

❸ 가벼운 체조나 조깅으로 몸을 깨운다.

❹ 차나 커피를 마시며 간단한 책을 읽는다.

❺ 일기를 쓰거나 그날 할 일을 정리한다.

과거부터 지금까지 반복해왔던 일들이 지금 우리의 현재라는 결과물입니다.

특별할 것도 없는 간단한 일이지만 매일 아침 이 일을 반복하는 사람들은 대부분 성공했듯이 신앙생활도 기본이 가장 중요합니다.

가장 고요하고, 중요한 시간인 아침을 우리의 몸과 마음, 그리고 믿음을 계발하기 위한 좋은 습관들로 채우고 반복하십시오. 복되고 형통합니다. 아멘!!!

🖤 주님, 매일 아침, 시간을 정해놓고 주님을 만나는 일을 생활화하게 하소서.

🐘 세상적인 일보다는 신앙생활에 우선순위를 둔 충실한 성도가 됩시다.

나의 영적 일지

무신론자가 되는 다음 세대

읽을 말씀 : 고린도전서 9:16-27

● 고전 9:16 내가 복음을 전할찌라도 자랑할 것이 없음은 내가 부득 불 할 일임이라 만일 복음을 전하지 아니하면 내게 화가 있을 것임 이로라

세계 여러 무신론자와 활발한 토론을 벌이고 있는, 시대를 대표하는 기독교 변증가 윌리엄 레인 크레이그(William Lane Craig) 박사는 최근 청소년과 청년 세대들 이 교회를 떠나는 것이 큰 문제가 되고 있다며 경고했습니다.

다음은 크레이그 박사가 말한 「교회를 떠나는 젊은 층의 7가지 특징」입니다.

❶ 대부분은 교회를 다녔던 경험이 있다.

❷ 복음과 관련 없는 설교를 많이 들었다.

❸ 용기를 낸 솔직한 질문에 진부하거나 성의 없는 답을 받았다.

❹ 성경을 소중하게 여기는 사람을 존경한다.

❺ 14살부터 17살 사이에 교회를 떠나기로 마음먹는다.

❻ 이성적인 이유보다 감정적인 이유로 무신론자가 된다.

❼ 인터넷 문화가 젊은층을 무신론자로 이끈다.

우리가 믿는 복음을 다음 세대에 온전히, 아니 더욱 열정적으로 전달해야 하 는 것이 우리의 의무입니다. 다음 세대가 주님을 떠나가고 복음에 관심 없어 할 수록 우리가 더욱 노력해야 합니다. 기도하며, 지원하며, 직접적으로 복음을 전 해야 합니다. 이런 일을 감당하라고 하나님은 우리에게 넘치는 은혜를 부어주 셨습니다.

복음을 전하는 것이 더 어렵고 힘들어지는 세상이지만 그럼에도 다음 세대 를 위해 더욱 간절하게 기도하고 마음을 다해 후원하십시오. 복되고 형통합니 다. 아멘!!!

🧡 주님, 우는 사자 같이 우리의 믿음을 노리는 사탄을 물리쳐 주소서.

🎴 청소년이 아니더라도 위 7가지 중에 해당되는 것이 있는지 점검해 봅시다.

나의 영적 일지

구원받았습니까

읽을 말씀 : 갈라디아서 2:14-16

● 갈 2:16 사람이 의롭게 되는 것은 율법의 행위에서 난 것이 아니요 오직 예수 그리스도를 믿음으로 말미암는줄 아는고로 우리도 그리스도 예수를 믿나니 이는 우리가 율법의 행위에서 아니고 그리스도를 믿음으로서 의롭다 함을 얻으려 함이라 율법의 행위로서는 의롭다 함을 얻을 육체가 없느니라

　　모태신앙으로 자라 한평생 교회를 떠나지 않은 자매가 있었습니다.

　　주일을 한 번도 빠진 적이 없을 정도로 열심히 교회생활을 했습니다.

　　어찌나 교회를 열심히 다녔는지 익숙한 성경 구절이 나오는 설교는 지루하게 느껴질 정도였습니다. 그렇게 교회 내에서 중책을 맡으며 결혼을 하고 두 아이의 엄마가 된 후까지도 계속해서 신앙생활은 이어졌습니다.

　　습관을 따라 여느 날처럼 찬양하고, 기도를 드리고, 말씀을 듣는 예배시간에 문득 목사님의 말씀이 마음속으로 파고들었습니다.

　　"구원을 받아야 천국 갑니다. 여러분 구원받으셨습니까?"

　　지금껏 수도 없이 들었던 질문이었지만 대답할 수가 없었습니다.

　　'아, 내가 그동안 신앙생활이라고 생각하고 해왔지만 믿음에 대한 확신이 없었구나. 주님 이제 저의 믿음 없음을 고백합니다. 이제 주님을 믿는다고 고백합니다.'

　　이날 주 하나님이 우리에게 주신 구원이 얼마나 엄청난 것인지를 깨달은 자매는 그날부터 정말로 주님과 동행하는 기쁨의 신앙생활을 시작했습니다.

　　경기도의 한 자매가 익명으로 올린 간증입니다.

　　교회에 나간다고 구원받는 것이 아니고, 교회생활을 열심히 한다고 구원받는 것이 아닙니다. 주님이 우리를 위해 이 땅에 오셨고, 우리의 죄를 용서해 주기 위해 십자가에 돌아가셨다는 사실을 진실하게 믿어 「죄를 용서받는」 하나님의 자녀가 되십시오. 복되고 형통합니다. 아멘!!!

🩷 주님, 저의 죄를 용서해 주기 위해 십자가에 돌아가신 주님을 진심으로 믿게 하소서.

🖼 보답할 수 없는 주님의 은혜로 구원받았음을 늘 기억하고 주님께 영광 돌립시다.

나의 영적 일지

빼앗기지 않는 보화

읽을 말씀 : 히브리서 11:23-32

● 히 11:26 그리스도를 위하여 받는 능욕을 애굽의 모든 보화보다 더 큰 재물로 여겼으니 이는 상주심을 바라봄이라

「긍정의 힘」의 저자 조엘 오스틴(Joel Osteen) 목사님의 아버지 존 오스틴(John Osteen) 목사님이 평소 성도들에게 자주 했던 「주님을 믿음으로 우리가 받은 7가지 보화」로 사탄이 결코 빼앗을 수 없는 것에 대한 설교입니다.

❶ 우리는 구원받았습니다(요 5:24).

❷ 우리는 거듭났습니다(벧전 1:23).

❸ 우리는 새로운 피조물이 되었습니다(고후 5:17).

❹ 우리는 죄에서 해방되었습니다(골 1:12).

❺ 우리는 주님께 속량 받았습니다(신 28:15).

❻ 우리는 주님께 큰 복을 받았습니다(갈 3:1).

❼ 우리는 승리했습니다(요1 4:4).

주님은 사탄도 빼앗을 수 없는 이 놀라운 승리를 우리에게 주셨습니다.

이 사실을 잊지 말고 강력하게 주장하며 살아야 합니다.

지금 우리의 하루는 어떻습니까?

주님이 이루신 놀라운 승리의 환희가 넘치는 하루입니까?

그렇지 않다면 바로 오늘 달라져야 합니다.

우리가 믿는 주님이 이미 모든 것을 이기고 승리하셨음을 믿어야 합니다.

주님이 이루신 승리는, 주님이 주신 구원은, 주님이 주신 큰 복은, 세상의 그 누구도 빼앗을 수 없는 하나님의 자녀 된 우리의 당연한 권리임을 주장하십시오. 복되고 형통합니다. 아멘!!!

♡ 주님, 피난처이자 요새, 방패와 구주가 되시는 주님께서 저의 삶을 지켜주소서.

▨ 풍성한 은혜를 베푸시고, 자신의 생명까지 주신 주님의 약속을 믿고 따릅시다.

나의 영적 일지

어떤 사랑인가

읽을 말씀 : 에베소서 3:14-21

● 엡 3:18,19 능히 모든 성도와 함께 지식에 넘치는 그리스도의 사랑을 알아 그 넓이와 길이와 높이와 깊이가 어떠함을 깨달아 하나님의 모든 충만하신 것으로 너희에게 충만하게 하시기를 구하노라

    프랑스의 조각가 오귀스트 바르톨디(*Auguste Bartholdi*)는 장장 20년에 걸쳐 자유의 여신상을 만들었습니다.

    모든 금액을 지원해 주겠다는 프랑스 정부가 약속을 지키지 않아 바르톨디는 자기의 모든 재산을 투자해 이 여신상을 완성했습니다. 여신상에 특별한 애착을 가지고 있었기에 가능한 일이었습니다. 그런데 막상 완성을 앞둔 바르톨디는 큰 걱정에 빠졌습니다. 누구의 얼굴을 모델로 여신상의 얼굴을 할지 정하지 못했던 것입니다. 수많은 유명인과 세계적인 위인들을 떠올리던 바르톨디는 결국 자신의 어머니를 모델로 정했습니다. 어머니의 사랑이 자신이 경험한 모든 사랑 중에 가장 위대했기 때문입니다.

    「악의 꽃」이라는 시집을 낸 프랑스의 시인 보들레르(*Charles Baudelaire*)는 프랑스의 고급 창녀인 사바티에(*Apollonie Sabatier*)를 시집에 등장하는 구원의 여성상의 모델로 삼았습니다. 이 책은 세상의 추함이 또한 아름다움이 될 수 있다는 해석으로 많은 지성인의 마음을 사로잡았지만, 정작 사바티에를 향한 보들레르의 마음은 진심이 아니었습니다. 사바티에가 사랑을 고백하자 보들레르는 "나는 당신을 이용했을 뿐이요"라는 말을 남기고 도망쳤기 때문입니다.

    온전한 사랑의 표상을 보여주신 주님을 구하고, 만나고, 영접할 때만 우리는 참된 사랑을 경험할 수 있습니다. 세상의 잘못되고 거짓된 사랑의 표상을 떠나 참된 사랑이신 주님을 만나고, 또 전하십시오. 복되고 형통합니다. 아멘!!!!

💟 주님, 전하지 않고는 견딜 수 없는 기쁨의 주 사랑을 날마다 전하게 하소서.

🏵 세상의 사랑이 아닌 주님이 보여주신 사랑으로 진정한 사랑의 모습을 배웁시다.

나의 영적 일지

마지막 미소

읽을 말씀 : 로마서 6:1-9

● 롬 6:5 만일 우리가 그의 죽으심을 본받아 연합한 자가 되었으면 또한 그의 부활을 본받아 연합한 자가 되리라

'목회자들의 목회자'로 불리던 유진 피터슨(Eugene H. Peterson) 목사님은 노년에 건강이 매우 안 좋았습니다. 심부전과 치매 증세로 오랜 기간 고생을 하던 피터슨 목사님은 죽음을 앞두고 호스피스 치료를 받고 있었습니다. 가족들의 말에 따르면 피터슨 목사님은 가족들도 제대로 기억을 못 하고 극심한 육체의 고통으로 병상에서 괴로워하고 있었지만, 오히려 죽음의 순간이 찾아오자 마음의 평안을 얻었다고 합니다.

세상을 떠나기 몇 시간 전부터 환희에 가득 찬 얼굴로 기도를 드리던 피터슨 목사님은 "이제 갑니다"(Let's go)라는 말을 남기고 환한 미소를 지은 뒤 주님 곁으로 떠났다고 합니다.

생전에 마지막으로 쓴 회고록에서 피터슨 목사님은 다음과 같은 글을 남겼습니다.

'무덤이 있어야 부활이 있다. 아멘!'

죽음을 목전에 두고 두려워하지 않는 사람은 한 명도 없습니다. 그러나 부활하신 주님을 믿는 성도는 다릅니다. 초대교회 때부터 진정으로 주님을 믿는 참된 제자들은 죽음 앞에서 오히려 기뻐했습니다. 부활하신 생명의 주님을 믿는 우리는 영원한 기쁨이 있는 천국에 들어갈 것이 분명하기 때문입니다.

주님이 우리를 부르시는 그날, 아쉬움과 두려움이 아니라 오히려 감사하며 기쁜 마음으로 천국으로 향할 수 있는 착하고 충성된 종으로 살아가십시오. 복되고 형통합니다. 아멘!!!

🤍 주님, 죽음의 권세를 깨뜨리고 다시 사신 주님을 믿고 따르며 찬양하게 하소서.

👣 만약 임종을 맞는다면 어떤 유언을 하게 될지 생각해 봅시다.

나의 영적 일지

8월

"여호와는 나의 힘과 나의 방패시니
내 마음이 저를 의지하여 도움을 얻었도다
그러므로 내 마음이 크게 기뻐하며 내 노래로 저를 찬송하리로다
여호와는 저희의 힘이시요
그 기름 부음 받은 자의 구원의 산성이시로다"

– 시편 28:7,8 –

증인된 삶, 하나님을 알게 하라

읽을 말씀 : 사도행전 1:6-8

● 행 1:8 오직 성령이 너희에게 임하시면 너희가 권능을 받고 예루살렘과 온 유대와 사마리아와 땅 끝까지 이르러 내 증인이 되리라 하시니라

『북방선교는 극동방송이 설립될 때부터 지금까지 변함없이 추구하는 목표입니다. 지금도 북녘땅에는 극동방송을 듣고 하나님을 알게 되어 신앙생활을 하고 있는 수많은 성도들이 있음을 탈북민들이 끊임없이 증언하고 있습니다.

코로나로 북·중 국경이 막혀 모든 교류와 선교, 인도적 지원 등이 끊겼을 때에도 극동방송은 제주와 대부도의 *AM*, 영동극동방송의 *FM*, 백령도의 *FM*을 통해 북녘땅에 복음을 전했습니다. 그리고 여전히 그곳에서 방송이 잘 들리는지를 점검하고 새롭게 러시아를 통한 북한선교의 길을 모색하고자 직원들을 러시아 연해주로 파견을 보내기도 했습니다.

그곳을 다녀온 직원들로부터 보고를 들은 뒤, 저는 다시 한번 북방선교에 대한 강한 열망을 품게 되었습니다. 새벽녘 연해주에서는 러시아어뿐만 아니라 동포들을 향한 한국어 방송까지 또렷하게 들린다는 보고를 받고, 북녘에서는 더 또렷한 소리로 이 방송을 듣고 예배드리는 성도들이 있다는 사실을 확신하게 되었습니다. 이 모든 일을 기획하고 이끌어 주신 하나님께 정말로 감사와 찬양 밖에는 드릴 것이 없습니다.』-「김장환 목사의 인생 메모」 중에서

통일의 그날까지, 주님이 오실 그날까지 북녘땅을 비롯한 극동 지역에 쉼 없이 복음을 전해야 합니다. 더 많은 사람이 복음을 자유로이 듣고 신앙생활을 할 수 있는 놀라운 새날을 달라고 주님께 기도하십시오. 복되고 형통합니다. 아멘!!!!

♡ 주님, 신앙의 자유를 갖지 못한 사람들이 속히 자유로워지게 역사하소서.

🖼 하나님의 복음을 증거하는 제자로 살고 있는지 돌아봅시다.

나의 영적 일지

바쁘기 때문에 더

8월 2일

읽을 말씀 : 베드로전서 4:7-10

● 벧전 4:9,10 서로 대접하기를 원망 없이하고 각각 은사를 받은대로 하나님의 각양 은혜를 맡은 선한 청지기 같이 서로 봉사하라

독일 훔볼트 대학교(Humboldt–Universität zu Berlin)의 선교학 교수이자 아프리카 선교사인 하인리히 왈츠(Heinrich Waltz)가 강의를 하러 미국의 한 교회를 방문했습니다. 며칠간 이루어진 저녁 집회마다 교역자가 아닌 성도 한 분이 계속해서 찾아와 극진히 대접을 하자 왈츠 교수가 교회의 담임 목사님에게 물었습니다.

"저분은 교역자도 아닌데 어떻게 저렇게 매일 교회에 와서 섬기실 수가 있나요? 아무 일도 하지 않고 집에만 계시는 분인가요?"

『천만에요. 직장도 있고 가정도 있습니다.

게다가 지역 사교모임에서도 아주 중요한 일을 맡고 계십니다.』

이 말을 듣고 놀란 왈츠 교수가 그 성도를 찾아가 바쁜 와중에도 매일 교회에 와서 섬길 수 있는 비결을 묻자 그는 다음과 같이 대답했습니다.

『건강한 그리스도인이라면 마땅히 해야 할 일이라고 생각합니다.

직장, 가정, 사회, 교회 모든 영역에서 직분을 잘 감당해야 하는 것이

우리의 사명 아니겠습니까?』

예수님은 자기 할 일을 다 하고 남는 시간에 우리를 구원하러 오지 않으셨습니다. 우리를 구원하는 것은 예수님이 최우선 순위로 삼으신 가장 중차대한 일이었습니다.

가장 귀한 것을 주신 주님을 우리의 자투리 시간에 섬기고 생색을 내지 마십시오. 마땅히 시간과 마음을 내어 온전히 주님을 위해 사용하는 아름다운 섬김으로 주님을 높이십시오. 복되고 형통합니다. 아멘!!!

♡ 주님, 마음을 다하여 목숨을 다하여 힘을 다하여 뜻을 다하여 주님을 섬기게 하소서.

🧩 우리를 위해 생명까지 내어주신 예수님의 사랑을 기억하며 섬깁시다.

`나의 영적 일지`

한 가지 질문

읽을 말씀 : 사도행전 16:25-32

● 행 16:30,31 저희를 데리고 나가 가로되 선생들아 내가 어떻게 하여야 구원을 얻으리이까 하거늘 가로되 주 예수를 믿으라 그리하면 너와 네 집이 구원을 얻으리라 하고

열왕기상 3장을 보면 하나님이 솔로몬에게 한 가지 질문을 하십니다.
"네가 원하는 것이 무엇이냐?"
솔로몬은 이 질문에 '지혜'라고 대답했습니다. 이 대답이 하나님의 마음을 만족시켰기 때문에 솔로몬은 지혜뿐 아니라 다른 많은 복도 함께 받았습니다.
바울과 실라가 옥에서 풀려난 기적을 목격한 간수는 더욱 놀라운 질문을 했습니다. 자기 목숨이 달려있었지만… 바울과 실라가 어떻게 감옥에서 탈출했는지 궁금했지만… 그런 상황 속에서도 이해할 수 없는 질문을 던졌습니다.
"내가 어떻게 해야 구원을 얻으리이까?"
절체절명의 순간에 올바른 질문을 던진 간수는 자신을 비롯한 온 가족이 영생을 얻는 구원의 복을 얻었습니다. 그러나 구주이신 예수 그리스도를 눈앞에 두고도 알아보지 못한 빌라도는 군중에게 믿을 수 없는 질문을 던졌습니다.
"그리스도라 하는 이 예수를 어떻게 하랴?
범죄자를 풀어주랴? 이 자를 풀어주랴?"
지혜로운 질문 하나로 우리는 구원을 받을 수도 있고, 죄의 수렁에 빠질 수도 있습니다.
솔로몬과 같이 우리에게 하나님이 묻는다면 어떤 대답을 드리겠습니까?
고난과 역경의 순간에 기도로 하나님께 어떤 질문을 드리겠습니까?
영혼을 살리고, 하나님의 마음을 흡족하게 하는 질문과 대답을 드리는 지혜로운 성도가 되십시오. 복되고 형통합니다. 아멘!!!

♡ 주님, 주님을 기쁘시게 하는, 주님 앞에 부끄럽지 않은 매일 하루를 살아가게 하소서.
🦋 깨어서 기도하며 감사하며 기뻐 찬양하는 참된 그리스도인이 됩시다.

나의 영적 일지

원수에게 건넨 성경

읽을 말씀 : 로마서 12:16-21

● 롬 12:19,20 내 사랑하는 자들아 너희가 친히 원수를 갚지 말고 진노하심에 맡기라 기록되었으되 원수 갚는 것이 내게 있으니 내가 갚으리라고 주께서 말씀하시니라 네 원수가 주리거든 먹이고 목마르거든 마시우라 그리함으로 네가 숯불을 그 머리에 쌓아 놓으리라

2차 세계대전이 끝나고 붙잡힌 일본인 포로들을 찾아와 성경을 전해주는 미국인 자매가 있었습니다.

이 자매는 끔찍한 대우를 받는 일본 군인들을 위해 여러 가지 편의를 봐주며 올 때마다 많은 성경을 나누어줬습니다.

일본 군인들이 "수많은 미국인을 죽인 우리에게 왜 이렇게 잘해 줍니까?"라고 묻자 자매가 대답했습니다.

"저희 부모님이 돌아가시기 전에 남긴 기도 때문입니다."

일본인 포로 중 한 사람은 이 자매가 자신이 필리핀에서 죽인 선교사 부부의 딸이라는 사실을 시간이 흐른 뒤에 알게 됐습니다.

부모님을 죽인 원수를 품어줄 수 있다는 사실에 이 남자는 큰 충격을 받았습니다. 남자는 감옥에서 풀려나 일본으로 돌아오자마자 가장 먼저 성경부터 구해 읽었습니다. 진주만 사건을 일으킨 중범죄자로 감옥에서 복역하다가 주 예수님을 구세주와 주님으로 믿고 일본의 대표적인 전도자가 된 후치다 미쓰오 대령의 이야기입니다.

분노와 복수로는 한 사람을 변화시킬 수 없고, 한 사람을 구원할 수 없습니다. 사람을 변화시킬 수 있는 것은 오직 복음뿐입니다.

하나님이 우리를 위해 가장 아끼는 독생자 예수님을 보내주셨듯이 한 영혼을 위해서라면 끊임없이 용서하고 사랑을 전하는 참된 그리스도인이 되십시오. 복되고 형통합니다. 아멘!!!

💟 주님, "원수까지도 사랑하라"라는 말씀에 순종하는 그리스도인이 되게 하소서.
🧑 나의 감정보다는 주님의 말씀을 따라 이웃을 돕는 일에 기꺼이 솔선수범합시다.

나의 영적 일지

주님의 피드백

읽을 말씀 : 베드로전서 3:14-17

● 벧전 3:16,17 선한 양심을 가지라 이는 그리스도 안에 있는 너희의 선행을 욕하는 자들로 그 비방하는 일에 부끄러움을 당하게 하려 함이라 선을 행함으로 고난 받는 것이 하나님의 뜻일찐대 악을 행함으로 고난 받는 것보다 나으니라

모든 학생이 커닝(Cunning)을 하는 반이 있다고 생각해 보십시오.
여러분의 자녀만은 양심을 지키겠다고 커닝을 하지 않았습니다.
대신 반에서 꼴등을 했다면 여러분은 자녀에게 무슨 말을 해주겠습니까?
"왜 선생님에게 말하지 않았니?"라고 하겠습니까?
아니면 "경쟁에서 이기려면 너도 커닝을 할 수밖에 없어"라고 하겠습니까?
교육전문가들은 자녀를 잘 키우기 위해서는 일어난 상황보다 올바른 부모의 피드백이 더 중요하다고 입을 모아 말합니다.

위와 같은 상황에서 가장 이상적인 부모님의 피드백은 "너만이 스스로의 실력으로 시험을 본 진짜 승리자란다. 양심도 지키고 진짜 실력도 키웠으니 자신감을 가지렴"이라고 합니다.

부모로부터 이런 피드백을 받은 자녀는 정말로 중요한 것이 무엇인지를 깨닫게 됩니다. 결과보다 과정의 중요성을 깨달으며 점수보다 양심이 중요하다는 것을 알기에 수치심이나 열등감을 느끼지 않는 높은 자존감을 갖는 아이로 자라납니다.

이 질문을 세상 속에서 살아가는 그리스도인에게도 똑같이 던질 수 있습니다. 성공만을 위해, 물질만을 위해 살아가는 사회 속에서 우리는 어떤 삶을 살아가고 있습니까? 주님은 어떤 피드백을 주셨습니까?

세상이 아닌 주님의 칭찬을 위해 살아가는 말씀의 피드백을 받아들이는 떳떳한 성도가 되십시오. 복되고 형통합니다. 아멘!!!

♡ 주님, 이 시대를 본받지 않고 하나님의 온전하신 뜻이 무엇인지 분별하게 하소서.

🎨 상대방의 상황에 합당한 말을 하는 지혜로운 사람이 됩시다.

나의 영적 일지

행복한 가정의 비결

읽을 말씀 : 잠언 17:1-6

● 잠 17:1 마른 떡 한 조각만 있고도 화목하는 것이 육선이 집에 가득하고 다투는 것보다 나으니라

미국에서 빈민과 아동을 위해 사회 운동을 하는 한 여인이 있었습니다.

다양한 분야에서 눈에 띨만한 성과를 이룬 여인은 어느 날 한 가지 깨달음을 얻었습니다.

'사회가 더 건강하게 돌아가려면 무엇보다 행복한 가정이 필수적이다.'

여인은 그날 이후부터 행복한 가정에 초점을 맞춰 모든 사회 운동을 벌였습니다. 가정이 행복하기 위해서는 아이들이 정당한 교육을 받아야 했고, 어머니도 사회생활을 할 수 있어야 했으며, 아버지도 회사에서 안전과 충분한 임금을 보장받아야 했습니다.

그러나 이 여인은 훗날 행복한 가정을 위해 가장 필요한 것이 무엇인지에 대해 다음과 같이 말했습니다.

"서로 대화를 하십시오. 가게 문을 조금 늦게 열더라도, 혹은 오븐 속 음식이 타더라도, 퇴근을 일찍 해서 돈을 좀 덜 벌더라도 온 가족이 함께 모여 충분한 대화를 나누십시오. 대화가 화목한 가정의 가장 중요한 비결입니다."

미국 최초의 사회복지관인 「헐 하우스」(Hull house)를 세운, 노벨평화상 수상자 제인 애덤스(Jane Addams)의 말입니다.

행복한 가정도, 행복한 신앙도 대화를 통해 일굴 수 있습니다.

가족과의 대화를 통해 서로의 마음에 행복의 씨앗을 심고, 주님과의 기도를 통해 마음속에 충분한 은혜를 공급받는 대화의 달인이 되십시오. 복되고 형통합니다. 아멘!!!

💚 주님, 우리의 가정과 사회가 주님의 은혜와 능력으로 회복되게 하소서.

🖼 한 사람 한 사람을 진심으로 섬기고 존중하는 참된 그리스도인이 됩시다.

나의 영적 일지

불가능했던 다이어트

읽을 말씀 : 마태복음 7:9-12

● 마 7:11 너희가 악한 자라도 좋은 것으로 자식에게 줄줄 알거든 하물며 하늘에 계신 너희 아버지께서 구하는 자에게 좋은 것으로 주시지 않겠느냐

태어나서 단 한 번도 다이어트에 성공한 적이 없는 남자가 있었습니다.

남자는 고등학교를 졸업하면서부터 급격하게 살이 찌기 시작했습니다. 이런저런 방법으로 다이어트를 몇 차례 시도해 봤지만 먹는 걸 너무 좋아했기에 한 번도 성공하지 못했습니다. 시간이 흐를수록 체중은 점점 더 늘었지만 남자는 다행히 사랑하는 사람을 만나 결혼했고, 눈에 넣어도 아프지 않을 딸까지 낳았습니다.

그런데 이제 막 세상에 태어난 딸의 상태가 매우 안 좋았습니다. 담도폐쇄증이 원인이었습니다. 걸음마를 배우기도 전에 큰 수술을 두 번이나 했지만 현대 의학으로도 고칠 수가 없었습니다. 마지막 남은 방법은 간 이식뿐이었습니다. 아버지인 남자의 간이 이식에 적합하다는 결과가 나왔지만 문제는 건강이었습니다. 남자는 사랑하는 딸에게 간을 주기 위해 그날부터 달리고 또 달렸습니다. 그토록 좋아하는 고기와 피자도 끊고 채소 위주의 건강식만 먹었습니다.

남자는 3개월 만에 20kg을 감량했고, 간 수치도 정상으로 돌아왔습니다. 딸은 아버지의 간을 기증받아 완전히 건강해졌고, 남자도 감량한 체중을 유지하며 함께 행복한 삶을 살아가고 있습니다. 2012년에 일어난, 미국 시카고에 사는 에두아르도 카마고(Eduardo Camargo)의 이야기입니다.

사랑이라는 이름 아래 불가능한 일은 없습니다. 만왕의 왕이신 예수님이 우리를 위해 세상에 오신 이유도 단 한 가지, 사랑 때문입니다.

우리를 사랑하사 모든 것을 베푸신 주님께 감사를 드리며 우리가 할 수 있는 모든 열과 성을 다해 주님을 사랑하십시오. 복되고 형통합니다. 아멘!!!

💜 주님, 우리 힘으로는 누릴 수 없는 온갖 좋은 것들을 베풀어주심에 감사하게 하소서.

🎴 정말로 귀하고 소중한 것을 주신 주님께 감사하며 삽시다.

나의 영적 일지

모든 밭에 뿌려라

읽을 말씀 : 마태복음 13:18-30

8월 8일

● 마 13:23 좋은 땅에 뿌리웠다는 것은 말씀을 듣고 깨닫는 자니 결실하여 혹 백배, 혹 육십배, 혹 삼십배가 되느니라 하시더라

누가복음 8장에서 예수님은 씨 뿌리는 자의 비유로 사람들을 가르치시면서 「세상에는 4가지 밭이 있다」라고 말씀하셨습니다.

4가지 밭은 크게 좋은 밭과 나쁜 밭으로 다시 나눌 수 있습니다.

좋은 밭은 뿌려진 씨가 30배, 60배, 100배의 결실을 맺는 옥토입니다.

반면 나쁜 밭은 이런저런 이유로 제대로 결실을 맺지 못하는 길가에 있는 밭, 돌과 자갈이 널린 밭, 가시덤불이 깔린 밭입니다.

이 비유를 보는 사람들은 대부분 좋은 밭과 나쁜 밭에 집중하고 있습니다. 그러나 예수님은 다음의 두 가지 사실을 가르치기 위해 이 비유를 사용하셨다고 합니다.

● 첫째, 농부의 은혜입니다.

밭이 아무리 좋아도 씨가 뿌려지지 않으면 결실을 맺지 못합니다.

하나님의 은혜가 아니면 우리가 아무리 좋은 밭이라 하더라도 스스로는 열매를 맺을 수 없습니다.

● 둘째, 복음을 전해야 할 의무입니다.

농부는 딱 봐도 어떤 밭이 좋고 나쁜지 알 텐데도 이와 상관없이 부지런히 씨를 뿌렸습니다. 모든 사람이 구원받기를 원하는 것이 하나님의 마음이라는 것을 알았기 때문입니다.

누구보다 죄인이고 악한 우리의 마음에도 주님이 복음의 씨앗을 뿌려주신 것처럼, 우리 주변에 있는 사람이 누구인지를 막론하고 부지런히 복음의 씨앗을 뿌리십시오. 복되고 형통합니다. 아멘!!!

♥ 주님, 상대가 누구든지 가리지 않고 기쁨으로 복음을 전하게 하소서.
🎨 30배, 60배, 100배의 열매 맺기를 사모하며 함께하시는 주님과 동행합시다.

나의 영적 일지

8월 9일

천국에 못 가는 이유

읽을 말씀 : 요한복음 1:9-14

● 요 1:12,13 영접하는 자 곧 그 이름을 믿는 자들에게는 하나님의 자녀가 되는 권세를 주셨으니 이는 혈통으로나 육정으로나 사람의 뜻으로 나지 아니하고 오직 하나님께로서 난 자들이니라

천국 문 입구에서 한 남자가 천사와 실랑이를 벌이고 있었다고 합니다.

남자는 자신이 분명히 성도라고 밝혔지만 천사는 아무리 찾아봐도 생명책에 이름이 없다고 대답했습니다.

"정말 미안한 말이지만 당신의 이름은 생명책에 쓰여 있지 않습니다."

『그게 무슨 말이에요. 저는 별다른 일이 없을 때는 반드시 주일마다 교회에 갔다고요. 내가 무슨 큰 죄를 지었다고 지옥에 가라는 겁니까?』

이 말을 들은 천사는 남자가 천국에 갈 수 없는 이유를 알려주었습니다.

"사실 당신은 교회만 다녔을 뿐 예수님을 구세주로 믿지 않았습니다. 그게 천국에 갈 수 없는 이유입니다."

『교회를 열심히 다녔는데… 천국에 갈 수 없다니요?』

천사는 "왜냐하면 하나님은 당신을 위해 할 수 있는 모든 일을 하셨기 때문입니다. 당신이 믿지 않는다면 하나님이 더 이상 하실 수 있는 일은 아무것도 없습니다. 예수님을 구세주로 믿어 모든 죄를 용서받은 하나님의 자녀만 천국에 갈 수 있습니다"라고 답했다고 합니다.

주님이 우리를 구원하기 위해 행하신 일들을 떠올려 보십시오.

그리고 오늘 밤, 우리가 세상을 떠나 천국 문 앞에 선다면 예수 그리스도를 구세주로 믿어 천국에 오게 됐다고 당당히 말할 수 있겠습니까?

예수님을 진정으로 믿는 사람은 구원받은 자녀다운 새로운 삶을 살아가야 합니다. 천국 문 앞에서 부끄럽지 않도록 주님을 위해 충성되게 살아가는 성도가 되십시오. 복되고 형통합니다. 아멘!!!

♡ 주님, 제 삶의 목표가 주님이 주신 비전을 향하도록 도우소서.

📖 오늘은 주님을 위해 무엇을 했는지 살피며 그 일을 하게 하신 주님께 감사합시다.

나의 영적 일지

비인지능력의 시대

읽을 말씀 : 로마서 8:31–39

●롬 8:32 자기 아들을 아끼지 아니하시고 우리 모든 사람을 위하여 내어주신 이가 어찌 그 아들과 함께 모든 것을 우리에게 은사로 주지 아니하시겠느뇨

인간의 능력은 크게 두 가지로 나눌 수 있습니다

지능(IQ), 사고력, 기억력, 논리력같이 수치화할 수 있는 인지능력(Cognitive Ability)과 자기통제력, 감정 조절력, 소통 능력, 창의성과 같이 수치화할 수 없는 비인지능력(non-cognitive skills)입니다.

예전에는 성공하기 위해서 정해진 답을 잘 기억하는 인지능력이 높을수록 유리했지만 지금 시대, 그리고 다가올 미래 시대에는 알 수 없는 미래를 예측하는 비인지능력이 더 중요하다고 합니다.

비인지능력이라는 단어를 가장 먼저 만들어낸 사람은 인지능력이 더 이상 성공을 보장할 수 없다는 사실을 깨달은 미국의 교육학자들이었습니다.

다음은 교육학자들이 말하는 「비인지능력의 5가지 특징」입니다.

❶ 집중력은 비인지능력의 원동력이다.

❷ 비인지능력은 다양한 경험을 토대로 천천히 성장한다.

❸ 실타래같이 연결된 좋은 성품들이 비인지능력을 늘려준다.

❹ 비인지능력은 수치화할 수도 없고 도구화할 수도 없다.

❺ 오직 인간만이 비인지능력을 갖는다.

주님이 우리에게 주신 고유한 달란트와 사명이 무엇인지 깨달을 때 참된 비인지능력을 기를 수 있습니다. 세상의 도구와 방법으로 우리를, 우리 자녀를 평가하도록 그냥 두지 마십시오.

말씀이 가르치는 참된 진리를 통해 그리스도인의 진정한 능력과 무기가 무엇인지 마음에 새겨두십시오. 복되고 형통합니다. 아멘!!!!

♡ 주님, 제가 세상 것만을 좇는 헛된 삶을 살고 있지 않은지 수시로 돌아보게 하소서.
🖼 나에게 주신 고유한 달란트와 사명이 무엇인지 깨달으며 살아갑시다.

나의 영적 일지

종교가 아닌 생명

읽을 말씀 : 요한복음 5:21-24

● 요 5:24 내가 진실로 진실로 너희에게 이르노니 내 말을 듣고 또 나 보내신 이를 믿는 자는 영생을 얻었고 심판에 이르지 아니하나니 사망에서 생명으로 옮겼느니라

기독교 불모지인 인도에서 열심히 신앙생활을 하는 한 여인이 있었습니다.

여인은 8년간 모진 핍박을 견디며 열심히 교회를 다녔는데 어느 날 자신이 진정으로 주님을 믿는 것이 아니라 그저 교회에 출석하는 종교 생활을 하고 있다는 생각이 들었습니다. 놀랍게도 그 깨달음과 동시에 살아계신 하나님이 정말로 믿어졌습니다. 놀라운 체험을 한 여인은 다음과 같이 고백했습니다.

"죄를 회개하고 다시는 죄를 짓지 않겠다고 결심하면 구원받는다고 저는 생각했습니다. 세례(침례)를 받으면 그 순간 모든 죄가 사라진다고 생각했습니다. 저에게 익숙한 힌두교 방식으로 기독교를 오해했습니다. 예수님을 믿는다고 착각한 지 8년 만에 저는 드디어 구원을 얻었습니다. 저는 기독교는 믿고 있었지만 생명이신 그리스도를 믿거나 만난 적은 없었습니다. 그런 저에게 정말로 필요했던 것은 단순한 종교가 아닌 생명이신 그리스도였습니다. 당신은 정말로 거듭났습니까? 그리스도를 구세주로 믿고 있습니까? 그렇지 않다면 종교 생활을 한다고 해서 하늘나라에 갈 수 있는 건 아니라는 사실을 반드시 기억해야 합니다. 예수님의 말씀대로 우리는 거듭나야 합니다."

세계 최초의 여성 성경 번역가이자 평생 인도에서 복음을 전한 전도자 판디타 라마바이(Pandita Ramabai)의 고백입니다. 기독교는 종교가 아닌 생명입니다.

예수님은 이 사실을 확고히 보이기 위해 세상에 오셨고, 하나님과 우리 사이에 막혀있는 죄의 벽을 헐기 위해 (우리 죄를 용서해 주기 위해) 죽으셨고, 다시 살아나셨습니다. 교회만 왔다 갔다 하는 종교 생활이 아닌 주 예수님을 믿음으로 생명력이 넘치는 진정한 믿음 생활을 하십시오. 복되고 형통합니다. 아멘!!!

💙 주님, 저를 구원해 주신 주님과 교제하며 주님 안에서 살게 하소서.

📖 믿음이 어린 성도들과 지속적으로 교제하며 정말로 살아계신 예수님을 전합시다.

나의 영적 일지

믿음과 커피잔

읽을 말씀 : 데살로니가전서 5:1–11

● 살전 5:8 우리는 낮에 속하였으니 근신하여 믿음과 사랑의 흉배를 붙이고 구원의 소망의 투구를 쓰자

한 목사님이 모닝커피를 즐기고 있었습니다.

그날따라 유독 커피향이 향기롭고 맛이 좋았습니다. 찬양을 들으며 천천히 커피를 음미하던 중 미끄러운 손잡이를 잘못 잡아 컵을 떨어트렸습니다. 컵은 완전히 산산조각이 났습니다. 그 순간 바닥에 떨어진 머그잔에 새겨진 글씨가 목사님의 눈에 들어왔습니다.

'믿음!– 바라는 것들의 실상. 보지 못하는 것들의 증거'

교회에서 기념으로 나눠준 머그잔이었습니다. 단순히 컵에 새겨진 글씨였지만 목사님은 마치 믿음이 산산조각 난 것처럼 느껴졌습니다.

그때 하나님이 한 감동을 주셨습니다.

「믿음만은 머그잔처럼 쉽게 놓치지 않길 바란다.」

목사님은 신앙생활이 우리 생각처럼 쉬운 것이 아니라는 깨달음을 얻었습니다.

'쉽게 들 수 있는 머그잔도 살면서 누구나 한두 번쯤 떨어트린다.

그런데 믿음을 너무 쉽게 여기고 있는 것 아닌가?

하나님을 향한 믿음을 꼭 붙들고 살아가기 위해 더욱더 노력해야겠구나!'

『하나님이 말씀하실 때』의 저자 척 피어스(Chuck D. Pierce) 목사님의 일화입니다. 우리가 살아가는 동안에는 신앙생활을 포기하고 싶은 어려운 때가 계속해서 찾아옵니다. 그럼에도 우리가 생의 끝까지 붙들어야 할 것은 오직 믿음이라는 사실을 잊지 말고 주님의 말씀을 믿음으로 담대히 물 위를 걸었던 베드로와 같은 사람이 되십시오. 복되고 형통합니다. 아멘!!!

💜 주님, 주님의 은혜로 저의 부족한 믿음이 나날이 견고해지게 하소서.

🎴 작은 성공에도 만족하되, 더 나은 성공을 위해서도 노력합시다.

나의 영적 일지

언어와 스트레스

읽을 말씀 : 골로새서 4:2-6

● 골 4:6 너희 말을 항상 은혜 가운데서 소금으로 고루게 함같이 하라 그리하면 각 사람에게 마땅히 대답할 것을 알리라

미국 캘리포니아대학(UCLA)의 심리학·의학 연구팀이 스트레스에 대한 연구를 진행하고 있었습니다. 연구팀은 대상자들을 상대로 설문 조사를 했습니다.

자신이 요즘 얼마나 스트레스를 받고 있는지에 대한 질문이었습니다.

그런데 막상 조사에 따라 연구를 진행하자 큰 문제가 발생했습니다.

질문에 대한 응답과 사람들의 실제 상태가 판이하게 달랐기 때문입니다.

스트레스를 전혀 받고 있지 않다고 응답한 사람도 극심한 스트레스를 받고 있었으며, 반대로 스트레스를 받고 있다고 응답한 사람이 아주 유쾌한 삶을 살고 있는 경우도 있었습니다.

연구팀의 책임자 스티브 코울(Steve W. Cole) 교수는 설문 조사가 아닌 다른 방식으로 스트레스 지수를 알아낼 방법을 연구했습니다. 그 결과 사람들이 평소에 사용하는 언어를 통해 스트레스 지수를 알 수 있다는 사실을 발견했습니다.

1만 건이 넘는 전화 통화를 분석한 결과 스트레스를 받는 사람들은 무의식적으로 비슷한 패턴의 언어를 사용했습니다. 전반적으로 말수가 눈에 띄게 줄었으며 '정말로', '엄청나게'와 같은 강조의 표현을 더 자주 사용했습니다.

뇌가 스트레스를 받고 있다고 느끼면 대응하기 위해 특정 단어를 많이 사용하도록 유도한다는 것이 연구팀의 결론이었습니다.

주님을 믿고 따른다고 생각하는 우리의 언어는 어떻습니까?

우리의 말을 통해 하나님의 영광을 드러내고 있습니까? 사랑과 덕을 세우는 말을 습관적으로 사용하고 있습니까? 누가 보더라도 구원받은 하나님의 자녀임을 알 수 있도록 바른말만을 사용하십시오. 복되고 형통합니다. 아멘!!!

♡ 주님, 마음에 달고 뼈에 양약이 되는 꿀송이 같은 선한 말을 사용하게 하소서.

▨ 주님의 말씀을 통해 지혜로운 언어생활의 교훈을 배웁시다.

나의 영적 일지

아는 것보다 중요한 것

읽을 말씀 : 야고보서 1:19–27

8월 14일

●약 1:22 너희는 도를 행하는 자가 되고 듣기만 하여 자신을 속이는
자가 되지말라

「성공하는 사람들의 7가지 습관」은 전 세계 40여 개국에서 1,500만 부 이상
이 팔린 메가 베스트셀러입니다.

이 책에 나오는 「7가지 성공 습관」은 다음과 같습니다.

❶ 주도적으로 살아가라.

❷ 결과를 생각하며 일을 시작하라.

❸ 소중한 일을 먼저 하라.

❹ 윈–윈 법칙을 따르라.

❺ 먼저 이해하고 이해시켜라.

❻ 시너지 효과를 내라.

❼ 끊임없이 쇄신하라.

저자인 스티븐 코비(Stephen R. Covey)는 이 책 한 권으로만 천문학적인 인세를
받았지만 여러 가지 사업을 하다 결국 파산했습니다.

많은 돈을 벌고도 자신이 파산한 이유에 대해 코비는 "7가지 습관대로 살지
못해서"라고 대답했습니다.

진리의 말씀을 아는 것보다 중요한 것은 행하는 것입니다. 오늘 하나님이 나
에게 주신 말씀이 있다면, 아는 것에서 그치지 말고 그 말씀을 실천하는 하루를
보내십시오.

당첨된 복권도 은행에 가져가야 돈을 받듯이, 주님의 말씀을 듣기만 하지 말
고 깨달아 곧 행하는 복된 크리스천이 되십시오. 복되고 형통합니다. 아멘!!!

🤍 주님, 주님 말씀을 생각만 하지 말고 실천하는 삶을 살게 하소서.

🎔 주님 말씀의 원리를 따라 행동하는 복된 그리스도인이 됩시다.

나의 영적 일지

해방의 기독교

읽을 말씀 : 요한복음 8:31-36

● 요 8:32 진리를 알찌니 진리가 너희를 자유케 하리라

1919년 11월 28일, 평안남도 도지사는 한 신학생 대표에게 다음과 같은 편지를 보냈습니다.

『월요일에는 우리나라의 교회를 위해 기도해 주십시오.

화요일에는 대한민국 임시정부를 위해 기도해 주십시오.

수요일에는 한국에 부흥이 임하기를 기도해 주십시오.

목요일에는 독립운동으로 고통받는 사람들,

그들의 가족을 위해 기도해 주십시오.

금요일에는 우리의 독립이 조속히 이루어지기를 기도해 주십시오.

토요일에는 국제연맹이 하나님의 뜻을 따라 움직이고

하나님의 영광을 드러내는 기관이 되도록 기도해 주십시오.』

안타깝게도 이 편지는 비밀경찰에게 발각되어 전해지지 않았습니다.

그러나 당시 교회가 나라와 민족을 위해 얼마나 애쓰고 있었는지를 엿볼 수 있는 편지였습니다. 당시 기독교 인구는 5%도 되지 않았지만, 백범 김구 선생이 "경찰서 10개보다 교회 1개가 낫다"라고 말할 정도로 정말로 말씀을 따라 세상의 빛과 소금으로 살아가는 성도들이었습니다.

진리의 복음이 전파되는 곳은 어디서나 해방의 역사가 일어납니다.

민족의 독립과 해방을 위해 누구보다 더 열심히 기도하며 노력했던 믿음의 선배들처럼, 복음이 다시 한번 불길처럼 퍼져나가 많은 사람들의 마음이 죄에서 해방되도록 세상에서 복음과 진리를 전하십시오. 복되고 형통합니다. 아멘!!!

♡ 주님, 죄에 속박되어 있는 사람들이 주님을 믿어 죄에서 자유케 하소서.

🖼 주님의 십자가 보혈로 죄에서 해방되었음을 잊지 말고 살아갑시다.

나의 영적 일지

전도할 문을 열어주소서

읽을 말씀 : 골로새서 4:1-3

● 골 4:3 또한 우리를 위하여 기도하되 하나님이 전도할 문을 우리에게 열어 주사 그리스도의 비밀을 말하게 하시기를 구하라 내가 이것을 인하여 매임을 당하였노라

『방송사에 있다 보면, 극동방송을 듣고 예수님을 영접했다는 간증의 주인공들이 방송사를 직접 찾아오는 일이 있습니다.

또 극동방송을 전도의 도구로 사용하는 분들도 많이 보았습니다.

제가 아는 전남의 한 장로님은 군청에서 36년을 근무하고 명예퇴직을 했는데, 퇴직 이후 무엇을 할까 기도하다가 시각장애인들에게 생활 이동지원 서비스를 제공하는 차량을 운전하게 됐다고 합니다. 기도 중에 하나님이 그 일을 복음을 전하는 사명으로 감당하라는 감동을 주셨다고 합니다.

장로님은 그날 이후, 매일 차에서 극동방송을 틀었습니다. 장로님이 돕는 시각장애인분들 대부분은 사고나 질병으로 시력을 잃은 중도 장애인이었는데, 예수님을 모르는 분들이었습니다. 이동 중에 틈틈이 극동방송을 들려주는 것이 세상이 원망스러운 이분들에게 얼마나 영향을 미칠까도 생각했지만, 하나님은 그 짧은 시간을 통해서도 역사하셨습니다. 깜빡 잊고 방송을 틀지 않은 날이면, 시각장애인분들이 먼저 방송을 틀어달라고 요청했고, 편성 스케줄을 외울 만큼 극동방송을 애청했다고 합니다. 그 가운데 세 분은 극동방송을 듣고 예수님을 영접하고, 천국에 가셨습니다. 전도자의 발이 닿는 곳은 그곳이 어디든지 가장 복된 자리가 됩니다. 내가 처한 환경이 어디든 주님이 주신 복음 전파의 사명을 기억해야겠습니다.』 ―「김장환 목사의 인생 메모」 중에서

우리가 오늘 만나는 사람이 전도 대상자이며, 우리가 오늘 서 있는 자리가 바로 하나님이 복음을 위해 보내신 자리입니다. 어디서든, 누구에게든 담대하게 복음을 전하십시오. 복되고 형통합니다. 아멘!!!

🩷 주님, 제가 속해 있는 공동체에 여러 방법으로 복음을 전하는 자가 되게 하소서.

📖 때를 얻든지 못 얻든지 예수 그리스도를 전하는 것이 우리의 사명임을 기억합시다.

`나의 영적 일지`

성공을 재정의하라

읽을 말씀 : 디모데후서 2:1-7

● 딤후 2:5 경기하는 자가 법대로 경기하지 아니하면 면류관을 얻지 못할 것이며

사람들은 대부분 '성공'하면 성공한 사업가나 기업가를 떠올립니다.

그러나 99%의 사람들은 사업가나 기업가가 아닌 평범한 일을 하며 살아갑니다. 그렇다면 평범한 사람들은 성공할 수 없는 것일까요?

이런 의문을 가지고 있던 작가 니콜라스 콜(Nicolas Cole)은 자신이 성공했다고 느끼는 개인들을 수소문해 인터뷰를 진행했는데 이들에게는 다음과 같은 「7가지 공통적인 습관」이 있었습니다.

❶ 항상 마음에 여유를 가지려고 노력한다.

❷ 또래가 아닌 사람들과도 잘 어울린다.

❸ 최대한 많은 돈을 저축하고 투자한다.

❹ 학교를 졸업한 후에도 계속해서 공부한다.

❺ 뚜렷한 인생의 목표를 찾기 위해 노력한다.

❻ 평생 배울 수 있는 멘토를 찾는다.

❼ 지금 관계를 맺고 있는 소중한 사람들을 중요하게 여긴다.

하나님은 우리 인생을 천편일률적으로 창조하지 않으셨습니다.

인생에는 수도 없이 다양한 길이 있습니다. 내가 성공을 뭐라고 생각하는지 명확히 정해두지 않으면 다른 사람이 성공이라고 부르는 허상을 좇다가 인생이 끝날 수도 있습니다.

주님이 나에게 주신 사명과 성경이 가르치는 지혜를 통해 내가 좇아야 할 성공을 재정의하십시오. 복되고 형통합니다. 아멘!!!

🖤 주님, 제가 추구해야 하는 성공이 무엇인지 깨닫는 지혜를 주소서.

🙏 주님께서 나에게 주신 사명이 무엇인지 깨닫고 성실하게 살아갑시다.

나의 영적 일지

감사하는 한 사람

8월 18일

읽을 말씀 : 시편 50:21-23

● 시 50:23 감사로 제사를 드리는 자가 나를 영화롭게 하나니 그 행위를 옳게 하는 자에게 내가 하나님의 구원을 보이리라

브라질 원시림에서 많은 부족에게 복음을 전하던 선교사님이 있었습니다. 그런데 유독 복음을 받아들이지 않는 두 부족이 있었습니다. 나중에 알고 보니 원인은 '감사'에 있었습니다.

자존심이 유독 강했던 두 부족은 누가 도와주면 '당신은 나에게 당연히 할 일을 했을 뿐입니다'라고 생각했습니다.

아주 큰 도움을 줘도 "나에게 아주 좋은 일이군요"라고 대답하면 그것으로 끝이었습니다. "감사합니다"라는 말이 아예 없었기에 어떤 방법으로 섬겨도 복음이 들어갈 틈이 쉽게 나지 않았습니다.

북아프리카에도 비슷한 이유로 "감사합니다"라는 말이 없는 부족이 있다고 합니다. 이 부족은 선교사님들이 복음을 전하기 위해 밤낮없이 섬겨도 마음을 열지 않습니다. '우리가 있어서 당신이 하나님을 위해 일할 수 있는 거 아니냐'라는 생각을 갖고 있기 때문입니다.

하나님이 지금까지 우리에게 베푸신 은혜를 떠올려 보십시오.

혹시 그 수많은 은혜에 감사하지 않고 오히려 당연하게 여기고 살아오지 않았습니까? 감사를 잊은 부족보다, 감사가 무엇인지 알면서도 표현하지 않는 사람이 더욱 큰 죄를 짓는 사람입니다.

한센병을 고쳐주신 은혜를 잊지 않고 주님을 다시 찾아와 감사한 한 명의 사마리아인처럼 모든 은혜에 감사할 줄 아는 그리스도인이 되십시오. 복되고 형통합니다. 아멘!!!

🩷 주님, 어려운 상황에서도 주님께 감사하며 찬송을 부르게 하소서.
🧩 낮이나 밤이나, 기쁠 때나 슬플 때나 주님만을 의지하며 감사합시다.

나의 영적 일지

땅에 묻은 금반지

읽을 말씀 : 누가복음 11:5-13

● 눅 11:13 너희가 악할찌라도 좋은 것을 자식에게 줄줄 알거든 하물며 너희 천부께서 구하는 자에게 성령을 주시지 않겠느냐 하시니라

가난하지만 마음씨 착한 농부 부부가 있었습니다.

하루는 행색이 초라한 노인이 이 부부의 집을 찾아와 하루만 묵게 해달라고 부탁했습니다. 부부는 정성껏 요리를 차려주고 가장 좋은 방을 내주었습니다.

다음 날 노인은 근처 언덕 위에 있는 나무를 베고 땅을 파보면 무슨 소원이든 들어주는 금반지가 나올 것이라는 말을 남기고 떠났습니다.

노인의 말대로 언덕 위의 나무를 베어내자 정말로 땅속에서 금반지가 나왔습니다. 부부는 드디어 힘든 생활을 청산할 수 있다는 생각에 뛸 듯이 기뻤습니다. 그러나 소원을 단 한 가지밖에 빌 수 없었기에 몇 날 며칠을 고심했습니다.

무엇이든 소원을 들어줄 반지가 있다는 생각에 밭일도 힘들지가 않았고 하루하루가 즐거웠습니다.

결국 부부는 10년이 지나도 소원을 빌지 못했습니다. 그러나 반지의 힘을 믿고 열심히 일하며 산 덕에 많은 돈을 벌었고, 사랑하는 자녀도 여러 명을 두었습니다. 부부는 결국 반지를 사용하지 않고 땅속에 묻어두었습니다. 반지보다 중요한 것은 희망과 기쁨이라는 사실을 깨달았기 때문입니다.

이는 독일에서 전해져 내려오는 전래동화입니다.

하나님은 우리가 원하는 모든 것을 능히 들어주실 능력이 있는 분이십니다. 그러나 이보다 더 중요한 것은 하나님이 누구보다도 나를 사랑하신다는 사실입니다. 하나님이 나를 위해 큰 복을 베풀어주셨기 때문이 아니라, 하나님이 나와 함께 하신다는 사실만으로 하나님을 더없이 사랑하는 지혜로운 자녀가 되십시오. 복되고 형통합니다. 아멘!!!

💜 주님, 사랑과 은혜와 평강과 기쁨과 소망을 주신 주님을 찬양하며 살게 하소서.

🧩 원하는 것을 이루기 위해 성경의 약속을 믿고 기도하며 주님을 따르는 삶을 삽시다.

나의 영적 일지

죄의 종류

읽을 말씀 : 데살로니가전서 5:12-23

● 살전 5:22 악은 모든 모양이라도 버리라

　우리말로 '죄'는 한 단어지만 성경에는 다양한 죄의 표현이 나와 있습니다.
　대부분 히브리어로 기록된 구약에는 '변절'이라는 뜻의 '마알'(Maal), '실수'라는 뜻의 '쇠가그'(Shagag)를 비롯해 12개의 단어가 등장합니다.
　헬라어로 기록된 신약에는 그보다 많은 20개의 죄가 등장하는데 그 가운데 10개를 살펴보겠습니다.

❶ 하르마타노(harmatano), 표적에서 빗나감

❷ 포네리아(poneria), 도덕적으로 부패함

❸ 카코스(kakos), 잘못된 욕망을 품음

❹ 아노모스(anomos), 법을 모욕함

❺ 아세베이아(asebeia), 하나님을 경외하지 않는 자

❻ 아페이테이아(apeitheia), 다른 사람의 권고를 거부하는 자

❼ 파라코에(parakoe), 불순종

❽ 파레코마이(parerchomai), 무시

❾ 플라나오(planao), 다른 사람이 죄를 짓게 만드는 것

❿ 아스토테오(astocheo), 성적 타락

　성경에 나오는 다양한 죄를 살펴볼 때 우리는 스스로를 더욱 돌아보게 됩니다. 성경이 말하는 죄가 무엇인지 올바로 배우고 경건한 삶을 살기 위해 더욱더 노력하는 성경적 그리스도인이 되십시오. 그리고 그 죄를 이기기 위해 더욱 주님을 가까이하며 더욱 주님께 도움을 구하십시오. 복되고 형통합니다. 아멘!!!

🩷 주님, 죄를 이길 수 있는 방법은 주님과 동행하는 방법밖에 없음을 알게 하소서.

🖼 내 생각보다 많고 다양한 죄들을 이길 힘을 달라고 주님께 기도합시다.

나의 영적 일지

오늘 하루에 충실하라

읽을 말씀 : 신명기 30:1-10

● 신 30:8 너는 돌아와 다시 여호와의 말씀을 순종하고 내가 오늘날 네게 명한 그 모든 명령을 행할 것이라

의과대학에 들어갔지만 걱정이 많은 청년이 있었습니다.

누구나 부러워할 명문대에 우수한 성적으로 입학했지만, 청년은 미래에 대한 걱정이 너무 많았습니다. 전공을 무엇으로 해야 할지도 정하지 못했고, 병원을 개업해야 할지, 계속해서 대학에 남아야 할지도 혼란스러웠습니다. 어려운 가정 형편 때문에 당장 먹고 살 것도 걱정이었습니다. 학교 강의는 눈에 들어오지도 않았고 성적은 점점 곤두박질쳤습니다.

그러던 어느 날, 청년은 우연히 손에 든 책에서 다음과 같은 문장을 읽고는 완전히 달라진 삶을 살게 됐습니다.

「멀리 있어 잘 보이지도 않는 걸 보려고 하지 말아라.

우리 삶의 목표는 눈앞에 또렷이 보이는 것을 실천하는 일이어야 한다.」

영국의 석학인 토마스 칼라일(Thomas Carlyle)이 쓴 책의 내용이었습니다.

이 문장은 청년의 삶을 완전히 바꿔놓았습니다.

청년은 그날부터 눈앞의 일에만 집중하기 시작했고 의사로서 누구도 따라오지 못할 위대한 업적을 세웠습니다.

존스홉킨스 의대(Johns Hopkins School of Medicine)를 세우고 영국의 기사 작위까지 받은 '현대의학의 아버지' 윌리엄 오슬러(William Osler)의 청년 시절 이야기입니다.

아직 오지 않은 미래를 놓고 걱정한다고 달라지는 것은 아무것도 없습니다. 우리의 모든 것을 아시고, 모든 것을 미리 예비해 놓으신 좋으신 하나님 아버지를 믿으십시오. 주님이 가르치신 대로 내일 일을 그분께 맡기고 걱정하지 마십시오. 복되고 형통합니다. 아멘!!!

💙 주님, 우리의 모든 염려와 걱정을 온전히 해결해 주시는 주님께 아뢰게 하소서.

🖼 믿음의 주가 되시며 우리를 온전케 하시는 주 예수님만을 믿으며 살아갑시다.

나의 영적 일지

최고의 진심

8월 22일

읽을 말씀 : 시편 119:1-6

● 시 119:2 여호와의 증거를 지키고 전심으로 여호와를 구하는 자가 복이 있도다

프랑스 국립미술학교(École des Beaux-Arts)에 들어가려고 열심히 실력을 갈고닦은 청년이 있었습니다. 이미 두 번이나 시험에 떨어졌지만, 청년은 포기하지 않고 계속해서 조각을 공부하고 연습했습니다.

절치부심으로 치른 세 번째 시험마저 낙방하자 청년은 꿈을 포기하고 시장 공방에서 은을 세공하는 사람의 조수로 일했습니다.

그렇게 꿈도 희망도 없이 같은 일만 반복하던 청년에게 하루는 친구가 다음과 같이 조언했습니다.

"사물의 내면을 보는 눈을 기르지 않으면 평생 세공 일만 해야 할 거야."

조각을 하나도 모르는 친구의 조언이었지만 청년은 머리를 무언가로 맞은듯 했습니다. 그날부터 청년은 조금씩 시간을 내어 자신의 작품을 만들었습니다. 의자를 만들면서도, 나뭇잎을 그리면서도 사물 안에 담긴 무언가를 느끼고 표현해내려고 노력했습니다.

그로부터 24년이 지난 뒤 청년은 지금도 세상 사람들이 모두 아는 불후의 명작을 만들어 냈습니다.

'생각하는 사람'을 조각한 세계적으로 가장 위대한 조각가 중 한 명인 로댕 (François Auguste René Rodin)의 청년 시절 이야기입니다.

겉모습만을 따라 만든 조각으로는 사람에게 감동을 줄 수 없습니다.

마찬가지로 겉으로만 보이는 행위, 껍데기뿐인 말로는 주님을 기쁘시게 할 수 없습니다. 우리가 할 수 있는 최고의 진심으로 주님을 예배하고 찬양하십시오. 복되고 형통합니다. 아멘!!!

💙 주님, 혼란한 세상 가운데 진리의 길을 잃지 않도록 더 주님을 의지하게 하소서.
🖼 주님을 향한 입술의 고백을 삶으로 증명합시다.

나의 영적 일지

전쟁터에서 찾은 꿈

읽을 말씀 : 디모데후서 4:1–5

● 딤후 4:2 너는 말씀을 전파하라 때를 얻든지 못 얻든지 항상 힘쓰라 범사에 오래 참음과 가르침으로 경책하며 경계하며 권하라

스위스에 성공한 은행가가 있었습니다.

은행가에게는 한 가지 꿈이 있었습니다. 자기가 광적으로 좋아하던 당시 프랑스의 황제 나폴레옹(Napoléon)을 만나는 것이었습니다.

많은 돈과 노력을 쏟은 끝에 마침내 꿈을 이룰 기회가 찾아왔습니다.

스위스의 경제사절 자격으로 프랑스의 황제를 만날 기회가 생긴 것입니다. 그러나 나폴레옹은 전쟁터에 있었습니다. 어찌나 나폴레옹을 만나고 싶었던지 은행가는 총탄이 빗발치는 전쟁터도 아랑곳하지 않고 찾아갔습니다.

그러나 그가 그곳에서 목격한 것은 위대한 황제의 모습이 아닌, 끔찍한 전쟁의 참상이었습니다.

은행가는 본래의 목적을 잊고서는 전쟁이 끝날 때까지 전쟁터에서 부상병을 돌보다가 고국으로 돌아왔습니다. 전쟁의 참상을 겪은 은행가는 자신의 남은 삶을 전쟁터에서 고생하는 병사들을 위해 바쳐야겠다고 결심하고 자신의 모든 재산과 노력을 그 일을 위해 쏟았습니다.

제1회 노벨평화상 수상자이자, 적십자를 세운 앙리 뒤낭(Jean–Henri Dunant)의 이야기입니다.

삶을 살다 보면 차마 눈을 뜰 수 없을 정도로 힘들고 어려운 일들을 종종 보게 됩니다. 그러나 바로 그런 곳을 찾아가서 돕고, 복음을 전하라고 하나님은 우리를 세상에 보내셨습니다.

어두운 곳에는 빛을 전하고, 황폐한 사막에 새로운 꿈을 전하는 사명의 전달자가 되십시오. 복되고 형통합니다. 아멘!!!

💙 주님, 주님의 이름으로 남에게 베풀면 주님은 더 크게 베풀어주심을 알게 하소서.
🕊 지금 내가 있는 곳에서 주님을 위해 해야 할 일이 무엇인지 생각합시다.

나의 영적 일지

빛을 전하라

읽을 말씀 : 요한복음 8:12-20

● 요 8:12 예수께서 또 일러 가라사대 나는 세상의 빛이니 나를 따르는 자는 어두움에 다니지 아니하고 생명의 빛을 얻으리라

현재는 바누아투 군도라고 불리는 뉴헤브리디스 제도(New Hebrides)에 복음을 전하러 떠난 선교사님이 있었습니다. 이미 많은 선교사님들이 복음을 전하기 위해 뉴헤브리디스 제도로 떠났지만 완고하고 호전적인 원주민들에게 전부 죽임을 당하고 말았기에 그곳은 그야말로 선교사님들의 무덤이었습니다. 그럼에도 이곳에 복음이 전해져야 한다고 생각한 선교사님은 이런 사실을 알고도 편도 비행기표를 끊었습니다. 그리고 자신의 시체를 둘 관까지 준비했습니다. 죽을 게 뻔하니 떠나지 말라는 주변 사람들의 권유에 선교사님은 이렇게 말했습니다.

"예수님을 믿는 순간 이전의 내 삶은 이미 죽었습니다.
남은 삶은 오직 복음을 위해 살겠습니다."

죽기를 각오하고 떠난 선교사님은 기적적으로 뉴헤브리디스 제도의 원주민들과 친해졌습니다. 선교사님은 35년 동안이나 원주민들과 함께 살며 복음을 전하다 세상을 떠났습니다. 원주민들은 선교사님을 섬의 가장 중심부에 묻어주고 묘비에 다음과 같이 적었습니다.

「그가 왔을 때 우리에게는 빛이 없었습니다.
그가 떠났을 때 이제 우리에게는 어둠이 없습니다.」

뉴헤브리디스 제도에 복음을 전한 최초의 선교사 밀른(A. W. Milne)의 이야기입니다. 아직도 어두운 세상을 찾아가 빛의 복음을 전하는 사명을 감당하라고 주님은 우리를 구원해 주셨습니다. 아직 주님을 만나지 못한 사람들이 주님을 만날 수 있도록 찾아가 빛의 복음, 예수님을 전하십시오. 복되고 형통합니다. 아멘!!!!

💛 주님, 빛이 필요한 이웃과 친구를 찾아가 그들에게 복음을 전하게 하소서.
🕮 복음을 전하는 것이 우리의 사명임을 다시 한번 기억합시다.

`나의 영적 일지`

하나님을 위하여

읽을 말씀 : 이사야 43:1-7

●사 43:7 무릇 내 이름으로 일컫는 자 곧 내가 내 영광을 위하여 창조한 자를 오게 하라 그들을 내가 지었고 만들었느니라

아버지를 일찍 여의고 홀어머니 밑에서 자라는 삼 남매가 있었습니다.

가정부로 일하는 어머니는 자녀들을 맡길 곳이 없어 매일 일터로 자녀들을 데리고 다녔습니다. 어머니는 주인이 있을 때나 없을 때나 성실하게 구석구석을 청소했습니다. 아이들 앞에서 단 한 번도 얼굴을 찡그리거나 싫은 내색을 하지 않았습니다.

이따금 자녀들이 "엄마는 왜 이렇게 힘든 일을 해요?"라고 물을 때면 항상 밝은 미소를 지으며 대답했습니다.

"얘들아, 나는 나를 위해 이렇게 힘들게 일하고 있는 것이 아니란다.

집주인을 위해서도 아니야.

바로 너희들을 위해 일하고 있기 때문에 전혀 힘들지 않단다."

삼 남매 중 한 명인 조지는 어머니의 이 말을 늘 기억하기 위해 책상 위에 다음과 같이 써 붙였습니다.

「어머니를 위하여, 그리고 이웃을 위하여!」

코닥 필름의 창업자이자 막대한 기부로 사회적으로 큰 존경을 받았던 조지 이스트먼(George Eastman)의 어린 시절 이야기입니다.

주님은 우리를 위하여 십자가의 험한 고난도 기꺼이 감내하며 순종하셨습니다. 그런 주님을 우리는 어떤 모습으로, 어떤 마음으로 섬기고 있습니까?

우리를 위해 모든 고난과 수치를 당하신 주님을 기억하며 주님을 위해 당하는 어떤 일도 기꺼이 기쁨으로 순종하십시오. 복되고 형통합니다. 아멘!!!

💙 주님, 주님이 주시는 힘으로 모든 일을 해내며 주님께 영광 돌리게 하소서.

🎴 재물에 욕심을 내기보다는 어려운 사람과도 나누어 씁시다.

나의 영적 일지

한 가지만 더

읽을 말씀 : 역대상 16:30-36

● 대상 16:34 여호와께 감사하라 그는 선하시며 그 인자하심이 영원 함이로다

영국의 유명한 시인이자 독실한 성도였던 조지 허버트(George Herbert)는 문학과 예술 분야에서 성공한 유명 인사였습니다.

허버트는 자신이 하나님께 받은 것이 매우 많은 사람이라는 것을 알고 항상 감사를 드렸습니다.

허버트는 매일 다음과 같은 기도를 드렸습니다.

"하나님, 정말로 저에게 너무나 많은 큰 복을 주셨습니다.

이 놀라운 은혜에 감사를 드립니다.

그러나 제가 정말로 간절히 바라는 것이 한 가지 더 있습니다.

바로 주님을 향한 감사를 잊지 않는 마음입니다."

노르웨이 속담에는 "감사하는 사람의 마음에는 슬픔이 자라나지 않는다"라는 말이 있습니다. 또한「실낙원」을 쓴 존 밀턴(John Milton)은 "사람은 감사의 깊이 만큼 행복할 수 있다"라고 말했습니다.

우리는 받은 감사를 기억하고, 드려야 할 감사를 잊어선 안 됩니다.

작은 감사를 잊지 않을 때 더 큰 감사할 일이 생깁니다.

우리의 어제와 오늘, 하나님께 얼마나 많은 감사의 제목을 드렸습니까?

깜박하고 놓친 감사의 제목은 얼마나 됩니까?

구원받은 우리가 주님께 드릴 것은 오직 감사뿐입니다.

헤아릴 수 없을 정도로 많은 복을 베풀어주신 주님께 매일 감사를 드리십시오. 복되고 형통합니다. 아멘!!!

♡ 주님, 하루를 감사의 기도로 시작하고 감사의 기도로 끝낼 수 있게 하소서.

▨ 감사 제목 노트를 만들어 매일 감사의 제목들을 기록하여 감사를 생활화합시다.

나의 영적 일지

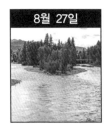

위기라는 기회

읽을 말씀 : 이사야 41:8-13

● 사 41:10 두려워 말라 내가 너와 함께 함이니라 놀라지 말라 나는 네 하나님이 됨이니라 내가 너를 굳세게 하리라 참으로 너를 도와 주리라 참으로 나의 의로운 오른손으로 너를 붙들리라

1억 명 이상이 사용하고 있는 성경 앱 유버전(YouVersion)의 통계에 따르면 2022년에 가장 많이 공유된 성경 구절은 이사야 41장 10절이라고 합니다.

"두려워 말라 내가 너와 함께 함이니라

놀라지 말라 나는 네 하나님이 됨이니라

내가 너를 굳세게 하리라 참으로 너를 도와 주리라

참으로 나의 의로운 오른손으로 너를 붙들리라."

유버전을 만든 바비 그루엔왈드(Bobby Gruenewald)는 "사람들이 세상에서 지쳐 혼자라고 느낄 때 이 말씀을 많이 찾는 것 같다"라고 말했습니다. 팬데믹으로 전 세계가 고통받았던 2020년에도 이 구절이 가장 많이 공유됐기 때문입니다.

2022년에도 역시 우크라이나 사태 등으로 각지에서 전쟁으로 고통받는 사람들이 많았습니다. 실제로 전쟁이 일어나자 우크라이나에서 유버전 앱을 사용하는 빈도가 50% 증가했고 인근인 독일과 폴란드에서는 우크라이나어 성경 사용 빈도가 733%, 241%나 증가했습니다. 이 지역으로 피란을 떠난 우크라이나 난민들이 성경을 더 많이 읽었기 때문입니다.

불확실한 세상 속에서 살아가는 우리가 의지할 수 있는 것은 오직 변하지 않는 진리, 성경에 기록된 하나님의 말씀뿐입니다.

지금도 세계 곳곳에서 감당할 수 없는 고통을 겪고 있는 사람들이 많습니다.

우리가 이들을 위해 해줄 수 있는 최고의 선물은 바로 말씀과 기도입니다.

가장 필요한 민족에게 말씀이 전해지도록 다양한 방식의 선교 활동을 위해 기도하며 후원하십시오. 복되고 형통합니다. 아멘!!!

💙 주님, 소망이 없는 삶을 살아가는 이들에게 살아계신 주님의 말씀을 전하게 하소서.

🔨 위로와 희망을 주는 주님의 말씀을 10여 구절 메모해 어려운 이웃과 나눕시다.

나의 영적 일지

누구나 아는 성공 습관

8월 28일

읽을 말씀 : 신명기 26:16-19

● 신 26:16 오늘날 네 하나님 여호와께서 이 규례와 법도를 행하라고 네게 명하시나니 그런즉 너는 마음을 다하고 성품을 다하여 지켜 행하라

성공 전략을 컨설팅하는 회사 「맥키센 플러스 컴퍼니」(McKissen+Company)의 대표 더스틴 맥키센(Dustin Mckissen)은 40대의 나이에 억만장자가 된 사람들의 공통점을 오랜 시간 연구했습니다. 그 결과 「이른 나이에 성공한 사람들의 6가지 공통점」을 찾았습니다.

❶ 독서/ 책을 통해 업무와 관련된 지식을 끊임없이 얻었습니다.

❷ 도전/ 새로운 도전을 해야 할 때는 위험부담을 감수하고 기꺼이 결단을 내렸습니다.

❸ 운동/ 부자들은 최소 하루 30분, 1주일에 4회 이상을 운동했습니다.

❹ 환원/ 도움을 준 사람에 대한 보답은 물론이고, 사회에 많은 돈을 기부한 사람들은 반드시 더 큰 보상을 어떤 식으로든 받았습니다.

❺ 경쟁심/ 룰을 지키는 선에서 항상 최고가 되고 싶어 하는 열정이 있었습니다.

❻ 산책/ 성공한 사람들은 자주 산책을 하며 어려운 문제를 해결할 아이디어를 얻었습니다.

시험에 나올 답을 미리 알려줘도 외우지 못하면 아무 소용이 없습니다.

누구나 아는 비법을 꾸준히 습관으로 만드는 게 진정한 성공의 비결입니다.

성경에 나와 있는 진리의 말씀도 아는 것만으로는 충분하지 않습니다.

말씀이 가르치는 지혜를 날마다 실천하며 거룩한 습관으로 만드십시오.

복되고 형통합니다. 아멘!!!

🤍 주님, 제가 바라는 성공이 아닌, 주님이 바라시는 진정한 성공을 이루게 하소서.

🖼 매일 조금씩 잠언을 읽으며 삶의 지혜와 성공의 원리를 찾읍시다.

나의 영적 일지

인생에서 가장 중요한 것

읽을 말씀 : 전도서 5:1-9

● 전 5:7 꿈이 많으면 헛된 것이 많고 말이 많아도 그러하니 오직 너는 하나님을 경외할찌니라

할리우드에서 유명한 배우가 되고 싶었던 두 친구가 있었습니다.

두 사람 모두 열심히 노력한 끝에 할리우드를 대표하는 여배우가 되었고, 두 사람 모두 관능미로 남자들의 마음을 사로잡았다는 공통점이 있었습니다.

그런 두 배우가 어느 날 서로 완전히 다른 길을 걷게 되었습니다.

한 배우는 성공하기 위해 더 험한 길을 선택했습니다.

수단과 방법을 가리지 않고 성공을 위해 모든 일을 감내했습니다.

성공한 수많은 남자를 만나는 것도 그 수단 중 하나였습니다.

그런데 한 배우는 가장 잘나가던 시기에 돌연 은퇴를 선언했습니다.

예수님과 사랑에 빠졌다는 것이 그 이유였습니다.

선교사와 결혼한 그녀는 아프리카로 오랜 기간 선교를 떠났고, 수많은 경건 서적을 써가며 왕성한 자선활동으로 어려운 사람들을 도왔습니다.

세기의 여배우인 마릴린 먼로(Marilyn Monroe)와 선교사로 이름을 알린 콜린 에반스(Colleen Townsend Evans)의 이야기입니다.

마릴린 먼로는 세상을 떠나기 얼마 전 에반스를 찾아가 "나는 누구보다 성공한 사람이지만, 누구보다 비참한 사람이다"라는 말을 남겼습니다.

인생의 중심에 주 예수님이 없는 사람은 껍데기 같은 삶을 살아갈 뿐입니다.

주 예수님이 존재하지 않는 삶은 어떤 행복도, 만족도 줄 수 없음을 깨닫는 지혜로운 성도가 되십시오. 복되고 형통합니다. 아멘!!!

💙 주님, 마지막 날까지 주님이 기뻐하시는 삶을 살아가게 하소서.

🖼 세상의 곁길로 빠지지 않는 거룩한 순례자가 됩시다.

나의 영적 일지

진정한 회심의 증거

읽을 말씀 : 사도행전 1:6-11

● 행 1:8 오직 성령이 너희에게 임하시면 너희가 권능을 받고 예루살렘과 온 유대와 사마리아와 땅 끝까지 이르러 내 증인이 되리라 하시니라

어려서부터 부모님을 따라 열심히 교회에 다닌 소년이 있었습니다.

한 번도 주일 예배에 빠진 적이 없었고, 성경은 하나님의 말씀이라고 교육을 받았습니다.

11살이 됐을 때 들어간 기숙 학교도 미션스쿨이었습니다. 이런 분위기에서 소년은 자신이 그리스도인이며, 구원받았으며, 성경이 진리라고 믿는다고 생각했습니다. 그러나 성인이 되어 우수한 성적으로 사관학교를 졸업하고 전도유망한 군인의 길을 걷기 시작한 29살이 되던 해, 문득 이런 생각이 들었습니다.

'나는 정말 예수님을 믿고 있나?'

돌이켜보니 그동안 한 번도 자발적으로 무릎 꿇고 기도를 해본 적도 없고, 성경을 깊이 읽어본 적도 없었습니다. 어린 시절 받은 교육과 지나온 환경을 따라 그리스도인이라고 생각하며 살았던 것 같았습니다.

결국 정답은 성경밖에 없다고 생각했습니다.

남자는 7년 동안 하루도 빼먹지 않고 성경을 읽었고 36살이 되던 날, 마침내 주님을 구주로 믿고 영접하게 됐습니다. 이 사람은 영국 해군 특수부대의 대장이었던 필립 울프 머레이(Fillip Wolfe Murray)입니다.

구원은 주님과 나의 일대일 관계로 이루어집니다.

주님 외에는 다른 사람이나 어떤 것이 끼어들 수도 없고, 도와줄 수도 없습니다. 진심으로 예수님을 구주로 인정하고 믿는다는 고백을 드릴 수 있는 참된 회심의 증거가 있는 그리스도인이 되십시오. 복되고 형통합니다. 아멘!!!

🤍 주님, 주 예수님 외에는 누구도, 무엇도 저를 구원해 줄 수 없음을 철저히 믿게 하소서.
🖼 주님 앞에 바로 서 있는지, 나의 믿음을 다시 한번 확증합시다.

나의 영적 일지

무신론의 함정

읽을 말씀 : 시편 53:1-6

● 시 53:1 어리석은 자는 그 마음에 이르기를 하나님이 없다 하도다 저희는 부패하며 가증한 악을 행함이여 선을 행하는 자가 없도다

최근 한 인터넷 커뮤니티에 「무신론자인 내가 기독교인이 된 이유」라는 글이 올라왔습니다.

자신을 이성적인 무신론자 혹은 불가지론자라고 밝힌 그 사람은 팀 켈러 (Timothy J. Keller) 목사님의 책을 읽고 그리스도인이 됐다고 말했습니다.

팀 켈러 목사님의 책은 자신에게 다음과 같이 말하는 것 같았다고 합니다.

「당신이 믿고 있는 종교가 정말로 진리인지 살펴보십시오. 무신론자라고요? 무신론자는 아무것도 믿지 않는 것이 아닙니다. 무신론자는 인간의 지성, 합리성, 최소한 자기 자신의 능력을 믿고 있습니다. 여러분이 믿는 무신론 혹은 다른 종교와 제가 말하는 기독교 중 무엇이 더 나은지 따져보십시오. 아니면 잠시라도 믿어보십시오. 무엇이 더 우월하고 참된 진리인지 경험해 보십시오.」

그 말 그대로 조금씩 교회도 나가보고 성경도 읽어보니 자신이 생각하는 기독교와 체험하는 기독교가 매우 다르다는 것을 깨닫게 됐습니다. 요즘은 특히 온라인상에서 기독교인임을 밝히면 종종 공공연한 조롱의 대상이 되는 것을 알지만, 그런데도 자신과 비슷하게 생각하는 사람이 있다면 꼭 한 번 기독교를 체험해 보라는, 예수님을 믿어보라는 권유를 하기 위해 작성한 글이었습니다.

사람은 믿음 없이 살아갈 수 없습니다. 무신론이라는 이름 아래 자기 자신을 우상으로 섬기는 잘못을 저지르지 마십시오. 만유의 구주이신 주 예수님을 만나고 믿는 것이 진정으로 복된 삶의 비결입니다.

참된 진리의 길을 벗어나게 하는 미혹의 영을 조심하십시오. 복되고 형통합니다. 아멘!!!

💚 주님, 저의 죄를 용서해 주시고, 천국을 소망하며 살게 하신 주님을 전파하게 하소서.

▨ 무신론자라고 말하는 사람에게 위 내용이나 간증들을 전합시다.

나의 영적 일지

9월

"여호와여 내가 주께 피하오니
나로 영원히 부끄럽게 마시고 주의 의로 나를 건지소서
내게 귀를 기울여 속히 건지시고
내게 견고한 바위와 구원하는 보장이 되소서
주는 나의 반석과 산성이시니 그러므로 주의 이름을 인하여
나를 인도하시고 지도하소서"

– 시편 31:1~3 –

참된 영향력

읽을 말씀 : 요한복음 12:24-26

● 요 12:24 내가 진실로 진실로 너희에게 이르노니 한 알의 밀이 땅에 떨어져 죽지 아니하면 한 알 그대로 있고 죽으면 많은 열매를 맺느니라

『하우스보이였던 저를 미국으로 데리고 가 공부를 시켜준 미군 칼 파워스 상사(Sgt. Carl Powers)는 자신의 인생으로 저를 가르쳐 준 사람이었습니다.

파워스 상사는 여유 있는 사람이 아니었습니다. 한국전쟁에 참전한 것도 사립대에 진학할 학비를 구하기 위해서였습니다. 그런 사람이 저를 뒷바라지하느라 결혼도 하지 않고 평생 교사로 지냈습니다. 그는 여기저기를 다니며 모금해 제 학비를 지원했습니다. 심지어 그나 저는 크리스천도 아니었는데 그의 도움으로 저는 명문 밥존스에서 8년간의 공부를 마치고 목사가 될 수 있었습니다.

헌신과 희생이 사람을 어떻게 살리고 세우는지, 억만금을 주고도 배울 수 없는 이 경험을 저는 파워스 상사의 삶을 통해 배웠습니다. 예수 그리스도께서는 자신의 목숨을 우리를 위해 내어주기까지 사랑하심으로 우리가 자발적으로 예수님의 삶을 따르게 하셨습니다. 파워스 상사의 사랑과 희생으로 저는 주님을 더 빨리 만날 수 있었고, 그 사랑이 얼마나 고귀한지 깨달을 수 있었습니다.

요즘 젊은 사람들이 자신의 꿈을 이야기하면서 선한 영향력을 끼치는 사람이 되고 싶다고 이야기하는 것을 종종 듣습니다. 믿지 않는 청년들조차 선한 영향력이란 표현을 심심치 않게 사용합니다. 참된 영향력이란 무엇일까요? 이런저런 정의보다는 말씀을 통한 우리의 삶으로 세상에 보여주고 증명하는 크리스천들이 더욱 많아졌으면 좋겠습니다.』 - 「김장환 목사의 인생 메모」 중에서

주님이 우리에게 보여주신 사랑과 희생이 있기에 우리는 다른 사람을 섬기고 사랑할 수 있습니다. 진정한 사랑과 헌신이 무엇인지 우리의 삶으로 세상에서 증명해 나가십시오. 복되고 형통합니다. 아멘!!!!

💙 주님, 주님의 발자취를 따라가며 세상 가운데 주님의 향기를 풍기는 삶이 되게 하소서.
🎴 오늘 삶의 자리에서 내가 섬겨야 할 이웃은 누구인지 생각합시다.

나의 영적 일지

지금 모습 그대로

읽을 말씀 : 디모데전서 1:12-20

● 딤전 1:15 미쁘다 모든 사람이 받을만한 이 말이여 그리스도 예수께서 죄인을 구원하시려고 세상에 임하셨다 하였도다 죄인 중에 내가 괴수니라

영국의 빅토리아 여왕(Alexandrina Victoria)이 여행 중 시골에서 길을 잃었습니다.

때마침 비바람이 몰아쳐 어찌할 바를 모를 때 한 목동이 안전한 지름길을 가르쳐 줘서 무사히 진창을 빠져나올 수 있었습니다.

여왕은 목동에게 상을 주려고 했지만 자신의 초라한 모습이 부끄러웠던 목동은 재빨리 산속으로 달아났습니다.

여왕은 왕궁에 돌아오자마자 신하들을 시켜 그때 도움을 준 목동을 수소문해서 찾기 시작했습니다. 마침내 목동을 찾아낸 신하가 왕궁으로 함께 가자고 했지만, 목동은 한사코 거절했습니다.

그때 신하는 여왕이 쓴 편지를 꺼내 목동에게 읽어주었습니다.

편지에는 단 세 문장이 적혀 있었습니다.

「내게로 오라. 지금 오라. 있는 모습 그대로 오라.」

누구든 용납하겠다는 짧지만 강렬한 이 세 줄의 편지 앞에 목동은 결국 항복할 수밖에 없었습니다.

여왕을 피해 도망 다니는 목동의 모습이 때때로 하나님을 피해 돌아다니는 우리의 모습일 수 있습니다. 주님은 나중이 아닌 지금 당장 우리의 모습 그대로 하나님께 나아오길 원하십니다.

우리의 죄를 용서하시고 하나님의 자녀로 새롭게 하실 하나님 앞에 지금 모습 그대로 나아가십시오. 복되고 형통합니다. 아멘!!!

💚 주님, 있는 모습 그대로 우리를 부르시는 주님의 음성에 순종하게 하소서.
🎴 우리를 위해 흘리신 주님의 보혈을 의지해 주님 앞에 담대하게 나갑시다.

나의 영적 일지

9월 3일

실패에서 배우는 것

읽을 말씀 : 시편 40:1-8

● 시 40:2 나를 기가 막힐 웅덩이와 수렁에서 끌어 올리시고 내 발을 반석 위에 두사 내 걸음을 견고케 하셨도다

리더십 전문가 스킵 프리처드(Skip Prichard)는 하버드경영대학원에서 발간하는 「하버드비즈니스리뷰」(Harvard Business Review)가 선정한 '최고의 스승 100인' 중 한 사람입니다.

프리처드는 이름만 대면 알만한 1,000명이 넘는 세계의 명사들에게 성공의 비결을 가르쳤는데, 그 비결은 한 마디로 「실패에서 배워라」입니다.

실패하지 않는 사람은 없습니다.

그러나 이 갈림길에서 '실패를 반복하느냐? 실패를 반복하지 않고 성공의 비결을 배우느냐?'가 성공한 삶의 분수령이 됩니다.

프리처드가 말한 「실패를 통해 배울 수 있는 성공의 5가지 교훈」입니다.

❶ 내가 충분히 가치 있는 사람이라고 믿는다.

❷ 다른 사람이 아닌 진짜 내 꿈을 찾는다.

❸ 변명하지 않는다.

❹ 나에게 좋은 영향을 주는 사람들과 어울린다.

❺ 시간의 절박함을 느끼며 목표에만 집중한다.

실패는 다른 성공의 방법을 배울 수 있는 지름길입니다.

실패를 통해 성공의 비결을 배울 수 있듯이, 자꾸 넘어지는 믿음 생활을 통해서도 우리의 신앙의 집은 조금씩 더 단단한 반석 위에 세워집니다. 아무리 실패하고 넘어져도 결코 우리를 떠나지 않으시고 다시 일어설 힘을 주시는 주님과 함께 이겨내십시오. 복되고 형통합니다. 아멘!!!

♥ 주님, 실패라 생각되는 순간에도 합력해서 선을 이루는 주님을 생각하게 하소서.

▨ 주님의 능력을 힘입어 성공할 수 있다는 자신감을 가집시다.

나의 영적 일지

믿을 수 없는 사람

읽을 말씀 : 고린도후서 13:8–13

● 고후 13:8 우리는 진리를 거스려 아무 것도 할 수 없고 오직 진리를 위할 뿐이니

중세 시대의 경건 서적인 「종교심」이라는 책에는 절대로 신앙심을 가질 수 없는 사람이 누구인지 나와 있습니다.

바로 기회주의자입니다.

책에서는 그 이유를 다음과 같이 설명합니다.

『기회주의자는 자기 믿음과 상반되는 생각을 하는 사람과 있더라도 누구든 거스르지 않는다. 어떤 사람이 이익이 되는지만 따지기 때문이다.

그러나 신앙심이 있는 사람은 다르다.

교만한 사람과 함께 있어도 따라서 교만해지지 않고, 하나님을 욕하는 사람이 있어도 분위기에 휩쓸려 욕하거나, 혹은 저주하지 않는다. 들뜬 기분에 좌우되지 않고, 주위 사람의 의견에 좌우되지 않는다.

이들에게는 언제나 지켜야 할 규율과 선이 있다.

어떻게 이런 삶을 살아갈 수 있는가?

그들은 사람이 아닌 하나님을 따라야 한다는 사실을 알고 있기 때문이다.』

기회주의자는 하나님이 아닌 사람의 눈치를 보기 때문에 진정한 믿음을 가질 수 없습니다.

성경에도 진리를 이용해 자신의 이익을 추구하려다가 저주를 받은 사람이 많이 나옵니다. 우리가 주인으로 삼고 믿고 따라야 할 분은 오직 주님 한 분이십니다. 세상 가운데 오직 주님이 주신 말씀과 계명을 따라 살아가는 빛의 자녀가 되십시오. 복되고 형통합니다. 아멘!!!

♡ 주님, 사람의 눈치를 보지 않고 주님만을 두려워하는 진정한 믿음을 갖게 하소서.

🖼 위에서 기회주의자와 신앙인의 차이를 보고 나는 어느 편인지 생각합시다.

나의 영적 일지

무엇이 성공입니까

읽을 말씀 : 골로새서 2:6-12

● 골 2:8 누가 철학과 헛된 속임수로 너희를 노략할까 주의하라 이것
이 사람의 유전과 세상의 초등 학문을 좇음이요 그리스도를 좇음
이 아니니라

스위스의 저명한 사상가인 카를 힐티(Carl Hilty)는 "성공에는 두 가지 종류가 있
다"라고 말했습니다.

● 첫째는 외형적인 성공입니다.

이것은 사람들이 바라는 일반적인 성공입니다.

힐티는 외형의 성공을 이루는 순간 진짜 성공이 아니라는 사실만 알게 될
뿐이라고 주장했습니다.

● 둘째는 내면적인 성공입니다.

힐티는 "참된 성공은 높은 인격과 더불어 내면적인 성공이 따라야 한다"라
고 주장했습니다. 또한 힐티는 "어떤 사람이 바라는 성공이 외형적인 성공과
내면적인 성공이 함께 이룰 수 있는 것이라면 가장 이상적이지만, 만약 한
가지를 포기해야 한다면 외형적인 성공을 포기해야 한다"라고 말했습니다.

내면적인 성공을 이루지 못한 사람의 외형적인 성공은 결국 무너지기 때문
입니다.

세상이 말하는 성공은 내 창고에 보화를 쌓는 것이지만, 성경이 말하는 성공
은 내 창고의 보화를 나누어주는 것입니다.

세상이 말하는 성공은 높은 자리로 올라가는 것이지만, 성경이 말하는 성공
은 주님을 높이고 나를 낮추는 것입니다.

우리가 바라는 성공은 세상의 성공입니까? 성경이 가르치는 성공입니까?

성령님이 인도하시는 참된 성공의 길을 따라 걸어가십시오. 복되고 형통합
니다. 아멘!!!

♥ 주님, 성령님이 인도하시는 참된 성공을 통해 주님께 영광 돌리게 하소서.
🎨 내면적인 성공을 이루기 위해 어떤 노력을 하고 있는지 생각합시다.

나의 영적 일지

사람을 세우는 칭찬

9월 6일

읽을 말씀 : 데살로니가전서 5:1–11

● 살전 5:11 그러므로 피차 권면하고 피차 덕을 세우기를 너희가 하는 것 같이 하라

미국의 전문 심리치료사이자 온라인 대중강연 테드(TED)에서 천만이 넘는 조회수를 기록한 인기 강사인 가이 윈치(Guy Winch) 박사는 현대 사회를 살아가는 사람 대부분이 칭찬을 받아들이지 못하는 병에 걸렸다고 말했습니다.

"특히 성인의 경우 이미 확립된 신념을 넘어서는 개념을 받아들이지 못합니다. 난 모자란 사람이라고 이미 신념이 정립된 사람은 주변에서 아무리 괜찮다고 칭찬을 해줘도 받아들이지 못합니다."

다음은 이런 사람들을 위해 윈치 박사가 조언한 「자존감이 낮은 사람에게 칭찬하는 3가지 방법」입니다.

❶ 툭툭 던지듯 가볍게 자주 칭찬하기

❷ 상대방의 존재만으로 즐거운 시간을 보내고 있다고 어필하기

❸ 감사할 일이 생겼을 때는 솔직하게 표현하기

우리의 근원 되시는 주 하나님을 만날 때 우리의 정체성이 회복되고 자존감이 회복됩니다.

가까운 사람이 낮은 자존감으로 힘들어하고 있다면 우리의 역할도 중요하지만 무엇보다 말씀을 통해 복음을 전해야 합니다. 나를 살리신 주님의 그 복음이 모든 사람을 살릴 수 있습니다.

아직 주님을 알지 못하는 사람들이 불안한 마음을 이겨내고 주님의 자녀로 회복될 수 있도록 올바르게 칭찬하며 복음을 전할 틈을 만드는 지혜로운 성도가 되십시오. 복되고 형통합니다. 아멘!!!

🖤 주님, 합당한 칭찬으로 복음을 전할 틈을 만드는 지혜로운 성도가 되게 하소서.

🖼 어떤 사람에게도 합당한 칭찬을 할 수 있는 지혜를 주님께 구합시다.

나의 영적 일지

9월 7일

무엇이든 줄 수 있는 분

읽을 말씀 : 요한서 3:13-24

● 요일 3:22 무엇이든지 구하는 바를 그에게 받나니 이는 우리가 그의 계명들을 지키고 그 앞에서 기뻐하시는 것을 행함이라

알렉산드로스 3세(Alexander the Great)가 페르시아를 정복한 뒤 나라에서 가장 유명한 철학자 한 명을 왕궁으로 초대했습니다.

나라를 잘 다스리기 위해 필요한 지혜를 구하는 알렉산드로스 3세에게 철학자는 다음과 같이 말했습니다.

"왕의 창고에서 얼마든지 보물을 가져갈 수 있는 권한을 저에게 주십시오."

알렉산드로스 3세는 철학자의 요구를 받아들였습니다. 철학자는 왕의 창고로 가서 그야말로 엄청난 보물들을 싣고 나왔습니다.

경비병들이 놀라 왕에게 보고하러 뛰어갈 정도였습니다. 이 소식을 들은 알렉산드로스 3세는 오히려 크게 웃으며 철학자의 지혜를 칭찬했습니다.

"그 철학자는 누구보다 더 큰 선물을 나에게 주었다.

능력이 있는 사람에겐 왕의 보물도 아낌없이 준다는 소문이 퍼질 것이니 그 어느 때보다 훌륭한 인재들이 내게로 모이지 않겠느냐?"

철학자는 알렉산드로스 3세가 자신이 원하는 것은 얼마든지 줄 수 있는 능력 있는 왕이라는 사실을 믿었습니다.

고아들의 아버지 조지 뮬러(George Muller)는 고아원을 운영하며 결코 사람에게 손을 벌리지 않겠다고 다짐했다고 합니다. 하나님 아버지가 충분히 채우고도 남을 능력을 가지신 분이라는 사실을 믿었기 때문입니다.

이런 믿음이 우리에게도 필요합니다.

우리가 믿고 따르는 분은 전능하신 하늘의 아버지로서 우리에게 필요한 모든 것을 아낌없이 주실 선한 분임을 믿으십시오. 복되고 형통합니다. 아멘!!!

💙 주님, 모든 필요를 이미 알고 계시는 주님께 기도하여 응답받게 하소서.
🧱 하나님을 정말로 전지전능한 분으로 여기고 있는지 생각해 봅시다.

나의 영적 일지

문서선교의 유익

읽을 말씀 : 사도행전 5:34–42

● 행 5:42 저희가 날마다 성전에 있든지 집에 있든지 예수는 그리스
도라 가르치기와 전도하기를 쉬지 아니하니라

하나님은 세상을 창조하신 유일한 하나님이시며, 성경은 유일한 진리입니다.
그러나 세상이 변하면서 하나님을 예배하는 형식과 전도 방식은 계속해서
달라지고 있습니다. 이런 흐름을 따라 어느새 전도의 기본이었던 '문서 전도'도
이제는 무용지물인 것처럼 여겨지고 있습니다.

최근 10년 사이 주님을 만난 사람 중에는 노방전도나 문서 전도를 한 번도 경
험해 본 적이 없는 사람들도 있습니다. 이런 상황이지만 그럼에도 불구하고 「문
서선교는 가장 효과적인 전도 방법 중에 하나」라고 생각합니다.

거기에는 다음의 4가지 이유가 있습니다.

❶ 전도지는 성경을 본 적 없는 사람에게도 단 한 장으로
복음의 핵심 메시지를 전달할 수 있습니다.

❷ 전도지는 언제나 어디서나 꺼낼 수 있고, 누구에게나 전할 수 있습니다.

❸ 길 가다 5분만 시간을 내달라고 하면 대부분 거절하겠지만
전도지 한 장을 건넨다면 받을 확률은 더 높습니다.

❹ 드러내놓고 전도할 수 없는 해외에서는 문서선교가
더없이 좋은 매개체입니다.

주님의 복음을 전할 수만 있다면 우리는 수단과 방법을 가리지 말아야 합니
다. 관계를 통해 가까운 이에게 복음을 전하는 것도 좋고, 전도지를 통해 모르는
사람에게 복음을 전하는 것도 좋습니다. 하나님이 주시는 감동을 따라 다만 힘
써 복음을 전하십시오. 복되고 형통합니다. 아멘!!!

★ 이메일 nabook24@naver.com으로 「전도지」라고 써서 보내주시면 …
A4용지에 인쇄해 사용할 수 있는 「전도지 파일 ❶❷❸」을 보내겠습니다.

🤍 주님, 때를 얻든지 못 얻든지 다양한 좋은 방법으로 전도하게 하소서.

📷 어디서나 복음을 전할 수 있게 전도지를 항상 준비해 가지고 다닙시다.

나의 영적 일지

생명수를 전달하라

읽을 말씀 : 요한계시록 21:1-8

● 계 21:6 또 내게 말씀하시되 이루었도다 나는 알파와 오메가요 처음과 나중이라 내가 생명수 샘물로 목 마른 자에게 값 없이 주리니

　　미국 네바다주 접경 지역인 죽음의 계곡(*Death Valley*) 국립공원 근처에는 엄청난 더위로 유명한 아마르고사(*Amargosa*) 사막이 있습니다.

　　기술이 발달된 지금도 이 지역에는 작은 촌락이 하나 있을 뿐이고 10여 명의 주민들이 낡은 숙소를 운영하며 살고 있습니다. 예전에는 이 지역에 마을 대신 여행자들을 위한 물 펌프가 하나 설치되어 있었다고 합니다.

　　그리고 펌프 손잡이에는 다음과 같은 글이 적혀 있었습니다.

　　『펌프 옆에 있는 바위 아래 모래를 파보십시오. 뚜껑이 닫힌 물병이 하나 있을 것입니다. 아무리 목이 말라도 절대 이 물을 먹지 마십시오.

　　저를 믿고 병안에 든 물을 펌프 안에 부으십시오. 그 후 몇 번만 펌프질하면 당신이 쓰고도 남을 충분한 물이 나올 것입니다.

　　물을 다 사용했다면 다시 이 병에 물을 가득 채워 당신이 도움을 받은 것처럼 땅에 묻어놓고 가십시오.

　　(추신: 물을 절대로 마셔서는 안 됩니다. 저를 믿으세요.)』

　　주님이 우리에게 주신 생명수는 절대 마르지 않는 영원한 기쁨입니다.

　　그러나 이 기쁨을 전하지 않고 간직만 하고 있으면 물이 고여 썩습니다. 하나님이 주신 기쁨을 끝까지 간직하기 위해서는 만나는 사람들에게 흘려보내야 합니다.

　　주님이 우리에게 주신 놀라운 은혜를 혼자만 간직하지 말고 매일 기쁘게 주변에 전하며 사십시오. 복되고 형통합니다. 아멘!!!

♥ 주님, 저에게 주신 기쁨과 소망을 이웃과 나누며 살게 하소서.

▨ 주님께서 내게 주신 기쁨과 소망이 무엇인지 정리한 뒤 이웃과 나눕시다.

나의 영적 일지

절대란 없다

읽을 말씀 : 마태복음 7:24-27

● 마 7:26,27 나의 이 말을 듣고 행치 아니하는 자는 그 집을 모래 위에 지은 어리석은 사람 같으리니 비가 내리고 창수가 나고 바람이 불어 그 집에 부딪히매 무너져 그 무너짐이 심하니라

영국의 에디스톤 등대(Eddystone Lighthouse)는 세계 최초로 연안에 세워진 등대입니다. 영국의 플리머스 해안에서 난파하는 배들을 인도하기 위해 세워진 이 등대는 헨리 윈스탠리(Henry Winstanley)라는 괴짜 부자가 세웠습니다.

윈스탠리는 등대를 통해 자신의 이름을 널리 알리고 싶어서 등대 본연의 구조를 중시하지 않고 크기와 화려함에 힘을 쏟았습니다.

윈스탠리는 이 등대로 자신의 능력을 세상에 알리고 싶었지만 이내 몰아친 폭풍우에 등대는 완전히 박살이 났습니다.

윈스탠리는 이번에는 전보다 더 크고 화려하게 등대를 세웠습니다.

전에 세운 등대보다 높이는 3m나 더 높았고 둘레는 12m나 큰 거대한 등대였습니다. 이 등대를 지은 뒤 윈스탠리는 다음과 같이 공언했습니다.

"이 등대는 결코 무너지지 않는다.

세상에서 가장 거센 폭풍우가 몰아친다 해도

나는 이 등대 안에 있을 것이다."

1703년 영국 역사에 길이 남을 폭풍이 몰아치자 윈스탠리는 공언한 대로 등대에 들어가 머물렀습니다. 그러나 폭풍이 근처에 당도하자마자 등대는 종잇장처럼 찢겨 나갔고 윈스탠리도 목숨을 잃고 말았습니다.

인간이 세운 모든 것은 결국에는 사라질 유한한 것입니다.

바벨탑과 같이 무너질 세상의 일에 힘을 쏟지 말고 우리가 영원히 누릴 하나님 나라를 위해 더욱 힘을 쏟으십시오. 복되고 형통합니다. 아멘!!!

♡ 주님, 주님께서 함께하지 않으시면 우리의 수고가 헛됨을 철저히 믿게 하소서.

▨ 무슨 일을 하든지 주님과 함께하고 있는지 점검해 봅시다.

나의 영적 일지

이 길이 아니라면

읽을 말씀 : 잠언 16:1-9

● 잠 16:9 사람이 마음으로 자기의 길을 계획할지라도 그 걸음을 인
도하는 자는 여호와시니라

여행을 가던 중 버스를 잘못 탔다고 생각해 보십시오.

당신이 할 수 있는 가장 지혜로운 일은 무엇일까요?

그냥 잘못 탔으니 다른 곳으로 목적지를 바꾸는 것일까요?

아니면 기사를 설득해서 내가 원하는 장소로 가 달라고 하는 것일까요?

아니면 내가 애초에 가려고 했던 곳이 잘못된 목적지라고 스스로를 속이는
건 어떨까요?

잘못된 버스를 탔을 때 내릴 수 있는 가장 지혜로운 선택은 한 가지입니다.
바로 그 자리에서 내려 다시 돌아가는 것입니다.

잘못된 버스를 타고 원하는 곳으로 갈 수는 없습니다. 갈아타야 합니다.

인생도 마찬가지입니다.

「느낌이 있는 이야기」를 쓴 유명한 작가 프랭크 미할릭(Mihalic, Frank)은 "실패는
단지 행선지가 잘못된 버스에 탄 것을 알고 내리는 것과 같다"라고 말했습니다.

그리고 "나폴레옹은 실패한 수필가였고, 셰익스피어는 실패한 양털 사업가
였습니다. 링컨은 상점을 운영하다 파산했습니다. 그러나 누구도 이들을 실패
했다고 말하지 않습니다. 이들은 자신에게 맞는 일이 뭔지를 찾으려고 노력했
고, 결국 찾았기 때문입니다"라고 말했습니다.

이 길이 아니라면 서둘러 다른 길을 찾는 것이 지혜로운 사람의 행동입니다.
주님이 아닌 세상의 다른 어떤 길에서 만족과 즐거움을 찾으려고 노력해 보십
시오. 결코 찾을 수 없을 것입니다. 세상에 길이 없음을 확인했다면 서둘러 유일
한 생명의 길이신 주님께로 돌아오십시오. 복되고 형통합니다. 아멘!!!!

💙 주님, 주님께서 주시는 길 외에 다른 길을 찾는 어리석은 사람이 되지 않게 하소서.
🦊 주님의 인도하심을 따라 인생을 살아가고 있는지 돌아봅시다.

나의 영적 일지

소소한 대화와 두려움

읽을 말씀 : 디모데후서 1:6-8

● 딤후 1:6,7 그러므로 내가 나의 안수함으로 네 속에 있는 하나님의 은사를 다시 불일듯하게 하기 위하여 너로 생각하게 하노니 하나님이 우리에게 주신 것은 두려워하는 마음이 아니요 오직 능력과 사랑과 근신하는 마음이니

파블로 카잘스(Pablo Casals)는 세계 최고의 첼리스트로 수많은 관객이 가득 찬 공연장에서 언제나 완벽한 연주를 해냈습니다.

그러나 소극장 규모의 작은 무대에서는 극심한 무대 공포증을 느꼈습니다.

관객과의 거리가 가까워서 작은 반응도 속속들이 보였기 때문에 연주에만 집중할 수가 없었기 때문입니다.

세계적인 팝스타 칼리 사이먼(Carly Simon), 닐 다이아몬드(Neil Diamond)도 비슷한 공포증을 앓고 있었습니다. 닐 다이아몬드는 소규모 무대에서는 긴장 때문에 항상 가사를 잊어서 프롬프터 없이는 공연을 하지 않았습니다.

빌보드 차트 1위도 차지한 슈퍼스타 칼리 사이먼은 모든 종류의 소규모 공연을 거절했습니다. 공포증이 심해 라이브로 노래를 부를 수 없었기 때문입니다.

경제잡지 「포춘」(Fortune)에 따르면 세계 50대 기업 CEO들도 이와 비슷한 공포증을 앓고 있다고 합니다. 대중들 앞에서는 여유 있게 카리스마를 뽐내지만 의외로 개인적인 관계에서는 부담감을 느끼고 두려움을 갖고 있다고 합니다. 그러나 사소하고 개인적인 대화가 점점 더 사회에서 중요한 역할을 담당하고 있기 때문에 많은 연예인과 CEO들은 따로 훈련을 해서라도 작은 무대, 소소한 대화의 공포증을 극복하려고 노력하고 있습니다.

대중 앞에서 우리의 믿음을 간증하는 것도 좋지만, 개인적인 관계를 통해서도 우리의 믿음이 흘러가야 합니다. 어디서 누구를 만나도 소소하게 대화를 건네며 복음을 전하셨던 예수님처럼 성령님의 인도하심을 따라 만나는 모든 사람에게 짧은 안부 인사로 다가가십시오. 복되고 형통합니다. 아멘!!!!

💜 주님, 마음을 강하고 담대하게 하사 두려움 없이 복음을 전하게 하소서.
🖼 전도 대상자의 명단을 만들어 기도하며 기회를 만들어 전도합시다.

나의 영적 일지

9월 13일

확실한 미래와 영성

읽을 말씀 : 로마서 8:18–30

● 롬 8:18 생각건대 현재의 고난은 장차 우리에게 나타날 영광과 족히 비교할 수 없도다

8살 된 케빈(Kevin)은 어느 날 기타리스트가 되고 싶었습니다.

부모님은 케빈을 위해 멋진 기타를 사주었고, 좋은 교재도 준비해 주었습니다. 케빈이 집에서 돌아오면 부모님은 매일 2시간씩 기타 연습을 시켰습니다. 때때로 케빈이 친구와 놀러 가고 싶거나 연습을 쉬고 싶을 때도 부모님은 칼같이 2시간씩 기타 연습을 시켰습니다.

케빈은 더 이상 기타리스트가 되고 싶지 않았습니다.

그런데 어느 날 꿈에 천사가 나타나 케빈을 멋진 공연장으로 데려갔습니다. 무대에서는 멋진 청년이 환상적인 기타 연주를 하고 있었습니다.

청년의 연주를 듣고 감동받은 케빈에게 천사가 말했습니다.

"케빈, 저 청년은 10년 뒤의 바로 너란다.

그래서 너희 부모님은 너를 위해 매일 2시간씩 연습을 시키고 있는 거야."

눈을 뜬 다음 날부터 케빈은 부모님이 시키지 않아도 하루도 빼먹지 않고 다시 기타 연습을 시작했습니다.

그리스도인의 경건생활에 도움을 주기 위해 도널드 휘트니(Donald S. Whitney)가 쓴 「영적 훈련」이라는 책에 나오는 이야기입니다.

미래에 성공하리라는 보장이 있는 사람은 오늘의 훈련을 거르지 않습니다.

천국에 갈 확신이 있는 성도라면 오늘의 영성 훈련을 거르지 않습니다.

매일 말씀을 묵상하고 기도하며 복음을 전하는 일은 매우 힘들지만 그만한 가치가 있는 일입니다. 하나님이 보장해 주신 우리의 미래를 마음에 품고 매일 믿음을 연단하십시오. 복되고 형통합니다. 아멘!!!

💚 주님, 꾸준한 경건의 훈련으로 더 성숙한 그리스도인이 되게 하소서.

🧺 말씀 묵상과 기도, 신실한 교제와 선한 일을 지치지 말고 계속 해나갑시다.

나의 영적 일지

사명은 끝이 없다

읽을 말씀 : 고린도전서 9:18–27

● 고전 9:24 운동장에서 달음질하는 자들이 다 달아날찌라도 오직 상 얻는 자는 하나인 줄을 너희가 알지 못하느냐 너희도 얻도록 이와 같이 달음질하라

　　미국의 희극배우 라이오넬 베리모어(Lionel Barrymore)는 항상 영화배우가 되기를 꿈꿨습니다.

　　20대를 모두 바친 그 꿈은 30대가 되기 전에 이루어졌습니다.

　　베리모어는 26살에 찍은 데뷔작 「살모사」를 통해 떠오르는 스타가 됐습니다. 이제 앞으로 탄탄대로만 남은 것 같았습니다.

　　그러나 세상일은 참으로 뜻대로 되지 않았습니다.

　　베리모어는 멋진 데뷔작을 찍은 뒤 수많은 영화에 출연했지만, 인기는 점점 사그라들었습니다.

　　30년이 지나고 나자 그의 이름을 기억하는 사람은 아무도 없었습니다.

　　하지만 영화 일이 너무 좋았던 베리모어는 어떻게든 현장에서 할 수 있는 일을 찾았습니다.

　　베리모어는 오랜 공부와 연구로 새로운 사운드 녹음 시스템을 개발했고, 배우의 경험을 살려 촬영기법을 연구하다 영화감독으로 데뷔했습니다.

　　유성영화에 혁명을 일으킨 베리모어를 다시 할리우드의 유명 감독들이 찾기 시작했습니다. 「마타 하리」, 「그랜드 호텔」을 비롯한 공전의 히트를 기록한 베리모어의 대표작들은 모두 50살이 넘은 나이에 찍은 영화들입니다.

　　주님이 우리에게 주신 사명은 세상을 떠날 때까지 끝나지 않습니다.

　　어떤 상황에서도 자신이 맡은 일을 묵묵히 하는 사람은 반드시 빛을 보는 것처럼, 주님이 인정하시는 믿음이 될 때까지 우리에게 주신 사명을 묵묵히 감당해 나가십시오. 복되고 형통합니다. 아멘!!!

💚 주님, 어떤 상황에서도 제가 맡은 일을 묵묵히 감당하는 성도가 되게 하소서.
🖼 지난날의 화려함도, 초라함도 잊고 주님이 주시는 새로운 소망을 품읍시다.

나의 영적 일지

9월 15일

굳어진 마음

읽을 말씀 : 잠언 18:10-16

● 잠 18:12 사람의 마음의 교만은 멸망의 선봉이요 겸손은 존귀의 앞
 잡이니라

중세 시대에 한 유명한 수도원에 전도유망한 성직자가 있었습니다.

이 성직자는 어린 나이임에도 가르치는 모든 것을 빠르게 습득했고, 또래 성직자들보다 월등히 뛰어난 실력을 뽐냈습니다. 그러나 아는 지식을 너무 자랑하는 교만함이 문제였습니다. 이 성직자는 누구보다 아는 것은 많았지만 그를 좋아하는 사람은 단 한 명도 없었습니다.

어느 날 이 사실을 마음에 둔 수도원장이 젊은 성직자를 데리고 밭으로 나갔습니다. 수도원장은 성직자에게 단단한 땅 위로 물을 부어보라고 했습니다. 아무리 물을 부어도 단단한 흙에는 물이 스며들지 않았고, 곁으로 흘러내렸습니다.

수도원장은 잠시 뒤 같은 곳을 곡괭이로 마구 파헤쳤습니다.

그리고 똑같이 땅에다 물을 부어보라고 말했습니다. 그러자 부서진 흙 위로 물이 잔잔히 스며들었습니다. 그러자 수도원장이 말했습니다.

"단단한 흙에는 꽃을 피울 수가 없다네.

사람 마음도 단단하기만 해서는 아무런 열매를 맺을 수가 없어.

겸손으로 교만을 부수는 사람이 다른 사람 마음에 꽃을 피우는 법이라네."

예수님이 주신 생명의 말씀을 가장 먼저 받아들인 사람들은 부서진 흙과 같이 겸손한 마음을 가진 사람들이었습니다.

예수님이 주시는 매일의 은혜를 듬뿍 머금을 수 있는 부드러운 마음, 세상 사람들 마음에 복음의 씨앗을 피울 수 있는 겸손한 마음을 달라고 매일 무릎으로 주님께 나아가십시오. 복되고 형통합니다. 아멘!!!

🧡 주님, 주님을 경외하는 겸손한 삶으로 주님의 인정을 받게 하소서.

🖼 나는 다른 사람 마음에 꽃을 피우는 삶을 살고 있는지 살펴봅시다.

나의 영적 일지

대화의 연금술

9월 16일

읽을 말씀 : 잠언 25:9-15

● 잠 25:11 경우에 합당한 말은 아로새긴 은쟁반에 금사과니라

『저는 방송 「만나고 싶은 사람 듣고 싶은 이야기」를 진행할 때 질문을 속 시원하게 잘했던 방송 진행자 래리 킹(Larry King)을 떠올리는데, 그의 인터뷰 프로그램 「래리 킹 라이브」는 25년 동안 큰 인기를 누렸던 미국의 토크쇼 프로그램입니다. 대부분의 토크쇼는 사람들의 이목을 끌기 위해 일부러 자극적인 주제와 질문을 선정합니다. 때문에 특정 토크쇼를 기피하는 스타들도 많습니다.

그러나 래리 킹의 뛰어난 진행 덕분에 「래리 킹 라이브」는 오히려 세계적인 스타들이 먼저 출연을 원하는 프로그램이었습니다.

다음은 래리 킹의 화술을 통해 배우는 「모든 사람을 편안하게 만드는 6가지 대화법」입니다.

❶ 앞에 있는 사람에게 적극적으로 관심을 표현하고 존중하라.

❷ 시선을 피하지 말고 자주 눈을 마주쳐라.

❸ 나의 이야기를 먼저 하면서 마음을 열게 하라.

❹ 제대로 말하기 전에 제대로 듣는 연습부터 하라.

❺ 요즘 사람들이 관심 있어 하는 주제가 무엇인지 파악하라.

❻ '왜?'라는 말을 자주 사용하라.

이 대화법에서 좋은 전도자는 또한 좋은 상담자가 되어야 함을 배우게 됩니다. -「김장환 목사의 인생 메모」 중에서

주님이 먼저 사람들을 찾아가 이야기를 들어주시고 복음을 전하셨듯이, 상대방에 대한 관심과 더불어 좋은 대화법으로 먼저 사람들의 마음을 여는 전도자가 되십시오. 복되고 형통합니다. 아멘!!!

🩶 주님, 먼저 사람들을 찾아가 이야기를 들어주고 복음을 전하게 하소서.

🖼 나는 남의 이야기를 많이 들어 주는 편인지 아닌지 생각해 봅시다.

나의 영적 일지

교회와 피아노 효과

읽을 말씀 : 누가복음 15:8-10

● 눅 15:9,10 또 찾은즉 벗과 이웃을 불러 모으고 말하되 나와 함께 즐기자 잃은 드라크마를 찾았노라 하리라 내가 너희에게 이르노니 이와 같이 죄인 하나가 회개하면 하나님의 사자들 앞에 기쁨이 되느니라

미국의 고급 백화점 브랜드 노드스트롬(Nordstrom)의 모든 체인점에는 피아노가 있습니다. 가장 좋은 위치에 놓인 비싼 피아노를 매일 가장 붐비는 시간대에 피아니스트가 와서 라이브로 연주합니다. 자본주의적인 생각으로는 이해할 수 없는 행동입니다. 음악을 듣는다고 매출이 오르는 것도 아닌데 비싼 피아노를 구입해 모든 매장에 배치하고, 고급 인력인 피아니스트를 고용합니다. 노드스트롬이 이렇게까지 피아노 연주에 힘을 쏟는 이유는 단 한 가지입니다.

「고객들에게 멋진 경험을 선사하기 위해서.」

실제로 뜻하지 않은 곳에서 멋진 연주를 들은 고객들은 매우 행복한 경험을 안고 집으로 돌아갑니다. 그 결과 집에서 훨씬 가까운 곳에 싸게 물건을 파는 곳이 있더라도 시간과 노력을 들여 노드스트롬을 찾아갑니다.

노드스트롬은 피아노 연주뿐 아니라 고객을 위해서는 뭐든지 하는 백화점으로 유명하기 때문입니다.

노드스트롬은 이런 이유로 온라인 쇼핑이 성행하는 요즘 시대에도 압도적인 충성고객을 가지고 있습니다. 경제학자들은 고객들의 마음을 사로잡는 노드스트롬의 경영철학을 「피아노 효과」라고 부르고 있습니다.

고객을 위해 무슨 일이든 하는 백화점처럼, 우리도 처음 교회를 찾은 한 영혼을 위해 할 수 있는 모든 것으로 섬겨야 합니다.

가장 귀한 일인 영혼 구원을 위해 할 수 있는 최대한의 미소와 섬김으로 교회의 *VIP*들을 맞이하십시오. 복되고 형통합니다. 아멘!!!

💜 주님, 한 영혼이 주님께 돌아올 때 천국 잔치가 열림을 기억하고 전도하게 하소서.

🎴 최근에 예수님을 구세주로 믿게 된 분에게 식사 대접이나 선물을 하며 축하합시다.

나의 영적 일지

세상의 행복이란

읽을 말씀 : 요한복음 14:25-31

● 요 14:27 평안을 너희에게 끼치노니 곧 나의 평안을 너희에게 주노라 내가 너희에게 주는 것은 세상이 주는 것 같지 아니하니라 너희는 마음에 근심도 말고 두려워하지도 말라

미국의 복음주의 잡지 「크리스채너티 투데이」(Christianity Today) 편집자인 도널드 맥컬로우(Donald W. McCullough)가 말한 「사람들이 행복으로 착각하고 있는 것」에 대한 내용입니다.

❶ 자신이 한 일을 자랑스럽게 느끼는 것

❷ 기분 좋은 느낌

❸ 자신만만한 상태

❹ 성취감을 느낄 때

❺ 고통이 별거 아닌 것처럼 느껴질 때

❻ 무슨 일이든 다 해도 될 것 같이 느껴질 때

❼ 스트레스와 갈등이 사라진 편안한 상태

❽ 세상의 인정을 받는 느낌

위 8가지 중 한 가지 감정만 느껴도 보통 우리는 행복하다고 느낍니다.

그러나 이 모든 감정이 착각하고 있는 행복이라면 도대체 진정한 행복은 무엇일까요?

맥컬로우는 "인간이 진정한 행복을 느낄 수 있는 방법은 단 한 가지, 하나님과 올바른 관계를 맺을 때다"라고 말했습니다.

다윗은 "세상에서의 천날이 주님의 전에서의 하루보다 못하다"라고 고백했습니다. 주님과 함께하는 시간을 통해 세상의 그 어떤 복락보다 더 큰 기쁨을 누리는, 주님과 동행하는 성도가 되십시오. 복되고 형통합니다. 아멘!!!

💚 주님, 진정한 행복은 주님께서 주시는 것임을 기억하고 착각하지 않게 하소서.

🖼 위 8가지 감정에 의해 행복하다고 착각하며 살고 있지는 않은지 점검합시다.

나의 영적 일지

떳떳하게 성공하라

읽을 말씀 : 디모데후서 2:11-15

●딤후 2:15 네가 진리의 말씀을 옳게 분변하며 부끄러울 것이 없는 일군으로 인정된 자로 자신을 하나님 앞에 드리기를 힘쓰라

　　존 맥코넬(John McConnell)은 무일푼으로 미국 최고의 기술력을 가진 금속제조회사 「워싱턴 인더스트리」(Worthington Industries Inc.)를 세운 성공 신화의 주인공입니다.

　　그야말로 맨땅에서 엄청난 성공을 이룬 사람이기 때문에 많은 매체, 사업가, 경영자, 정부 부처의 장관까지 맥코넬을 찾아와 성공의 비결을 묻곤 했습니다.

　　그때마다 맥코넬은 똑같은 대답을 했습니다.

　　"성경에 나오는 황금률(Golden Rule)이 제 성공 비법입니다.

　　다른 사람의 입장을 먼저 생각하는 자세로 회사를 경영했더니

　　성공이 저절로 따라왔습니다."

　　'투자의 귀재' 워런 버핏(Warren Buffett) 역시 윤리적 판단을 중요하게 여기며, 항상 '햇볕 테스트'(Sunshine Test)라는 과정을 거쳐 투자를 결정한다고 합니다.

　　햇볕 테스트는 다음과 같은 질문을 스스로에게 던져 보는 것입니다.

　　"지금 내가 내린 결정이 내일 아침 뉴욕타임스 1면에 실려도

　　떳떳할 것인가?"

　　빛 가운데 거하며 어둠을 따를 수 없듯이, 주님을 믿는 성도가 불법을 통해 성공할 수는 없습니다. 하나님 앞에 부끄러운 일이라면 사람 앞에서 합당한 일처럼 느껴진다 하더라도 과감히 포기하십시오. 성공보다 중요한 것은 거룩한 삶과 굳건한 믿음입니다. 나를 통해 다른 사람이 복을 받는 성공을 꿈꾸고, 사람들 앞에서도, 주님 앞에서도 감출 것이 하나도 없는 당당하고 자랑스러운 성공을 꿈꾸십시오. 복되고 형통합니다. 아멘!!!

　　🖤 주님, 주님이 허락하지 않은 일은 보지도, 듣지도, 행하지도 않게 하소서.

　　🎴 주님 앞에 부끄럽지 않은 성도가 되기 위해 자주 점검하며 노력합시다.

나의 영적 일지

자세부터 고쳐라

9월 20일

읽을 말씀 : 시편 95:1-11

● 시 95:6 오라 우리가 굽혀 경배하며 우리를 지으신 여호와 앞에 무릎을 꿇자

미국의 심리학자들이 팔짱 끼기에 대한 연구를 한 적이 있습니다.

심리학자들은 첫 번째 그룹의 사람들에게 편안한 자세로 강의를 들으라고 요구했습니다. 다음으로 두 번째 그룹의 사람들에게는 강연 내내 팔짱을 끼고 있으라고 요구했습니다.

강의가 끝나고 강연 내용을 얼마나 잘 기억하는지 테스트를 해봤습니다.

결과는 충격적이었습니다.

팔짱을 낀 사람들이 38%나 더 내용을 기억하지 못했습니다.

팔짱 하나 때문에 이런 결과가 일어난다는 걸 믿지 못한 심리학자들은 몇 달 뒤 다시 1,500명을 대상으로 같은 실험을 진행했지만, 결과는 마찬가지였습니다. 팔짱을 끼고 강연을 들은 사람들은 내용을 더 기억 못 했고, 강사에 대한 이미지도 나쁘게 가지고 있었습니다.

마음의 신호는 몸의 신호로 이어집니다.

예배를 드리고, 찬양을 드릴 때 우리의 몸의 신호는 어떻습니까?

간절히 은혜를 구하는 마음으로 누구보다 일찍 와서 앞자리부터 앉습니까?

아니면 혼자 있기 편한 자리를 찾아가 적당히 딴생각을 하다 돌아갑니까?

주님은 우리의 마음을 보시는 분이지만, 마음이 주님께 향한 사람은 말과 행동으로도 드러나기 마련입니다.

주님은 우리 인생에서 가장 귀한 분입니다. 세상에서 가장 존경하고 사랑하는 분을 만나러 간다는 마음가짐과 자세로 주님 앞에 나아가십시오. 복되고 형통합니다. 아멘!!!

🖤 주님, 마음으로부터 바로 선 자세로 주님 앞에 서게 하소서.

🖼 주님이 항상 앞에 계신다는 생각으로 모든 예배를 드립시다.

나의 영적 일지

9월 21일

깨진 것의 아름다움

읽을 말씀 : 고린도후서 12:1-10

● 고후 12:9 내게 이르시기를 내 은혜가 네게 족하도다 이는 내 능력이 약한데서 온전하여짐이라 하신지라 이러므로 도리어 크게 기뻐함으로 나의 여러 약한 것들에 대하여 자랑하리니 이는 그리스도의 능력으로 내게 머물게 하려함이라

페르시아의 카자르(Qajar dynasty) 왕조 시대에 있었던 일입니다.

왕의 명령으로 온 나라의 예술가와 건축가들이 모여 왕궁을 짓고 있었습니다. 둥근 천장과 벽, 기둥을 온갖 화려한 보석과 문양으로 수놓은 거대한 궁전이었습니다. 예술가들은 궁전의 장식을 마무리할 유리를 기다리고 있었습니다.

당시 유리는 다이아몬드만큼 비싼 공예품이었습니다.

그토록 기다리던 유리가 도착한 날 예술가들은 까무러치게 놀랐습니다.

운송 실수로 그 비싼 유리가 산산조각이 나서 왔기 때문입니다.

아깝지만 어쩔 수 없었습니다.

깨진 유리를 치우고 다시 주문하려는 순간 한 예술가가 외쳤습니다.

"깨진 유리들을 보십시오. 감히 쳐다볼 수 없을 만큼 눈부신 빛을 내고 있지 않습니까? 이 유리를 사용하면 더 훌륭한 장식이 완성될지도 모릅니다."

바닥에 쏟아진 유리 조각들은 온 궁전을 뒤덮을만한 화려한 빛을 흘려보내고 있었습니다. 이 장면을 본 사람들은 그 예술가의 말에 동의했고, 깨진 유리를 사용해 궁전의 장식을 마무리했습니다.

지금도 많은 사람이 찾는 세계 문화유산 나란제스탄 궁(Narenjestan Palace)의 이야기입니다.

깨져야 더 아름다운 것들이 있습니다. 옥합이 깨지지 않았다면 아름다운 향유로 예수님을 기쁘게 해드릴 수 없었을 것입니다. 나의 시간, 나의 재물, 나의 능력 등 주님께 드리지 않고 나만 누리려고 꽁꽁 싸맨 것이 있다면 과감히 깨어 주님께 향기로운 제사로 드리십시오. 복되고 형통합니다. 아멘!!!

♥ 주님, 모든 욕심을 버리고 제 생각과 마음을 주님께 맡기게 하소서.

🌾 주님의 인도하심을 따라 우리의 삶을 온전히 드리고 있는지 점검합시다.

나의 영적 일지

정말 중요하게 여기는가

9월 22일

읽을 말씀 : 요한복음 4:19-24

● 요 4:23 아버지께 참으로 예배하는 자들은 신령과 진정으로 예배할 때가 오나니 곧 이때라 아버지께서는 이렇게 자기에게 예배하는 자들을 찾으시느니라

영국의 신학자이자 저명한 작가인 윌리엄 브래드쇼(William Bradshaw)는 목회자가 할 수 있는 가장 숭고한 사명은 바로 설교라고 말했습니다.

"목회자는 말씀을 권면하고 책망함으로써 복음을 엄숙하게, 공적으로 전달해야 합니다. 이것이 목회자가 가질 수 있는 최고와 최상의 권위입니다."

영국 케임브리지 대학의 신학자 윌리엄 퍼킨스(William Perkins)도 설교에 대해 다음과 같이 말했습니다.

"목회자가 제대로 설교를 할 때 신자들은 늘어나고
양 무리 가운데 이리는 떠나갑니다."

퍼킨스와 브래드쇼가 이처럼 설교를 강조한 이유는 당시 설교자들은 사람들 앞에서 말을 하는 행위를 좋아했지, 하나님의 말씀을 전하는 걸 좋아하지 않았기 때문입니다.

「설교를 정말 중요하다고 여기는가? 충분히 목숨을 걸고 있는가?」

이 두 질문이 당대의 목회자들에게 던지는 중대한 질문이었습니다.

같은 질문을 오늘날을 살아가는 우리들에게도 던져봅시다.

'나는 믿음이 정말로 중요하다고 여기는가? 충분히 목숨을 걸 수 있는가?'

같은 공간에서 예배를 드린다 하더라도 우리의 자세와 열정에 따라 가인의 제사가 될 수도 있고, 아벨의 제사가 될 수도 있습니다.

우리를 위해 모든 것을 희생하신 주님의 사랑을 기억하며 드릴 수 있는 최선의 열정과 노력으로 모든 예배를 드리십시오. 복되고 형통합니다. 아멘!!!

♡ 주님, 예배 때 말씀을 간절한 마음으로 받고 날마다 성경을 상고하게 하소서.

🧎 하나님께 드리는 예배를 세상에서 가장 중요한 일로 여기며 최선을 다합시다.

나의 영적 일지

9월 23일

세 가지 과제

읽을 말씀 : 에베소서 4:17-24

● 엡 4:24 하나님을 따라 의와 진리의 거룩함으로 지으심을 받은 새 사람을 입으라

'개인심리학' 분야를 창시한 독일의 심리학자 알프레드 아들러(Alfred Adler)는 "모든 사람은 인생에서 다음의 「3가지 숙제」를 안고 살아간다"라고 말했습니다.

● 첫 번째 숙제/ 일입니다.

혼자서 하는 일이라고 해도 어떻게든 누군가와 관계를 맺어야 합니다.

일을 하면 필연적으로 평가를 받게 되는데 이 평가가 두려워 회피하는 사람은 일의 숙제를 제대로 해결할 수 없습니다.

● 두 번째 숙제/ 친구입니다.

친구가 많고 적고가 아니라, 단 한 명이라도 마음을 터놓을 수 있는지가 문제입니다. 진솔한 관계로 맺어진 친구가 없는 사람은 역시 친구라는 숙제를 해결하지 못한 사람입니다.

● 세 번째 숙제/ 사랑입니다.

상대를 억압하지 않으면서도 받아들일 수 있는 관계를 아들러는 진정한 사랑이라고 봤습니다. 한편 그런 이유로 사랑의 숙제가 인생에서 가장 중요하고, 또한 가장 어려운 숙제라고 말했습니다.

그러나 이 모든 숙제를 다 해결한다 해도 끝이 아닙니다. 누구도 피할 수 없는 죄의 문제, 죽음의 문제를 해결하지 못했기 때문입니다.

우리의 삶은 정말로 이 세상에서 끝나는 것이 아닙니다.

주 예수 그리스도를 구주로 영접함으로 인생에서 가장 시급하게 해결해야 할 진짜 숙제를 해결하십시오. 복되고 형통합니다. 아멘!!!!

♥ 주님, 죄와 죽음, 심판, 영원한 생명의 문제를 주님만이 해결하실 수 있음을 믿게 하소서.
🖼 주님이라는 인간의 모든 문제를 해결할 수 있는 방법이 있음을 이웃에게 전합시다.

나의 영적 일지

여백의 미

읽을 말씀 : 마태복음 11:25-30

9월 24일

● 마 11:28 수고하고 무거운 짐진 자들아 다 내게로 오라 내가 너희를 쉬게 하리라

14세기의 '위대한 탐험가' 이븐 바투타(Ibn Battuta)는 21살에 여행을 떠나 30년 동안 12만 7천km를 여행했습니다.

아프리카와 유럽, 아시아와 아라비아반도를 아우르는 사실상의 세계여행이었습니다. 30년 동안 계속해서 여행을 다니던 바투타는 고향인 모로코로 돌아와 하루 종일 서재에 틀어박혀 있었습니다.

누군가 "더 이상 여행을 떠나지 않느냐"라고 물을 때면 바투타는 다음과 같이 대답했습니다.

"내가 30년 동안 여행을 떠난 것은 바로 여행기를 책으로 써서 사람들에게 전하기 위해서라네."

바투타가 쓴 「여행기」는 지금도 많은 사람들에게 매우 중요한 역사적 사료로 인정받고 있습니다.

오스트리아의 뛰어난 피아니스트인 아르투르 슈나벨(Artur Schnabel)은 뛰어난 연주의 비결을 다음과 같이 말했습니다.

"다른 피아니스트들도 저와 똑같은 악보를 보고 똑같은 건반을 누릅니다. 그러나 건반과 건반 사이 멈추는 시간에 저의 예술이 존재합니다."

비어있는 여백이 채워진 곳의 그림을 더 고풍스럽게 만들 듯이, 최선을 다해 노력하고 나서는 하나님께 모든 것을 맡기고 평안 가운데 쉴 줄도 알아야 합니다.

주님이 주신 감동을 따라 떠나야 할 때와 멈춰야 할 때가 언제인지를 알고, 또한 순종하는 지혜로운 성도가 되십시오. 복되고 형통합니다. 아멘!!!!

♡ 주님, 순종함으로 주님의 인도하심을 항상 따르는 삶을 살아가게 하소서.

📖 지금 주님께 순종하는 삶을 살아가고 있는지 돌아봅시다.

나의 영적 일지

9월 25일

쓰실 기회를 드려라

읽을 말씀 : 야고보서 2:1-5

●약 2:5 내 사랑하는 형제들아 들을찌어다 하나님이 세상에 대하여 는 가난한 자를 택하사 믿음에 부요하게 하시고 또 자기를 사랑하 는 자들에게 약속하신 나라를 유업으로 받게 아니하셨느냐

한 성도가 빈민가에서 전도를 하고 있었습니다.

거리에서 열심히 복음을 전하는 성도를 본 이발사가 문밖으로 나와 말을 걸 었습니다.

"이보시오. 하나님이 정말로 살아계신다면 저 사람들이 왜 저렇게 가난하게 사는 겁니까? 차라리 돈이나 한 푼 주는 게 더 도움이 되지 않겠소?"

이 말을 들은 성도가 한 행인을 가리키며 물었습니다.

『선생님은 솜씨가 아주 좋은 이발사라는 얘기를 들었습니다.

그런데 저 행인의 머리를 왜 저렇게 엉망으로 두고 계십니까?』

"저 사람이 우리 가게에 오지 않았으니까요."

이발사의 말을 들은 성도가 재빨리 대답했습니다.

『하나님도 같은 심정이십니다.

이 거리의 어떤 사람이라도 하나님을 찾아와 기회를 드리기만 한다면

세상 누구보다 멋지게 들어 사용하실 것입니다.』

무디(D. L. Moody)가 시카고 빈민가에서 복음을 전하던 중 있었던 일입니다.

우리의 삶을 하나님께 온전히 드리기만 하면, 하나님은 우리의 출신과 능력 을 묻지 않고 거룩한 복음의 도구로 사용하십니다.

나의 출신과 능력으로 인해 사명을 주저하고 있다면, 나를 만나주신 주님이 나를 또한 사용해 주실 것이라는 믿음으로 용기를 얻으십시오. 하나님의 거룩 한 사명을 위해 우리의 삶을 온전히 드리십시오. 복되고 형통합니다. 아멘!!!!

💗 주님, 삶의 주권을 주님께 온전히 맡기는 참된 제자가 되게 하소서.

🧩 소외된 지역에 가서 복음도 전하고 물질도 나누며 필요를 도웁시다.

나의 영적 일지

다시 살아났던 기도

읽을 말씀 : 에베소서 6:10-20

● 엡 6:18,19 모든 기도와 간구로 하되 무시로 성령 안에서 기도하고 이를 위하여 깨어 구하기를 항상 힘쓰며 여러 성도를 위하여 구하고 또 나를 위하여 구할 것은 내게 말씀을 주사 나로 입을 벌려 복음의 비밀을 담대히 알리게 하옵소서 할 것이니

한국에는 잘 알려지지 않았지만, 지금으로부터 30년 전 지금은 신앙의 불모지로 여겨지는 스코틀랜드에서 '새벽 기도 부흥'이 일었던 적이 있었습니다.

스코틀랜드는 장로교가 시작된 곳으로 한때는 지금의 한국처럼 전 세계로 선교사를 파송하는 복음의 전진기지였습니다. 그러나 지금은 교회가 술집으로 사용되고 있을 정도로 참담한 상황입니다. 이런 곳에서 어떻게 새벽 기도가 다시 시작될 수 있었을까요? 번화가의 중심인 유니언 스트리트(Union Street)에 위치한 유일한 한인교회 덕분입니다.

사라져가는 스코틀랜드의 교회를 품고 이 교회 사람들은 매일 새벽을 깨워 눈물로 기도했습니다. 한 교회가 뜨거운 가슴으로 시작한 이 새벽 기도에는 점차 많은 사람이 모이기 시작했고, 한인을 넘어서 현지인들도 참석했습니다.

1년이 지나고 글래스고(Glasgow), 에든버러(Edinburgh)를 비롯한 스코틀랜드 전 지역에서 새벽 기도가 시작됐다고 합니다. 놀라운 이 새벽 기도의 부흥은 채 10년이 이어지지 못하고 불씨가 사그라들었지만, 지금 시대에도 뜨거운 열정을 품은 한 사람, 한 교회만 기도를 쉬지 않는다면 언제 어디서라도 다시 부흥이 일어날 수 있음을 분명히 보여준 사건이라고 생각합니다.

우리의 힘으로 어쩔 수 없는 일들이 일어날 때 우리가 해야 할 최후의 방법, 최선의 방법은 바로 기도입니다. 우리가 기도할 때 하나님은 정말로 역사하십니다. 진리의 복음이 다시 들불처럼 전 세계로 뜨겁게 번져나갈 수 있도록 매일 기도를 쉬지 않는 믿음의 용사가 되십시오. 복되고 형통합니다. 아멘!!!

♡ 주님, 교회가 다시 부흥되기 위해 제가 해야 할 일을 가르쳐 주소서.
📖 다시 부흥을 일으킬 수 있는 작은 불씨가 우리를 통해 일어나게 해달라고 기도합시다.

나의 영적 일지

안락함을 떠나라

읽을 말씀 : 마태복음 28:16-20

● 마 28:20 내가 너희에게 분부한 모든 것을 가르쳐 지키게 하라 볼 찌어다 내가 세상 끝날까지 너희와 항상 함께 있으리라 하시니라

미국 플로리다주에 위치한 세인트 오거스틴(Saint Augustine) 바닷가는 어부들에 게 황금의 바다로 불렸습니다. 그만큼 풍부한 어종이 살기에 많은 고기잡이배 가 지나다니고 또한 갈매기도 많았습니다.

그런데 어느 날부터 갈매기들이 떼로 죽어 나가기 시작했습니다.

한두 마리가 죽는 것이 아니라 집단 폐사로 거의 멸종 위기까지 몰렸습니다.

조류학자들의 조사 결과 원인은 바로 새우잡이 배였습니다.

어부들이 잡은 새우를 정리하는 동안 새우의 상한 부분들이 해변에 굴러떨 어지곤 했는데, 갈매기들은 길바닥에 떨어진 새우만 편하게 주워 먹으면 됐습 니다. 그런데 새우 어군이 남쪽으로 이동함에 따라 어부들이 아래쪽으로 내려 가자 더는 새우를 공짜로 먹을 수 없게 됐고, 그렇다고 전처럼 사냥도 하지 않아 그냥 굶어 죽고 만 것이었습니다.

국내에도 많이 알려진 이 이야기는 사실 미국의 잭슨빌 은행(Jacksonville Bank)이 만든 광고입니다. 하지만 지금 세상을 살아가는 우리에게 경종을 울리는 좋은 예화라고 생각합니다.

요즘은 가만히 앉아서 어디서든 예배를 드리고, 찬양을 들을 수 있는 시대이 지만 그만큼 우리의 삶은 열매를 맺고 있습니까?

예수님이 제자들을 세우신 이유는 바로 전도입니다.

예수님이 우리를 만나주사 구원하신 이유도 바로 전도입니다.

주님이 주신 가장 중요한 사명을 잊지 말고 척박한 땅에서도 풍성한 열매를 맺 는 물 댄 동산 같은 축복을 전도를 통해 경험하십시오. 복되고 형통합니다. 아멘!!!

💙 주님, 주님의 은혜와 도우심으로 풍성한 열매를 맺으며 살아가게 하소서.

📖 지난 한 달 동안 맺은 전도의 열매를 돌아보고 더욱 전도에 힘씁시다.

나의 영적 일지

연합의 힘

9월 28일

읽을 말씀 : 전도서 4:1-12

● 전 4:12 한 사람이면 패하겠거니와 두 사람이면 능히 당하나니 삼
겹 줄은 쉽게 끊어지지 아니하느니라

1차 세계대전 당시 영국의 비행기 조종사들은 누구도 범접할 수 없는 세계 최고의 실력자들이었습니다.

전쟁 초기에 독일 공군은 영국 공군을 상대하다 거의 전멸을 당했기 때문에 중반에는 멀리서 영국군 비행기만 봐도 줄행랑을 칠 정도였습니다. 그러나 이런 상황은 전쟁 후반기에 들어 역전되어 독일 공군이 영국 공군을 상대로 압도적인 승리를 거두었습니다.

그 비결은 바로 편대 비행이었습니다. 당시 공군끼리의 대결은 1:1이 기반인 '도그 파이트' 위주였습니다. 그런데 한 독일군 장교가 신명기 32장 30절의 말씀을 읽던 중 한 가지 의문을 가졌습니다.

'1명이 1,000명을 물리치는데 2명은 왜 2,000명이 아닌 10,000명을 물리친다고 성경에 나와 있는가?'

성경에 거짓이 나올 리가 없다고 믿은 장교는 자체적으로 모의전을 해봤는데 정말 성경 말씀처럼 2대의 비행기가 편대를 이루면 1:1 때보다 전투력이 100배나 늘어났습니다. 영국 공군이 아무리 실력이 좋아도 혼자서는 2.5m 반경 안의 적을 상대해야 했지만, 2대로 짝을 지은 독일 공군은 250m 반경에서 먼저 공격을 할 수 있었습니다.

주님이 우리와 함께하실 때 혼자서는 천 배, 둘이서는 만 배의 힘을 낼 수 있습니다. 하물며 믿는 우리 성도들이 한마음, 한뜻으로 선한 일을 도모할 때는 주님이 몇 배의 능력을 부어주시겠습니까? 교회 성도들과 또 믿는 모든 성도들과 선한 일을 위해 연합하는 성도가 되십시오. 복되고 형통합니다. 아멘!!!

♡ 주님, 주님 안에서 마음과 뜻이 맞는 동역자들과 선한 일을 도모하게 하소서.
🎞 주변의 친한 사람들과 주님을 위한 일을 함께 이루어갑시다.

나의 영적 일지

돌고 도는 인생

읽을 말씀 : 마태복음 7:7-11

● 마 7:7 구하라 그러면 너희에게 주실 것이요 찾으라 그러면 찾을 것이요 문을 두드리라 그러면 너희에게 열릴 것이니

눈 덮인 알프스에서 2주 넘게 조난 중이다가 구출된 사람이 있었습니다.
남자가 구출된 곳은 실종 지역에서 3~4㎞ 정도 떨어진 지역이었습니다.
구조팀에게 이 이야기를 들은 남자는 깜짝 놀라 반문했습니다.
"어떻게 그럴 수가 있죠? 저는 하루에 12시간씩 매일 마을을 찾기 위해 걸었습니다. 못해도 하루에 10㎞는 걸었을 텐데요?"
바로 '윤형 방황'이라는 현상 때문입니다.
넓고 단조로운 지형에 사람이 떨어졌을 때는 방향감각에 이상이 생깁니다.
눈 덮인 알프스, 시야가 어두운 정글, 넓은 바다 위, 사막과 같은 황무지를 헤맬 때 종종 겪게 되는 일입니다.
사람은 어디론가 한 방향으로 계속 가고 있다고 생각하지만 사실은 같은 자리를 계속 맴돌고 있습니다.
「윤형 방황」을 끝내기 위해서는 두 가지 사항을 명심해야 합니다.
● 첫째, 주변을 바라보지 말고 목표지점만을 향해 걸어가기
● 둘째, 감각 이상을 방지하기 위해 적절히 쉬면서 목표지점을 확인하기
주님을 만나지 못하고 살아가는 인생도 결국 '윤형 방황'이나 마찬가지입니다. 어떤 사람이든 결국은 주님을 만나 구원을 받아야 하며, 구원받은 우리는 한 명이라도 더 많은 사람에게 복음을 전해야 하는 분명한 목표가 있음을 잊지 말고 주님이 주신 사명을 향해 똑바로 걸어가는 지혜로운 순례자가 되십시오. 복되고 형통합니다. 아멘!!!

♡ 주님, 말씀과 기도와 봉사를 통해 날마다 성장하는 믿음을 갖게 하소서.
🖼 나의 믿음이 날이 갈수록 주님 안에서 더 성장하고 있는지 점검합시다.

나의 영적 일지

죽음에 앞서서

9월 30일

읽을 말씀 : 히브리서 9:23-28

● 히 9:27 한번 죽는 것은 사람에게 정하신 것이요 그 후에는 심판이 있으리니

　　로마의 마지막 황제이자, 모든 국민이 완벽한 황제라고 칭송했던 마르쿠스 아우렐리우스(*Marcus Aurelius Antoninus*)가 쓴 「명상록」을 보면 죽음에 대한 다음과 같은 글이 나옵니다.

　　『나는 언젠가는 죽어야 하리라.

　　꼭 그래야 한다면, 한탄하며 죽을 일은 아니지 않은가?

　　죽음에 묶여야만 할 몸이라면, 울부짖으며 끌려갈 이유는 없지 않은가?

　　평온하게 웃음 띤 얼굴로 세상을 기꺼이 떠나는 것을 누가 막을 것인가?

　　당장 죽어야 할 운명이라면 기꺼이 지금 죽으리라.

　　조금 후에 죽어야 한다면 일단은 식사를 하리라.

　　마침 점심시간이 되지 않았는가.

　　정해진 시간이 찾아오면 애초에 남의 것이었던 것을

　　주인에게 되돌려 주는 사람답게 나는 의연히 죽으리라.』

　　마르쿠스 황제는 죽음의 순간까지 모든 사람에게 칭송을 받으며 완벽한 최후를 맞았습니다. 그러나 세상에서는 완벽했던 이 황제에게도 한 가지 흠이 있었습니다. 바로 창조주이신 주님을 만나지 못한 것입니다.

　　세상 최고의 높은 자리에 오른 황제도, 모든 사람에게 존경을 받은 완벽한 사람도, 주님을 만나지 않으면 결국은 죽음 앞에 굴복하게 된다는 세상의 분명한 진리를 잊지 마십시오. 복되고 형통합니다. 아멘!!!

🤍 주님, 주님의 보혈로 죽음의 세력으로부터 해방됨을 늘 기억하며 감사하게 하소서.

🖼 죽음의 공포 가운데 있는 사람들에게 주님의 부활을 소개하며 복음을 전합시다.

나의 영적 일지

10월

"내 영혼아 네가 어찌하여 낙망하며
어찌하여 내 속에서 불안하여 하는고
너는 하나님을 바라라
그 얼굴의 도우심을 인하여
내가 오히려 찬송하리로다"

– 시편 42:5 –

분명한 하나님의 뜻

읽을 말씀 : 로마서 11:28-31

● 롬 11:29 하나님의 은사와 부르심에는 후회하심이 없느니라

『미국으로 유학 오기 전 너무나 가난한 집에서 살았기에 저에게는 배고픔 해결이 가장 중요한 과제였습니다. 그래서 미국에서 공부하며 배를 끓지 않으려면 정치를 해야겠다고 마음을 먹었습니다.

먹고살려고 학교를 다니다가 예수 그리스도를 구세주와 주님으로 영접하게 되었습니다. 이제는 먹고사는 문제보다 믿음이 더욱 중요하게 느껴졌습니다. 그래서 정치와 신학을 놓고 하나님의 뜻을 찾으려고 간절히 기도했습니다.

그때 하나님께서 "너희 나라는 너 아니어도 정치할 사람이 많으니 너는 목사가 되어 안 믿는 가족을 전도하라"라는 마음을 강하게 주셨습니다. 주신 응답을 따라 저는 정치학을 포기하고, 신학을 전공해 목회자가 되어 다시 고국인 한국 땅을 밟았고 우리 가문 전체를 예수님께 인도했습니다.

하나님의 부르심에는 후회함이 없습니다. 간혹 정치하라는 권유도 있었지만 저는 그날 응답을 받은 순간부터 오늘날까지 하나님의 말씀을 전하며 수많은 영혼에게 복음 전하는 일을 단 한 번도 후회해 본 적이 없습니다.』-「김장환 목사의 인생 메모」 중에서

하나님의 뜻을 어떻게 찾을 수 있을까요?

이미 답은 나와 있습니다.

기도와 하나님의 말씀입니다.

하나님의 말씀을 묵상하며 간절히 기도할 때 하나님은 우리의 삶을 가장 좋은 방향으로 인도해 주신다는 사실을 믿으십시오. 복되고 형통합니다. 아멘!!!

🩷 주님, 기도와 말씀이 아닌 다른 것으로 하나님의 뜻을 찾지 않게 하소서.

🖼 내 뜻이 아닌 하나님의 뜻을 깨닫고 순종합시다.

나의 영적 일지

탈무드의 바리새인

읽을 말씀 : 마태복음 23:18–28

● 마 23:28 이와 같이 너희도 겉으로는 사람에게 옳게 보이되 안으로는 외식과 불법이 가득하도다

　　바리새파는 이스라엘의 선생인 랍비 중에서도 성경을 잘 알고 누구보다 경건한 삶을 중요하게 여기는 사람들이었습니다. 그러나 바리새파 사람들의 열심 있는 신앙생활은 자랑하고 내세우기 위한 불순한 동기에서 나온 것이었습니다.

　　유대인의 경전인 「탈무드」에는 바리새인의 이런 모습을 비판하는 모습들이 나오는데 그중 3가지에 대해서 알아보겠습니다.

❶ 멍이 든 바리새인입니다.

　　여자를 바라보며 생각의 죄를 짓지 않겠다고 눈을 감고 다니다가 여기저기 부딪히는 바리새인입니다.

❷ 곱사등의 바리새인입니다.

　　어깨가 높은 바리새인으로 겸손한 척하느라 늘 허리를 숙이고 다니는 바리새인, 선행을 베풀고는 자랑을 하느라 어깨가 굳은 바리새인입니다.

❸ 하나님을 두려워하는 바리새인입니다.

　　말씀을 어기면 벌을 받을 것이 두려워 율법을 철저히 지키며 살아가는 바리새인입니다.

　　「탈무드」는 주 하나님을 진정으로 사랑하기 위해서는 이런 모습들을 다 피해야 한다고 말하고 있습니다.

　　주님을 위한 잘못된 열정과 지식만큼 믿음을 병들게 하는 것은 없습니다.

　　바리새인 못지않은 열정과 노력으로 주님을 섬기되, 말씀이 가르치는 진리를 벗어나지 않는, 주님의 참된 제자가 되십시오. 복되고 형통합니다. 아멘!!!

🤍 주님, 주님의 참된 제자가 되기 위해 말씀 안에서 살게 하소서.

🎞 말씀이 가르치는 대로, 진리를 따르는 그리스도인이 됩시다.

나의 영적 일지

하나님의 비밀 병기

읽을 말씀 : 야고보서 1:2-7

● 약 1:5-7 너희 중에 누구든지 지혜가 부족하거든 모든 사람에게 후히 주시고 꾸짖지 아니하시는 하나님께 구하라 그리하면 주시리라 오직 믿음으로 구하고 조금도 의심하지 말라 의심하는 자는 마치 바람에 밀려 요동하는 바다 물결 같으니 이런 사람은 무엇이든지 주께 얻기를 생각하지 말라

일본 아오모리현(Aomori Prefecture)은 일본 사과 생산량의 절반을 넘게 차지하는 유명 사과 산지입니다.

1991년 가을에 초강력 태풍이 이 지역을 두 번이나 지나가 사과 생산량의 90%가 떨어지는 강력한 재해가 일어났습니다.

한 해 농사를 완전히 망친 농민들이 떨어진 90%의 사과를 보며 슬퍼하고 있을 때, 한 농부는 아직 남아있는 10%를 바라보며 생각했습니다.

'두 번의 태풍에도 살아남은 저 사과에 이야기를 담을 수는 없을까?'

불현듯 곧 있을 입시가 떠올랐습니다.

농부는 10%의 사과를 수확해 한 알씩 정성껏 포장해 '합격 사과'라는 이름을 붙였습니다.

「태풍이 두 번 지나갔어도 떨어지지 않은 기적의 사과.」

합격 사과는 일반 사과보다 가격이 10배나 비쌌지만, 수험생을 자녀로 둔 부모들의 열화와 같은 성원에 웃돈을 얹어 판매될 정도로 큰 인기를 끌어 순식간에 완판되었고, 농부는 풍년 때보다 더 큰돈을 벌었습니다.

땅을 보는 사람과 하늘을 보는 사람은 같은 일을 두고도 다른 생각을 합니다. 엘리야는 세상에서 자기 혼자 믿음을 지키고 있다고 생각했지만, 하나님은 바알에게 무릎 꿇지 않은 칠천 명이 남아있다고 말씀하셨습니다.

크리스천이 점점 줄어들고, 복음을 전하기가 힘들어지는 시대이지만 그래도 복음만이 희망입니다. 세상 끝 날까지 하나님의 사랑을 전하는, 예수님께 접붙어 있는 희망의 가지가 되십시오. 복되고 형통합니다. 아멘!!!

♥ 주님, 어려울 때일수록 복음만이 희망임을 널리 알리게 하소서.

🎨 주님께 부정적인 상황을 긍정적인 상황으로 바꿀 수 있는 지혜를 달라고 기도합시다.

나의 영적 일지

가치를 정하는 것

읽을 말씀 : 마태복음 26:26-30

● 마 26:28 이것은 죄 사함을 얻게 하려고 많은 사람을 위하여 흘리는바 나의 피 곧 언약의 피니라

연나라 소왕은 동맹국 제나라의 비겁한 기습공격으로 아버지를 잃었습니다. 하루라도 빨리 아버지의 복수를 하고 싶었던 소왕은 문무백관을 부른 뒤 백방을 뒤져 뛰어난 인재를 찾아달라고 부탁했습니다.

이 말을 들은 곽외라는 평범한 능력의 신하가 다음과 같이 조언했습니다.

"저에게 먼저 높은 벼슬을 주어 나라 곳곳마다 소문을 낸다면 최고의 인재들이 앞다투어 왕을 찾아올 것입니다."

왕이 무슨 뜻이냐고 묻자 곽외가 말을 이었습니다.

"예전 중국의 한 왕이 천리마를 찾아오는 사람에게 천금을 준다고 약속했습니다. 한 남자가 정말로 천리마를 찾았는데 왕궁으로 오다가 그만 병에 걸려 죽어버렸습니다. 그럼에도 왕은 오백금을 주었습니다.

죽은 말에 오백금을 주었다는 소식이 퍼지자 천리마의 주인들이 알아서 말을 끌고 왕궁으로 찾아왔습니다. 왕이 천리마를 가져오는 사람에게 정말로 천금을 준다는 사실을 믿게 되었기 때문입니다."

소왕은 곽외에게 가장 높은 벼슬을 주었고, 대궐 같은 집도 지어주었습니다. 이 소식이 퍼지자 정말로 온 나라의 인재가 소왕을 찾아왔고, 금세 제나라에게 복수할 수 있었습니다.

물건의 가치는 온전히 사는 사람이 정하는 것입니다.

우리의 주인은 누구십니까? 주님은 우리를 어떤 값으로 사셨습니까?

가장 귀한 보물인 '예수님의 피'가 바로 나와 우리의 가치라는 사실을 기억하며, 가치에 합당한 경건한 삶을 살아가십시오. 복되고 형통합니다. 아멘!!!

💗 주님, 참으로 가치 있는 삶이 주님 안에 있음을 깨닫게 하소서.
🖼 예수님의 보혈의 가치에 합당한 삶을 살도록 노력합시다.

나의 영적 일지

내 손에 손전등이 있다면

읽을 말씀 : 잠언 3:26-35

● 잠 3:27 네 손이 선을 베풀 힘이 있거든 마땅히 받을 자에게 베풀기를 아끼지 말며

한 여객선이 망망대해를 지나고 있었습니다.

여객선을 처음 타 본 한 손님이 밤중에 멀미가 일어나 갑판에서 쉬다가 그만 바다로 떨어지고 말았습니다. 이 장면을 본 다른 손님이 급히 신고해서 여객선에는 비상 안내방송이 울려 퍼졌습니다.

이 방송을 들은 한 남자가 잠에서 깨어 생각했습니다.

'저런, 정말 큰일이구먼. 안타깝지만 뭐 어쩌겠어.

내가 할 수 있는 일이 없는데.'

그런데 탁자 옆에 놓인 작은 손전등이 눈에 들어왔습니다.

양심에 가책을 느낀 남자는 작은 도움이라도 되기 위해 탁자 위 손전등을 들고 갑판으로 뛰쳐나갔습니다.

그리고 기적 같은 일이 일어났습니다.

배의 커다란 서치라이트로도 찾지 못한 승객을 남자의 작은 손전등으로 찾았기 때문입니다.

남자는 서치라이트가 닿을 수 없는 곳을 손전등으로 비출 수 있었고, 그 결과 승객은 무사히 목숨을 건졌습니다.

우리가 할 수 있는 작은 일에 최선을 다한다면, 주님은 그 일을 통해 생명을 살리는 놀라운 역사로 사용하십니다. 한 아이의 손에 들린 작은 바구니의 음식이 수천 명을 먹일 음식이 된 것처럼, 오병이어의 믿음을 갖고 우리에게 주신 일들을 믿음으로 감당하는 그리스도인이 되십시오. 복되고 형통합니다. 아멘!!!

💚 주님, 주님이 주신 은혜와 은사와 재능으로 사람들을 돕는 성도가 되게 하소서.

🧎 주님을 향한 믿음으로 소명을 감당하는 성도가 됩시다.

나의 영적 일지

발자국이 향하는 곳

읽을 말씀 : 데살로니가후서 3:1-5

● 살후 3:5 주께서 너희 마음을 인도하여 하나님의 사랑과 그리스도의 인내에 들어가게 하시기를 원하노라

일제강점기 때 독립운동가이자, 존경받는 교육자였던 시인 남궁억 선생이 연희전문학교 졸업식에 축사 요청을 받았습니다.

남궁억 선생의 집에서 학교는 매우 멀었기 때문에 선생은 이른 새벽에 집을 나섰습니다. 그런데 한밤중에 펑펑 눈이 내려 도대체 학교로 가는 길이 어디인지 알 수가 없었습니다.

그러던 중 먼저 출발한 사람의 발자국 하나를 발견했습니다.

'이 사람이 나보다 먼저 길을 나섰으니 따라만 가면 되겠구나.'

한참을 가다 보니 눈앞에 냇가가 나왔습니다. 앞사람이 나선 길은 학교로 가는 길이 아니라 냇가로 가는 길이었습니다. 당황한 남궁억 선생은 다시 길을 헤매던 곳으로 돌아와 다른 길을 찾아야 했습니다.

우여곡절 끝에 겨우 학교에 도착한 남궁억 선생은 학생들에게 그날 겪었던 일을 이야기하며 다음과 같은 축사를 전했습니다.

"앞서가는 사람은 누구나 발자국을 남기게 됩니다. 여러분의 후배들이 뒤따라갈 만한 훌륭한 발자국을 남기는 사람이 되셨으면 좋겠습니다."

그리스도인이 된다는 것은 주님의 발자취를 따라 살아가는 것입니다.

우리의 눈앞에 주님이 남기신 발자국이 보이지 않는다면 당장 다시 돌아가 바른길을 찾아야 합니다. 말씀을 통해 주님의 뜻을 배우고, 성령님을 통해 주님의 마음을 경험하는 주님만 좇아가는 참된 제자가 되십시오. 복되고 형통합니다. 아멘!!!

♡ 주님, 다른 사람을 주님께로 인도하는 복음의 발자국을 남기게 하소서.

🖼 성경을 꼭 붙들고 주님의 발자취를 따라가는 그리스도인이 됩시다.

나의 영적 일지

창조의 순리를 따르라

읽을 말씀 : 시편 145:8-13

● 시 145:9 여호와께서는 만유를 선대하시며 그 지으신 모든 것에 긍휼을 베푸시는도다

    미국의 명문인 뉴욕 대학교(New York University)에서 「신앙심과 건강의 연관성에 대한 연구」를 진행한 적이 있었습니다.

    연구진은 일정 빈도 이상의 신앙생활을 하는 사람이 일반인보다 훨씬 더 건강하다는 사실을 발견했습니다. 그런데 계속해서 도출된 연구 결과는 도저히 믿을 수가 없을 정도였습니다. 단순히 교회를 더 다닌다고 나올 수 있는 결과가 아닌 것 같았습니다. 결국 몇 년을 더 투자해 이 연구를 심도 있게 진행했고 그 결과는 다음과 같았습니다.

❶ 매주 교회에 나가고 매일 경건 생활을 하는 사람은
    꾸준히 운동을 하는 사람보다 더 건강했다.

❷ 신앙생활을 열심히 하는 사람은
    건강을 위해 식이요법을 신경 쓰는 사람보다 더 건강했다.

❸ 아예 운동을 하지 않고, 영양 상태가 좋지 않은 사람도
    신앙생활을 한다면 더 건강했다.

    이 연구 결과는 「기도가 운동보다 더 건강에 좋다」라는 제목으로 미국 전역의 뉴스와 신문에도 대서특필됐습니다.

    주님을 믿고 따르는 사람은 마음속에 근심과 걱정이 있어도 주님께 맡겨 버리기에 참된 평안을 얻을 수 있습니다. 주 예수님을 믿으며 사는 사람은 구원받습니다. 또한 건강을 비롯한 여러 유익을 얻습니다. 주님이 창조하신 법칙을 따라 세상을 살아가며 더 풍성한 큰 복을 누리십시오. 복되고 형통합니다. 아멘!!!

🖤 주님, 주님이 주신 큰 복을 누리며 주님 안에서 평안한 삶을 살게 하소서.
🔖 바른 신앙생활을 하며 주님의 자녀답게 건강하고 행복한 삶을 삽시다.

나의 영적 일지

예수님의 발자국

읽을 말씀 : 신명기 8:1-10

● 신 8:6 네 하나님 여호와의 명령을 지켜 그 도를 행하며 그를 경외
할찌니라

한 아이가 주일에 교회를 다녀온 뒤 온종일 엄마 뒤를 쫓아다녔습니다.
엄마는 아이가 무슨 장난을 치나 싶어 귀엽게 보았습니다.

그런데 어딜 가도 아이가 졸졸 쫓아다니다 보니 집안일을 제대로 할 수가 없
어 점점 화가 났습니다. 결국 참지 못한 엄마가 아이에게 화를 냈습니다.

"방에 가서 놀라고 했는데도 왜 말을 듣지 않고 엄마 뒤를 쫓아다니니?"

그러자 아이가 뜻밖의 대답을 했습니다.

『오늘 교회에서 선생님이 예수님의 발자취를 따라가야 한다고 가르쳐 주셨
어요. 그런데 아무리 찾아도 예수님의 발자국이 보이지 않아서 가장 사랑하는
엄마의 뒤를 쫓아다녔어요.』

아이는 누구보다 가깝고 사랑하는 엄마의 모습을 통해 주님을 경험하고 있
었습니다.

성경을 통해 주님을 만난 우리는 다시 말씀이 가르치는 대로 주님의 발자취
를 따라갑니다. 그러나 말씀도 알지 못하고, 주님을 만나지 못한 사람들은 가까
운 크리스천, 바로 우리들의 삶을 통해 예수님이 어떤 분인지를 경험합니다.

주님과 매일 동행하는 사람은 삶 가운데 저절로 복음의 향기를 세상에 내뿜
습니다. 주님의 말씀을 통해 주님의 도를 바르게 배우고 매일 주님의 발자취
를 따라 한 걸음씩 따라가는 깨어있는 성도가 되십시오. 복되고 형통합니다. 아
멘!!!!

🤍 주님, 오직 주님만을 바라보며, 오직 주님만을 섬기고, 오직 주님만을 따르게 하소서.
🧎 매일 경건 생활로 하루를 시작하며 삶의 초점을 주님께 맞춥시다.

나의 영적 일지

패러다임의 함정

읽을 말씀 : 고린도전서 15:47–58

● 고전 15:58 그러므로 내 사랑 하는 형제들아 견고하며 흔들리지 말며 항상 주의 일에 더욱 힘쓰는 자들이 되라 이는 너희 수고가 주 안에서 헛되지 않은 줄을 앎이니라

미국의 대형 쇼핑센터 노스카운티페어몰(Westfield Shoppingtown North County Fair Mall) 에서 한국 차와 일본 차의 블라인드 테스트를 진행했습니다.

결과는 매우 놀라웠습니다.

한국 중형차가 모든 면에서 더 뛰어나다고 선택한 사람의 비율이 73%나 됐습니다. 당시 이 지역에서 일본 차가 4만 대 판매될 동안 한국 차는 3천 대도 팔리지 않았습니다. 사람들이 일본 차에 대한 좋은 이미지를 가지고 있었기 때문에 막연히 일본 차가 더 튼튼하고 정교할 것이라고 생각했기 때문입니다.

더욱 아쉬운 점은 이런 실험이 미국 전역에서 벌어졌음에도 여전히 일본 차가 훨씬 더 많이 팔렸다는 사실입니다.

블라인드 테스트로 한국 차가 더 좋다는 것이 증명됐지만 그럼에도 일본 차가 더 좋을 것이라는 생각 때문에 더 비싼 가격에도 더 많은 일본 차가 지금까지 팔리고 있습니다.

한국 차의 미국 내 점유율은 최근 기준으로도 10%를 넘지 못합니다.

반면 일본 차는 60% 넘는 높은 점유율을 유지하고 있습니다.

진리는 사람들의 생각과 평가로 정해지는 것이 아닙니다.

세상 모든 사람이 성경에 기록된 말씀이 거짓이라 해도, 여전히 성경에 기록된 말씀은 세상의 유일한 진리이자 우리의 생명줄입니다.

진리를 비방하는 세상 사람들의 잘못된 패러다임에 영향받지 않고 꿋꿋이 진리를 전하는 등대로 세상에 우뚝 서십시오. 복되고 형통합니다. 아멘!!!

💚 주님, 세상 유일한 진리인 성경에 기록된 말씀을 어떤 경우에도 꼭 붙들게 하소서.

🎴 참된 그리스도인답게 성경을 읽고 믿고 순종하며 그 진리를 전하며 삽시다.

나의 영적 일지

무엇에 미쳐 있는가

읽을 말씀 : 사도행전 11:19-30

● 행 11:26 만나매 안디옥에 데리고 와서 둘이 교회에 일년간 모여 있어 큰 무리를 가르쳤고 제자들이 안디옥에서 비로소 그리스도인이라 일컬음을 받게 되었더라

조선 시대 참판 이의준 대감의 집에 불이 났습니다.

한밤중에 버선발로 뛰쳐나가던 대감은 갑자기 자리에 멈춰 서서 크게 "내 옥해!"라고 소리를 질렀습니다.

그러더니 무언가에 홀린 듯 다시 불이 난 집으로 뛰쳐 들어갔다가 그만 목숨을 잃었습니다. 평소 동양의 고전을 광적으로 모으던 이의준 대감은 그중에서도 「옥해」라는 고전을 매우 아꼈습니다. 집에 불이 난 것을 알면서도 도저히 「옥해」를 포기할 수 없어 다시 뛰어 들어간 것이었습니다.

학자 홍한주는 자신의 책 「지수염필」에서 이 일화를 다음과 같이 평했습니다.

"무언가에 미친 사람은 자기가 죽는 것도 미처 깨닫지 못한다."

한 마디로 어떤 일에 너무 매진하지 말라는 뜻입니다. 그러나 조선 후기의 실학자 박제가는 오히려 어떤 일에 깊이 빠져야만 한다고 주장했습니다.

"무언가에 깊이 빠지지 않고는 기예를 익힐 수도 없고
독창적인 지식을 가질 수도 없다."

들어가 보지 않으면 절대로 모르는 것이 있고, 때로는 목숨보다 더 귀하다고 느끼는 가치도 있습니다. 누구보다도 깊이 주님을 체험했던 초대교회 성도들에게는 바로 신앙이 목숨보다 중요한 가치였습니다.

누구보다 주님의 말씀을 따르며 살았기에 '그리스도인'이라 불렸던 안디옥교회 성도들처럼, 세상 그 무엇보다 오직 주님께만 집중하십시오. 복되고 형통합니다. 아멘!!!

💗 주님, 날마다 주 예수님보다 귀한 분, 귀한 것은 없음을 고백하게 하소서.
🖼 오직 주님께만 집중하는 삶을 살고 있는지 돌아봅시다.

나의 영적 일지

시련을 주시는 이유

읽을 말씀 : 베드로전서 1:3-12

●벧전 1:7 너희 믿음의 시련이 불로 연단하여도 없어질 금보다 더 귀하여 예수 그리스도의 나타나실 때에 칭찬과 영광과 존귀를 얻게 하려 함이라

독일의 신학자 마틴 루터(Martin Luther)는 「신앙생활에서 가장 어려운 것이 고난」이라고 고백했습니다.

"시련은 신앙인에게 가장 괴로운 일이다.

그러나 진정한 그리스도인이라면 모든 시련을 다 이겨야 한다.

세상을 살아가는 동안에 시련은 절대로 끝이 나지 않기 때문이다.

믿음이 연약해 이번 시련에서 넘어진다면, 다음의 시련,

다다음의 시련에서도 똑같이 넘어지고 말 것이다.

믿음이 좋다고 시련을 겪지 않는다면

바울 역시 숱한 고난을 겪지 않았을 것이다."

대장장이가 쇠를 녹이고 굳혀 망치로 연단하는 것은 철을 부수기 위해서가 아니라 단련하기 위해서입니다.

하나님은 직접 아브라함을 시험하셨고, 간접적으로 욥이 시험을 받게 허락하셨습니다. 시련을 통해 믿음이 완성된다는 사실을 알았기 때문에, 가장 큰 고난을 당했던 욥은 다음과 같이 고백할 수 있었습니다.

"나의 가는 길을 오직 그가 아시나니 그가 나를 단련하신 후에는

내가 정금 같이 나오리라"(욥 23:10)

용광로를 거쳐야만 찌꺼기가 사라진 훌륭한 정금이 완성됩니다.

시련을 통해 우리를 연단하시고 쓸만한 장색의 그릇으로 완성하실 주님을 신뢰하며 시련이 찾아올수록 더욱 주님만을 의지하십시오. 복되고 형통합니다. 아멘!!!

💙 주님, 성경에 기록된 말씀처럼 시련을 만나면 온전히 기쁘게 여기게 하소서.

🧎 어떤 시련에도 굴하지 말고 주님과 동행하는 기쁨을 누리며 삽시다.

나의 영적 일지

시간의 효율

읽을 말씀 : 역대상 23:25-32

● 대상 23:30 새벽과 저녁마다 서서 여호와께 축사하며 찬송하며

20년 연속 미국 최고의 병원으로 선정된 존스홉킨스 병원(Johns Hopkins Hospital)의 환자 안전 담당의는 큰 수술일수록 "저녁 시간에 받지 마세요"라고 조언합니다.

의학지 「뉴로서저리」(Journal of Neurosurgery)의 발표에 따르면 오전에 수술을 받는 환자는 오후나 저녁에 받은 환자보다 건강이 훨씬 빠르게 회복됐습니다.

가장 좋은 시간은 오전 7시부터 9시 사이였습니다.

이 시간대에 수술을 받은 사람과 오후에 수술받은 사람을 비교하면 오후 수술 환자의 합병증 발생률이 50%나 높았습니다. 한편 야간에 응급수술을 받은 환자는 사망률이 2배나 높았습니다.

같은 수술인데 왜 이런 차이가 나는 것일까요?

바로 사람의 집중력에는 한계가 있기 때문입니다.

사람의 집중력을 100%라고 한다면 점심시간인 12시를 기준으로 12시 이전인 오전 시간에는 평균 10%가 더 높다고 합니다. 반대로 12시를 기준으로 집중력은 점점 떨어져서 저녁 시간대에는 집중력이 80~90% 정도에 머문다고 합니다. 수술하는 의사도, 수술을 받는 환자도 이른 오전이 컨디션이 더 좋고 집중력도 높기 때문에 같은 시간, 같은 수술이라도 이른 시간에 하는 것이 더 효과가 좋은 것입니다.

우리가 가장 아끼고 귀한 것을 주님께 드려야 하듯이 시간도 마찬가지입니다. 주님과 약속한 시간보다 더 중요한 것은 있을 수 없습니다. 주변의 방해를 받지 않고 온전히 집중할 수 있는 가장 귀한 시간을 주님과 교제하는 경건의 시간으로 매일 할애하십시오. 복되고 형통합니다. 아멘!!!

💗 주님, 가장 집중이 잘 되는 시간을 주님을 위해 드리도록 결단하게 하소서.
🙏 매일매일 주님을 만날 시간을 정하고 때를 놓치지 않도록 합시다.

나의 영적 일지

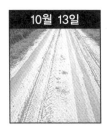

승리를 배우는 곳

읽을 말씀 : 히브리서 3:12-19

● 히 3:14 우리가 시작할 때에 확실한 것을 끝까지 견고히 잡으면 그리스도와 함께 참예한 자가 되리라

영국의 명장이자 제1대 웰링턴 공작인 아서 웰즐리(Arthur Wellesley) 장군은 워털루 전쟁에서 나폴레옹을 물리치고 다음과 같은 말을 남겼습니다.

"워털루에서의 승리는 이튼 스쿨의 운동장에서 만들어졌다."

이튼 스쿨(Eton College)은 세계 최고의 사립학교로 일반 학교와는 다르게 10대 때부터 체력과 자립심, 자치력을 향상시키기 위한 다양한 훈련을 시킵니다.

지금도 영국을 이끌어가는 많은 리더들이 이튼 스쿨 출신입니다.

미국의 전성기를 이끈 케네디(J. F. Kennedy) 대통령도 이와 비슷한 말을 남겼습니다.

"오늘날 우리가 거둔 승리는 미국의 경기장과 거리의 광장, 아이들이 뛰노는 놀이터에서 시작되었다."

우리말로 치면 "체력은 국력"이라는 뜻입니다.

영국의 승리가 이튼 스쿨에서, 미국의 전성기가 체력에서 만들어졌다면, 세상에서 승리하는 신앙인은 바로 교회에서 만들어집니다.

교회는 세상에서 빛과 소금의 역할을 더 잘 감당하기 위해 배우고 훈련하는 신앙사관학교입니다. 말씀을 통해 배운 교훈을 하루하루 실천하며 살아갈 때 우리는 복음을 세상에서 더 잘 전할 수 있는 베테랑 군사로 변화되어 갑니다. 예배와 경건의 훈련, 거룩한 연합으로 세상에서 승리하는 그리스도인으로 살아가십시오. 복되고 형통합니다. 아멘!!!

🤍 주님, 매 주일마다 마음과 정성을 다해 신령과 진정으로 예배하게 하소서.

📖 신앙으로 승리하는 법을 교회에서 합력함으로 배워나갑시다.

나의 영적 일지

톨스토이의 교훈

읽을 말씀 : 레위기 18:1-5

● 레 18:5 너희는 나의 규례와 법도를 지키라 사람이 이를 행하면 그로 인하여 살리라 나는 여호와니라

　　러시아의 대문호 톨스토이(Leo Tolstoy)는 노년에 인생에서 가장 중요하다고 생각되는 것들에 대한 사색을 담아 「살아갈 날들을 위한 공부」라는 책을 남겼습니다.

　　다음은 이 책에 나오는 「인생 10훈」입니다.

❶ 성공을 원한다면 일을 하십시오.

❷ 능력을 얻고 싶다면 생각의 힘을 기르십시오.

❸ 젊어지고 싶다면 운동을 하십시오.

❹ 지혜를 얻고 싶다면 책을 읽으십시오.

❺ 행복해지고 싶다면 친절해지십시오.

❻ 더 빨리 행복해지고 싶다면 꿈을 꾸십시오.

❼ 율법을 완성하고 싶다면 사랑을 하십시오.

❽ 인생을 풍성하게 만들고 싶다면 배려하십시오.

❾ 영혼을 즐겁게 하고 싶다면 웃으십시오.

❿ 영원한 삶을 위해 투자하고 싶다면 기도하십시오.

　　세상에서 가장 가치 있는 것이 무엇인지 아는 사람, 진리가 무엇인지 아는 사람만이 진정으로 행복한 인생을 살아갈 수 있습니다.

　　구원을 받아 영생을 선물로 받은 우리는 이미 가장 좋은 것을 주님께 받은 사람입니다. 진리이신 말씀을 따라 영육의 참된 행복을 얻고, 성공한 인생을 살아가십시오. 복되고 형통합니다. 아멘!!!

🖤 주님, 주님이 주시는 기쁨을 누리는 참된 행복의 삶을 살게 하소서.

🧩 위에 있는 10훈 중에 나에게 필요한 부분이 무엇인지 점검해 봅시다.

나의 영적 일지

중요한 순서대로

읽을 말씀 : 마태복음 6:30-34

● 마 6:33,34 너희는 먼저 그의 나라와 그의 의를 구하라 그리하면 이 모든 것을 너희에게 더하시리라 그러므로 내일 일을 위하여 염려하지 말라 내일 일은 내일 염려할 것이요 한 날 괴로움은 그날에 족하니라

미국의 건축가인 찰스 러크먼(Charles Luckman)은 무일푼에서 자수성가를 이룬 사람입니다. 뛰어난 건축가이자 또한 사업가였던 러크먼은 훗날 펩소덴트(Pepsodent)라는 치약 회사의 CEO 자리에 오르기도 했습니다.

두 가지 분야에서 큰 성공을 거둔 러크먼에게 많은 사람이 성공 비결을 물었는데, 그는 그때마다 다음과 같이 대답했습니다.

"11년 전 굳게 다짐했던 한 가지 결심이

저를 지금 이 자리에 서게 만들었습니다.

그 결심은 매일 중요한 일을 순서대로 처리하는 일입니다."

사람들은 너무나 당연한 충고를 듣고, 그게 전부냐고 되묻곤 했습니다.

러크먼은 그게 전부라고 대답했습니다.

"중요한 일을 순서대로 처리하는 것은 매우 어려운 일이었습니다.

당연하고 중요한 일이라는 건 머리로는 알았습니다.

실천하기가 매우 어려웠습니다.

매일 새벽에 잠이 깨어 머리를 싸매게 할 정도로

이 결심을 실천하는 일은 저를 힘들고 고통스럽게 만들었습니다.

중요한 일을 순서대로 하는 것이 모든 일의 성공 비결입니다."

지금 우리의 인생에서 가장 중요한 일은 무엇입니까?

세상의 일보다 주님의 일, 스스로의 일보다 주님의 일을 더 우선으로 놓는, 정말 중요한 일이 무엇인지 아는 그리스도인이 되십시오. 복되고 형통합니다. 아멘!!!!

🖤 주님, 저의 일보다 주님의 영광을 위한 일을 우선순위로 정하게 하소서.

🎴 그리스도인으로서 가장 중요한 일이 무엇인지 항상 생각합시다.

나의 영적 일지

한 줄기 빛과 같은 희망

10월 16일

읽을 말씀 : 누가복음 21:1-4

● 눅 21:2-4 또 어떤 가난한 과부의 두 렙돈 넣는 것을 보시고 가라 사대 내가 참으로 너희에게 말하노니 이 가난한 과부가 모든 사람 보다 많이 넣었도다 저들은 그 풍족한 중에서 헌금을 넣었거니와 이 과부는 그 구차한 중에서 자기의 있는바 생활비 전부를 넣었느니라 하시니라

『몸이 불편한 한 집사님이 극동방송으로 후원 전화를 주셨습니다. 극동방송을 통해 은혜를 많이 받고 있어서 조금이라도 헌금하고 싶다는 내용이었습니다. 1분 전파선교사 1년 치에 해당하는 12만 원을 후원하고 싶은데 몸이 아프고 불편하니 괜찮으면 직접 와서 가져가 달라고 전화로 부탁하셨습니다.

소중한 후원을 받으러 전해주신 주소로 방송사 직원들이 찾아갔습니다.

좁은 골목길을 지나 한 빌라의 허름한 단칸방 안에 들어서자 한 구석에 놓인 낡은 침대에 누워계시는 집사님을 만날 수 있었습니다. 침대 옆에는 작은 라디오 하나가 놓여 있었고, 때마침 제가 진행하는 인터뷰 프로그램인 「만나고 싶은 사람 듣고 싶은 이야기」가 흘러나오고 있었다고 합니다.

집사님은 "몸이 아파 교회를 가고 싶어도 못 가게 되면서 우울증과 대인기피증이 더 심해졌었어요. 우연히 듣게 된 극동방송이 제 삶의 한 줄기 희망이자, 생명이었어요"라는 눈물의 고백과 함께 여러 겹으로 접힌 봉투를 전해주셨다고 합니다.

누구보다 힘든 상황을 겪고 있는 분들에게 복음으로 한 줄기 빛과 같은 희망을 전해주는 극동방송이지만, 또한 이런 분들의 귀한 섬김과 기도로 극동방송의 복음 사역도 이어지고 있습니다.』 -「김장환 목사의 인생 메모」 중에서

한 구절의 하나님 말씀, 한 곡의 찬양으로 죽은 심령이 살아나고, 상한 마음이 치유됩니다. 이 귀한 복음과 능력을 나에게 주신 하나님께 감사를 드리며 생명의 복음을 다른 사람에게 전하기 위해 할 수 있는 모든 노력을 하십시오. 복되고 형통합니다. 아멘!!!

💙 주님, 극동방송 전파를 통해 주님을 믿음으로 새 생명을 얻는 영혼들이 생겨나게 하소서.
🧎 주님께서 나에게 주신 것에 감사하는 마음이 있는지 생각해 봅시다.

나의 영적 일지

하늘의 상식

읽을 말씀 : 빌립보서 2:1-4

● 빌 2:2,3 마음을 같이 하여 같은 사랑을 가지고 뜻을 합하며 한 마음을 품어 아무 일에든지 다툼이나 허영으로 하지 말고 오직 겸손한 마음으로 각각 자기보다 남을 낫게 여기고

한 미국인이 크루즈 여객선을 타고 여행을 하고 있었습니다.

점심시간이 되자 레스토랑에서 한 독일인과 한자리에 앉게 됐는데…

독일인은 미국인을 보자마자 웃으며 말을 건넸습니다.

"말짜이트(Mahlzeit)."

미국인은 순간 독일인이 자신의 이름을 얘기한 줄 알고 자신도 이름을 얘기했습니다.

『톰 샌더스(Tom Sanders).』

다음 날 두 사람은 또 마주쳤는데 이번에도 독일인이 "말짜이트"라고 말을 건넸습니다. 미국인은 좀 이상했지만, 자신도 『톰 샌더스』라고 다시 소개했습니다. 미국인은 그날 밤 "말짜이트"라는 말이 "식사 맛있게 하세요"라는 인사라는 사실을 알게 됐습니다.

다음 날 점심시간에 미국인은 독일인을 찾아가 먼저 "말짜이트"라고 식사 인사를 건넸습니다. 그러자 독일인이 싱긋 웃으며 대답했습니다.

"톰 샌더스."

독일인은 "톰 샌더스"가 미국의 식사 인사인 줄 알았던 것입니다.

세계적인 신학자 케제만(Ernst Käsemann) 교수가 학생들에게 「상식의 중요성」을 알려주기 위해 사용하는 예화입니다.

서로의 생각과 상식이 다르면 간단한 식사 인사 소통도 엉망이 됩니다.

구원받아 새로운 삶을 살아가는 우리의 정체성에 맞게 이전의 땅의 상식이 아닌 새로운 주님의 상식을 따라 사십시오. 복되고 형통합니다. 아멘!!!

♡ 주님, 땅의 상식에 연연하지 않고 주님의 상식을 따르며 살게 하소서.

🕎 주님이 가르쳐 주신 말씀을 삶 가운데 따르며 주님을 높이는 삶을 삽시다.

나의 영적 일지

신념의 힘

읽을 말씀 : 고린도후서 1:1-11

● 고후 1:5 그리스도의 고난이 우리에게 넘친것 같이 우리의 위로도
그리스도로 말미암아 넘치는도다

위대한 교육자이자 고아들의 대부로 알려진 스위스의 교육학자 요한 페스탈
로치(Johann Heinrich Pestalozzi)는 평생 많은 실패와 고난을 경험한 사람입니다.

그러나 숱한 실패와 고난보다 페스탈로치를 힘들게 했던 것은 주변 사람들
의 비웃음이었습니다.

높은 이상을 품고 있던 페스탈로치를 이해하지 못했던 당시 일반인들은 페
스탈로치가 실패하기만을 기다리고 있었고, 실패할 때마다 찾아와 실컷 비웃었
습니다.

페스탈로치는 훗날 그의 저서 「켈트루드는 어떻게 그의 자녀를 가르치나」
에서 당시의 어려운 상황을 이겨낼 수 있었던 비결에 대해 다음과 같이 말했습
니다.

『사람들은 나를 욕하고, 배척하고 비웃었다. 〈너 하나도 빌어먹지 못하면서
누굴 가르칠 수 있겠냐〉라는 말도 숱하게 들었다. 사회 속에서 철저히 고립된
가운데서도, 모든 사람이 나에게 등을 돌렸지만, 그런데도 내가 맡은 이 일을 기
필코 이루어야 한다는 신념은 내 마음에서 더더욱 깊게 자리 잡았다.』

페스탈로치는 '왕좌에 있으나 초가에 있으나 모두 같은 인간이기에 같은 교
육을 받아야 한다'라는 신념으로 평생을 살았고, 마침내 그 신념을 이루었습
니다.

큰일을 이루는 사람은 어떤 어려움에도 신념을 잃지 않는 사람입니다.

주님이 주신 놀라운 비전을 우리 안에 믿음으로 품고 어떤 고난이 찾아와도
그 빛을 지키십시오. 복되고 형통합니다. 아멘!!!

♡ 주님, 주님이 주신 비전을 귀하게 여기며 지혜롭게 깨닫고 순종하게 하소서.
🎇 큰일을 이루기 위해 어떤 어려움에도 믿음을 잃지 않고 행동하는 사람이 됩시다.

`나의 영적 일지`

10월 19일

읽을 말씀 : 빌립보서 3:10-16

● 빌 3:14 푯대를 향하여 그리스도 예수 안에서 하나님이 위에서 부르신 부름의 상을 위하여 좇아가노라

자녀를 막 출산한 딸이 아버지를 찾아가 푸념을 늘어놓았습니다.

"아이를 괜히 낳은 것 같아요.

아이 하나를 키우는 일이 이렇게 힘들 줄은 몰랐어요.

아이를 낳고 난 뒤 제가 하고 싶은 일은 하나도 못 하고 있는데, 이건 그야말로 시간만 낭비하고 있는 꼴이 아닐까요?"

아버지는 딸에게 다음과 같이 조언했습니다.

『인생은 시계가 아닌 나침반을 보고 살아야 한단다.

지금 네 인생에서 가장 소중한 일은 아기를 잘 키우는 거야.

시간에 마음을 빼앗기지 말고 아이가 네 삶에 얼마나 큰 행복을 주는 존재인지에 집중한다면 다른 어떤 것에서도 느낄 수 없는 행복을 느끼게 될 거란다.』

「성공하는 사람들의 7가지 습관」의 저자 스티븐 코비(Stephen R. Covey)가 딸과 나눈 대화입니다.

인생에서 중요한 것은 효율이 아닌 의미이며, 속도보다는 방향입니다.

삶의 의미를 찾지 못한 인생은 아무리 효율적이고 빠르다 하더라도 공허할 뿐입니다.

지금 우리의 삶은 주님이 주신 사명을 좇아 나아가고 있습니까?

말씀이란 나침반을 기준으로 현재 인생의 방향을 점검해 보십시오. 복되고 형통합니다. 아멘!!!

💚 주님, 주님의 말씀을 나침반 삼아 우리 삶의 방향을 정하게 하소서.

🖼 그리스도인으로서 제대로 된 방향인 주님을 향해 달려가고 있는지 점검합시다.

나의 영적 일지

분별의 지혜

읽을 말씀 : 마태복음 16:1-12

● 마 16:3 아침에 하늘이 붉고 흐리면 오늘은 날이 궂겠다 하나니 너희가 천기는 분별할줄 알면서 시대의 표적은 분별할 수 없느냐

미국의 첫 흑인 대통령인 버락 오바마(Barack Obama)는 흑인이라는 이유로 당선되자마자 많은 모욕을 당했습니다.

인터넷에는 오바마 대통령의 인종을 비하하는 저급한 글들이 매일 수도 없이 쏟아졌습니다. 대통령의 신변 보호를 목적으로 어떠한 조치도 취할 수 있었지만, 오바마 대통령은 댓글에 대한 조사나 고소, 삭제 등을 하지 말라는 명령을 내렸습니다. 대신 한 백인 청년의 총기 사고로 숨진 흑인 목사님의 장례식장에 참석해 찬송가 '어메이징 그레이스'를 불렀습니다.

미국 전역에 생중계된 이 모습은 인종을 떠나서 바라보는 모든 사람의 마음에 큰 울림을 주었고, 오바마 대통령의 지지율은 수많은 악플에도 불구하고 크게 올랐습니다.

저명한 기독교 윤리학자 라인홀드 니부어(Reinhold Niebuhr)의 딸 엘리자베스 시프턴(Elisabeth Sifton)은 매일 다음과 같은 기도를 드렸다고 합니다.

「어찌할 수 없는 것을 받아들이는 겸허함을 주시고,

어찌할 수 있는 것을 바꾸는 용기를 주시고,

그리고 이를 구별하는 지혜를 주소서!」

해야 할 일과 하지 말아야 할 일을 올바로 분별하는 사람이 가장 지혜로운 사람입니다. 우리가 할 수 없는 일은 주님께 맡기고, 할 수 있는 일에 최선을 다하십시오. 복되고 형통합니다. 아멘!!!!

♡ 주님, 받아들일 수 있는 겸허함과 바꿀 수 있는 용기를 가진 사람이 되게 하소서.

▨ 올바른 일이 무엇인지 현명하게 구별하는 주님의 지혜롭고 참된 제자가 됩시다.

나의 영적 일지

걱정의 문제

읽을 말씀 : 민수기 14:1-10

● 민 14:9 오직 여호와를 거역하지 말라 또 그 땅 백성을 두려워하지
말라 그들은 우리 밥이라 그들의 보호자는 그들에게서 떠났고 여
호와는 우리와 함께 하시느니라 그들을 두려워 말라 하나

아라비아(Arabia) 지역에서 전해져 내려오는 전설입니다. 하루는 전염병이 찾
아와 죽음의 사자에게 바그다드(Baghdad)로 가겠다고 말했습니다.

"바그다드에는 무엇 때문에 가느냐?"

『전염병을 터트려 5천 명을 죽이러 갑니다.』

"흠, 그 정도면 별문제 없겠군. 지나가거라."

그런데 몇 주 뒤 바그다드에서 5만 명이 죽었다는 소식이 들려왔습니다.

죽음의 사자는 바그다드를 빠져나가는 전염병을 붙들고 "5천 명만 죽인다더
니 왜 5만 명이나 죽였느냐?"라고 호되게 혼을 냈습니다.

전염병은 매우 억울하다는 듯이 말했습니다.

『제가 죽인 것은 딱 5천 명입니다.

나머지 4만 5천 명은 병에 걸리지도 않았는데 두려워서 죽은 것입니다.』

내과에서는 소화제를 처방해 줄 때 신경안정제를 같이 처방해 주는 경우가
있다고 합니다. 걱정과 불안 때문에 소화불량을 겪는 사람이 많아 소화제만 처
방해 주면 약이 듣지 않기 때문입니다.

지금 우리는 무엇 때문에 걱정하고 있습니까?

그 문제를 주님이 해결해 주실 것이라고 정말 믿고 있습니까?

그렇다면 두려워 마십시오. 세상 누구보다 우리를 사랑하시는 주님이 우리
의 모든 문제 또한 해결해 주실 것을 믿고 모든 걱정과 염려를 던져 버리십시오.
복되고 형통합니다. 아멘!!!

💜 주님, 모든 걱정과 염려는 주님께 맡기고 마음의 평안을 갖게 하소서.

🦋 베드로전서 5장 7절 말씀을 암송하며 걱정, 근심을 떨쳐버립시다.

나의 영적 일지

구원의 자격

읽을 말씀 : 에베소서 2:1-10

● 엡 2:8 너희가 그 은혜를 인하여 믿음으로 말미암아 구원을 얻었나
니 이것이 너희에게서 난 것이 아니요 하나님의 선물이라

러시아 의사이자 남극 탐험가인 레오니드 로고조프(Leonid Ivanovich Rogozov)는 자기 몸을 혼자서 맹장 수술해 성공한 최초의 의사입니다.

남극기지에서 맹장이 터져 고열에 시달린 로고조프는 자기가 수술하는 것 말고는 살 방법이 없다는 사실을 깨달았습니다. 다른 의사는 없었고, 남극 지역에 응급실이 있을 리도 없었습니다.

로고조프는 천장에 거울을 달고 부분 마취를 한 뒤 간호사도 아닌 일반 기술자의 도움을 받아 자기 자신을 수술했습니다. 다행히 수술은 성공적으로 끝났고, 로고조프는 임무를 마치고 고국으로 돌아가 훈장까지 받았습니다.

이런 로고조프의 이야기를 감명 깊게 읽은 미국의 한 청년이 혼자서 같은 수술을 시도했습니다. 독학으로 책을 사서 수술 방법을 공부하고, 천장에 거울을 달고, 수술 도구도 직접 준비했습니다. 그러나 수술 중 쇼크로 기절해 무려 10시간 동안이나 쓰러져 있었습니다. 중간에 가족이 발견해 다행히 목숨을 건졌지만 끔찍한 사고로 이어질 뻔했습니다. 로고조프는 전문 의사로 수술할 자격이 충분했지만, 미국의 청년은 이 일을 감당할 어떠한 능력도 없었습니다.

인간이 스스로 죄의 문제를 해결할 수 없는 이유도 이와 같습니다.

인류의 죄의 문제를 수술로 치료해 줄 의사는 오직 예수님 한 분뿐이시기 때문입니다. 성공할 수 없는 방법에 목숨을 거는 미련한 청년과 같은 삶을 살지 말고, 모든 문제의 답을 알고 계시는 전능하신 주님께 우리의 모든 삶을 맡기십시오. 복되고 형통합니다. 아멘!!!

♡ 주님, 우리의 죄를 치료할 유일한 의사이신 주님을 믿고 따르게 하소서.
🖼 할 수 있는 것과 할 수 없는 것을 구분할 줄 아는 지혜로운 성도가 됩시다.

`나의 영적 일지`

10월 23일

읽어야 자란다

읽을 말씀 : 시편 119:89-98

● 시 119:97 내가 주의 법을 어찌 그리 사랑하는지요 내가 그것을 종일 묵상하나이다

세계 최고의 명문대인 영국의 옥스퍼드와 미국 하버드 대학교의 학생들은 1년에 평균적으로 책을 100권 정도 읽는다고 합니다. 반면 우리나라 명문대 학생들의 독서량은 대단히 저조하다고 합니다. 입학 때 가산점을 받기 위해서 몇십 권을 읽었다는 글은 종종 눈에 뜨입니다.

문화체육관광부의 국민도서실태 조사에 따르면 2021년 기준(2년마다 조사) 우리나라 성인의 연평균 독서량은 4.5권이라고 합니다. 3년 전의 7.5권보다 무려 3권이나 줄어든 수치입니다.

책을 읽는다고 무조건 지혜가 생기는 것은 아니지만, 역사상 훌륭한 위인들은 대부분 어떻게든지 책을 읽으려고 노력했습니다.

미국 건국의 아버지 벤자민 프랭클린(Benjamin Franklin)은 10대 시절 식사량을 절반으로 줄여 남긴 식비로 책을 사서 읽었습니다.

자동차 왕 헨리 포드(Henry Ford)는 가난했던 시절에도 수입의 10% 이상은 반드시 기계와 관련된 책을 사서 봤습니다. 책을 어찌나 많이 사서 읽었는지 결혼할 때 가져갈 짐이 책밖에 없었다고 합니다.

책은 시대를 관통하는 지혜를 전달해 주는 소중한 통로입니다.

가장 중요하게 여기며 깊이 묵상해야 할 책은 성경이지만, 우리의 신앙에 도움을 주는 양서라면 함께 가까이 두고 꾸준히 읽어 나가야 합니다.

성경과 더불어 훌륭한 경건 서적과 고전들을 읽으며 영육이 더 건강하게 자랄 수 있도록 양분을 주십시오. 복되고 형통합니다. 아멘!!!

♡ 주님, 생사화복을 주관하시는 주님의 말씀인 성경을 항상 가까이 두고 읽게 하소서.

🎴 그리스도인으로서 성경과 필요한 책을 읽는데 게으름을 피우지 맙시다.

나의 영적 일지

주신 은사에 집중하라

읽을 말씀 : 여호수아 1:5-9

● 수 1:7,8 오직 너는 마음을 강하게 하고 극히 담대히 하여 나의 종 모세가 네게 명한 율법을 다 지켜 행하고 좌로나 우로나 치우치지 말라 그리하면 어디로 가든지 형통하리니 이 율법책을 네 입에서 떠나지 말게 하며 주야로 그것을 묵상하여 그 가운데 기록한대로 다 지켜 행하라 그리하면 네 길이 평탄하게 될 것이라 네가 형통하리라

어느 해, 런던 정치경제대학교(London School of Economics and Political Science)에서 '어느 나라 사람이 가장 행복한가?'라는 주제로 조사를 한 적이 있습니다.

1위는 방글라데시, 2위는 아제르바이잔, 3위는 나이지리아였습니다. 하나같이 가난한 나라였습니다. 그 후 15년 후에 다시 조사한 결과에서도 여전히 방글라데시가 1등이었습니다.

영국의 심리학자 로스웰(Rothwell) 박사에 따르면 이런 결과가 나온 원인은 다음과 같습니다.

「다 같이 못 살기 때문에 내 삶을 다른 사람과 비교하지 않는다.」

선풍기와 에어컨이 없는 나라에서는 다 같이 부채 하나만으로 행복해합니다. 그러나 선풍기를 갖게 되면 에어컨을 갖고 싶어 하기 때문에, 다 같이 부채 하나를 가지고 있을 때보다 오히려 행복도가 낮아지는 것입니다.

비슷한 이유로 세상에서 한때 가장 행복한 나라로 알려졌던 부탄도 스마트폰의 보급과 SNS의 발달로 남들과 비교하게 되면서 행복도가 100위권으로 낮아졌습니다.

모든 사람 한 명 한 명은 주 하나님이 창조하신 유일하고 귀한 존재입니다.

세상에서 나만이 할 수 있는 귀한 은사, 귀한 사명이 분명히 존재합니다.

그리스도인인 우리에게는 누구와 비교하며 열등감을 느낄 이유가 없습니다.

좌우를 바라보며 비교하지 말고 오직 주님만 바라보며 우리가 할 수 있는 그일을, 주님을 위해서 최선을 다하십시오. 복되고 형통합니다. 아멘!!!

♡ 주님, 저를 창조하신 주님만 바라보며 남과 비교하지 않고 살아가게 하소서.

🦋 열등감은 버리고 자존감으로 무장하여 충실한 주님의 종이 됩시다.

나의 영적 일지

건강의 축복

읽을 말씀 : 요한3서 1:1–12

●요삼 1:2 사랑하는 자여 네 영혼이 잘 됨같이 네가 범사에 잘 되고 강건하기를 내가 간구하노라

영국의 부유한 사업가인 찰스 부스(Charles Booth)는 막대한 사비를 털어 영국의 빈민 100만 명을 조사한 적이 있었습니다.

「사람이 가난해지는 이유는 무엇인가?」를 밝히기 위해서였습니다.

부유한 사업가인 부스는 사람들이 게을러서 가난해진다고 생각했습니다.

그런데 조사 결과는 충격적이었습니다.

사람들이 가난해지는 가장 큰 이유는 바로 '건강'이었습니다.

어느 정도 재산이 있는 사람이라 하더라도 중병에 걸리면 가산을 탕진하고 다시 재기하지 못했습니다. 또 대다수의 극빈층 사람들은 오히려 부자들보다 더 많은 시간을 일하고 있었습니다.

이 사실에 충격을 받은 부스는 가난이 개인의 잘못이 아닌 사회적 구조의 문제일 수 있다고 생각해 세계 최초로 '사회 복지'라는 개념을 만들어 빈민 구제 운동을 펼쳤습니다.

영국의 가장 위대한 총리라고 손꼽히는 윌리엄 글래드스턴(William Ewart Gladstone)은 훌륭한 일을 하기 위해선 반드시 건강이 필요하다고 말했습니다.

"마음을 젊게 가꾸기 위해 저는 매일 신간을 읽습니다. 최소 7시간은 잠을 자고 규칙적으로 운동을 합니다. 마음이 해이해지면 건강도 잃기 마련입니다."

건강을 관리하는 일 또한 사명입니다.

주님이 주신 사명을 온전히 감당할 수 있도록 주신 시간과 자원을 잘 관리해 몸과 정신, 영혼의 건강을 가꾸고 지키십시오. 복되고 형통합니다. 아멘!!!

💛 주님, 선한 청지기로서 주님이 주신 영혼과 육체를 건강하게 지키게 하소서.

🎋 영혼과 육체의 건강을 지키기 위해 무엇을 하고 있는지 살펴봅시다.

나의 영적 일지

절망에 빠지지 않는 법

읽을 말씀 : 로마서 12:3-13

●롬 12:11 부지런하여 게으르지 말고 열심을 품고 주를 섬기라

10월 26일

발명왕 에디슨(Thomas Alva Edison)이 세상을 떠난 뒤 남긴 연구 노트는 무려 2,500권이 넘었습니다. 그런데 이 노트는 전부 '실패'에 대한 내용이었습니다.

에디슨처럼 2,500권에 달하는 걱정을 가진 사람이 일상생활을 제대로 할 수 있을까요? 걱정에 사로잡혀 제대로 숨도 쉴 수 없을 것입니다.

그러나 에디슨은 이 수많은 걱정을 하면서도 엄청난 발명을 해냈습니다. 2,500권에 달하는 문제를 해결하기 위해 1만 번이 넘는 시도에 집중했기 때문입니다. 에디슨이 혼자서 천 개가 넘는 특허를 내고 발명왕이라는 이름으로 불릴 수 있었던 것은 책 수천 권을 뒤덮을 걱정이 떠오르지 않을 만큼 더 많은 시도를 하며 바쁘게 행동하며 살았기 때문입니다.

버나드 쇼(George Bernard Shaw)는 "자신이 행복한지 고민할 여유가 있는 사람은 더 빨리 비참해진다"라고 말했습니다.

데일 카네기(Dale Carnegie)는 "바쁘게 행동하는 사람은 절망의 늪에 빠지지 않는다"라고 말했습니다.

「기도할 수 있는데 왜 걱정하십니까」라는 찬양 가사처럼 전능하신 주 하나님의 손을 믿고, 다니엘과 세 친구가 빠진 것 같은 절망 속에서도 주님을 찬양하며 쉬지 말고 기도하십시오.

기도할 때 주님이 우리의 모든 대적을 물리쳐주십니다. 흑암의 구덩이에 나 홀로 빠질지라도 주님의 손이 우리를 꺼내주실 것을 진실로 믿으십시오. 복되고 형통합니다. 아멘!!!

💜 주님, 모든 염려를 주님께 맡기고 어떤 힘든 상황도 기도하며 이겨내게 하소서.

🧎 깜깜한 절망 속에서도 오직 주님께 기도만이 살길임을 깨닫고 기도합시다.

나의 영적 일지

축복의 말, 저주의 말

읽을 말씀 : 로마서 12:14-21

● 롬 12:14 너희를 핍박하는 자를 축복하라 축복하고 저주하지 말라

스코틀랜드의 수도 에든버러(Edinburgh)의 한 공원에는 12그루의 큰 나무가 있습니다. 동네 사람들은 이 나무를 '12제자 나무'라고 불렀습니다.

앞에서부터 한 그루씩 베드로, 야고보, 요한… 순으로 이름을 붙였고, 마지막 나무는 예수님을 팔아넘긴 가룟 유다로 불렀습니다.

어떤 사람들은 이 나무를 붙들고 기도하기도 했고, 어떤 사람들은 한 나무씩 이름을 불러가며 산책하기도 했습니다. 그런데 모든 사람이 12번째 가룟 유다 나무를 지나면서는 욕을 퍼부었습니다.

이런 축복과 저주의 말 때문인지는 모르지만 11제자 나무는 주변의 다른 나무들보다 더 울창하게 자라갔고, 가룟 유다 나무는 조금씩 잎이 떨어지고 가늘어지다가 결국 말라죽고 말았습니다.

일본의 한 방송에서 50일 동안 평범한 외모의 사람에게 칭찬을 해주는 프로그램을 진행한 적이 있습니다.

50일이 지나자 참가자의 외모는 몰라보게 달라졌습니다.

매일 꾸준히 칭찬을 듣자 자신감이 생겨 외모를 깔끔하게 가꾸었고 사람을 바라보고 자신 있게 웃을 수 있게 됐기 때문입니다.

말 한마디로 세상을 더 아름답게 만들 수 있습니다.

주님을 섬기는 입으로 저주의 말을 뱉을 수는 없습니다.

주님이 주신 사랑과 기쁨으로 오직 축복의 말만 하십시오. 복되고 형통합니다. 아멘!!!

💙 주님, 성도답게 오직 좋은 말, 고운 말만 사용하여 주님께 영광 돌리게 하소서.

🎐 행동보다 말의 중요성을 깨닫고 되도록 서로에게 좋은 말로 축복합시다.

나의 영적 일지

교회가 마주할 현실

읽을 말씀 : 데살로니가후서 1:3-12

● 살후 1:4 그리고 너희의 참는 모든 핍박과 환난 중에서 너희 인내와
믿음을 인하여 하나님의 여러 교회에서 우리가 친히 자랑함이라

　미국의 기독교 전문 조사 기관인 「라이프웨이 리서치」(Lifeway Research)가 발표
한 「2022년부터 세계의 교회들이 마주하게 될 현실 중 5가지」입니다.

❶ 그래도 희망은 있다/ 많은 교회가 어려운 상황이었지만 20%의 교회는 오
　히려 더 부흥했고, 재정적으로도 탄탄해졌습니다.

❷ 희망은 전도다/ 코로나 기간에도 전도를 우선으로 여긴 교회들이 성장했
　습니다. 효율적인 방법을 찾는 것도 중요하지만 '일단 기도하고 나가는 전
　도 전략'(Pray & Go) 또한 필요합니다.

❸ 수평 이동은 피할 수 없다/ 코로나 기간 중 미국에서만 2만여 개의 교회가
　문을 닫았습니다. 가슴 아픈 이야기지만 다니던 교회가 사라진 성도들을
　동시에 잘 품어줄 수 있는 역할을 감당할 교회 또한 필요합니다.

❹ 변화에 저항하는 교회는 더 빨리 사라질 것이다/ 재정적 지원은 줄어들고,
　믿지 않는 사람들 또한 이전보다 교회에 덜 우호적이기 때문입니다.

❺ 일반 일을 하는 사역자, 담당 목회자가 없는 교회가 늘어날 것이다/ 사라
　지는 교회와 줄어드는 성도로 미국에만 이중직 사역자가 백만 명이 있다
　고 합니다.

　복음이 가장 왕성하게 전파됐던 때는 복음이 가장 핍박받던 때였습니다.

　우리에게 필요한 것은 더 나은 상황과 환경보다는 주님의 능력과 순종입니
다. 주님이 가라고 하는 곳에 가서, 주님이 전하라고 주신 말씀을 전하는 순종의
그리스도인이 되십시오. 복되고 형통합니다. 아멘!!!

🤍 주님, 캄캄한 밤중에도 진리의 빛을 비추는 깨어있는 성도가 되게 하소서.
🖼 더 어려워진 상황이 찾아온다 하더라도 더 뜨겁게 부흥을 위해 기도합시다.

나의 영적 일지

애즈베리의 부흥

읽을 말씀 : 하박국 3:1-5

● 합 3:2 여호와여 내가 주께 대한 소문을 듣고 놀랐나이다 여호와여 주는 주의 일을 이 수년 내에 부흥케 하옵소서 이 수년 내에 나타 내시옵소서 진노 중에라도 긍휼을 잊지 마옵소서

애즈베리 대학교(Asbury University)는 미국 켄터키주 윌모어(Wilmore)라는 인구 6천 명의 작은 도시에 있는 학교입니다.

하루는 이 대학의 수요 채플에서 말씀을 마친 목사님이 "아직 주님의 사랑을 깨닫지 못한 사람은 그 자리에서 계속 기도합시다"라고 권면했습니다. 학생회 장을 비롯한 19명은 그 자리에서 자신들의 죄를 고백하고 기도를 드렸습니다. 그런데 이 모습을 본 다른 학생들도 앞다투어 예배당에 모여 기도를 시작했고, 이 소식이 점점 퍼져가며 수많은 인파가 몰려왔습니다.

인구 6천 명의 도시에 2만 명이 넘는 사람들이 찾아왔고 24시간 자리가 비지 않고 예배와 찬양, 기도가 이어졌습니다.

2023년 2월 8일에 시작된 이 예배는 한 달이 넘게 계속됐습니다.

미국에서 가장 영적이지 않은 Z세대에서, 19명의 평신도가, 수요 예배의 기도 모임을 통해 일으킨 이 놀라운 부흥의 불씨는 '애즈베리 부흥'이라고 불리며 미 국 전역으로 퍼져나갔고, 지금 세상에서도 평범한 성도들의 평범한 기도로 얼 마든지 부흥이 시작될 수 있다는 당연하고 놀라운 부흥의 원리를 다시금 우리 에게 일깨워주었습니다.

주님께 자신의 모든 걸 드릴 수 있는 사람, 주님의 사랑을 진실로 체험하기를 바라는 사람, 이런 사람들을 통해서 지금 시대에도 얼마든지 초대 교회와 같이 뜨거운 부흥이 일어날 수 있습니다. 주님의 자비와 은혜가 그 어느 때보다 필요 한 지금 우리 사회에도 다시 한번 뜨거운 부흥이 일어나게 해달라고 함께 모여 기도하십시오. 복되고 형통합니다. 아멘!!!

💙 주님, 저의 작은 순종이 부흥을 일으킬 불씨가 되게 하소서.

🎴 우리 교회에도 강력한 부흥이 일어나게 해달라고 주님께 기도합시다.

나의 영적 일지

사명에 실패란 없다

읽을 말씀 : 마가복음 13:3-13

● 막 13:13 또 너희가 내 이름을 인하여 모든 사람에게 미움을 받을 것이나 나중까지 견디는 자는 구원을 얻으리라

청나라 초기 역사학자인 담천은 20년 동안 혼신의 힘을 다해 「국각」이라는 역사서를 편찬했습니다. 그야말로 혼신의 힘을 다한 역작이었습니다.

그런데 「국각」을 완성한 지 얼마 되지 않아 집에 도둑이 들어 이 책을 훔쳐 갔습니다. 청렴한 관리라 집이 가난했던 담천의 집에 훔칠 것이 없자 상자에 고이 보관된 책이 보물인 줄 알고 훔쳐 간 것입니다.

당시 담천의 나이는 환갑으로 「국각」은 그가 심혈을 기울인 인생의 결과물이었습니다. 그런 「국각」을 도둑맞은 것은 그야말로 인생 최대의 업적이 사라진 것이었습니다.

그러나 담천은 포기하지 않고 다시 붓을 들었습니다.

「국각」은 10년 뒤 이전보다 더 방대하고 정확한 역사서로 다시 세상에 태어났습니다. 총 104권에 5만 자가 넘는 명나라 시대와 청나라 초기를 아우르는 중요한 역사서였습니다.

담천이 늦은 나이에도 포기하지 않고 다시 10년, 총 30년 동안 붓을 들어 글을 썼던 것은 바로 사명감 때문이었습니다.

"나에게는 명나라의 역사를 후대에 전해야 할 사명이 있다.

여기서 포기하면 그동안의 노력이 오히려 수포로 돌아가고 만다."

사명을 완성한 사람에게 중간의 모든 고난은 단지 과정일 뿐입니다.

힘든 경주일수록 결승선을 통과하는 일이 가치가 있듯이, 주님이 주신 사명의 길이 아무리 길고 험난해도 끝까지 포기하지 말고 완주하십시오. 복되고 형통합니다. 아멘!!!!

🖤 주님, 인생의 무게가 아무리 무거워도 사명의 길을 포기하지 않게 하소서.

📖 수고하고 무거운 짐 진 자를 쉬게 하시는 주님을 믿으며 기도합시다.

`나의 영적 일지`

10월 31일

필연의 개혁

읽을 말씀 : 에스겔 18:23-32

● 겔 18:31 너희는 범한 모든 죄악을 버리고 마음과 영을 새롭게 할
찌어다 이스라엘 족속아 너희가 어찌하여 죽고자 하느냐

독일의 역사학자 랑케(Leopold Ranke)는 "종교개혁은 우연히 일어난 것이 아니
라 하나님의 섭리 가운데 필연으로 일어난 일"이라고 말했습니다.

당시 기독교는 말씀이 아닌 비본질적인 것에 너무 치중해 있었습니다.

돈으로 면죄부를 팔고, 형식에 연연하고, 세속에 물든 성직자들…. 이 모든
것들이 1517년에 일어난 종교개혁을 통해 휩쓸려 사라지고 교회는 다시 태어났
습니다.

깨어 있는 성도들이 다시 본질이 무엇인지 깨닫고 기독교를 새롭게 일으켜
세웠습니다. 하나님의 진리가 바로 서기 위해 종교개혁은 반드시 일어나야 했
습니다. 그래서 랑케는 종교개혁이 "역사적 필연으로 일어난 성경의 사건"이라
고 말했습니다.

루터로부터 시작된 종교개혁이 이제 500년이 지났습니다.

우리의 믿음과 신앙이 얼마나 본질을 지켜나가고 있는지 그 어느 때보다 냉
철하게 돌아봐야 할 때입니다. 하나님은 오직 한 분이시며, 우리의 믿음은 오직
성경을 기초로 합니다. 성경의 권위가 땅에 떨어져 있고, 신령과 진정으로 예배
하는 사람들이 사라져가는 지금 시대에, 다시 본질로 돌아가는 새로운 개혁은
우리로부터 시작되어야 합니다.

성경을 떠난 믿음과 구원은 아무런 의미도, 능력도 없습니다. 성경과 믿음만
을 붙들고 본질로 돌아갔던 그 시대의 성도들처럼 하나님 한 분만을 붙들고, 오
직 성경을 통해 진리를 배워나가십시오. 복되고 형통합니다. 아멘!!!

💙 주님, 우리를 위해 지신 십자가를 생각하며 오직 성경의 진리를 따르게 하소서.
🎴 우리가 믿고 따를 것은 오직 성경 말씀뿐임을 다시 한번 기억합시다.

나의 영적 일지

하나님은 우리의 피난처시요 힘이시니

11월

"하나님은 우리의 피난처시요 힘이시니
환난 중에 만날 큰 도움이시라
그러므로 땅이 변하든지 산이 흔들려 바다 가운데 빠지든지
바닷물이 흉용하고 뛰놀든지 그것이 넘침으로 산이 요동할찌라도
우리는 두려워 아니하리로다(셀라)"

- 시편 46:1~3 -

11월 1일

고마운 분들을 잊지 맙시다

읽을 말씀 : 로마서 16:12-16

● 롬 16:12 주 안에서 수고한 드루배나와 드루보사에게 문안하라 주 안에서 많이 수고하고 사랑하는 버시에게 문안하라

『아세아방송(현 제주극동방송)은 2023년에 창사 50주년을 맞았습니다.

뜻깊은 행사가 될 수 있도록 기획하는 가운데 아세아방송이 개국하기까지 남모르게 헌신한 분들을 찾아 감사패를 드렸으면 좋겠다는 생각이 들었습니다.

그동안의 역사를 되돌아보니 이미 그 공로와 헌신에 감사를 전해드린 분들도 있었지만, 부족하다고 생각되는 분들도 있었습니다.

가장 먼저 생각난 분은 고(故) 윤치영 당시 공화당 의장이었습니다. 설립준비 위원장을 맡았다가 과로로 순직한 윌킨슨(David Wilkinson) 선교사를 대신해 제가 설립 책임을 맡았을 때 인허가를 위해 큰 힘을 써주신 분이었습니다. 독실한 크리스천이었던 윤 의장의 수고로 민간방송 최대출력인 250kW로 중국, 러시아, 일본, 북한 등 동북아시아 18억 영혼에게 복음을 전하는 아세아방송이 탄생할 수 있었습니다. 안타깝게도 내외분 모두 소천하셨기에 수소문 끝에 아들되는 윤인선 안수집사 내외를 「제주극동방송 창사 50주년」 행사에 초대했습니다.

윤인선 안수집사는 "잊지 않고 기억해 주시는 것만으로도 감사한데, 행사에 초대되어 감사패까지 받으니 너무 감사합니다"라고 인사했습니다. 하나님께서 윤 의장을 통해 하신 일들을 다시 한번 되새기고 또 하나의 역사를 다시금 알릴 수 있어서 더욱 감사한 시간이었습니다.』- 「김장환 목사의 인생 메모」 중에서

혼자서 스스로 서는 사람은 아무도 없습니다. 오늘의 내가, 그리고 공동체가 있기까지 수많은 사람의 기도와 헌신이 있었다는 사실을 기억하고 진심으로 감사를 표현하십시오. 복되고 형통합니다. 아멘!!!

🫶 주님, 하나님이 붙여주신 사람들의 도움과 은혜로 내가 있음을 기억하게 하소서.

🖼 큰 도움을 받았음에도 잊고 있던 분이 있다면 속히 감사의 연락을 드립시다.

나의 영적 일지

말의 매력

읽을 말씀 : 잠언 18:1–8

● 잠 18:4 명철한 사람의 입의 말은 깊은 물과 같고 지혜의 샘은 솟쳐 흐르는 내와 같으니라

한 상가에 손님이 별로 없는 식당이 있었습니다.

그런데 어느 날부터 손님이 줄을 설 정도로 인기 있는 식당이 되었습니다.

비결은 바로 상가 앞에 세워둔 '야경 무료'라는 광고판 때문이었습니다.

식당은 상가 4층에 있었지만, 야경은 별 볼일 없이 평범했습니다.

그런데 '야경 무료'라는 글을 본 손님들이 도대체 얼마나 야경이 멋진가 해서 식당을 찾기 시작했고, 막상 생각보다 야경이 별로여도 오히려 좋은 경험으로 여기며 식당을 떠났습니다.

별 볼 일 없는 야경을 미끼로 식당의 맛있는 음식과 서비스를 경험하게 이끈 '센스'있는 광고 문구가 빛난 이야기입니다.

비슷한 경우로 '곧 방송에 나올 맛집'으로 식당을 홍보해 대박이 난 케이스도 있습니다. 대부분 방송에 나왔다고 식당을 홍보하는데 이곳은 오히려 방송에 나올 맛집으로 홍보를 해 진짜로 방송에 나왔습니다.

'말 한마디로 천 냥 빚을 갚는다'는 속담처럼 재치 있는 말 한마디가 사람의 마음을 움직이는 놀라운 힘이 되기도 합니다.

예수님은 언제나 말을 통해 사람들을 놀라게 하시고, 복음이 들어갈 틈을 만드시고, 진리를 전하셨습니다.

상한 심령을 위로하고, 죽어가는 마음에 생명의 복음을 전하는 합당한 말을 할 수 있는 지혜를 달라고 주님께 기도하십시오. 복되고 형통합니다. 아멘!!!

♡ 주님, 제 혀에 권세를 주시사 복음을 전할 때 그들이 믿게 하소서.

🧑 사랑하는 가족과 이웃을 다시 살리는 지혜로운 말을 합시다.

나의 영적 일지

시간이 없다는 핑계

읽을 말씀 : 갈라디아서 6:1-10

● 갈 6:7 스스로 속이지 말라 하나님은 만홀히 여김을 받지 아니하시
나니 사람이 무엇으로 심든지 그대로 거두리라

미국 대통령 존 케네디(John F. Kennedy)의 취임식에서 시를 낭송하기도 했던 미국의 국민 시인 로버트 프로스트(Robert Lee Frost)가 한 모임에서 강연을 한 적이 있습니다. 당시 자리에는 작가가 되기를 꿈꿨지만 이런저런 이유로 결국 포기한 사람들이 모여 있었습니다.

프로스트가 간단한 강연을 마치고 나자 질문 시간이 시작됐습니다.

대부분의 질문자는 "어떻게 작가로 성공할 수 있는지?"를 물었습니다.

"저도 한때 작가를 꿈꿨지만, 생계를 위해 일을 하다 보니 도저히 글을 쓸 수 없었습니다. 선생님은 이런 위기를 어떻게 극복하고 작가가 되셨습니까?"

프로스트는 이 질문에 자신은 시간을 훔쳐서 작가가 됐다고 대답했습니다.

『저는 도둑처럼 시간을 훔쳤습니다. 자는 시간을 훔쳐서 글을 쓰고, 밥 먹을 시간을 훔쳐서 시를 썼습니다. 사람들과 만나서 잡담할 시간도 훔쳤습니다.

이 모든 시간을 훔쳐서 글을 쓰는데 사용했습니다. 바쁘다는 말은 언제나 핑계입니다. 시간은 언제든지 만들 수 있습니다.』

모임에 참석한 사람들은 프로스트의 말을 듣고는 부끄러워했습니다.

주님을 위해 일한다는 사역이라는 명분 아래, 내 일이 너무 바쁘다고 미루거나 포기한 적이 있습니까?

그렇다면 정말로 그 일을 사모하고 있는 것이 아닐지도 모릅니다.

주님은 우리의 남는 시간이 아닌 있는 시간을 빼서라도 섬겨야 할 분, 우리의 구주이십니다. 주님이 주신 사명, 사역 아래 시간이 없다는 핑계만큼은 절대로 대지 마십시오. 복되고 형통합니다. 아멘!!!

🖤 주님, 주님을 섬기는 일에 시간이 없다는 핑계의 말을 다시는 하지 않게 하소서.
🖼 이런저런 이유로 멈추고 있던 사역이 있다면 이제 다시 시작합시다.

나의 영적 일지

교회에 나가는 이유

읽을 말씀 : 로마서 12:10-15

● 롬 12:10,11 형제를 사랑하여 서로 우애하고 존경하기를 서로 먼저 하며 부지런하여 게으르지 말고 열심을 품고 주를 섬기라

교회에서 사람들의 위선적인 모습에 큰 상처를 받은 한 청년이 전도자 무디 (Dwight Lyman Moody)를 찾아와 「교회를 왜 다녀야 하냐」라고 물었습니다.

"신앙생활은 혼자서도 할 수 있지 않습니까?

사람들에게 상처를 받으면서까지 교회에 출석하는 이유가 무엇입니까?"

무디는 아무 말 없이 집게를 들고 와 난로에서 조개탄 하나를 꺼냈습니다.

벌겋던 조개탄이 잠시 뒤 사그라들었습니다.

꺼져가는 조개탄을 다시 난로에 넣자 주변 조개탄들의 열기로 금세 빨간 불꽃이 타올랐습니다. 이 모습을 본 청년은 아무 말 없이 집으로 돌아가 다시 열심히 신앙생활을 했습니다.

무디가 보여준 행동을 통해 교회와 공동체, 예배와 교제 없이 혼자서 뜨겁게 신앙생활을 유지하는 것이 얼마나 힘든 일인지 깨달았기 때문입니다.

교회를 병원에 비유한다면 성도는 환자로 비유될 수 있습니다.

즉 교회는 인간적으로는 완전한 사람들의 모임이 아닙니다.

예수님의 제자들 중에도 가룟 유다와 같은 배신자가 있었고, 초대 교회 성도들 중에도 여러 가지 분란으로 문제를 일으킨 사람들도 많았습니다. 그러나 그런 상황 속에서도 주님의 말씀대로 모이고, 기도하고, 은혜 나누기를 힘쓴 참된 성도들 때문에 복음은 오늘날 이렇게까지 전파될 수 있었던 것입니다.

주님이 세우신 교회를 충성되이 섬기며, 그 가운데 주시는 놀라운 은혜와 은총을 통해 신앙의 열정이 꺼지지 않도록 지키십시오. 복되고 형통합니다. 아멘!!!

♡ 주님, 올바른 신앙심을 갖고 주님만을 바라보며 주님을 섬기게 하소서.

🌀 교회 안에서나 밖에서나 신앙의 열정이 꺼지게 하는 것들을 버립시다.

나의 영적 일지

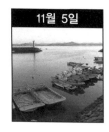

학습지대로 나아가라

읽을 말씀 : 에베소서 4:11-15

● 엡 4:13,14 우리가 다 하나님의 아들을 믿는 것과 아는 일에 하나가 되어 온전한 사람을 이루어 그리스도의 장성한 분량이 충만한데 까지 이르리니 이는 우리가 이제부터 어린 아이가 되지 아니하여 사람의 궤술과 간사한 유혹에 빠져 모든 교훈의 풍조에 밀려 요동치 않게 하려 함이라

코너스톤 리더십 연구소의 소장인 데이비드 코트렐(David Cottrell)은 "안전지대에 머무르는 사람은 결코 새로운 지식을 배울 수 없다"라고 말했습니다.

다음은 코트렐이 말한 「학습지대에 들어가고 싶은 사람이 거쳐야 할 3가지 공간」입니다.

❶ 독서의 방입니다.

사람은 읽지 않으면 배울 수 없습니다. 어떤 지식을 위해 기꺼이 시간을 낼 수 있는 사람은 어떤 일이든 배울 자격을 갖춘 사람입니다.

❷ 경청의 방입니다.

다른 사람의 말을 듣지 않는 사람은 절대 성장할 수 없습니다. 오만함에 빠져 자기가 최고인 줄 아는 사람은 훌륭한 스승을 곁에 둘 수 없고, 학습 능력을 상실하게 됩니다.

❸ 나눔의 방입니다.

아는 것을 가르치는 것만큼 제대로 배울 수 있는 방법은 없습니다. 같은 내용도 여러 명에게 나누며 가르칠 때 매너리즘에 빠지지 않고 계속해서 성장할 동력을 얻게 됩니다.

지식도 영성도 지속적인 학습이 필요합니다.

우리의 영성이 제자리에 머무르지 않도록 읽고, 듣고, 나누며 계속해서 믿음이 자랄 수 있도록 신앙의 토양을 단단하게 하십시오. 복되고 형통합니다. 아멘!!!

🖤 주님, 다른 어떤 성취보다 주님의 제자가 되고자 더욱 노력하며 힘을 쏟게 하소서.

🖼 마음과 뜻이 맞는 사람들과 함께 신앙의 토양을 쌓는 학습을 합시다.

나의 영적 일지

비슷하지만 다르다

읽을 말씀 : 고린도후서 11:10-15

● 고후 11:13 저런 사람들은 거짓 사도요 궤휼의 역군이니 자기를 그리스도의 사도로 가장하는 자들이니라

한 유명한 작가가 주변인의 감언이설에 속아 쓸데없는 발명품에 거액을 투자했다가 탕진한 적이 있었습니다. 한 번의 투자로 큰 실패를 경험한 작가는 다시는 같은 실패를 겪지 않으리라 다짐했습니다.

그러던 어느 날 한 발명가가 이 작가를 찾아와 자신의 발명품을 보여주며 투자를 요청했습니다.

"내 인생의 역작입니다. 물건을 한 번 살펴보시고 가능성이 보인다면 돈을 조금이라도 투자해 주십시오. 아주 적은 금액이라도 투자해 주신다면 나중에 확실히 보상해 드리겠습니다."

발명가가 가져온 물건은 아주 그럴싸해 보였습니다. 그러나 이전의 투자 실패로 쓴맛을 봤던 작가는 깊이 생각하지 않고 단칼에 거절했습니다.

발명가는 물건을 들고 쓸쓸히 돌아갔습니다.

이날 찾아온 발명가는 알렉산더 그레이엄 벨(Alexander Graham Bell)이었고, 들고 온 물건은 세계 최초의 전화기였습니다. 투자를 제안받았던 작가 마크 트웨인(Mark Twain)은 훗날 이 일을 두고두고 후회했다고 합니다.

비슷해 보이는 물건들 사이에도 언제나 진짜는 있기 마련입니다. 세상에 많은 종교가 있고, 다들 비슷해 보일 수 있지만, 그중 진리는 기독교에서 가르치는 진리 단 하나뿐이고, 살아계신 하나님도 단 한 분, 주 하나님뿐입니다.

좋은 투자를 놓치면 약간의 이익을 놓치지만 유일한 진리를 놓치면 영생을 잃게 됩니다. 주 예수 그리스도를 우리 마음의 구주로 영접함으로 태초부터 지금까지 유일한 진리이신 주님과 동행하십시오. 복되고 형통합니다. 아멘!!!

💜 주님, 우리 마음의 중심에 오직 주님만이 자리하며 동행하게 하소서.

🧎 그리스도만을 구주로 영접하고 의지하고 있는지 다시 한번 점검합시다.

나의 영적 일지

실패하는 이유

읽을 말씀 : 고린도전서 3:18-23

● 고전 3:18 아무도 자기를 속이지 말라 너희 중에 누구든지 이 세상에서 지혜 있는 줄로 생각하거든 미련한 자가 되어라 그리하여야 지혜로운 자가 되리라

미국의 한 마케팅 회사에서 2,500명에게 다음과 같은 질문을 했습니다.

"과거에 실패한 경험이 있다면, 원인이 뭐라고 생각하십니까?"

대부분은 실패의 원인을 단 한 가지 이유「결단력의 부족」으로 꼽았습니다.

윈스턴 처칠(Winston Churchill)은 학창 시절 내내 끔찍할 정도로 공부를 못했습니다. 고등학교에서 낙제점을 받을 정도였습니다.

처칠의 부모님과 가정교사는 성적에 맞춰서 적당한 대학교를 보내려고 했으나 처칠은 자신의 꿈을 위해 샌드허스트 육군사관학교(Sandhurst Royal Military Academy)가 아니면 대학에 가지 않겠다고 결심했습니다.

비록 삼수까지 했으나 이 결단으로 처칠은 처음의 결심대로 샌드허스트 육군사관학교에 들어갔고, 훗날 영국의 총리 자리까지 오르게 됐습니다.

슈바이처(Albert Schweitzer) 박사는 30살까지는 문학과 예술을 위해 살기로 했습니다. 그리고 31살부터는 평생 복음을 위해 살기로 했습니다.

20살에 내린 이 결심으로 슈바이처 박사는 유명한 예술가이자 작가로 이름을 널리 알릴 수 있었고, 이때 쌓은 업적으로 더 효과적으로 아프리카 선교를 감당할 수 있었습니다.

망설이는 사람은 절대 성공할 수 없습니다.

주님의 말씀을 들은 즉시 그물을 버리고 좇았던 제자들처럼 하나님이 우리 마음에 주신 사명을 위해 살아가기로 지금 바로 결단하십시오. 복되고 형통합니다. 아멘!!!

♥ 주님, 주님이 주신 목표를 따르는 일에 망설임이 없게 하소서.

※ 사명과 관련된 일에는 주저함 없이 기쁜 마음으로 순종합시다.

나의 영적 일지

복음이 회복시킨다

읽을 말씀 : 마태복음 4:18-25

● 마 4:23 예수께서 온 갈릴리에 두루 다니사 저희 회당에서 가르치
시며 천국 복음을 전파하시며 백성 중에 모든 병과 모든 약한 것을
고치시니

30대 초반에 복음을 전하러 아프리카 콩고로 훌쩍 떠난 K 선교사님은 길거리 부랑자들과 몸이 아픈 환자, 장애인들을 대상으로 구제 활동을 펼치며 복음을 전했습니다. 그런데 조금 지나고 보니 콩고의 문맹률이 심각하게 높다는 사실을 깨달았습니다. 약을 줘도 글을 몰라 제대로 복용하지 못했고, 글씨를 몰라 성경을 나눠줘도 무용지물이었습니다.

글을 모르니 성경도 제대로 배우지 못해 이단들의 전도에도 혹하는 사람들이 많아 엄청나게 많은 이단 교파가 침투해 있었습니다.

하나님은 선교사님의 마음에 먼저 콩고의 교육을 바로 세우라는 감동을 주셨습니다. 혼자서는 결코 할 수 없는 일이었습니다.

그러나 20년을 버티며 하나님의 음성에 순종하자 결실이 맺혀갔습니다. 주님의 이름으로 여러 개의 학교가 지어졌고, 수만 명의 졸업생을 배출하며 콩고의 문맹을 퇴치하는 전진기지가 됐습니다.

문서선교를 담당할 출판사가 생겨났고, 나라의 허가를 받은 정식 방송국까지 세워졌습니다. 콩고의 페스탈로치로 불리며 정부로부터 국민훈장을 수여 받을 정도로 놀라운 업적, 놀라운 사역이었습니다.

복음이 바로 세워지고 말씀이 퍼져나갈 때 나라가 부강해지고 사회가 회복됩니다. 우리가 세상에서 할 수 있는 가장 귀한 일이 선교이며, 어려운 사람들에게 전해줄 수 있는 가장 귀한 보물이 복음입니다.

기도와 물질로 세계 곳곳의 나라와 민족들이 주님의 이름으로 회복되는 역사가 일어나도록 후원하십시오. 복되고 형통합니다. 아멘!!!!

🤍 주님, 세계 곳곳에서 복음을 전하는 선교사님들의 필요를 채우는 사람이 되게 하소서.
🧎 우리 대신 복음을 전파하는 선교사님들을 위해 지원을 아끼지 맙시다.

나의 영적 일지

마음으로 그린 미래

읽을 말씀 : 빌립보서 1:3-11

● 빌 1:6 너희 속에 착한 일을 시작하신 이가 그리스도 예수의 날까지 이루실 줄을 우리가 확신하노라

작은 농장을 꾸리며 힘겹게 사는 농부가 있었습니다.

농부는 평생을 부지런히 일했지만 생계는 항상 어려웠습니다.

그런데 나이가 들어 갑자기 전신이 마비되는 불치병까지 찾아왔습니다.

침대에 누워 있는 농부를 보며 가족들은 깊은 근심에 빠졌습니다.

그런데 누워 있는 농부는 가족들에게 믿을 수 없는 말을 했습니다.

"나는 평생 부지런히 몸을 움직였지만 가난하게 살아왔다. 몸만 움직이고 생각하지 않았기 때문이지. 이제 반대로 생각할 시간이 많아졌으니, 너희들이 내 생각을 따라 움직여주면 우리는 부자가 될 수 있을 거란다."

농부는 농장에서 팔고 남은 곡물로 돼지를 키우고, 그 돼지를 가공해 제품을 만들어 파는 아이디어를 가족에게 제공했습니다.

농부의 말대로 사업을 시작한 가족들은 소시지가 특히 잘 팔린다는 사실을 알고 아예 정육점을 차렸고, 이 사업이 대박이 나면서 큰 부자가 됐습니다.

세계 최고의 소시지 브랜드인 쟌슨빌(JOHNSONVILLE)은 이렇게 시작됐습니다.

하나님이 우리 마음에 주신 꿈이 생각보다 크더라도 주님을 정말로 믿는다면 우리 삶에서 이루어질 수 있습니다.

하나님이 주신 것 중에 분명한 꿈이 있습니까?

그 꿈이 아무리 크더라도 반드시 이루어질 줄 믿으십시오.

주님이 우리 마음에 주신 원대한 꿈(비전)을 확실히 붙잡고, 또한 그 꿈을 이루실 능력의 주님이심을 믿으십시오. 복되고 형통합니다. 아멘!!!

🤍 주님, 우리의 모든 소망을 이루어주실 주님께 오직 감사만 드리게 하소서.

🎴 지금 하고 있는 일을 더 발전시킬 영감을 달라고 기도해 봅시다.

나의 영적 일지

배운 은혜를 나누라

읽을 말씀 : 요한1서 1:5-10

● 요일 1:7 저가 빛 가운데 계신것 같이 우리도 빛 가운데 행하면 우리가 서로 사귐이 있고 그 아들 예수의 피가 우리를 모든 죄에서 깨끗하게 하실 것이요

매일 밤 모여서 가족회의를 하는 가정이 있었습니다.

아버지는 잠자리에 들기 전 모든 가족에게 그날 삶에서 배운 것이 무언인지를 나누도록 했습니다.

"넓은 세상이 너희들의 학교란다.

하루 동안 아무것도 배우지 못하는 것은 죄와 마찬가지야."

하루 동안 배운 것이 없다고 말하면 아버지는 불같이 화를 냈지만, 사소한 깨달음을 한 가지라도 얘기하면 마음 깊이 경청하며 격려했습니다.

가족들은 서로가 배운 그날의 깨달음을 공유하며, 하루에도 5~6가지의 새로운 지식을 배우고 새로운 시각을 경험할 수 있었습니다.

자녀들은 아버지의 다음과 같은 가르침을 평생 잊지 않고 기억하며, 많은 사람에게 존경받는 지식인으로 자랐습니다.

"인간의 수명에는 한계가 있지만 배움에는 끝이 없단다.

인간은 자신이 배우는 것을 통해 성장한단다."

'닥터 러브'라는 애칭으로 불리며 많은 사람에게 인생의 소중한 교훈을 가르쳤던 「살며 사랑하며 배우며」의 저자이자 저명한 교육학 교수인 레오 버스카글리아(Leo Buscaglia)의 어린 시절 이야기입니다.

작고 사소한 은혜란 없습니다. 서로의 신앙을 인정하며 각자의 삶에 임하시는 주님의 손길을 교제 가운데 깊이 나눌 때 더 풍성한 은혜를 체험하게 됩니다. 아름다운 교제 가운데 주님이 주신 은혜를 서로 나누며 살아계신 주님을 더욱 깊이 체험하십시오. 복되고 형통합니다. 아멘!!!

♡ 주님, 좋은 교제와 활동을 통해 성숙한 공동체를 이루게 하소서.

🐾 계속해서 배우고 서로 사랑하는 더 나은 삶을 추구합시다.

나의 영적 일지

강하고 담대하라

읽을 말씀 : 시편 27:4-14

● 시 27:14 너는 여호와를 바랄찌어다 강하고 담대하며 여호와를 바랄찌어다

러시아 과학자들이 동물을 대상으로 실험을 진행했습니다.

한 그룹의 동물들은 최상의 조건에서 가장 좋은 먹이를 먹이며 키웠습니다. 쾌적한 공간에서 충분한 먹이를 먹으며 무엇 하나 스트레스를 받을 일이 없었습니다.

반대로 다른 그룹의 동물들은 겨우 살아갈 정도의 조건에서 일정 시간마다 스트레스를 줬습니다. 좁은 공간에서 최소한의 먹이를 먹으며, 불빛이나 천적의 울음소리를 통해 때때로 잠도 못 이루는 환경이었습니다.

당연히 첫 번째 그룹의 동물들이 털도 윤택하고 훨씬 더 건강했습니다.

그런데 이 동물들을 야생으로 돌려보내자 정반대의 일이 일어났습니다.

아무런 위험도 없이 편하게 지내던 동물들은 야생의 척박한 환경에 적응하지 못하고 빠르게 죽어갔습니다.

반대로 겨우 살아갈 정도의 조건에서 성장한 동물들은 척박한 야생에 이미 적응한 듯 더욱 건강해졌고, 빠르게 번식해 나갔습니다.

고난은 때때로 주님만을 더욱 의지하게 만드는 인생의 좋은 명약이 됩니다. 고난 중에도 주님을 의지하고 붙드는 사람은 어떤 때에도 주님을 떠나지 않고 겸손히 기쁨을 누립니다.

주님과 함께라면 그 어떤 고난도 축복을 향한 디딤돌이 됩니다. 고난이 더 나은 주님의 복을 받기 위한 계단 역할을 한다는 사실을 믿으십시오. 복되고 형통합니다. 아멘!!!

💙 주님, 고난이 복임을 명심하며 고난 중에도 주님만을 의지하며 감사하게 하소서.

🖼 어떤 어려운 상황도 복의 통로로 이어주실 주님이심을 믿고 이겨냅시다.

나의 영적 일지

친절이 일군 성공

11월 12일

읽을 말씀 : 로마서 15:1-9

● 롬 15:2 우리 각 사람이 이웃을 기쁘게 하되 선을 이루고 덕을 세우도록 할찌니라

폭풍우가 몰아치는 늦은 밤, 한 낡은 호텔에 노부부가 비를 피해 들어왔지만 그 지역에 큰 행사가 있어 호텔에는 남은 방이 없었습니다. 직원은 노부부를 위해 근처에 있는 호텔에 죄다 전화를 돌렸지만 모든 호텔에 빈방이 없었습니다. 전화를 마친 직원은 노부부에게 정중하게 상황을 설명했습니다.

"죄송합니다. 이 근방 호텔은 전부 빈 방이 없습니다. 이미 밤이 늦었고 날씨도 안 좋으니 혹시 괜찮으시면 제 방에서라도 하룻밤 지내시겠습니까?"

노부부는 직원의 호의를 정중히 받아들였고 다음 날 아침 호텔을 나서며 자신의 숙소를 내준 직원에게 다음과 같이 말했습니다.

『당신은 미국에서 가장 좋은 호텔의 지배인이 될 자격이 있습니다.

언젠가 꼭 당신을 부르도록 하겠습니다.』

2년 후 직원 앞으로 한 통의 편지와 비행기 표가 도착했습니다.

『당신에게 약속했던 그 호텔입니다. 오늘부터 당신이 총지배인입니다.』

비를 피해 들어온 노신사는 월도프 호텔의 창립자인 윌리엄 월도프 애스터 (William Waldorf Astor)였고, 뉴욕 아스토리아(Astoria) 호텔의 첫 지배인 조지 볼트(Gorge C. Boldt)의 직원 시절 이야기입니다.

친절을 통해 큰 행운이 찾아오기도 하지만, 우리는 주님의 말씀을 지키기 위해 항상 친절을 베풀어야 합니다. 복음과 사랑을 세상으로 흘려보내는 통로가 되도록 밝은 미소와 친절을 생활화하십시오. 복되고 형통합니다. 아멘!!!

🩷 주님, 늘 주님의 사랑을 생각하며 마음의 평안을 누리게 하소서.
🎴 주님을 믿는 사람으로서 이웃들에게 합당한 친절을 베풉시다.

나의 영적 일지

사랑한다면 행동하십시오

읽을 말씀 : 에베소서 5:1-9

●엡 5:2 그리스도께서 너희를 사랑하신 것 같이 너희도 사랑 가운데 서 행하라 그는 우리를 위하여 자신을 버리사 향기로운 제물과 생 축으로 하나님께 드리셨느니라

삼중고의 천사 헬렌 켈러(Helen Keller)는 11살일 때, 우연히 토미라는 아이를 알게 됐습니다. 당시 4살인 토미는 헬렌 켈러와 마찬가지로 청각장애로 인해 듣지도 못하고 말도 못 하는 안타까운 처지였습니다. 게다가 어머니도 돌아가시고 실직자인 아버지 밑에서 힘들게 살아가고 있었습니다. 토미의 사연을 알게 된 헬렌 켈러는 자기 일처럼 가슴이 아파 어떻게든 도와주고 싶었습니다.

"토미가 저처럼 책을 읽고, 말을 할 수 있게 도와주고 싶어요."

당시 장애인 교육에는 많은 돈이 들었기에 설리번 선생님조차도 토미를 도울 수 없을 것 같다고 말했습니다. 그러나 헬렌 켈러는 설리번 선생님의 말씀을 듣고도 포기하지 않았습니다.

헬렌 켈러는 자신이 아는 모든 사람에게 편지를 써서 토미의 사정을 알리고 도움을 요청했습니다.

헬렌 켈러의 '토미 돕기 운동'에 많은 사람들이 십시일반으로 돈을 보냈습니다. 부모님에게 받은 용돈을 아껴 보낸 아이들도 있었습니다.

이렇게 모인 금액으로 토미는 보스턴에 있는 퍼킨스 농아 유치원에 다니며 정상적인 교육을 받을 수 있는 기회를 얻었습니다. 어린 헬렌 켈러는 말로만 하는 사랑에는 아무런 힘이 없음을 알고 있었습니다.

주님을 사랑한다면, 이웃을 사랑한다면 말에서 그치는 것이 아니라 반드시 작은 행동이라도 뒤따라야 합니다. 주님을 사랑하는 만큼, 이웃을 사랑하는 만큼 지금 행동하십시오. 복되고 형통합니다. 아멘!!!

🩷 주님. 말로만이 아닌 행동으로 어려운 이웃을 돕는 제가 되게 하소서.
🖼 우리의 도움을 필요로 하는 사람을 찾아 구체적으로 도웁시다.

나의 영적 일지

6천 번의 거절

읽을 말씀 : 갈라디아서 6:1-10

● 갈 6:9 우리가 선을 행하되 낙심하지 말찌니 피곤하지 아니하면 때가 이르매 거두리라

미국 캘리포니아의 몬터레이(Monterey) 지역에 지압 클리닉을 개원하려는 의사가 있었습니다. 그런데 해당 지역에 이미 비슷한 클리닉이 너무도 많다는 문제가 있었습니다. 지역의 의사 협회를 비롯해 허가를 내주는 관할 청사까지 개업을 반대할 정도였습니다. 그러나 의사는 자신은 이곳에서 개업할 것이며, 누구보다 많은 환자를 유치하는 병원으로 만들겠다는 결심을 굳혔습니다.

지압 클리닉을 개설하기 전, 의사는 지역의 모든 집을 돌며 자신의 클리닉을 홍보했습니다. 혹은 클리닉을 운영할 조언을 구한다며 이야기를 이어가며 친분을 쌓았습니다. 의사는 무려 넉 달 동안 새벽부터 자정까지 쉬지 않고 집집마다 돌아다녔습니다. 4개월 동안 그가 돌아다닌 집은 무려 1만 2,500 가구였고, 그중 절반은 인사를 거절했지만, 절반인 6,500명과는 간단한 인사를 나누었습니다.

4개월 뒤 그 의사가 클리닉을 개원했을 때 첫 달에 무려 233명의 환자가 찾아왔습니다. 몬테레이 지역에서 개원한 병원 중 신기록이었고, 이후에도 환자들의 발걸음이 끊이지 않았습니다.

이 병원은 금방 몬테레이 제1의 병원이 되었습니다. 마케팅의 귀재로 불리는 이그나티우스 피아자(Ignatius Piazza) 박사의 개원 이야기입니다.

6천 번의 거절도 있었기에 6천 번의 승낙도 있었습니다.

단 한 사람에게 복음을 전할 수만 있다면 만 번의 거절도 감내할 가치가 있습니다. 거절을 두려워 말고 언제, 어디서나 담대하게 복음을 전하십시오. 복되고 형통합니다. 아멘!!!

♡ 주님, 복음을 전하다 거절당해도 포기하지 않고 계속 전하게 하소서.

🎨 복음을 전하다 포기한 사람이 있다면 다시 한번 더 복음을 전합시다.

나의 영적 일지

빠르게 결심하라

읽을 말씀 : 로마서 1:21-25

● 롬 1:22,23 스스로 지혜 있다 하나 우준하게 되어 썩어지지 아니하
는 하나님의 영광을 썩어질 사람과 금수와 버러지 형상의 우상으
로 바꾸었느니라

한 유명한 목회자는 어떤 아이든 태어나자마자 자신에게 데려오면 7살이 되기 전에 평생 이어질 경건의 습관을 들일 수 있다고 말했습니다.

놀랍게도 현대 교육학자들의 연구에 따르면 아이들은 7살까지 받은 교육과 경험한 세상으로 평생을 살아갈 성격과 습관이 프로그래밍된다고 합니다.

어린 나이일수록 바른 교육, 특히나 신앙의 교육이 평생의 믿음에 영향을 끼칠 수 있다는 결론입니다. 최대한 일찍 하나님의 말씀을 배우고, 믿음으로 살아가는 삶은 참으로 중요합니다.

'플라시보 효과'(Placebo effect), '노시보 효과'(Nocebo effect)는 대중에게 가장 널리 알려진 두 가지 의학 현상입니다.

효과가 없는 가짜 약을 먹어도, 환자가 이 약이 좋은 약이라고 생각하면 정말로 건강이 좋아지는 현상이 플라시보입니다. 반대로 같은 약을 먹어도 환자에게 부작용이 있다고 설명하면 몸이 안 좋아지는 현상이 노시보입니다.

같은 약을 먹어도 사람의 생각에 따라 건강에 180도 다른 영향을 줍니다.

그렇다면 하나님을 만나고 못 만난 사람의 인생은 얼마나 큰 차이일까요?

다른 무엇보다 더욱 일찍 하나님을 만나고, 최선을 다해 헌신해야 하는 이유가 바로 여기에 있습니다.

하나님의 말씀을 우리 삶에 적용하고, 변화된 삶을 통해 하나님의 은혜와 성령님의 인도하심을 느낄 때만이 우리의 삶은 참된 만족을 누리게 되고 계속해서 믿음이 자라나게 됩니다. 중요하지 않은 일에 시간을 쏟지 말고 오직 경건한 삶, 경건의 연단에 모든 노력을 집중하십시오. 복되고 형통합니다. 아멘!!!

♡ 주님, 주님께서 하신 약속의 말씀이 저의 삶을 복되게 함을 믿으며 살게 하소서.

🎑 주님께서 주신 약속의 말씀을 기억하고 암송하며 이뤄짐을 믿읍시다.

나의 영적 일지

전파 선교로 다시 찾은 비전

읽을 말씀 : 시편 119:47–50

● 시 119:49 주의 종에게 하신 말씀을 기억하소서 주께서 나로 소망이 있게 하셨나이다

『선교의 꿈을 통해 치과의사가 된 한 여 권사님이 계셨습니다.

치의대에 입학하는 날 권사님은 이런 기도를 드리셨답니다.

'주님, 언젠가 우리나라가 통일되면 진료 시설을 갖춘 트럭을 타고 북한 곳곳을 다니며 동포들을 치료하면서 복음도 전하게 해주세요.'

그러나 이처럼 진실했던 믿음도 세월과 함께 조금씩 희미해졌답니다. 권사님은 미군 부대의 주치의가 되어서 부대를 따라 오랜 기간 해외에 머물렀고 그러면서 처음에 품었던 비전과 믿음도 조금씩 희미해져 갔습니다. 그런데 귀국해서 우리말이 그리워 우연히 틀었던 라디오에서 극동방송이 흘러나왔답니다.

'아, 어린 시절 우리 부모님이 들려주시던 그 복음이구나….'

동시에 대학에 입학하며 품었던 북녘땅에 복음을 전하고자 했던 비전이 떠올랐습니다. 아직 직접 찾아갈 수 없는 북한 땅이라 권사님은 대신 방송으로라도 꿈을 이루기 위해 전파선교사를 사명으로 여기고 후원하고 계십니다.

하나님을 향한 우리의 믿음을 시시때때로 확증하며 말씀대로 살아나가지 않으면, 우리의 믿음과 비전을 지킬 수가 없습니다. 우리의 사명은 복음을 전하는 것입니다. 모든 그리스도인이 목표로 살아가야 할 이 사명을 위해 내가 할 수 있는 일이 무엇인지를 계속 살펴야겠습니다.』 – 「김장환 목사의 인생 메모」 중에서

예수님을 구세주와 주님으로 영접하는 순간 우리가 구원을 얻듯이, 구원을 얻은 모든 사람은 그 순간 주님의 제자이며 또한 사명자입니다. 주님은 지금도 우리를 통해 세상에 복음을 전하기를 원하십니다. 주님의 비전을 붙잡고 복음을 위해 할 수 있는 일이 무엇인지 찾아보십시오. 복되고 형통합니다. 아멘!!!

♡ 주님, 복음 전파라는 중대한 사명을 잊지 않고 살아가게 하소서.

🧎 복음 전파를 위해 내가 할 수 있는 일이 무엇인지 고민해 보고 곧바로 실천합시다.

나의 영적 일지

감사와 나눔

읽을 말씀 : 잠언 19:16-21

● 잠 19:17 가난한 자를 불쌍히 여기는 것은 여호와께 꾸이는 것이니 그 선행을 갚아 주시리라

미국 뉴욕 브롱크스(Bronx)에 사는 마티 로저스(Marty Rogers)는 매해 추수감사절마다 동네의 노인과 노숙자들을 교회로 초청해 식사를 대접하고 있습니다.

40년 넘게 한 번도 빼먹지 않고 이렇게 추수감사절을 보내고 있기 때문에 지역 주민들은 로저스를 '우리 시장님'이라는 애칭으로 부릅니다. 처음에는 가족이 없는 노인들을 초대해 식사를 대접했지만 이내 거리를 떠도는 노숙인들까지로 초대의 범위가 넓어졌습니다.

정장을 차려입은 로저스는 교회로 들어오는 사람 한 명 한 명에게 이름표를 걸어주고 정중하게 인사합니다. 그리고 사람들이 "배불러서 못 먹겠어요"라고 할 때까지 끊임없이 음식을 가져다줍니다.

미국의 추수감사절은 전통적으로 가족들과 함께 풍성한 만찬을 즐기며 보내지만, 주변에 외로운 이웃이 많다는 사실을 깨달은 로저스는 가족과 함께 매년 이들을 섬기기로 결정했습니다. 로저스는 지금도 추수감사절마다 300명이 넘는 사람들을 식사 봉사로 섬기고 있습니다.

하나님이 우리에게 풍성한 큰 복을 베풀어 주신 것은 감사함을 이웃과 나누라는 뜻입니다. 지금껏 받기만 하고 나누질 않고 있다면, 이제 주님이 원하시는 대로 받은 큰 복을 흘려보낼 때입니다.

하나님을 향한 감사를 잊지 말고, 또한 그 감사를 봉사로까지 잇는 하나님의 마음과 뜻을 아는 그리스도인이 되십시오. 복되고 형통합니다. 아멘!!!

♡ 주님, 주님의 은혜를 생각하며 어려운 이웃을 섬기는 마음이 점점 더 커지게 하소서.

🏃 주님을 대접하는 마음으로 소외되고 어려운 사람들을 찾아가 섬깁시다.

나의 영적 일지

최고의 희망

11월 18일

읽을 말씀 : 시편 73:20-28

● 시 73:23 내가 항상 주와 함께하니 주께서 내 오른손을 붙드셨나이다

명문대 약대생으로 탄탄대로의 인생을 살아가던 20대 청년이 있었습니다.
그런데 어느 날 자신이 한센병에 걸렸다는 진단을 받았습니다. 청년의 병은
급속도로 진행되어 몇 년 만에 두 눈을 잃었고 손 마디가 썩어가서 아무 일도
할 수 없었습니다. 청년이 할 수 있는 것은 그저 누워 있는 것뿐이었습니다.

당시에는 한센병에 걸린 사람에 대한 사회적인 시선이 곱지 않았기 때문에
청년은 가족에게 피해를 주지 않으려고 모든 인연을 다 끊어 버렸습니다.

나을 수도 없는 병에 걸려 완전히 외톨이가 된 이 청년의 인생에는 오직 절망
만이 펼쳐져 있을 뿐이었습니다. 그런데 놀랍게도 이 청년은 그런 상황에서도
희망을 찾았습니다.

병실에서 한 목사님의 설교를 듣던 중 하나님을 만난 것입니다.

'나에게는 아직 멀쩡한 정신이 있다. 이 정신을 사용해 한센병 환자가 겪는
차별을 세상에 알리고, 세상에 복음을 전하자.'

세계적인 베스트셀러 「이제는 외롭지 않다」(Alone no longer)의 작가 스탠리 스타
인(Stanley Stein)의 간증입니다. 본명이 시드니(Sidney Maurice Levyson)였던 이 청년 때문
에 '나병, 문둥병'이라는 말 대신 '한센병'이라는 이름이 사용되기도 했습니다.

시드니는 "주 예수님을 만나고 가지지 못한 것 대신 가진 것에 감사하며 새로
운 희망을 찾을 수 있었다"라고 고백했습니다. 우리가 잃은 것보다 항상 더 큰
은혜를 주시는 주님을 믿으며 어떤 상황에서도 희망을 잃지 마십시오. 복되고
형통합니다. 아멘!!!

♡ 주님, 힘든 상황에서도 주님이라는 유일한 희망을 바라보며 살게 하소서.
🎋 어떤 절망적인 현실에서도 주님에게 소망을 두고 희망의 끈을 놓지 맙시다.

나의 영적 일지

가장 중요한 생명

읽을 말씀 : 마가복음 9:39-50

● 막 9:45 만일 네 발이 너를 범죄케 하거든 찍어 버리라 절뚝발이로 영생에 들어가는 것이 두 발을 가지고 지옥에 던지우는 것보다 나으니라

휴가철마다 색다른 익스트림 스포츠를 즐기던 한 엔지니어가 미국 유타주(Utah)의 한 사막에 있는 유명한 절벽을 오르고 있었습니다.

그런데 등반을 시작한 지 얼마 되지 않아 돌이 굴러떨어졌습니다.

다행히 아직 절벽을 높이 오른 것은 아니라 큰 부상을 당하지는 않았지만 바위틈에 손이 끼어 도저히 뺄 수가 없었습니다. 한 손이 바위틈에 끼인 채로 엔지니어는 6일을 버텼습니다. 그러나 가진 음식과 물이 모두 떨어져 더는 버틸 수가 없었습니다. 이대로는 분명 죽을 수밖에 없다고 느낀 엔지니어는 과감한 결단을 내렸습니다.

바로 손을 잘라내는 것이었습니다.

엄청난 고통 속에서 스스로 손을 자른 채 사막의 길가로 나간 엔지니어는 다행히 구조대를 만나 목숨을 건졌습니다.

영화 「127시간」의 실존 인물 아론 랠스톤(Aron Ralston)의 28살 때 일입니다.

랠스톤이 손목을 자르고서라도 살려고 했던 이유는 두 가지였습니다.

● 첫째, 가족들을 다시 보고 싶어서

● 둘째, 친구들과 여행을 떠나고 싶어서

구원받은 성도는 생명을 잃게 만드는 죄의 습관을 과감히 끊어내야 합니다. 세상을 살아가며 그 어떤 복락을 누린다 해도 생명을 잃으면 아무런 소용이 없습니다. 죄로부터 우리의 마음을 지켜 무엇보다 가장 귀중한 주님의 선물인 구원을 잃지 마십시오. 복되고 형통합니다. 아멘!!!

♡ 주님, 그 무엇보다 생명의 소중함을 깨닫고 의미 있게 살게 하소서.
▧ 주님이 주신 귀중한 선물인 구원과 영생을 세상에 더 많이 더 열심히 알립시다.

나의 영적 일지

인내의 결실

읽을 말씀 : 로마서 10:11-15

● 롬 10:12,13 유대인이나 헬라인이나 차별이 없음이라 한 주께서 모든 사람의 주가 되사 저를 부르는 모든 사람에게 부요하시도다 누구든지 주의 이름을 부르는 자는 구원을 얻으리라

영국의 한 목사님이 이런 말씀을 하셨습니다.

"달팽이는 인내 하나로 방주에 도착했다."

무슨 말일까요?

노아의 방주에는 모든 동물이 한 쌍씩 들어갔다고 성경은 가르치고 있습니다. 그렇다면 당연히 달팽이도 방주에 들어갔을 것입니다. 모든 동물이 줄을 서서 방주에 들어갔다 해도 달팽이에게는 너무나 빠른 속도였을 것입니다.

달팽이는 평균적으로 1시간에 12m를 간다고 합니다.

달팽이가 노아의 방주에 오르려고 얼마나 먼 길을 갔는지는 모르지만 분명한 것은 다른 어떤 동물들보다도 훨씬 더 일찍 출발해, 끝까지 포기하지 않고 인내했다는 사실입니다.

동물 중 가장 빠른 치타도 방주에 올랐습니다.

느린 나무늘보도 방주에 올랐습니다.

가장 작고 느린 달팽이도 방주에 올랐습니다.

방주에 오른 모든 동물은 보호를 받았습니다.

우리의 인생 역시 마찬가지입니다. 저마다 받은 달란트와 주님을 만난 때는 다르지만 때와 상관없이 누구든 예수님의 구원의 문을 통과만 한다면 모두 구원이라는 방주에 들어가 천국에 들어갑니다.

우리를 구원하러 오신 구주 예수님을 바라보며, 천국에 가는 기쁨의 그날까지 인내함으로 믿음을 지키십시오. 복되고 형통합니다. 아멘!!!

🩶 주님, 저에게 영생이 있음을 감사하며 포기하지 않고 인내하게 하소서.

🖼 어느 누구라도 믿는 사람에게 구원을 주시는 주님을 널리 전합시다.

나의 영적 일지

바이올린 장인의 신앙

읽을 말씀 : 로마서 12:1-5

● 롬 12:1 그러므로 형제들아 내가 하나님의 모든 자비하심으로 너희를 권하노니 너희 몸을 하나님이 기뻐하시는 거룩한 산 제사로 드리라 이는 너희의 드릴 영적 예배니라

세계 최고의 바이올린 제작자인 마틴 슐레스케(Martin Schleske)는 독실한 크리스천으로, 다음은 슐레스케가 쓴 책 「바이올린과 순례자」에 나오는 「신앙생활과 바이올린 제작의 공통점」입니다.

❶ 무딘 연장으로는 좋은 악기를 만들 수 없다.

인생이 힘들다면 우리의 마음과 영성이 무뎌진 것일 수 있다.

❷ 연장을 단련하려면 악기 제작을 잠시 멈추어야 한다.

시간이 아깝다고 무딘 연장을 사용하면 결국 시간이 더 걸린다.

마음과 영성도 마찬가지다.

❸ 오래 사용하지 않은 악기는 반드시 조율을 거쳐야 한다.

영성을 위해 우리는 어떤 조율의 시간을 갖고 있는가?

❹ 잘 만든 악기라도 좋은 연주자를 만나지 않으면 아무런 소용이 없다.

우리의 삶은 누가 연주하고 있는가? 최고의 연주자인 예수님인가?

❺ 아름다운 바이올린 연주가 바이올린 제작자를 기쁘게 하고 관객에게 큰 선물을 주듯이, 우리의 삶은 하나님께 드리는 기도이자 세상을 향한 설교이다.

우리의 삶은 하나님이 사용하실 아름다운 악기입니다.

최고의 연주자이신 주 하나님께 우리의 삶을 맡기십시오.

우리가 올려드릴 수 있는 가장 아름다운 삶의 연주로 하나님을 기쁘시게 하십시오. 복되고 형통합니다. 아멘!!!

💙 주님, 주님께서 쓰시기에 합당한 사람으로 평생 살아가게 하소서.

🎵 만복을 주신 주님의 은혜를 잊지 말고 기쁨의 찬양을 올립시다.

나의 영적 일지

약속의 가치

읽을 말씀 : 전도서 5:1-9

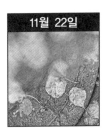

● 전 5:4 네가 하나님께 서원하였거든 갚기를 더디게 말라 하나님은 우매자를 기뻐하지 아니하시나니 서원한 것을 갚으라

   미국 위스콘신주(Wisconsin)에 사는 평범한 시민인 두 친구가 어느 날 장난으로 "누군가 먼저 복권에 당첨된다면 반반 나눠 갖자"라고 약속했습니다.

   그로부터 28년이 지나고 한 친구가 정말로 복권에 당첨됐습니다.

   거의 30년 전 약속이고, 이제는 만나지도 않는 친구였지만 이 친구는 예전의 약속을 지키기 위해 수소문해서 그때의 친구를 찾았습니다.

   복권 당첨자는 약속대로 수령금인 264억 원을 정확히 절반으로 나누어 친구에게 줬습니다.

   굳이 지키지 않아도 될 약속이었습니다.

   말만 하지 않는다면 누구도 모를 약속이었습니다.

   그런데도 28년 전의 약속을 지킨 이유에 대해서 복권 당첨자는 다음과 같이 말했습니다.

   "28년 전 우리는 그러기로 약속했습니다. 그래서 약속을 지킨 것뿐입니다. 내가 아니라 친구가 당첨이 됐어도 저와 똑같이 했을 겁니다."

   국제뉴스에도 소개된 토마스 쿡(Thomas Cook)과 친구 피니(Feeny)의 실화입니다.

   지키지 못할 약속은 하지도 말아야 합니다.

   한 번 약속한 것은 아무리 작은 것이라도 지켜야 하며, 중요한 것이라면 더욱 철저히 지켜야 합니다.

   주님과 또는 사람과 약속을 해놓고 잊고 있는 내용이 있다면 오늘부터 한 가지씩 차례대로 실천해 나가십시오. 복되고 형통합니다. 아멘!!!!

♡ 주님, 큰 약속도 작은 약속도 주님과의 약속은 정확히 지키게 하소서.

🀄 주님께 올린 모든 서원을 소홀히 여기지 맙시다.

나의 영적 일지

11월 23일

명사들의 한 줄 비결

읽을 말씀 : 요한복음 3:11–21

● 요 3:16 하나님이 세상을 이처럼 사랑하사 독생자를 주셨으니 이는 저를 믿는 자마다 멸망치 않고 영생을 얻게 하려 하심이니라

미국 뉴욕에서 발행되는 경제전문잡지 「비즈니스 인사이더」(Business Insider)는 성공한 명사 20명을 찾아가 「성공의 비결이 무엇이었는지」를 한 문장으로 요약해 달라고 말했습니다.

그중 「가장 많은 공감을 받은 7가지 문장」을 살펴보면 다음과 같습니다.

❶ 실패는 기회라는 선물이다. – J. K. 롤링(「해리포터」 작가)

❷ 무슨 일이든 "할 수 있습니다"라고 말해라. – 에릭 슈미트(구글 회장)

❸ 항상 깨어 있어라. 무슨 일이 일어날지 모른다. – 알렉사 토벨(런베스트 CEO)

❹ 점심을 절대로 혼자 먹지 말아라. – 살리 세타(레드 랍스터 회장)

❺ 모든 사람에게 친절하게 대해라. – 릭 고잉스(타파웨어 브랜드 CEO)

❻ 성공의 영광을 동료들과도 나누라. – 존 첸(블랙베리 CEO)

❼ 힘을 뺄수록 일은 더 잘 된다. – 로이드 블랭크페인(골드만삭스 CEO)

한 문장으로 표현할 수 없는 건, 한 권의 책으로도 표현할 수 없습니다.

하나님이 우리를 구원하신 이유는 단 한 가지, 세상 무엇보다 우리를 사랑하시기 때문입니다. 다른 이유는 없습니다. 하나님은 우리를 사랑하십니다. 그 누구보다 사랑하시기에 독생자도 아끼지 않고 세상에 보내셨습니다.

우리가 얼마나 하나님을 사랑하는지 한 문장으로 표현해 보십시오.

또한 그 사랑을 다른 사람에게 전하기 위한 최고의 한 문장으로 내 간증을 표현해 보십시오. 복되고 형통합니다. 아멘!!!

♡ 주님, 제 안에 넘치는 주님의 사랑과 은혜를 감사함으로 자주 고백하게 하소서.

🖼 사람들에게 시시때때로 전할 나만의 한 줄 간증을 만들어 놓읍시다.

나의 영적 일지

터널을 지나는 중

11월 24일

읽을 말씀 : 시편 13:1-6

● 시 13:5 나는 오직 주의 인자하심을 의뢰하였사오니 내 마음은 주의 구원을 기뻐하리이다

네덜란드에서 평생 성경공부 모임을 운영하며 많은 사람에게 복음을 전한 코리 텐 붐(Corrie ten Boom) 여사에게 한 성도가 다음과 같은 질문을 했습니다.

"지금 제 생활은 너무 힘들어서 아무런 빛이 보이지 않습니다.
하나님이 정말 저와 함께하시는 걸까요?"

코리 텐 붐 여사는 다음과 같이 대답했습니다.

『기차가 어두운 터널을 지난다고 해서 기차표를 버리거나 뛰어내려선 안 됩니다. 기관사를 믿고 기다리기만 하면 잠시 뒤 밝은 세상이 나타날 겁니다.』

질문을 한 성도는 이 말에 수긍할 수밖에 없었습니다.

코리 텐 붐 여사는 나치의 위협에도 굴하지 않고 천 명에 가까운 유대인들을 보호했고, 그 죄로 아우슈비츠 수용소에 잡혀갔음에도 믿음을 잃지 않았습니다. 수용소에서 나온 후에도 여전히 복음을 전하고 있었기 때문입니다.

모세같이, 요셉같이, 욥같이, 다윗같이 어두운 터널을 지날 때도 주 하나님을 신뢰하는 사람들은 하나님이 예비하신 놀라운 큰 복을 받습니다. 잠시 빛이 보이지 않는다고 해서 두려워 마십시오. 곧 더 환한 광명의 주님이 우리 앞에 나타나실 것입니다.

사망의 어두운 골짜기를 다닐지라도 주님을 신뢰한다고 고백한 다윗처럼, 어두운 날, 힘든 순간에도 주님을 더욱 의지하며 찬양하는 성도가 되십시오. 복되고 형통합니다. 아멘!!!

💙 주님, 사망의 음침한 골짜기를 지나는 순간에도 오직 주님만을 의지하게 하소서.
🕮 인생이 힘들고 어려울수록 주님을 의지하여 기도하며 찬양합시다.

나의 영적 일지

시선을 어디에 두는가

읽을 말씀 : 히브리서 12:1-5

● 히 12:2 믿음의 주요 또 온전케 하시는 이인 예수를 바라보자 저는 그 앞에 있는 즐거움을 위하여 십자가를 참으사 부끄러움을 개의치 아니하시더니 하나님 보좌 우편에 앉으셨느니라

한 심리학자가 아이들을 대상으로 다음과 같은 실험을 했습니다.

탁자 위에 맛있는 간식을 두고 15분을 기다리면 2배로 주겠다고 약속을 한 뒤 아이들의 상태를 관찰하는 실험이었습니다.

어떤 아이들은 15분을 기다리고 간식을 2배로 받았고, 어떤 아이들은 15분을 참지 못하고 간식에 손을 댔습니다.

어른들이 보기에는 별것 아닌 실험처럼 보이지만 아이들에게는 과자가 매우 큰 보상이고, 15분은 매우 높은 집중력이 필요한 시간입니다.

심리학자는 이 실험을 토대로 아이들의 인생을 추적 관찰했는데 그 결과 15분 동안 간식을 기다린 아이들이 사회적으로 더 성공한 삶을 살았습니다.

미래를 위해 당장의 욕구를 참을 수 있는 '자제력'이 인생의 성공에 매우 중요한 역할을 끼쳤기 때문입니다.

세계 3대 심리학자 중 한 명이자 「마시멜로 실험」으로 유명세를 치른 월터 미셸(Walter Mischel)이 창안한 실험입니다.

당장 눈앞에 보이는 간식에 시선을 둔 아이들은 15분을 기다리지 못했지만 다가올 2배의 간식에 시선을 둔 아이들은 더 큰 보상을 받았습니다.

주님만을 믿고 사랑한다는 우리의 시선은 어디를 향하고 있습니까?

말로만 사랑을 고백하고 세상이 주는 쾌락과 즐거움에 시선이 향해 있지는 않습니까? 천국에서 주님이 주실 상과 면류관을 바라보며 세상의 즐거움에 한눈을 팔지 않는 경건한 순례자가 되십시오. 복되고 형통합니다. 아멘!!!

♥ 주님, 인내함으로 주님께 부끄럽지 않은 경건한 순례자의 삶을 살아가게 하소서.

🧎 세상의 즐거움보다 주님 나라라는 목적지를 바라보며 삽시다.

나의 영적 일지

목을 쳤던 어거스틴

읽을 말씀 : 시편 75:1-10

● 시 75:5 너희 뿔을 높이 들지 말며 교만한 목으로 말하지 말찌어다

유명한 신학자 어거스틴(Augustinus Hipponensis)에게는 레나라는 충직한 제자가 있었습니다. 레나는 한밤중 스승의 작은 목소리에도 즉시 깨어 달려오는 매우 순종적인 제자였습니다.

그런데 하루는 어거스틴이 급한 일이 생겨 레나를 큰 목소리로 몇 번이나 불렀는데도 도무지 나타나지 않았습니다.

화가 난 어거스틴은 레나의 방문을 걷어차고 크게 화를 냈는데, 레나는 무릎을 꿇고 깊이 하나님께 기도를 드리고 있었습니다. 기도를 어찌나 깊이 드렸는지 어거스틴이 방문을 차고 들어왔는데도 눈치를 채지 못할 정도였습니다.

기도로 하나님과 교제하는 제자를 방해할 뻔했던 어거스틴은 즉시 무릎을 꿇고 자신의 목을 강하게 내려치며 다음과 같이 자책했습니다.

"이 교만한 어거스틴아! 이 교만한 어거스틴아! 이 교만한 어거스틴아!"

어거스틴은 레나에게 진심 어린 사과를 했고 이날 이후로 자기보다 낮은 위치에 있는 사람들에게는 더더욱 행동을 조심하며 살았습니다.

평생 힘써 남을 도와 산타클로스의 모델이 되었던 니콜라우스(Nicolaus)는 "기독교의 가장 위대한 특징은 겸손과 순종이다"라고 말했습니다.

주님을 깊이 경험한 사람일수록, 말씀을 더 깊이 묵상한 사람일수록 주님과 사람 앞에 더욱 겸손해야 합니다. 교만이라는 습관의 죄를 짓지 않도록 매일 주님 앞에 무릎을 꿇으며 가난한 심령을 달라고 기도하십시오. 복되고 형통합니다. 아멘!!!

♡ 주님, 사람 앞에 교만하지 않게 하시고, 주님 앞에 더더욱 교만하지 않게 하소서.
🖼 매일 주님 앞에 무릎을 꿇으며 겸손의 습관을 들입시다.

나의 영적 일지

은혜를 잊으면

읽을 말씀 : 마태복음 11:20-24

●마 11:20,21 예수께서 권능을 가장 많이 베푸신 고을들이 회개치 아니하므로 그 때에 책망하시되 화가 있을찐저 고라신아 화가 있을찐저 벳새다야 너희에게서 행한 모든 권능을 두로와 시돈에서 행하였더면 저희가 벌써 베옷을 입고 재에 앉아 회개하였으리라

예수님이 예루살렘 거리에서 대낮부터 술에 취한 한 남자를 만났습니다.

대낮부터 왜 술에 취해 있느냐는 예수님의 물음에 남자가 대답했습니다.

"예전에 예수라는 사람이 내 다리를 고쳐줬습니다.

나는 멀쩡히 걷고 일도 할 수 있었지만 그렇게 번 돈으로 뭘 해야 할지는 아직도 모르겠습니다. 그래서 이렇게 매일 술이나 마시고 있습니다."

그날 저녁 예수님은 길 가는 여자마다 추파를 던지는 한 남자를 만났습니다.

이 남자는 자신이 예전에는 시각장애인이어서 죄를 짓지 않았는데, 예수라는 사람이 자기 눈을 뜨게 해줘서 지금 오히려 죄를 짓게 되었다고 한탄했습니다.

예수님이 이번에는 또 길에서 몸을 파는 한 여자를 만났습니다.

이 여자 역시 예수라는 사람을 탓했습니다.

"예전에 예수라는 사람이 내 죄를 다 용서해 줬습니다. 지금 이렇게 죄를 지어도 언젠가 나를 찾아와 용서해 줄까 싶어 다시 마음 놓고 몸을 팔고 있습니다."

아일랜드(Ireland)가 낳은 세계적인 극작가 오스카 와일드(Oscar Wilde)가 쓴 단편을 각색한 내용입니다.

주님의 은혜가 우리를 떠난 것이 아니라, 우리가 주님의 은혜를 잊었기 때문에 믿음이 약해진 것입니다.

은혜를 잊은 사람은 모든 것을 잃은 사람입니다.

주님이 지금까지 우리에게 베푸신 모든 은혜를 단 하나도 놓치지 말고 감사하며 살아가십시오. 복되고 형통합니다. 아멘!!!

🤍 주님, 매일매일 주님의 은혜를 잊지 않고 감사하며 사는 믿음의 제자가 되게 하소서.

🖼 주님께서 우리에게 베푸신 모든 은혜에 감사하는 마음으로 예배를 드립시다.

나의 영적 일지

생각 이상의 것

읽을 말씀 : 욥기 5:6-14

● 욥 5:9 하나님은 크고 측량할 수 없는 일을 행하시며 기이한 일을
셀 수 없이 행하시나니

중국 사람들은 '아시아 외에 다른 나라는 없다'라는 생각으로 나라 이름을 '세상의 중심'이라는 뜻의 '중국'으로 지었다고 합니다.

유럽 사람들은 바다 밖의 대륙이 인도, 그리고 인도와 이어져 있는 아시아밖에 없다고 생각했습니다. 그래서 지구 반대편의 아메리카 대륙을 발견하고도 인도인 줄 알고 그곳 사람들을 인도인이라는 뜻의 '인디언'이라고 불렀습니다. 자기들이 생각하던 인도와는 완전히 달랐지만 상상할 수 있는 대륙이 인도밖에 없었기 때문입니다.

지구 밖의 세상을 생각할 수 없을 때 사람들은 지구가 우주의 중심인 줄 알고 지동설을 믿었습니다. 천동설을 믿을 수 없었던 이유는 그 당시 사람들의 생각이 지구와 태양, 달에 갇혀 있었기 때문입니다.

상대성 이론으로 물리학의 새로운 패러다임을 제시했던 아인슈타인도 정작 '양자역학'이라는 새로운 패러다임은 받아들이지 않았습니다. 아인슈타인 같은 천재도 생각과 신념을 뛰어넘는 개념에 대해서는 부정적인 자세를 취할 수밖에 없었습니다.

바리새인도 자기들이 믿는 율법에 맞지 않는다고 예수님을 거부했습니다. 하지만 이성적으로, 상식적으로 맞지 않는다고 해도 성경은 진리이며 예수님은 유일한 구세주이십니다.

새로운 대륙에 발을 디딜 때 믿을 수밖에 없는 것처럼 일단 주님을 믿으면 진리를 경험하게 됩니다. 우리의 모든 생각을 뛰어넘는 전능하신 주님을 만나기로 오늘 결심해 보십시오. 복되고 형통합니다. 아멘!!!

♡ 주님, 전능하신 주님이 제 삶의 중심이 되시어 복된 인생을 살게 하소서.
▨ 주님을 내 인생의 주인으로 여기며 살아가고 있는지 살펴봅시다.

나의 영적 일지

쓰임에도 시기가 있다

읽을 말씀 : 고린도전서 1:22-31

● 고전 1:24,25 오직 부르심을 입은 자들에게는 유대인이나 헬라인이나 그리스도는 하나님의 능력이요 하나님의 지혜니라 하나님의 미련한 것이 사람보다 지혜 있고 하나님의 약한 것이 사람보다 강하니라

영국의 유명한 화가 가브리엘 로세티(Gabriel Rossetti)에게 한 신사가 찾아와 그림 평가를 부탁했습니다.

"이 그림은 제가 잘 아는 학생 두 명의 그림입니다.

이들에게 소질이 있는지 선생님이 한 번 봐주십시오."

두 그림을 천천히 살펴본 로세티가 말했습니다.

『첫 번째 그림을 그린 학생에게는 재능이 있습니다.

이대로 열심히만 그린다면 장차 훌륭한 화가가 될 것입니다.

하지만 안타깝게도 두 번째 그림을 그린 학생은

미술을 그만두는 게 좋을 것 같습니다.』

이 말을 들은 신사는 한숨을 크게 쉬었습니다.

"선생님, 감사합니다. 그런데 사실 두 그림 모두 제 그림입니다. 학창 시절 저는 화가로 성공하지 못할까 봐 조급해져 다른 일에 뛰어들었습니다. 첫 번째 그림은 학창 시절에 그린 것이고 두 번째 그림은 이제 삶의 여유가 생기니 다시 화가가 되고 싶은 꿈이 생겨 그려봤는데…. 선생님 말씀대로라면 이제는 때가 너무 늦은 것 같습니다."

누구에게나 적당한 때가 있습니다. 특히 크리스천에게는 주님을 만나고 소명을 깨달은 그때가 바로 주님께 쓰임 받기 적당한 때입니다. 사명을 감당하기에 늦은 나이란 없지만 늦은 때는 있습니다.

주님이 주신 소중한 사명과 달란트를 뒤로 미루지 말고 지금 감당하십시오. 복되고 형통합니다. 아멘!!!

♡ 주님, 믿음을 잃지 않고 주님이 저에게 주신 사명과 달란트를 감당하게 하소서.

🖼 주님이 주신 은혜와 은사에 감사하며 쓰임 받기 위해 최선을 다합시다.

나의 영적 일지

믿음대로 될지어다

읽을 말씀 : 마태복음 15:21-28

● 마 15:28 이에 예수께서 대답하여 가라사대 여자야 네 믿음이 크도
다 네 소원대로 되리라 하시니 그 시로부터 그의 딸이 나으니라

아프리카의 한 마을에 유명한 점쟁이가 있었습니다.

어느 날 농사를 앞둔 농부들이 점쟁이를 찾아와 그해의 작황을 알려달라고
했는데 엄청난 흉괘가 나왔습니다.

"올해는 엄청난 대기근이 올 것이오."

점쟁이의 말을 믿은 농부들은 그해 농사를 아예 접고 다른 나라로 피난을 떠
났습니다. 이렇게 떠난 농부의 수가 무려 2만 명이 넘었습니다. 그리고 그해에
는 점쟁이의 말처럼 엄청난 흉년이 찾아와 대기근이 일어났습니다.

하지만 날씨는 좋았습니다. 가뭄도 없었고, 홍수도 없었습니다.

기상학자들에 따르면 농사를 짓기에 최적의 해였습니다.

오히려 점쟁이의 말을 듣고 피난을 떠나 농사를 지을 농부들이 없었기 때문
에 대기근이 찾아온 것이었습니다.

1946년 남아프리카에서 실제로 일어났던 사건입니다.

하나님이 아무리 좋은 것을 주셔도 우리가 믿지 않는다면 받을 수 없습니다.
문 앞에 바라던 선물이 도착해도, 문을 열고 나가보지 않으면 받을 수 없습니다.
믿음이 부족한 사람은 하나님이 모든 것을 주실 수 있는 능력의 주님이심을 믿
지 않는 사람입니다.

사람은 그 믿음대로 자라나며, 믿음대로 복을 받습니다.

가장 좋은 것들을, 가장 좋은 때에 우리에게 주시는 하나님이 우리의 아버지
되심을 믿으십시오. 복되고 형통합니다. 아멘!!!

♡ 주님, 언제나 가장 좋은 것만을 주시는 주님이심을 굳게 믿게 하소서.

🖼 주님의 말씀을 따르는 길만이 생명의 길임을 굳건히 믿읍시다.

나의 영적 일지

12월

"나의 영혼이 잠잠히 하나님만 바람이여
나의 구원이 그에게서 나는도다
오직 저만 나의 반석이시요 나의 구원이시요 나의 산성이시니
내가 크게 요동치 아니하리로다"

– 시편 62:1,2 –

12월 1일

가족 구원의 기쁨

읽을 말씀 : 사도행전 16:25-34

● 행 16:31 가로되 주 예수를 믿으라 그리하면 너와 네 집이 구원을 얻으리라 하고

『저는 사회 각계각층의 사람들을 만나며 기회를 얻는 대로 전도를 해왔습니다. 저에게 전도를 부탁하는 사람들도 많은데, 그동안의 경험에 따르면 전도하기 가장 힘든 대상은 바로 누구보다도 가까운 가족인 것 같습니다. 그런 이유로 극동방송은 북한을 비롯한 국내외 선교에 힘을 쏟으면서도 우리 가족과 이웃을 전도하는 복음의 통로 역할을 감당하기 위해 노력하고 있습니다.

한번은 평생 부모님의 영혼 구원을 위해 기도했던 한 여 집사님이 극동방송의 전도 프로젝트로 부모님이 예수님을 영접하고, 노년에 행복한 신앙생활을 하시다가 하나님 품에 안기셨다는 기쁜 소식을 전해주셨습니다.

이 집사님은 미국에 있는 오빠를 위해 다시 한번 극동방송 전도 프로젝트에 신청을 했는데, 알고보니 오빠의 한 지인이 해마다 이 「경건생활 365일」 큐티책을 보내 주고 있었습니다. 책들을 통해 익히 극동방송을 알고 있던 오빠는 극동방송의 전화 전도를 통해 미국에서 예수님을 영접하고 하나님의 자녀가 되었습니다. 온 가족이 구원받는 놀라운 역사가 일어난 것입니다.

가족을 전도하는 일이 아무리 힘들어도 포기하지 않는다면 열매가 맺힙니다. 구원의 길이 막힌 것 같고, 더딘 것 같아도 하나님이 나를 포기하지 않으신 것처럼 우리 가족의 영혼도 포기하지 않으신다는 사실을 기억하면 좋겠습니다.』 -「김장환 목사의 인생 메모」 중에서

나로 인해 복음이 가정에 조금씩이라도 흘러가는 것이 가족 전도의 시작입니다. 가족의 영혼 구원을 위해 극동방송 틀어놓기, 격려의 말씀 전해 주기, 전도 축제 참여하기 등 다양한 방법을 강구하십시오. 복되고 형통합니다. 아멘!!!

💜 주님, 먼저 생활의 본을 보임으로 가족 구원의 기틀을 닦게 하소서.
🔲 삶의 모습을 통해 가족에게 자연스럽게 복음이 증거되도록 살아갑시다.

나의 영적 일지

의심과 믿음

읽을 말씀 : 사도행전 2:42-47

● 행 2:46,47 날마다 마음을 같이 하여 성전에 모이기를 힘쓰고 집에서 떡을 떼며 기쁨과 순전한 마음으로 음식을 먹고 하나님을 찬미하며 또 온 백성에게 칭송을 받으니 주께서 구원 받는 사람을 날마다 더하게 하시니라

에버하르트 아놀드(Eberhardt Arnold)라는 독일인은 성경을 묵상하다가 어느 날 큰 깨달음을 얻었습니다.

'우리는 왜 초대교회 성도들처럼 서로의 것을 나누지 못하지?'

초대교회 성도들이 성경에 나와 있는 대로 물건을 나누며 살아왔다면, 지금 시대에도 똑같은 일이 가능해야 했습니다. 말씀은 정말로 진리라는 사실을 믿었던 아놀드는 아내와 다섯 자녀를 데리고 시골로 떠나 누구나 올 수 있는 공동체「브루더호프」(Bruderhof)를 만들었습니다.

그러나 빈 몸으로만 와도 누구나 먹고 자고 할 수 있는 장소라는 소문이 퍼지면서 악의를 갖고 이곳을 방문하는 사람도 많았습니다. 대놓고 다른 사람의 물건을 훔치러 오는 사람도 있었습니다. 도둑 한 명 때문에 다른 모든 사람이 피해를 보는 일이 많아지자 공동체원들은 사람을 너무 믿지 말고, 앞으로는 찾아오는 사람을 가려 받자고 주장했습니다.

이 말을 들은 아놀드는 다음과 같이 대답했습니다.

"우리 의심하지 맙시다.

형제자매를 의심하느니 차라리 배신을 당하며 삽시다."

주님이 주신 사랑으로 형제자매를 사랑하고자 하는 아놀드의 모습 덕분에 「브루더호프」는 지금도 세계 각지에서 초기 모습 그대로 운영되고 있습니다.

연약한 사람들의 믿음과 의심도 나무라지 않고 받아주셨던 예수님처럼, 우리도 주님 안에서 되도록 모든 사람을 형제자매로 여기며 의심하지 말고 먼저 신뢰하십시오. 복되고 형통합니다. 아멘!!!

♡ 주님, 주님 안에서 믿음의 사람이 되어 주님의 사랑과 복음을 전하게 하소서.

🖼 예수님처럼 다른 사람을 용서하고 사랑하는 믿음의 사람이 됩시다.

`나의 영적 일지`

감사의 단계

읽을 말씀 : 골로새서 3:9-17

● 골 3:17 또 무엇을 하든지 말에나 일에나 다 주 예수의 이름으로 하고 그를 힘입어 하나님 아버지께 감사하라

철학자 플라톤(Platon)은 죽기 전에 유언으로 「3가지 감사」를 남겼습니다.

❶ 남자로 태어난 것

❷ 야만인이 아닌 그리스인으로 태어난 것

❸ 소크라테스(Socrates)와 같은 시대에 태어난 것

당시 여성은 시대적 약자였고, 그리스는 세계에서 최고로 지적 수준이 높은 나라였습니다. 이곳에서 소크라테스를 만나 학식을 배울 수 있었던 것이 플라톤에게는 최고의 감사 제목이었습니다.

반면에 인권 운동가인 마틴 루터 킹(Martin Luther King Jr.) 목사님은 "나는 하나님이 나를 흑인으로 태어나게 하셨음에 감사드린다"라고 말했습니다.

극심한 인종 차별을 겪는 시기였지만 그 가운데서도 하나님이 주신 사명을 위해 일할 수 있다는 한 차원 높은 수준의 감사입니다.

영화 「사랑의 원자탄」의 실제 인물인 손양원 목사님은 여수 반란 사건으로 공산당에게 두 아들을 잃고 다음과 같은 감사를 드렸습니다.

"나 같은 죄인의 혈통에서 순교자 자녀가 나오게 하시니 감사드립니다."

성숙한 신앙인은 복에도 감사하며, 고난에도 감사합니다.

주님께 드리는 나의 감사의 수준은 어떻습니까?

불평과 불만의 찌꺼기를 마음에서 모두 제하여 버리고 모든 일에 감사로 주님의 이름을 높이는 수준 높은 성도가 되십시오. 복되고 형통합니다. 아멘!!!!

🤍 주님, 저에게 어떤 일이 일어나도 주님을 신뢰함으로 감사하게 하소서.

🖼 우리를 위해 모든 것을 내어주시는 주님의 사랑을 기억합시다.

나의 영적 일지

인디언의 전도

읽을 말씀 : 요한1서 4:7-13

● 요일 4:9 하나님의 사랑이 우리에게 이렇게 나타난바 되었으니 하나님이 자기의 독생자를 세상에 보내심은 저로 말미암아 우리를 살리려 하심이니라

서부 개척시대 때 미국 정부는 오클라호마주(Oklahoma)에 자리 잡고 있던 인디언 부족들을 강제로 이주시켰습니다.

당시 이주한 부족민들을 현지 교회의 성도들이 부지런히 찾아가 복음을 전하며 섬겼습니다. 자기들의 땅을 빼앗고 내쫓은 백인들에게 큰 악감정이 있었음에도, 이들의 사랑이 어찌나 컸던지 결국 대부분의 부족이 예수님을 믿고 크리스천이 됐습니다. 그리고 크리스천이 된 이들은 다른 곳에 정착한 인디언 부족들을 찾아가 자발적으로 복음을 전했습니다.

다른 부족들이 "우리를 침략한 백인들의 신을 왜 믿어야 하는가?"라고 물을 때면 이들은 벌레를 한 마리 잡아 왔습니다. 그리고 벌레 주변에 마른 잎사귀를 쌓아놓고 불을 붙였습니다. 벌레가 불길에 휩싸여 탈출구를 찾지 못하고 있자 인디언은 불속으로 손을 뻗어 벌레를 꺼내 풀어주었습니다.

"성경이 전하는 복음이 바로 이것입니다.

나는 성경을 통해 하나님이 나에게 어떤 일을 행하셨는지 깨달았습니다.

당신도 그렇게 되기를 바랍니다."

죄와 허물로 죽었던 우리의 인생을 구원해 주신 분이 주 예수님이십니다. 주님이 우리에게 행하신 놀라운 생명의 역사를, 구원받은 우리가 전해야 합니다.

아직도 구원받지 못해 사망의 불 가운데 갇혀 있는 사람들을 찾아가 살아날 방법이 있다는 놀랍고도 기쁜 소식을 전하십시오. 복되고 형통합니다. 아멘!!!

🤍 주님, 구원의 확신을 가지고 이웃들에게 담대하게 복음을 전하게 하소서.

🏃 한 영혼이라도 더 주님께 인도하도록 복음 전파에 힘을 다합시다.

나의 영적 일지

12월 5일

끝이 아닌 실패

읽을 말씀 : 로마서 8:26-30

● 롬 8:28 우리가 알거니와 하나님을 사랑하는 자 곧 그 뜻대로 부르
심을 입은 자들에게는 모든 것이 합력하여 선을 이루느니라

존 맥스웰(John C. Maxwell) 목사님은 베스트셀러 작가이자 600만 명을 가르친 세계적인 리더십 전문가이기도 합니다.

한 번은 맥스웰 목사님이 교역자들을 대상으로 리더십 강의를 진행한 적이 있었습니다. 강의는 총 3일에 걸쳐 진행됐는데, 다른 두 강사가 맡은 이틀이 지나고 맥스웰 목사님이 맡은 마지막 날이 찾아왔습니다.

앞선 강의를 이틀 동안 빠짐없이 들었던 맥스웰 목사님의 마음에는 두 가지 고민이 생겼습니다.

- 첫째, 이미 두 강사가 성공을 너무나 강조해
  나는 더 할 말이 없다.
- 둘째, 참석자들의 표정이 눈에 띄게 어둡다.

강의 전에 지혜를 달라고 기도하는 맥스웰 목사님의 마음에 하나님이 성공이 아닌 실패를 전하라는 감동을 주셨습니다. 실패한 경험을 말하는 것이 부끄러웠지만, 맥스웰 목사님은 감동을 따라 자신이 경험한 많은 실패들, 그리고 그 가운데 역사하시는 하나님을 전했습니다.

그러자 거짓말처럼 청중들의 표정이 풀어지며 뜨거운 반응이 일어났습니다. 평범한 교역자였던 청중들은 오히려 실패의 이야기를 통해 마음의 부담을 덜고 힘을 얻은 것입니다.

중요한 것은 성공과 실패가 아닌 주 하나님을 향한 믿음입니다.

실패와 성공에 연연하지 말고 그저 끝까지 주님만 붙들고, 주님만 의지하는 그리스도인이 되십시오. 복되고 형통합니다. 아멘!!!

♡ 주님, 모든 일을 선하게 이루실 주님만을 의지하며 살아가게 하소서.

🖼 계속해서 실패하더라도 결국 주님이 형통의 길로 인도해 주실 것을 믿읍시다.

나의 영적 일지

포기하지 않으시는 주님

읽을 말씀 : 디모데전서 2:1-8

● 딤전 2:4 하나님은 모든 사람이 구원을 받으며 진리를 아는데 이르기를 원하시느니라

　　10대 때 극적으로 주님을 만나고 크리스천이 됐으나 심각한 폐결핵으로 큰 고통을 겪는 청년이 있었습니다. 이 청년은 육체의 고통이 너무나 괴로워 스스로 목숨을 끊어야겠다는 생각까지 하게 됐습니다. 머리로는 그래서는 안 된다는 걸 알지만 육체의 고통을 이겨내기가 너무나 힘이 들었습니다. 먹고 죽을 약을 구해 머리맡에 놓은 청년은 잠들기 전 한 가지 고민에 깊이 빠져들었습니다.
　　'하나님은 나처럼 고민거리가 없으실까?
　　하나님은 괴로운 일이 없으실까?'
　　청년이 생각해 보니 하나님은 자기보다 훨씬 큰 고통 가운데 계신 분이었습니다. 독생자를 보내사 확실한 구원을 이루셨지만 지금도 하나님을 배척하는 자녀들이 너무나 많습니다. 생각할수록 가늠할 수 없는 고통이었습니다. 하지만 그렇다고 하나님이 세상을 포기하거나, 세상을 끝장내지는 않으셨습니다.
　　'왜일까?'를 생각해 보니 한 가지 답밖에 없었습니다.
　　'하나님이 사람을 너무나 사랑하기 때문에!'
　　정말로 사랑한다면 포기하지 말고 끝까지 순종해야 한다는 깨달음을 얻은 청년은 마음을 고쳐먹고 어려운 사람들을 찾아가 복음을 전했습니다. 일본의 위대한 기독교 운동가 가가와 도요히코(Toyohiko Kagawa)의 이야기입니다.
　　하나님이 세상을 멸망시키지 않으시고, 끝까지 우리에게 기회를 주시는 이유는 우리를 사랑하시기 때문입니다. 세상 무엇과도 비교할 수 없는 주님의 놀라운 이 사랑을 믿음으로 주님을 영접하고, 또 전하십시오. 복되고 형통합니다. 아멘!!!

♡ 주님, 우리를 향한 주님의 놀라운 사랑으로 모든 일에서 승리하게 하소서.
🙏 힘들고 어려울 때일수록 주님의 사랑을 믿으며 이겨냅시다.

나의 영적 일지

거장의 사인

읽을 말씀 : 고린도후서 12:1-10

● 고후 12:9 내게 이르시기를 내 은혜가 네게 족하도다 이는 내 능력이 약한데서 온전하여짐이라 하신지라 이러므로 도리어 크게 기뻐함으로 나의 여러 약한 것들에 대하여 자랑하리니 이는 그리스도의 능력으로 내게 머물게 하려함이라

현대미술의 거장 살바도르 달리(Salvador Dali)는 미국에서 생활할 때 레스토랑에서 식사한 후 항상 수표로 결제를 했습니다.

미국의 수표는 금액을 직접 적고 사인을 한 후 전달합니다. 그러면 수표를 받은 사람이 직접 은행에서 결제를 받는 시스템입니다.

그러나 달리의 계좌에서는 한 번도 식사 비용이 인출된 적이 없습니다.

달리는 수표를 낼 때마다 뒤편에 간단한 그림을 그리곤 했는데, 수표 가격보다 달리의 그림이 더 값지다는 것을 안 사람들이 은행에 수표를 전달하지 않고 개인 소장했기 때문입니다.

스페인 바르셀로나의 「4GATS」라는 식당에는 젊은 시절 피카소(Pablo Picasso)가 디자인한 메뉴판이 있습니다. 유명해지기 전 피카소는 식당에 그림을 그려주고 밥을 얻어먹었습니다. 피카소가 어느 정도 유명해지자 가는 식당마다 돈 대신 냅킨에 그림을 그려달라고 먼저 요구했습니다. 세계적인 거장이 된 피카소는 식사 비용 대신 냅킨에 그림을 그려달라는 말에 다음과 같이 대답했습니다.

"내가 냅킨에 그림을 그리면 식사 비용이 아니라 이 식당을 내놔야 할 거요."

인생이 한없이 초라하고 쓸모없다고 느껴질 때는 우리의 삶을 주장하시는 분이 누구인지를 떠올리십시오.

거장의 손에 붙들린 것은 한낱 연필, 식당의 냅킨도 작품의 도구가 됩니다.

우리의 삶도 마찬가지입니다.

온 우주 만물을 창조하신 만유의 거장 하나님의 손이 우리의 삶을 붙들고 사용하신다는 사실을 잊지 마십시오. 복되고 형통합니다. 아멘!!!

🤍 주님, 저에게 주신 은사와 재능이 많은 사람에게 큰 도움이 되게 하소서.

🖼 세상의 일보다 더 가치 있는 주님의 일을 위해 내 삶을 사용합시다.

나의 영적 일지

사랑의 증거

읽을 말씀 : 로마서 5:1-11

● 롬 5:8 우리가 아직 죄인 되었을 때에 그리스도께서 우리를 위하여 죽으심으로 하나님께서 우리에게 대한 자기의 사랑을 확증하셨느니라

나치 최대의 여성 강제수용소였던 라벤스브뤼크(Konzentrationslager Ravensbrück)에는 매일 비밀리에 모여 예배를 드리는 사람들이 있었습니다.

언제 가스실에 끌려가 목숨을 잃을지 모르는 절망적인 상황이었지만, 수용소 내의 크리스천들은 예배를 포기하지 않았습니다. 끝까지 하나님을 믿었던 이들은 간수의 눈을 피해 모여서 예배를 드리고 전도도 했습니다.

평소처럼 예배를 드리던 어느 날, 갑자기 한 여성이 손에 감고 있던 붕대를 집어던지며 성도들에게 크게 화를 냈습니다.

"당신들이 그렇게 찬양하는 하나님이 정말로 살아있다면 도대체 왜 우리가 이런 비참한 일을 당해야 하죠? 내 손을 보세요. 나는 유럽에서 전도유망한 바이올리니스트였어요. 그런데 여기 와서 한센병까지 걸렸습니다. 하나님이 내게 왜 이러시는지 한 번 설명해 보세요!"

모임에서 가장 나이가 많아 보이는 성도가 이 물음에 답했습니다.

『불행히도 저 역시 그 답을 알 수가 없습니다. 우리가 찬양하는 이유는 인생의 모든 답을 찾았기 때문이 아닙니다. 그러나 하나님이 독생자 예수님을 우리를 위해 십자가에 내어주실 정도로 우리를 사랑하신다는 사실만은 분명히 알고 있습니다.』

하나님은 독생자 예수님을 세상에 보내시고, 십자가에 달려 죽게 하시면서까지 우리를 포기하지 않으셨습니다. 믿음이 흔들리고, 하나님의 존재가 의심될 때는 부인할 수 없는 놀라운 사랑의 증거, 예수님이 달리신 십자가를 바라보십시오. 복되고 형통합니다. 아멘!!!

🤍 주님, 인생의 답을 다 알 수 없지만 매 순간이 주님의 은혜임을 감사하게 하소서.
🙏 주님이 살아 계심과 그분에게 기도하면 응답하심을 굳게 믿읍시다.

나의 영적 일지

12월 9일

VIP를 응대하는 법

읽을 말씀 : 로마서 12:9-13

● 롬 12:13 성도들의 쓸 것을 공급하며 손 대접하기를 힘쓰라

교회에 새로 온 *VIP*들을 응대할 때 가장 힘든 것은 친분을 쌓는 일입니다.

처음 교회에 온 사람 중에는 기독교에 적대적이지만 억지로 끌려온 사람도 많습니다. 그러나 *VIP*라는 말처럼 우리는 교회를 찾는 모든 방문자를 마음을 다해 극진히 섬겨야 합니다.

심리학자들이 지금까지 밝혀낸 바에 따르면 「사람의 호감을 얻는 방법은 16가지」가 있다고 합니다.

다음은 그중에서 「즉시 효과가 나타나는 7가지 방법」입니다.

❶ 상대방의 행동과 표정을 미묘하게 따라 하는 미러링 전략을 사용하라.

❷ *VIP*를 데려온 사람, 혹은 서로가 같이 아는 사람을 칭찬하라.

❸ 상대방의 반응에 상관없이 일관적으로 긍정적인 감정을 표현하라.

❹ 모든 사람이 좋아하는 따뜻하며 능력 있는 사람이 되도록 노력하라.

❺ 살짝 스치는 손길, 악수와 같은 우연한 신체 접촉을 하라.

❻ 가장 큰 호감을 사는 방법은 미소다. 무조건 환하게 웃어라.

❼ 상대방이 말을 할 수 있도록 대화를 유도하고 경청하라.

호감에는 상호성이 있습니다.

누구든 자기를 좋아하는 사람을 좋아하게 되기 마련입니다.

말뿐이 아닌 섬김과 사랑으로 교회에 찾아오는 모든 *VIP*를 환영하며, 미소와 행동으로 복음을 전하십시오. 복되고 형통합니다. 아멘!!!

♡ 주님, 새신자를 대할 때 진정으로 중요한 것이 무엇인지 생각하게 하소서.

🖼 새신자들에게 선한 영향력을 끼치는 사람이 되기 위해 노력합시다.

나의 영적 일지

시간의 중요성

읽을 말씀 : 에베소서 5:15–21

● 엡 5:16 세월을 아끼라 때가 악하니라

「멋진 신세계」의 작가 올더스 헉슬리(Aldous Leonard Huxley)는 뛰어난 소설가로 유명하지만, 수필과 시를 비롯한 모든 종류의 글을 다 잘 쓰는 팔방미인이었습니다. 헉슬리가 이렇게 글을 잘 쓸 수 있었던 것은 거의 모든 시간을 글을 쓰며 보냈기 때문입니다.

하루는 헉슬리를 인터뷰하던 기자가 다음과 같은 질문을 던졌습니다.

"선생님은 텔레비전을 전혀 안 보신다는 이야기를 들었습니다.

세상 돌아가는 이야기가 궁금하지 않으신가요?"

『그렇긴 하지만 그래도 보지 않습니다.

텔레비전을 보는 것보다 더욱 하고 싶은 분명한 일이 있거든요.』

「아인슈타인 회고록」에 따르면 아인슈타인(Albert Einstein)의 결혼식에 참석했던 미국의 한 의사는 대기실에 들어갔다가 깜짝 놀랐다고 합니다. 자기 결혼식 날임에도 아인슈타인이 짬을 내어 냅킨에다가 방정식을 풀고 있었기 때문입니다.

시간은 모두에게 똑같이 주어지고, 모두에게 똑같이 유한합니다.

우리가 가장 많은 시간을 보내는 일이 바로 우리에게 가장 소중한 일입니다. 주님을 정말로 우리 삶의 최우선으로 놓고 있다면, 주님과 교제하며 주님을 만나는 일에 가장 많은 시간을 쏟고 있어야 합니다.

주님이 우리를 구원하기 위해 모든 삶을 내어주셨듯이 나 자신을 위해서보다, 주님을 위해 우리의 시간을 더욱 많이 내어드리십시오. 복되고 형통합니다. 아멘!!!

♡ 주님, 유한한 시간을 허투루 쓰지 않고 오직 주님만을 위해 쓰게 하소서.

🖼 먹든지 마시든지, 자든지 깨든지, 죽든지 살든지 오직 주님만 생각합시다.

나의 영적 일지

12월 11일

최고 랍비의 추천장

읽을 말씀 : 고린도전서 4:15-21

● 고전 4:20 하나님의 나라는 말에 있지 아니하고 오직 능력에 있음
이라

유대인의 경전 「탈무드」를 최초로 편찬한 랍비 아키바(Rabbi Akiva)에게는 아들
이 있었습니다. 아들 역시 아키바 못지않게 지혜로웠지만, 아들은 아버지의 후
광에 밀려 자신감이 매우 부족했습니다.

아키바가 나이가 들어 세상을 떠날 때가 가까워지자, 아들이 무릎을 꿇고 간
곡히 부탁했습니다.

"아버지, 세상을 떠나시기 전에 저에 대한 추천장을 써주십시오. 아버지가 저
에게 좋은 말을 써주신다면 세상 누구도 저를 무시하지 못할 것입니다."

이 말을 들은 아키바는 단칼에 거절했습니다.

"사랑하는 아들아, 추천장은 아무런 의미가 없단다.

네가 능력이 있고 평판이 좋다면 내가 추천장을 쓰지 않아도 사람들은 너를
존경할 것이다. 네가 능력이 없고 평판이 나쁘다면 내가 추천장을 쓴다 해도 사
람들은 너를 욕할 것이다."

세상을 살아가는 우리의 평판은 어떻습니까?

하나님의 자녀로 부끄러움이 없는 사랑과 덕을 끼치는 평판입니까?

아니면 그리스도인이라는 명칭에 숨어 주일만 빛을 발하는 평판입니까?

주님의 인도하심을 따라 말씀대로 살아가며, 어떤 지혜로운 사람의 추천장
보다 효력을 발휘하는 사랑과 선행을 펼치는 삶을 살아가십시오. 복되고 형통
합니다. 아멘!!!

💚 주님, 주님의 말씀을 따라 사랑과 선행을 펼치는 삶을 살게 하소서.

🎴 주님의 이름으로 점점 더 많은 선행을 실천해나갑시다.

나의 영적 일지

번개 같은 신호

읽을 말씀 : 시편 32:1-11

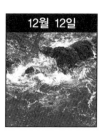

●시 32:8 내가 너의 갈 길을 가르쳐 보이고 너를 주목하여 훈계하리
로다

한 청년이 깊은 산속에서 길을 잃었습니다.

어느덧 깜깜한 밤이 되어 길이 어디인지조차 가늠할 수가 없었습니다.

그 와중에 먹구름이 끼고 비바람이 몰아쳤습니다.

청년은 가뜩이나 힘든데 악천후까지 찾아오자 속으로 하나님을 원망했습니다. 바로 앞의 길도 제대로 볼 수 없어 청년은 한 나무 밑에 몸을 웅크리고 있었는데, 순간 번개가 번쩍하고 내리쳤습니다.

그런데 그 순간 번개 빛으로 잠깐이지만 내려갈 길이 보였습니다.

청년은 조금씩 길을 따라 내려갔습니다.

길이 보이지 않을 때는 번개가 다시 내리치기를 기다렸고, 번개가 내리치면 잠시 환해진 빛을 통해 다시 길을 찾아 따라 내려갔습니다.

무사히 산에서 내려온 청년은 바로 하나님께 감사의 기도를 드렸습니다.

'주님, 비바람이 몰아치게 해주셔서 감사합니다.

번개가 내리치지 않았다면, 저는 산에서 내려올 수 없음을 깨달았습니다.'

크리스천의 행복 나침반은 복이 아닌 주님이 되어야 합니다. 고난 가운데 주님을 더욱 의지하게 된다면 그것이 가장 큰 행복이자 큰 복입니다.

때때로 하나님이 우리 삶에 번개 같은 신호를 주시더라도 그 가운데 보이는 진리와 해답의 길을 따라 더욱 주님의 발자취를 좇으십시오. 복되고 형통합니다. 아멘!!!

🩵 주님, 어떤 문제가 생겨도 해결해 주시는 주님만을 의지하게 하소서.

🧗 고난은 우리에게 유익임을 깨닫고 고난 중에도 기쁘게 기도하며 이겨냅시다.

나의 영적 일지

하나님의 계산

읽을 말씀 : 마태복음 6:31-34

● 마 6:33,34 너희는 먼저 그의 나라와 그의 의를 구하라 그리하면
이 모든 것을 너희에게 더하시리라 그러므로 내일 일을 위하여 염
려하지 말라 내일 일은 내일 염려할 것이요 한 날 괴로움은 그날에
족하니라

세상 사람들은 여전히 아주 단순한 원인과 결과로 모든 일을 단정합니다.

'공부를 잘하면 성공한다.'

'열심히만 하면 누구나 잘하게 된다.'

'건강을 관리하면 장수한다.'

'실력만 있으면 반드시 성공한다.'

그러나 다양한 경험을 하며 오랜 인생을 살아본 사람들, 혹은 성공한 사람들
은 이 명제가 무조건 진리가 아님을 깨닫습니다. 세상 누구보다 지혜롭고, 많은
복락을 누렸던 솔로몬은 전도서 9장에서 다음과 같이 고백합니다.

'빠른 경주자가 반드시 먼저 들어오진 않는다.'

'용맹한 용사도 전쟁에서 패한다.'

'명철하다고 재물을 얻는 것은 아니다.'

한 마디로 세상일이 뜻대로 돌아가는 것이 하나도 없다는 고백입니다.

세상에서 가장 지혜로운 솔로몬도 인생을 계획대로 살아갈 수는 없었습니
다. 다시 말하면 우리가 의지해야 할 것은 오직 하나님의 말씀뿐이라는 뜻입
니다.

"너희는 먼저 그의 나라와 그의 의를 구하라

그리하면 이 모든 것을 너희에게 더하시리라"(마 6:33)

주님의 계산법을 따라 사는 사람은 사람의 계산법으로는 상상도 못 할 크고
놀라운 복을 받습니다. 내가 아닌 주님을 위해서, 재물이 아닌 복음을 위해서,
주님이 가르쳐 주신 계산법을 따라 살아가십시오. 복되고 형통합니다. 아멘!!!

🤍 주님, 세상의 계산법이 아닌 주님께서 가르쳐 주신 방법을 따라 살게 하소서.

📖 "믿는 자에게 능치 못할 일이 없다"라고 약속하신 말씀을 늘 기억합시다.

나의 영적 일지

소통을 위한 맥락

읽을 말씀 : 고린도전서 1:10-17

● 고전 1:10 형제들아 내가 우리 주 예수 그리스도의 이름으로 너희를 권하노니 다 같은 말을 하고 너희 가운데 분쟁이 없이 같은 마음과 같은 뜻으로 온전히 합하라

세계적인 문화 인류학자인 에드워드 홀(Edward T. Hall)에 따르면 인류의 의사소통 방식은 크게 '저맥락 문화'(Low Context)와 '고맥락 문화'(High Context) 두 가지로 나뉜다고 합니다.

저맥락 문화는 자기가 원하는 것을 직설적이고 명료하게 밝히는 문화입니다. 주로 서양권에서 자주 나타나는 문화입니다.

반대로 고맥락 문화는 함축적이고 돌려 말하는 문화입니다. 주로 우리나라를 비롯한 동양권에서 나타나는 문화입니다.

이 문화 차이를 잘 모르는 상태에서 대화를 나누면 서양 사람들은 동양 사람들이 답답하게 말한다고 느끼고 동양 사람들은 서양 사람들이 무례하다고 느낍니다. 또한, 이 같은 의사소통 차이는 높은 위치에 선 사람, 낮은 위치에 선 사람에 따라서도 나타난다고 합니다. 그래서 동서양을 막론하고 리더는 구성원이 자기 말을 못 알아듣는다며 답답해하는 경우가 많고, 구성원들은 리더가 말을 모호하게 한다고 불평하는 경우가 많습니다.

그러나 다시 한번 기억해야 할 사실은 이런 차이는 누군가의 잘못이 아니라 단지 서로의 맥락을 잘못 이해해서 나타나는 현상이라는 점입니다.

올바른 의사소통은 성도 간의 아름다운 합력과 믿지 않는 사람들에게 올바른 복음 전파를 위해서도 반드시 필요합니다. 지혜로운 사람은 합당한 말을 하고 올바른 자세로 경청하는 사람이라고 잠언은 가르치고 있습니다. 경우에 합당한 말을 하게 하는 지혜와 상대방의 말을 끝까지 경청하는 인내심을 주님께 간구하십시오. 복되고 형통합니다. 아멘!!!

🩶 주님, 상대의 마음과 말을 잘 이해하는 지혜로운 사람이 되게 하소서.
🎴 올바른 자세로 내가 아닌 남의 뜻을 배려하며 헤아리는 사람이 됩시다.

나의 영적 일지

모두 용납하라

읽을 말씀 : 골로새서 3:9-17

● 골 3:13 누가 뉘게 혐의가 있거든 서로 용납하여 피차 용서하되 주
께서 너희를 용서하신 것과 같이 너희도 그리하고

새로운 지역으로 이사를 온 한 흑인이 집 근처 교회에 예배를 드리러 갔습니다. 그런데 교인들의 시선이 곱지 않았습니다. 이 교회에는 단 한 명의 흑인도 없었기 때문입니다. 결국 흑인은 안내 위원의 제지로 예배 중에 밖으로 쫓겨났습니다. 너무나 서러워 교회 입구 계단에 앉아 눈물을 흘리고 있는데 남루한 옷차림을 한 남자가 다가와 말을 걸었습니다.

"왜 여기서 울고 계십니까?"

『제가 흑인이라고 교회에서 쫓아냈습니다.

주님은 저 같은 흑인의 예배는 받지 않으시나 봅니다.』

남자는 흑인을 안아주며 따스하게 위로해 주었습니다.

"저 역시 이 교회에 들어갔다가 쫓겨났습니다.

이 교회는 주 예수님이 안 계시는 교회입니다."

남자의 얼굴을 본 흑인은 깜짝 놀랐습니다. 자신을 위로해 준 남자는 바로 예수님이었기 때문입니다. 몇몇 교회의 안타까운 현실을 풍자한 이 이야기가 부디 우리의 모습이 아니길 바랍니다.

하나님은 모든 인종, 모든 사람, 모든 인류를 똑같이 창조하셨습니다. 예수님의 보혈은 나뿐만이 아닌 모든 사람을 위한 구원의 보혈입니다. 우리가 정말로 주님의 사랑을 깨달았다면 주님 안에서 모든 사람이 형제와 자매가 된 것이기 때문에 피부색, 외모와 성격, 그 어떤 차이로도 차별해서는 안 됩니다.

주님이 주신 사랑으로 되도록 모든 형제자매를 사랑하며 용납하십시오. 복되고 형통합니다. 아멘!!!

♡ 주님, 저의 편견이나 선입견으로 형제자매를 편애하거나 무시하지 않게 하소서.

🎴 주님의 사랑에는 차별이 없음을 깨닫고 모든 사람을 동등하게 대합시다.

나의 영적 일지

하나님의 일은 하나님의 사람이

12월 16일

읽을 말씀 : 이사야 6:6-13

● 사 6:8 내가 또 주의 목소리를 들은즉 이르시되 내가 누구를 보내 며 누가 우리를 위하여 갈꼬 그 때에 내가 가로되 내가 여기 있나 이다 나를 보내소서

『2011년 11월 29일, 23년 동안 사용한 제주극동방송 송신기 교체를 위해 모금 생방송을 진행했습니다. 17억 원이 목표였던 이날의 모금 생방송은 북방의 청취자들도 듣고 기도로 동참할 수 있도록 새벽 4시부터 시작했습니다.

하나님의 은혜 가운데 모금 생방송은 순조롭게 진행됐습니다. 그러나 하나님의 은혜와 역사는 이제부터 시작이었습니다. 새벽 시간에 모금 생방송을 들은 북한의 한 성도가 인편을 통해 북한 노동자의 6개월 치 급여에 해당하는 500위안의 헌금과 신앙 노트, 나무 십자가를 전달해 왔습니다.

이 헌금은 북한에서 보내온 제주 극동방송 최초의 헌금이었습니다. 방송으로 늘 복음을 듣기만 했던 것이 미안해 어떻게든 받은 은혜를 갚고자 하는 그 성도님의 마음이 느껴져 큰 감동과 사역의 보람을 느꼈습니다. 아울러 복음으로 통일되는 그날을 더욱 기대하며 기도하게 만드는 계기가 되었습니다.

송신기 교체를 무사히 마치고 사역에 동역해 주신 분들의 이름을 담은 명판을 만들었는데 여기에는 빨간 테두리로 표시된 '북한 성도'라는 이름도 기록되어 있습니다. 제주극동방송을 방문하시는 분들에게는 지금도 이 명판을 보여 드리며 그때 받은 놀라운 하나님의 은혜를 설명해 드리고 있습니다.』 - 「김장환 목사의 인생 메모」 중에서

하나님의 일은 하나님의 사람을 통해 일어납니다. 하나님이 도구로 사용하실 깨끗한 그릇으로 살아가게 해달라고 주님께 기도하십시오. 복되고 형통합니다. 아멘!!!

💗 주님, 주님의 일을 기쁨으로 감당하는 한 사람이 되게 하소서.

🎋 주님을 위해 어떤 일을 하고 있는지 점검해 봅시다.

나의 영적 일지

세 가지 생각

읽을 말씀 : 누가복음 10:29-37

● 눅 10:36,37 네 의견에는 이 세 사람 중에 누가 강도 만난 자의 이웃이 되겠느냐 가로되 자비를 베푼 자니이다 예수께서 이르시되 가서 너도 이와 같이 하라 하시니라

누가복음 10장에서는 선한 사마리아인 비유가 나옵니다.

이 비유는 공관복음 중 누가복음에만 기록되어 있습니다.

예수님은 이 비유에 나오는 사마리아인을 통해 진정한 이웃이 어떤 사람인지를 가르치셨는데, 등장한 인물의 면면을 살펴보면 사실 「세상을 살아가는 사람들의 보편적인 생각 3가지」를 알 수 있습니다.

❶ "네 것도 나에게 내놓으라"라는 강도의 생각입니다.

나의 이익을 위해서는 불법과 범죄도 저지를 수 있는 지극히 세상적인 사람들입니다.

❷ "내 것은 너에게 줄 수 없다"라는 레위인과 제사장의 생각입니다.

선한 삶에 대한 지식은 있지만, 실제로 행동할 마음은 없는 소시민, 어쩌면 종교인들의 모습입니다.

❸ "내 것도 너와 함께 나누고 싶다"라는 선한 사마리아인의 생각입니다.

내가 가진 모든 것이 하나님이 주신 은혜임을 고백할 때, 우리가 받은 것을 다른 이와 나눔으로 사랑과 복음을 전할 수 있습니다.

참된 성도는 사람들의 이웃이 되어야 하며, 선한 이웃은 힘을 다해 나누며 다른 이를 섬겨야 합니다. 주 예수님을 알지 못하는 사람, 주님은 알지만 말씀대로 실천하지 못하는 레위인이 나의 모습은 아닌지 살펴보고, 주님이 가르쳐주신 대로 세상 사람들의 선한 이웃이 되어주십시오. 복되고 형통합니다. 아멘!!!!

💗 주님, 알면서도 행동하지 않는다면 주님께서 기뻐하지 않으심을 깨닫게 하소서.
📖 말씀이 가르치는 지혜를 따라 선한 이웃으로 살아갑시다.

나의 영적 일지

열 가지 교만

읽을 말씀 : 시편 31:16-24

● 시 31:23 너희 모든 성도들아 여호와를 사랑하라 여호와께서 성실한 자를 보호하시고 교만히 행하는 자에게 엄중히 갚으시느니라

신학자 아우구스티누스(Aurelius Augustinus)가 쓴 「신앙편람」에는 "하나님은 마음 속 깊이 죄를 뉘우치는 자 외에는 누구에게도 접근하지 않으십니다. 그런 이유로 교만한 자는 결코 하나님을 찾을 수 없습니다"라는 글이 있습니다.

이 말처럼 우리는 다른 어떤 죄보다 교만을 더욱 조심해야 합니다.

다음은 「성경에 나오는 10가지 교만」입니다.

❶ 출신과 권력에서 오는 교만(마 13:55)

❷ 부에서 오는 교만(눅 9:58)

❸ 사람의 존경을 받는 데서 오는 교만(요 1:46)

❹ 높은 평판에서 오는 교만(눅 7:34)

❺ 학식이 높은 데서 오는 교만(요 7:15)

❻ 거만한 성격에서 오는 교만(눅 22:27)

❼ 이룬 성공에서 오는 교만(사 53:3)

❽ 뛰어난 능력에서 오는 교만(요 5:30)

❾ 자의식 과잉에서 오는 교만(시 81:1)

❿ 지식에서 오는 교만(요 8:28)

교만은 주님을 믿기 전보다, 믿은 후에 더 조심해야 하는 죄입니다.

하나님 앞에 죄를 짓지 않도록 매일 겸손의 추를 마음에 묶고 생활하십시오. 복되고 형통합니다. 아멘!!!

🩶 주님, 날이 갈수록 더욱 주님을 닮아가는 겸손한 삶을 살게 하소서.

🗺 말씀과 기도로 주님을 경외하는 마음을 갖고 겸손을 실천합시다.

나의 영적 일지

믿을 수밖에 없는 이유

읽을 말씀 : 요한복음 20:24-29

● 요 20:27 도마에게 이르시되 네 손가락을 이리 내밀어 내 손을 보고 네 손을 내밀어 내 옆구리에 넣어보라 그리고 믿음 없는 자가 되지 말고 믿는 자가 되라

영국의 재무장관인 로드 리틀톤(Lord Littleton)과 저명한 법률가 길버트 웨스트(Gilbert West)는 18세기 영국을 대표하는 지성인이었습니다.

친한 친구인 두 사람은 철저한 무신론자라는 공통점이 있었습니다.

아직도 많은 사람이 성경이라는 헛된 이야기를 믿는 것이 안타까웠던 두 사람은 어느 날 다음과 같이 작정했습니다.

"예수의 부활과 사도 바울의 변화, 이 두 가지만 거짓임을 밝혀내면 기독교는 무너지네. 우리가 한 가지씩 맡아서 성경이 거짓인 걸 밝혀내는 건 어떻겠나?"

몇 달 동안 두 가지 주제를 연구한 두 사람은 시간이 지난 후 만나서 대화를 나누었습니다. 먼저 리틀톤이 입을 열었습니다.

"우리의 예상과는 달리 내 연구 결과 예수의 부활은 역사적 사실인 것 같네."

이 말을 들은 웨스트도 대답했습니다.

『사실 나도 바울의 회심과 이후의 활동이 모두 역사적 사실이라는 것을 믿게 되었다네.』

성경이 거짓임을 밝혀내기 위해 연구했던 두 사람은 오히려 성경이 진리라는 사실을 증거하는 책을 쓰게 되었습니다.

무신론자라 하더라도 성경을 깊이 묵상한다면 성경이 진실이며, 예수님을 믿는 것이 유일한 구원의 방법이라는 사실을 부인할 수 없습니다. 성령님의 감동으로 쓰인 성경은 우리가 붙들어야 할 만고불변한 진리임을 믿으십시오. 복되고 형통합니다. 아멘!!!

🩷 주님, 진리인 성경을 다른 이에게 전할 수 있도록 바르게 배우고 믿게 하소서.

🖼 성경만이 세상의 진리요, 우리 삶의 나침반이며 해답임을 확실히 믿읍시다.

나의 영적 일지

엠마오의 제자

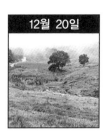

읽을 말씀 : 누가복음 24:25-35

● 눅 24:32 저희가 서로 말하되 길에서 우리에게 말씀하시고 우리에게 성경을 풀어 주실 때에 우리 속에서 마음이 뜨겁지 아니하더냐 하고

누가복음에는 '엠마오'라는 지역이 딱 한 번 등장합니다.

예루살렘에서 돌아가신 예수님을 목격하고 실의에 빠져 돌아가는 두 제자의 목적지가 바로 엠마오였습니다. 그런데 이곳에는 아주 오래된 역사를 가진 교회가 있습니다. 6세기 때 십자군이 세운 것으로 알려졌지만, 사실은 이미 그전부터 엠마오에 계속해서 있었던 유서 깊은 교회라고 합니다. 십자군은 외세의 침략으로 무너진 교회를 재건했을 뿐입니다.

엠마오에는 역사적으로 열정적인 기독교 공동체들이 계속해서 생겨났습니다. 도시가 완전히 폐허가 됐다가 이제 막 재건된 1세기에도 기독교 공동체부터 생겨났습니다. 역사적인 사실은 아니지만 많은 신학자들은 '누가복음에 나온 두 제자의 영향력이 엠마오 지역에 튼튼한 믿음의 뿌리를 내린 것이 아닐까?'라고 예상하고 있습니다.

예수님을 만난 엠마오의 두 제자의 가슴은 꺼지지 않는 성령님의 열정으로 타올랐습니다. 돌아간 예루살렘에서 부활하신 예수님의 소식을 확인한 제자들은 다시 한걸음에 엠마오로 달려가 다른 사람들처럼 평생토록 이 기쁜 소식을 전했을 것이 분명하기 때문입니다.

사람의 인생을 변화시킬 수 있는 것은 오직 복음, 오직 주님뿐입니다.

살아계신 주님을 진정으로 만났다면 우리도 엠마오의 두 제자처럼 180도 달라진 삶을 살아야 합니다. 주님이 주신 사명을 주님이 주신 힘과 열정으로 감당하십시오. 복되고 형통합니다. 아멘!!!

💗 주님, 어떤 상황에서도 실망하지 않고 가까이 계신 주님을 찾아 해결케 하소서.

🙏 엠마오로 내려가는 제자들처럼 가까이에 계신 주님을 알아보고 동행합시다.

나의 영적 일지

세 가지 의심

읽을 말씀 : 야고보서 1:1-8

● 약 1:6 오직 믿음으로 구하고 조금도 의심하지 말라 의심하는 자는 마치 바람에 밀려 요동하는 바다 물결 같으니

그리스도인들이 하나님께 가장 많이 하는 말은 "하나님, 저에게 왜?"일 것입니다. 연약한 사람인지라 이런 생각이 드는 것은 어쩔 수 없지만, 의심은 사탄이 주는 마음인 것을 깨닫고 말씀을 통해 적절히 예방하고, 또 처방해야 합니다.

다음은 미국 크리스천포스트(Christian Post)의 칼럼에 실린 「사람들이 하나님의 존재를 의심하는 3가지 이유」입니다.

❶ 정서적 의심 / 큰 사고를 당하고, 다른 사람에게 실망할 때 우리는 가장 먼저 하나님을 원망합니다. 광야에서 시험을 받는 예수님께 사탄도 속삭였음을 기억하고 사탄의 거짓말에 속지 마십시오.

❷ 도덕적 의심 / 매일 일어나는 흉악한 범죄를 보면 하나님의 존재를 의심하게 됩니다. 그러나 하나님의 기준으로는 세상의 모든 사람이 똑같이 기준 미달입니다. 우리를 포함한 세상의 그 누구도 하나님의 은혜가 아니면 구원받을 수 없습니다. 사람의 모든 죄를 심판할 수 있는 권위는 오직 창조주이신 하나님께만 있음을 기억하십시오.

❸ 지적 의심 / 성경에 나오는 모든 기적과 창조의 사실은 세상의 학문으로는 이해할 수 없습니다. 그리고 우리가 알고 있는 지식으로는 진리를 찾을 수 없습니다. 그 모든 일이 일어났기 때문에 오히려 기독교가 진리입니다.

작은 벌레가 고목을 넘어트리듯이 작은 의심을 그냥 두면 우리의 믿음에도 큰 해를 끼칩니다. 사탄에게 작은 틈을 주지 않도록 진리의 말씀으로 매일 우리의 마음을 무장하십시오. 복되고 형통합니다. 아멘!!!

🖤 주님, 생명을 살리는 말씀의 능력으로 온 마음을 철저히 무장하게 하소서.

🖼 내 마음에 하나님의 존재를 의심케 하는 작은 벌레 같은 의심이 있는지 살펴봅시다.

나의 영적 일지

내일이 보장되는 곳

읽을 말씀 : 디모데후서 4:9-18

● 딤후 4:18 주께서 나를 모든 악한 일에서 건져내시고 또 그의 천국
에 들어가도록 구원하시리니 그에게 영광이 세세 무궁토록 있을
찌어다 아멘

한국전쟁이 한창 벌어지던 1950년, 미국의 한 여성 기자가 카메라와 수첩을 들고 전장을 종횡무진 뛰어다녔습니다.

6.25 전쟁을 취재하기 위해 미국에서 직접 찾아온 종군기자였습니다.

기자는 목숨을 아까워하지 않고 언제나 전장의 최전방에 서서 참상을 뚜렷하게 담았습니다. 인천상륙작전 때도 쏟아지는 포화를 두려워 않고 병사들과 함께 전방에 있었습니다.

하루는 이 기자가 참호에서 매서운 추위를 견뎌내며 얼어붙은 통조림을 힘겹게 먹는 병사와 마주쳤습니다.

병사가 너무 딱해 보였던 기자는 "혹시 하나님이 나타나 한 가지 소원을 이루어주겠다고 말씀하신다면 무엇을 빌겠습니까?"라고 질문을 건넸습니다.

병사는 초점 없는 눈으로 기자를 바라보며 말했습니다.

『내일…. 저에겐 보장된 내일이 필요합니다.』

이 병사와의 일화와 여러 사진을 통해 전쟁의 참상을 제대로 알린 마거리트 히긴스(Marguerite Higgins Hall)는 여성 최초로 퓰리처상을 받았습니다.

전쟁터의 병사에게 가장 필요한 것은 보장된 내일입니다. 그러나 평온한 오늘을 살아가는 우리라 해도 사실은 내일이 보장된 사람은 단 한 명도 없습니다.

우리의 삶이 언제 끝날지 모르기에 예수님의 구원의 선물인 오늘이 모든 사람에게 필요합니다. 예수님을 믿음으로 내일이 보장된 천국행 티켓을 선물로 누리십시오. 복되고 형통합니다. 아멘!!!

💙 주님, 주님의 사랑과 은혜와 평강과 소망과 권능으로 살아가게 하소서.

🧎 주님이 한 가지 소원을 이루어주신다면 어떤 소원을 말씀드리겠습니까?

나의 영적 일지

5K 운동

읽을 말씀 : 잠언 3:27-35

● 잠 3:27 네 손이 선을 베풀 힘이 있거든 마땅히 받을 자에게 베풀기를 아끼지 말며

서울 성북구에 있는 한 대학교 후문에 어느 날부터 간이 테이블이 놓여 있었습니다. 간이 테이블에는 라면, 즉석밥, 도시락 등의 즉석식품들이 쌓여 있었고 테이블 아래에는 다음과 같은 안내문이 붙어있었습니다.

'필요한 분은 누구든 가져가셔도 좋습니다.'

정체를 알 수 없는 테이블 선행은 인터넷을 타고 급속도로 알려졌습니다.

요즘 같은 시대에도 한 끼를 해결 못 해 힘들어하는 대학생들은 의외로 많았고, 이들은 '테이블 천사' 덕분에 밥을 굶지 않게 됐다며 감사의 글들을 올리기 시작했습니다.

이 소식이 점점 퍼지며 여러 기업도 후원을 하고자 테이블 천사가 누군지 찾기 시작했는데 같은 대학생이라는 사실만 밝혀졌습니다.

외국에는 '반경 5km 안에는 밥을 굶는 사람이 없게 하자'는 일종의 기부 운동이 있는데, 그 기부 운동에 착안해 같은 학교에 다니는 학생들에게 조금이라도 도움이 되고자 여유가 생길 때마다 식품을 기부한 것입니다.

많은 기업의 후원으로 테이블 위의 음식들은 더 풍성해졌지만 테이블 천사로 불리는 학생은 당연히 할 일을 한 것이라며 지금도 정체를 밝히지 않고 몰래 선행을 베풀고 있습니다.

선행은 누구나 지금 당장 할 수 있습니다. 성령님이 마음에 주시는 감동을 따라, 오늘 손이 닿는 곳에, 할 수 있는 일로 선행을 베푸는, 주님의 사랑을 전하는 천사가 되십시오. 복되고 형통합니다. 아멘!!!

🤍 주님, 이웃을 내 몸과 같이 사랑하고 돕는 성숙한 성도가 되게 하소서.

🎴 끼니를 해결하지 못하는 이웃이 있는지 살피고 힘이 닿는 만큼 도웁시다.

나의 영적 일지

모든 것을 나눈 삶

읽을 말씀 : 시편 37:1-6

12월 24일

● 시 37:3,4 여호와를 의뢰하여 선을 행하라 땅에 거하여 그의 성실로 식물을 삼을지어다 또 여호와를 기뻐하라 저가 네 마음의 소원을 이루어 주시리로다

'사이 영 상'은 미국 프로야구 메이저리그(MLB)에서 투수가 받을 수 있는 최고의 명예입니다.

미국 메이저리그의 전설적인 투수 '사이 영(Cy Young)'의 이름을 딴 이 상은 매 시즌 최고의 활약을 보여준 단 한 명의 투수만이 받을 수 있습니다. '사이 영 상'을 받았다는 것은 명실공히 그해 세계 최고의 투수로 꼽혔다는 뜻입니다.

그런데 메이저리그 투수들이 '사이 영 상' 만큼 명예롭게 생각하는 상이 하나 더 있습니다. 바로 로베르토 클레멘테(Roberto Clemente Walker) 상입니다.

메이저리그 최초의 라틴아메리카 선수였던 클레멘테는 전설적인 활약을 펼치며 월드시리즈에서 팀을 두 번이나 우승시켰습니다. 인종차별까지 이겨낸 슈퍼스타였지만 돈과 시간의 대부분을 가난한 사람을 위해 사용했습니다.

클레멘테는 니카라과 대지진 현장에 구호품을 전달하러 비행기를 타고 가다가 불의의 사고를 당해 38세의 젊은 나이에 세상을 떠났습니다. 야구 실력보다 더 멋진 삶을 살다간 그를 기리기 위해 메이저리그 사무국은 해마다 기부와 봉사를 가장 많이 한 선수에게 「로베르토 클레멘테 상」을 수여하고 있습니다.

메이저리그 명예의 전당에 헌액된 전설적인 투수 존 스몰츠(John Smoltz)도 자신이 받은 모든 상 중에서 가장 명예로운 상으로 로베르토 클레멘테 상을 꼽았습니다. 많은 것을 이루는 삶만큼 받은 것을 나누는 삶 역시 중요합니다.

우리를 사랑하사 독생자도 아끼지 않으시고 모든 것을 아낌없이 은혜로 주신 하나님의 사랑을 따라 우리도 주님께 드릴 수 있는 모든 것을 드립시다. 복되고 형통합니다. 아멘!!!

🩷 주님, 주님께서 저에게 베풀어주신 은택을 기억하며 이웃과 나누게 하소서.

📖 주님이 베풀어주신 은혜를 얼마나 이웃과 나누고 있는지 생각해 봅시다.

나의 영적 일지

성탄절의 주인공

읽을 말씀 : 누가복음 4:16-19

● 눅 4:18,19 주의 성령이 내게 임하셨으니 이는 가난한 자에게 복음을 전하게 하시려고 내게 기름을 부으시고 나를 보내사 포로 된 자에게 자유를, 눈먼 자에게 다시 보게 함을 전파하며 눌린 자를 자유케 하고 주의 은혜의 해를 전파하게 하려 하심이라 하였더라

심리학 교수 한 분이 40여 명의 학생들에게 '크리스마스'라는 단어를 주고, 생각나는 것을 하나씩 적어보라고 했습니다. 그 대답은 '추리', '선물', '칠면조', '휴일', '캐럴', '산타클로스' 등등이었는데… 안타깝게도 성탄의 주인공이신 '예수님'을 적어낸 학생은 아무도 없었다고 합니다.

크리스마스에 정작 주인공인 예수님이 빠져있고 어이없게 감히 비교가 될 수 없는 산타클로스가 각광을 받고 있는 세상이 된 것입니다.

「예수님이 산타보다 비교할 수 없이 좋은 이유」라는 글의 일부입니다.

『산타는 북극에만 살지만, 예수님은 어디에든 계신다/ 산타는 오직 일년에 한 번만 오지만, 예수님은 언제든지 함께하시며 도와주신다/ 산타는 우리 양말 정도만 채워 주지만, 예수님은 우리의 모든 필요를 채워주신다/ 산타는 우리 이름을 몰라서 "안녕, 이름이 뭐지?"라고 묻지만, 예수님은 우리가 알기도 전에 먼저 우리 이름을 아셨을 뿐만 아니라 우리의 과거와 미래도 아시고 심지어 우리 머리카락이 몇 가닥인지까지도 다 아신다/ 산타는 "울면 안 돼"라고 말하지만, 예수님은 "모든 염려를 내게 맡기라. 내가 너희를 쉬게 하리라"라고 하신다….』

우리는 크리스마스의 주인공인 예수 그리스도께서 우리를 위해 무슨 일을 하셨는지 바르게 알고 바르게 알릴 필요가 있습니다.

성탄절은 예수님께서 우리를 구원하여 새 생명을 주시고 하나님의 자녀로 복된 삶을 살게 하기 위해 이 땅에 오심을 기념하는 날입니다. 이 사실을 기억하며 오직 주님께만 감사와 영광을 드립시다. 복되고 형통합니다. 아멘!!!

🧡 주님, 우리를 구원하기 위해 이 땅에 오신 주님을 만방에 전하게 하소서.

🖼 특히 어려운 이웃에게 좋은 것을 나누며 구원의 복음을 전합시다.

나의 영적 일지

마음이 빠져 있는 곳

읽을 말씀 : 마태복음 6:19-24

●마 6:21 네 보물 있는 그 곳에는 네 마음도 있느니라

모세와 다윗은 이스라엘 백성의 숫자를 셌다는 공통점이 있습니다.

똑같은 행위였지만 모세는 장정만 60만 명인 엄청난 무리를 이끌면서도 하나님의 능력을 경험하고 인정을 받았고, 다윗은 하나님의 큰 벌을 받았습니다. 왜 같은 일을 해도 정반대의 결과가 나타났을까요?

바로 모세의 행동은 겸손에서 나왔고, 다윗의 행동은 교만에서 나왔기 때문입니다.

자기를 항상 부족한 자로 여기며 하나님의 부르심도 거절했던 모세는 마침내 주님의 능력을 통해 출애굽을 이루었습니다. 자기처럼 부족한 자를 통해 60만 명이 넘는 한 민족을 이끌게 하신 하나님이 또한 약속의 땅으로 인도하실 것을 믿는 과정이었습니다.

반면에 다윗의 행동은 군사력을 자랑하기 위한 교만이었습니다. 자기 병사가 몇 명이나 되는지 세어보고자 했던 마음입니다. 하나님보다 병사를 의지하려고 했던 이 마음을 성경은 사탄이 준 것이라고 말하고 있습니다(대상 21:1).

우리가 자주 보는 것을 보면 우리의 마음이 어디에 있는지 알 수 있습니다. 통장을 자주 보고 돈을 세는 사람은 재물을 의지하는 사람이고, 책을 자주 보고 졸업장을 꺼내놓는 사람은 지식을 의지하는 사람입니다.

지금 우리가 가장 의지하고 있는 것이 무엇인지 솔직하게 돌아보고 내가 자랑할 무언가가 아닌, 오직 주님이 주신 십자가의 복음만을 자랑하며 의지하십시오. 복되고 형통합니다. 아멘!!!

💙 주님, 겸손한 마음을 잃지 않고 주님만을 경외하며 살아가게 인도하소서.

📖 나는 겸손한 사람인지, 교만한 사람인지 냉정하게 생각해 봅시다.

나의 영적 일지

교회의 위험신호

읽을 말씀 : 고린도전서 5:6-13

● 고전 5:7 너희는 누룩 없는 자인데 새 덩어리가 되기 위하여 묵은 누룩을 내어버리라 우리의 유월절 양 곧 그리스도께서 희생이 되셨느니라

　미국 캘리포니아주의 하베스트 교회(Harvest Church)의 담임이자 명설교가로 꼽히는 그렉 로리(Greg Laurie) 목사님은 설교를 위해 요한계시록 3장을 묵상하고 있었습니다. 로리 목사님은 요한계시록 3장에 나오는 사데 교회가 받는 책망들이 오늘날의 교회도 돌아봐야 할 내용이라는 사실을 깨달았습니다.

　다음은 그렉 로리 목사님이 요한계시록을 통해 깨달은 「교회가 위험하다는 5가지 신호」입니다.

❶ 미래가 아닌 화려했던 과거에 매여있다.

❷ 지켜야 할 것은 타협하고 받아들여야 할 것은 거부한다.

❸ 리더들이 게을러서 교인들이 원하는 변화를 이끌어내지 못한다.

❹ 청년들을 중요하게 여기지 않는다.

❺ 전도의 열심이 부족하다.

　로리 목사님은 이 중에서도 특히 전도를 교회의 생명줄이라고 표현하며 강조했습니다. 복음을 전할 사명을 감당하라고 예수님은 제자를 삼으셨고, 오늘날 우리를 만나주셨고, 구원해 주셨습니다. 전도를 멈추면 복음의 흐름이 멈추게 됩니다.

　교회가 흔들리는 것은 다른 사람의 잘못이 아니라 바로 우리 때문입니다.

　교회의 위기를 다른 사람의 책임으로 돌리지 말고 바로 우리부터 깨어 근신하며 열심히 전도합시다. 하나님을 기쁘시게 하는 교회의 일꾼으로 헌신합시다. 복되고 형통합니다. 아멘!!!!

🖤 주님, 말로만 교회의 부흥을 위해 노력하는 것이 아니라 열심히 전도하게 하소서.

▨ 전도지와 전도 책자를 이웃에게(우편함에라도) 전달합시다.

나의 영적 일지

받아야 할 고난

읽을 말씀 : 골로새서 1:24-29

● 골 1:24 내가 이제 너희를 위하여 받는 괴로움을 기뻐하고 그리스
도의 남은 고난을 그의 몸된 교회를 위하여 내 육체에 채우노라

'바울 이후의 가장 위대한 선교사'라고 불리던 스탠리 존스(E. Stanley Jones)는 그
리스도인이라면 당연히 세상에서 고난을 당해야 한다고 말했습니다.

다음은 존스 선교사가 말한 「그리스도인이 당해야 할 9가지 고난」입니다.

❶ 기독교가 진리라고 주장하다가 당하는 고통

❷ 곳곳에서 들리는 전쟁의 소식으로 느끼는 고통

❸ 자연재해로 피해 입은 사람들을 바라보며 느끼는 고통

❹ 갖가지 질병의 고통

❺ 경제적 어려움에서 오는 고통

❻ 사회의 악습과 폐습에 저항하다가 당하는 고통

❼ 기독교를 탄압하는 주권자들에게 당하는 고통

❽ 믿지 않는 가정에서 전도하다가 겪는 고통

❾ 다른 성도들과 교제하면서 당하는 고통

주 예수님이 십자가에서 당하신 고통이 구원을 위해 꼭 필요한 대업이었듯
이, 주님과 복음을 위해 당하는 고통은 오히려 성도의 자랑이자 기쁨이 됩니다.

하나님께 받은 복이 있습니까? 기뻐하십시오.

하나님을 위해 일하다 받은 고난이 있습니까? 더더욱 기뻐하십시오.

주님의 말씀을 지키며 제자로 살아가는 가운데 겪어야 할 고통이라면, 오히
려 기쁨으로 감내하며 받아들이십시오. 복되고 형통합니다. 아멘!!!!

♡ 주님, 고난을 두려워하지 않고 주님께서 주시는 힘으로 하나씩 이겨내게 하소서.

▩ 어떤 상황에서도 주님의 제자 된 삶을 기쁨으로 여기며 당당하게 삽시다.

나의 영적 일지

비본질을 버려라

읽을 말씀 : 신명기 4:31-40

● 신 4:35 이것을 네게 나타내심은 여호와는 하나님이시요 그 외에
는 다른 신이 없음을 네게 알게 하려 하심이니라

    세계적인 가전제품 회사에 갓 입사한 신입 디자이너가 턴테이블 디자인을
연구 중이었습니다. 당시 턴테이블은 매우 복잡한 디자인의 전자제품이었습니
다. 턴테이블로 노래를 들으려면 앰프와 스피커까지 주렁주렁 설치해야 했고,
별로 사용하지도 않는 쓸데없는 기술들도 잔뜩 들어있었습니다.

    신입 디자이너는 이 모든 것들이 턴테이블에 필요하지 않다고 생각했습니
다. 사람들이 턴테이블을 사용하는 이유는 '음악을 듣기 위해서'이기 때문에 음
악 재생 기능 외에는 모두 불필요한 기능이라고 생각했습니다.

    신입 디자이너는 턴테이블에 필요한 앰프와 스피커를 내장하고, 레코드를
넣고 틀 수 있는 최소한의 공간만 외부로 드러나게 만들었습니다. 작고, 예쁘고,
실용적인 이 제품은 '백설 공주의 관'이라고 불리며 선풍적인 인기를 끌었고 지
금까지도 개량품이 나올 정도로 사랑받고 있습니다.

    "비본질을 덜어낼 때 모든 것이 더 나아진다"(Less, but better)라는 말로 유명한
전설적인 디자이너 디터 람스(Dieter Rams)의 이야기입니다.

    가장 중요한 것이 무언인지 알아야 본질을 지킬 수 있습니다.

    즉, 비본질을 덜어낼 수 있습니다.

    하나님에게 가장 중요한 것은 우리였기에, 심지어 독생자이신 예수님까지도
포기하실 수 있었습니다. 우리의 인생에서 가장 중요한 본질인 믿음, 그 믿음에
서 가장 중요한 본질인 예수 그리스도를 인생의 가장 중요한 가치로 삼고 살아
가십시오. 복되고 형통합니다. 아멘!!!

♡ 주님, 그리스도인으로서 진정한 가치, 본질을 중요시하며 살게 하소서.

🙇 우리 인생의 가장 중요한 가치가 주님이라고 믿고 있는지 다시 한번 생각해 봅시다.

나의 영적 일지

끝까지 충성하라

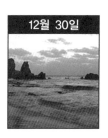
읽을 말씀 : 고린도전서 4:1-5

● 고전 4:2 그리고 맡은 자들에게 구할 것은 충성이니라

세계적으로 유명한 오페라 가수가 한 자선공연에 출연했습니다.

가수는 뉴욕 메트로폴리탄(Metropolitan)에서 공연하는 조건으로 백지수표를 받은 적이 있는 그야말로 세기의 스타였기에 공연을 준비하는 측은 바짝 긴장했습니다. 가수가 공연장에 도착하자 자선공연의 대표자가 깍듯하게 인사를 건넸습니다.

"자선음악회에 온다고 해주셔서 정말로 감사드립니다.

선생님 덕분에 구름떼같은 사람들이 모였습니다.

출연료도 없는 공연이니 무리하지 마시고 가볍게 노래해 주시면 됩니다."

이 말을 들은 가수는 불같이 화를 냈습니다.

"나보고 노래를 대충 하라고? 나 엔리코 카루소는 단 한 명의 관객이 있는 곳에서도 최선을 다하지 않은 적이 없습니다!"

20세기 성악의 시작이라고 불리는 전설, 엔리코 카루소(Enrico Caruso)의 일화입니다. 카루소는 팬들이 있는 곳이라면 어디서든지 노래를 불렀습니다. 카루소는 607번이나 되는 무대에서 매번 혼신의 힘을 쏟다가 이른 나이에 병을 얻어 세상을 떠났지만, 절대 후회하지 않았습니다. 사람들을 위해 노래하는 것이 자신의 사명이라고 여겼기 때문입니다.

성실하신 주님은 우리를 위해 한시도 쉬지 않으십니다.

늘 최고의 것을 주시는 주님을 위해 주님이 허락하신 그날까지, 모든 일에 감사하며 끝까지 충성하는 참된 제자가 되십시오. 복되고 형통합니다. 아멘!!!

🖤 주님, 순간순간 부어주신 은혜에 감사하며 내일을 준비하게 하소서.

🖼 지난 날을 돌이켜보며 무한한 주님의 사랑에 감사합시다.

나의 영적 일지

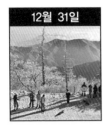

형통할 것입니다

읽을 말씀 : 창세기 39:1-6

●창 39:3 그 주인이 여호와께서 그와 함께하심을 보며 또 여호와께서 그의 범사에 형통케 하심을 보았더라

전 세계에 걸쳐 총 865개의 백화점을 운영하고 있는 *J.C.* 페니 컴퍼니 주식회사(*J. C. Penney Company, Inc.*)의 창업주 페니(*J. C. Penney*)는 자신의 성공 비결은 역경과 신앙이라고 고백했습니다.

"역경은 저에게 성공의 비결을 가르쳐 줬고 예수 그리스도는 성공한 인생을 어떻게 살아가야 하는지 인도해 주셨습니다."

'형통'의 원어는 히브리어로 '찰레아흐'(*Tsaleach*)인데 이는 '나아가다, 추진하다'라는 뜻입니다. 이 단어가 한국어로는 '형통', 영어 성경으로는 '성공적인'(*Successful*)이라는 단어로 번역되었습니다.

그리스도인의 형통은 결국 끝까지 말씀을 따라 나아가는 것입니다. 하나님께 나아갈 때 우리는 성공하며, 형통한 사람이 됩니다. 아무리 큰 부와 성공을 거두어도 하나님을 모르면 진정한 형통이 아닙니다. 믿음으로 살아가지 않으면 끝까지 형통할 수 없습니다.

진정한 형통은 끝이 좋아야 합니다. 복권에 당첨되어 억만장자가 되어도 결국 빈털터리가 되면 형통한 삶이라고 할 수 없습니다.

노예가 되고, 누명을 쓰고 옥에 갇혀도 결국 총리가 되었던 요셉처럼, 사자굴에 갇히고 왕이 몇 번이나 바뀌어도 항상 믿음을 지켜 총리가 되었던 다니엘처럼, 하나님을 향한 믿음을 가슴에 품고 나아갈 때 우리의 삶이 오늘보다 내일, 올해보다 내년이 더욱 형통해질 것을 믿으십시오.

은혜로 올 한 해를 지켜주시고 인도하신 주 하나님께 감사하며 새해를 주시는 하나님께 감사하십시오. 복되고 형통합니다. 아멘!!!

♥ 주님, 올 한 해 역사하신 주님을 의지함으로 내년에 더욱 굳건한 믿음을 허락하소서.
🖼 더 나은 내일을 주실 하나님을 신뢰하며 믿음을 통해 형통한 삶을 누립시다.

나의 영적 일지

암담한 어려움 중에 있는 분들에게
용기와 소망과 위로를 주는
김장환 목사의 기적 인생 이야기

김장환 목사(극동방송 이사장)와 결혼해
60여 년 동안 한국인으로 사는
트루디 사모의 감동 인생 이야기

망망한 바다 한가운데서 배 한 척이 침몰하게 되었습니다.
모두들 구명보트에 옮겨 탔지만 한 사람이 보이지 않았습니다.
절박한 표정으로 안절부절 못하던 성난 무리 앞에 급히 달려 나온 그 선원이
꼭 쥐고 있던 손바닥을 펴 보이며 말했습니다.
"모두들 나침반을 잊고 나왔기에… "
분명, 나침반이 없었다면 그들은 끝없이 바다 위를 표류할 수 밖에 없을 것입니다.

우리는 삶의 바다를 항해하는 모든 이들을 위하여
그 나침반의 역할을 하고 싶습니다.
우리를 구원하신 위대한 주 예수 그리스도를 널리 전하고 싶습니다.

"하나님은 모든 사람이 구원을 받으며
진리를 아는 데에 이르기를 원하시느니라"
(디모데전서 2장 4절)

믿음으로 살리라!
The just shall live by faith!

김장환 목사와 함께 / 경건생활 365일

발   행 | 극동방송
         04067 서울 마포구 와우산로 56
         | 나침반출판사
         등록 ● 1980년 3월 18일 / 제 2-32호
         주소 ● 07547 서울 강서구 양천로 583
             블루나인 비즈니스센터 B동 1607호
         전화 ● (02)2279-6321
         팩스 ● (02)2275-6003
편   집 | 편집팀 / 제   작 | 나침반출판사

발행일 | 2024년

홈페이지 | www.nabook.net
이 메 일 | nabook24@naver.com
일러스트 제공 | 게티이미지뱅크/iStock/아이클릭아트
흑백사진 일부 | 유수영 사진작가

ISBN   978-89-318-1657-0
책번호 마-1073

※이 책은 김장환 목사님의 설교 자료와
    여러 자료를 정리해 만들었습니다.